本书为“菏泽学院出版基金资助”项目，系教育部重大项目(11JJD770026)、山东省高校科研项目(J12WD52)及菏泽学院教改项目(2015003)的阶段性成果。

新中国成立以来华北农村社会生活变迁

——以山东省梁山县为个案

董传岭　著

人民出版社

责任编辑:姜冬红

图书在版编目(CIP)数据

新中国成立以来华北农村社会生活变迁:以山东省梁山县为个案/董传岭 著. —北京:人民出版社,2016.9

ISBN 978-7-01-016542-4

Ⅰ.①新… Ⅱ.①董… Ⅲ.①农村-社会生活-研究-华北地区-现代 Ⅳ.①D422.7

中国版本图书馆 CIP 数据核字(2016)第 177767 号

新中国成立以来华北农村社会生活变迁

XINZHONGGUO CHENGLI YILAI HUABEI NONGCUN SHEHUI SHENGHUO BIANQIAN

——以山东省梁山县为个案

董传岭 著

人民出版社 出版发行

(100706 北京市东城区隆福寺街 99 号)

北京龙之冉印务有限公司印刷 新华书店经销

2016 年 9 月第 1 版 2016 年 9 月北京第 1 次印刷

开本:710 毫米×1000 毫米 1/16 印张:21.25

字数:310 千字

ISBN 978-7-01-016542-4 定价:50.00 元

邮购地址 100706 北京市东城区隆福寺街 99 号

人民东方图书销售中心 电话 (010)65250042 65289539

序　言

学生董传岭的博士学位论文经过多年修改，即将由人民出版社出版，非常值得庆贺。作者希望我能为之写篇序言，作为导师我当然义不容辞，因为我长期从事相关研究，而且该书的选题、构思及写作也得到我的指导和点拨。

社在中国最初指社神（土地神），会即聚合，社会一般指以共同物质生产活动为基础而相互联系的人们的总体，生活指人的各种活动，社会生活可以归纳为人们在社会中相互联系进行的各种活动。社会生活概念可以分为狭义和广义两种：即与政治生活、精神生活相并列的狭义社会生活和包括物质、社会、政治和精神生活的广义社会生活。马克思在《〈政治经济学批判〉序言》中说："物质生活的生产方式制约着整个社会生活、政治生活和精神生活的过程"，他把社会生活看作是与政治生活、精神生活并列的，采用了狭义的社会生活概念。恩格斯在谈到历史过程的决定因素时说："经济状况是基础，但是对历史斗争的进程发生影响并且在许多情况下主要是决定着这一斗争的形式的，还有上层建筑的各种因素：阶级斗争的政治形式及其成果-由胜利了的阶级在获胜以后确立的宪法等等，各种法的形式以及所有这些实际斗争在参加者头脑中的反应，政治的、法律的和哲学的理论，宗教的观点以及他们向教义体系的进一步发展"，把经济、政治、文化等因素都包括到现实社会生活中，采用了广义的概念。作者运用狭义的社会生活概念，探讨新中国成立以来华北农村社会生活变迁。

社会生活范畴非常广泛，史学界尚有分歧。冯尔康、乔志强、龚书铎、李文海、严昌洪等编著的社会生活史部分，涉及的研究对象就存在较大差异。其实，生活在一定社会中的人的需要是多层次、多方面的，不仅包括衣、食、住、行等浅层次的生存需要，还包括婚丧、节日、信仰、娱乐等深层次需要，但衣、食、住、行无疑是社会生活的核心内容。本书就新中国成立以来华北农村服饰、饮食、住房、交通、婚丧、节日、信仰、娱乐等方面变迁加以探究。华北区域范围学界有不同观点,综合考虑自然地理、气候、农作、人文、习俗等因素,一般把华北界定为约略包括当今的北京、天津、河北、山东、山西、河南等部分地区的广大区域。作者以华北东南部的山东省济宁市梁山县为个案,对新中国成立以来华北农村社会生活变迁进行研究。

如今,随着城镇化快速推进,传统的农村社会生活即将成为过去式,相关研究刻不容缓。在城镇化快进程中,有忽略乡村历史文化遗产保护和传承的倾向,致使大量乡土传统文化遭受不同程度的破坏,城乡建设"千城一面,千村一面",世代传承的历史文化积淀、乡村记忆载体和精神家园日渐消失,也动摇了中国文化的根。梁漱溟认为,"中国文化是以乡村为本,以乡村为重,所以中国文化的根就在乡村"。法国著名社会学家孟德拉斯认为,"在城市化背景下,农村的大量消失并不意味着乡村文化的消亡,相反乡村更加稀缺而珍贵,乡村依然是人们心灵的寓所"。关注乡村,加强农村社会生活研究亟待进行。2013 年末,中央城镇化工作会议提出,"要保留农村传统风貌","让居民望得见山、看得见水、记得住乡愁"。作者凭着对地方性知识的熟悉,在广泛田野调查基础上,以自己的家乡梁山县为个案,查阅和利用了大量的政府档案材料,结合历史学、人类学、社会学、民俗学等相关知识,采取自下而上和自上而下的研究视角,运用传统与现代、国家与社会、断裂与连续等理论,就新中国成立近七十年的华北农村社会生活变迁进行研究,也算是献给新中国成立七十年的一份厚礼。

近年来,社会生活研究进展迅速,引起了国内外学界的浓厚兴趣,取得了一定成果,但同时代需要相比,该领域的研究还应进一步加强。希望董传岭立足该领域,与时俱进,开拓进取,作出更大成绩。

张 思

2016 年 8 月 1 日于南开大学

目　　录

引　言

一、选题意义

社会生活是人类社会的重要组成部分,是人类生存和发展的基本方式。马克思曾说:“人们首先必须吃、喝、住、穿,然后才能从事政治、科学、艺术、宗教等等。”①年鉴学派重要代表人物费尔南·布罗代尔很重视衣、食、住、行等日常生活研究,他说:“社会各层次的衣、食、住方式绝不是无关紧要的。这些镜头同时显示不同社会的差别和对立,而这些差别和对立并非无关宏旨。”②社会生活变迁是社会变迁的最直观体现。新中国成立以来华北农村发生翻天覆地的变化,其突出标志是土地改革、人民公社制度建立、家庭联产承包责任制实行及当今社会主义新农村建设等,社会生活也相应发生巨大变迁。新中国成立以来 60 多年是农村社会生活变迁极具代表性的时期,为我们研究中国农村生活变迁提供了最佳时段,对这段尚未尘封的华北农村社会生活进行多侧面、长时段的观察和研究亟待进行;就其研究不仅使我们了解新中国成立以来的社会生活变迁的轨迹和规律,还能深化认识和理解新中国成立以来的中国社会变迁。

传统与现代、国家与社会的交互建构和形塑构成社会生活的重要内容,也促推社会生活不断变迁。新中国成立后,华北农村社会生活现代化开始新征程。新中国成立到改革开放前,提倡勤俭节约、破除迷信、移风易俗,由国家意志对民间社会进行强力渗透和重构,人们衣、食、住、行的现代化进程

---

① 《马克思恩格斯选集》第三卷,人民出版社 2012 年版,第 1002 页。

② [法]费尔南·布罗代尔:《15 至 18 世纪的物质文明、经济和资本主义》第一卷,顾良、施康强译,生活·读书·新知三联书店 2002 年版,第 27 页。

迟缓,物质生活基本承续传统样态,但精神层面却高度“现代化”,传统习俗、信仰和文娱等被压到“场面下”,物质层面的依然传统与精神层面的超前现代“冷热两重天”,呈现鲜明比照。但保持强大文化韧性的民间社会并未停止对国家嵌入和渗透的抗拒与过滤,利用智慧策略,逃避、偏离和削弱不利于自身利益的要求,侵蚀和削弱国家意识形态的合法性,民间社会的自主性仍在,民间地方性知识并未根本断裂。改革开放后,特别是实行家庭联产承包责任制以来,农村生产力得以解放,民间社会的主体地位确立,积极性、主动性和创造性得到发挥,人们的衣、食、住、行显著改善,呈现欣欣向荣的现代化景象。与此同时,长期被打压的传统婚丧习俗、节日习俗、社会信仰、文体娱乐等悄然复归。传统与现代、国家与社会胶着、形塑和构建,不断影响和推动社会生活变迁。运用传统与现代、国家与社会等理论,采用政府档案材料和田野调查资料,通过“自上而下”和“自下而上”研究路径,探讨新中国成立以来华北农村社会生活变迁,具有重要的理论意义和学术价值。

“农业丰则基础强,农民富则国家盛,农村稳则社会安”。“三农”问题事关国民经济发展与社会和谐稳定。当今,“三农”仍是全面建成小康社会的短板,解决“三农”问题是党的工作重中之重,自 2004 年以来,中央一号文件连续聚焦“三农”。2005 年,党的十六届五中全会明确提出了建设社会主义新农村的奋斗目标。2012 年,党的十八大指出,要扎实稳步推进社会主义新农村建设。2013 年,党的十八届三中全会吹响了全面深化改革的号角,协调推进城镇化和新农村建设。2015 年,在中央农村工作会议上,习近平强调,我国农业农村发展面临的难题和挑战还很多,任何时候都不能忽视和放松“三农”工作。而且,在城镇化快速推进的大背景下,乡村文化和记忆逐渐消失,难觅乡愁。在这种形势下,对新中国成立以来华北农村社会生活变迁加以研究并与新中国成立前相关联,进行纵向考察和横向比较,从而建立华北农村社会生活变迁的逻辑联系,在实地调查和全面搜集材料的基础上,倾听农民“说话”,客观真实地探讨新中国成立以来华北农村社会生活变迁的轨迹、原因、特征、影响、存在问题及发展趋势,对推进社会主义新农村建设以及“经济建设、政治建设、文化建设、社会建设、生态文明建设”的“五位一体”总布局都具有重要借鉴意义和参考价值。位于华北东南部的山东省梁山县，历史悠久，闻名遐迩，原始社会时期就有先民繁衍生息，为水浒故事发祥地。梁山县建县于1949年，与新中国同龄，是一般的农业县，从经济和社会发展程度看，该县既不是华北的发达地区，也不是落后地区，颇具代表性，而且保存了丰富的政府档案资料，还是笔者熟悉的家乡。因此，本书以与共和国同龄的山东省梁山县为个案，就新中国成立以来华北农村社会生活变迁加以实证考察。

二、学术史回顾

社会生活史是社会史研究的重要内容，也是当今学界最受关注的研究领域之一。中国社会生活史的萌芽可追溯至遥远的古代，《诗经》中就有关于社会生活的内容。在西方，古希腊时期的哲学家就对休闲生活等进行探讨。年鉴学派费尔南·布罗代尔的《15至18世纪的物质文明、经济和资本主义》第一卷《日常生活的结构：可能和不可能》详细论述了当时的社会生活。中国学者对社会生活史的系统研究始于20世纪30年代，如陈东原先生的《中国妇女生活史》等。新中国成立后，除李亚农的《殷代社会生活》外，专门论述社会生活的著作较少。20世纪80年代以来，中国社会生活史研究取得重大进展，学界把社会生活作为重要研究对象，冯尔康等人不满足历史学界偏重政治史的现象，提出应重视对衣食住行、婚嫁丧葬、文体娱乐、岁时节日等社会生活层面研究。1990年，冯尔康与常建华合著了《清人社会生活》，社会生活史研究兴起。乔志强主编的《中国近代社会史》与《近代华北农村社会变迁》、龚书铎主编的《中国社会通史》(8卷本)、钟敬文主编的《中华文明史》(10卷本)及初中历史教科书《中国历史》(人教版)等都把社会生活作为重要的研究内容。中国社会科学院历史研究所承担的国家社科基金项目"中国古代社会生活史"丛书，相继出版自夏商周到清代的十部社会生活史论著。社会学和人类学者也都很注重社会生活研究，费孝通的《江村经济》、林耀华的《金翼》、杨懋春的《一个中国村庄：山东台头》、许烺光的《祖荫下》等，都有社会生活的内容。

有关新中国成立以来社会生活变迁的研究也取得了一定成果。专著只有严昌洪的《20世纪中国社会生活变迁史》(人民出版社2007年版)一部。该书是国内第一部贯通了近代、现代和当代的生活史。作者把刚刚过去的20世纪100年的世态风情、沧海桑田的变迁展示在世人面前,比较全面地论述了20世纪中国社会生活变迁,为以后研究做了重要铺垫。但作者侧重于前半个世纪,对新中国成立以后的中国社会生活变迁论述较少,而且是对中国城乡社会生活变迁全景式、概括式研究,缺乏个案、"深描"和利用档案资料、田野调查资料的实证考察,对新中国成立以来华北农村社会生活变迁涉及很少。

国外和国内的不少学者的著述也涉及了新中国成立以来的社会生活变迁,下面就主要研究成果加以梳理。

[美]陈沛华、安戈、赵文词的《当代中国农村历沧桑:毛邓体制下的陈村》(牛津大学出版社1996年版)是作者从1974年起通过对流入中国香港的26位陈村知青和村民上百次的深入采访和1989年三位作者又前往该村进行实地调查后写成的。该书采用社区视角和社区中个人权利角色生活史视角的叙述线路,描述了20世纪60至80年代中国所经历的剧烈社会变革及这些变革与中国传统权力结构的关联性,主旨是透过政治运动中的陈村折射中国农村所经历的政治变化,也涉及了中国农村社会生活变迁。

[美]黄宗智的《长江三角洲小农家庭与乡村发展》(中华书局2000年版)通过对长江三角洲的松江县华阳桥乡的薛家埭等6个自然村的调查,就1949年到20世纪80年代的革命性巨变对乡村社会产生的巨大影响进行了研究。作者认为20世纪80年代以前,由于过密化发展,农民长期处于"糊口"水平;20世纪80年代以后,由于乡村工业和新副业的发展,农民生活发生质的变化。该书重点分析了新中国成立后当地农民生活状况变化的原因、过程,对农村生活状况只进行了简单概括。

[美]弗里曼、毕克伟、赛尔登的《中国乡村,社会主义国家》(社会科学文献出版社2002年版)是运用"国家—社会"二元化的解释模式,对河北省饶阳县五公村自抗战到人民公社化时期的民族志研究。作者带着西方的价值和学术观念,强调了传统文化某些违反人道的影响,认为中国的土地改革及集体化没有解放农民和给农民权利,使他们陷入了痛苦和羞辱的困境,书

中也描述了衣、食、娱乐等方面的变迁。

[美]威廉·韩丁的《深翻》(中国国际文化出版社(香港)2008年版)以山西长治张庄为个案,通过与20多年前他曾一起生活、工作过的农民交谈和了解,运用现场采访记录资料以及他在当时和后来研读的有关资料,论述了1949年到20世纪70年代初中国社会发生的激烈变化,也展现了张庄村民的住、行、婚丧、医疗、娱乐等社会生活变化。

曹锦清、张乐天、陈中亚的《当代浙北乡村的社会文化变迁》(上海远东出版社2001年版)是在浙北农村进行调查的基础上,对该地区近半个世纪以来的经济、政治、社会文化诸方面进行文化人类学的研究。该书对当地村民的生活水平与消费结构、婚姻、教育、卫生、市场、村落文化等方面的变迁进行了深入探讨,为以后的研究提供了重要的研究视角和方法。

黄树民的《林村的故事:一九四九年后的中国农村变革》(生活·读书·新知三联书店2002年版)以村干部的人生经历为线索,用生命史的叙述手法,再现了福建林村的社会变迁过程中国家文化取代村落文化的历程及社会生活变迁。作者认为尽管国家以革命手段和强大的政治宣传等高压手段使村民日益政治化,以阶级话语为主流的革命政治文化在农业集体化的革命后历史场景中成为主导,但只是暂时的表面的成功,村民的某些信仰和风俗习惯等地方性知识还坚韧地延续下来。

张乐天的《告别理想——人民公社制度研究》(上海人民出版社2005年版)以作者的家乡浙江省海宁市联民村为个案,结合自身的亲身体验、调查和大量的账本等民间文献,运用"外部冲击—村落传统互动模式",对1958年到1984年的人民公社制度进行考察与研究,描绘了人民公社制度下浙北的农民日常生活,关注了婚姻、老年人生活、宗族、村民交往等方面的变迁。

周拥平的《江村经济七十年》(上海大学出版社2006年版),通过作者从2006年2月至3月对江村(即开弦弓村)访问,利用间断性的连续实地调查获得的资料和有关文献,主要从交通与周边环境、古老行业、传统副业、市场、现代企业、水乡风情、和谐社区和世事沧桑等方面对1936年至2006年的经济生活进行探讨,也关注了村民的衣、食、住、行、婚姻等方面的今昔变化。

周大鸣的《凤凰村的变迁:〈华南的乡村生活〉追踪研究》(社会科学文献出版社2006年版)是作者对葛学溥《华南的乡村生活》一书的追踪研究成果,记录和分析了凤凰村的人口、经济、政治、教育、婚姻、家庭、宗教信仰和社会控制等方面的历史变迁与发展现状,也回应了华南汉人社会研究的一些关键问题,如宗族、民间信仰、国家与村落社区关系等,对人们的衣、食、住、行、用等也给予了关注和研究。

林成西的《20世纪70年代以来的村落变迁——江家堰村调查》(巴蜀书社2006年版)以四川省成都市锦江区三圣街道办事处的江家堰村为调查对象,从微观史学角度,运用口头采访资料和从该村发现的家庭账本,再现了该村自20世纪70年代以来,特别是改革开放以来村落的发展历程,也描述了该村村民的生存状态、婚礼用品、信仰、交往等方面的变迁。

王义祥的《当代中国社会变迁》(华东师范大学出版社2006年版)探讨了1978年以来中国社会整体结构及其组成要素的运动变化和发展改变过程,概述了人们的婚姻、社会消费、休闲娱乐、风俗、医疗、贫困等社会生活方面的变迁。作者认为改革开放以来,中国从封闭、贫困、落后、愚昧走向开放、繁荣、进步、理性,传统、现代、后现代的观念价值互相冲突又难舍难分地纠缠在一起。

王兆军的《黑墩屯:一个中国村庄的历史素描》(中国青年出版社2006年版)是从历史学、民俗学、人类学视角以个人修史的方式所写的一部村史。作者通过耳闻目睹,运用村民口述资料,对该村百年乡村社会生活变迁进行详细深入的实证研究。该书不仅有社会学、民俗学价值,还具有重要的文学价值。

韩敏的《回应革命与改革:皖北李村的社会变迁与延续》(江苏人民出版社2007年版)是新中国成立以后皖北农村社会巨变的民族志专著。作者以安徽省萧县卢井区李楼乡李家楼村李氏宗祖为主线,展现了清末、民国、毛泽东时代及改革开放后的社会变迁。作者通过大量的采访和调查,生动地记述了不同性别、年龄、阶级成分、社会地位的人对革命和改革的政治动员所作出的回应,也讨论了婚姻和姻亲关系、礼物交换、基督教复兴等社会生活变迁。

钟霞的《集体化与东邵疃村经济社会变迁》(合肥工业大学出版社 2007 年版)运用乡村文书和田野访谈资料,对集体化时期的山东省日照市后村镇东邵疃村的经济社会变迁进行了研究。该书论述了该村的概况、传统的小农经济社会、土改时期的社会经济、合作化运动与合作化经济、人民公社化运动与农业经济、农民收入分配原则与方法及村组织、人民公社解体后的经济社会,也探讨了该村农民的生活水平及公社解体后农民的生活与消费情况。

王跃生的《社会变革与婚姻家庭变动——20 世纪 30 至 90 年代冀南农村》(生活・读书・新知三联书店 2006 年版)采用历史学与人口学方法,结合个案就 20 世纪 30 至 90 年代社会制度大变革与农民的婚育行为、家庭结构规模及生存条件变动的相互关系进行阐述,显示了不同时期的变化特征,还探讨了婚姻年龄、婚姻行为等。

从以上学术史检视可见,新中国成立以来社会生活史研究取得了一些成果,为进一步研究奠定了重要基础。但也存在明显不足:对新中国成立以来华北农村服饰、饮食、住房、交通、婚丧、节日、信仰、文娱等社会生活变迁缺乏长时段的系统全面探讨,有的仅从不同侧面简单涉及和概述,对变迁过程、原因、特点、影响、存在问题及发展趋势等缺乏考察,缺少结合个案的"深描"、纵向研究和横向比较。21 世纪华北农村社会生活巨大变迁和社会主义新农村建设研究尚付阙如。缺少"自下而上"和"自上而下"研究视角的整合以及档案材料和田野调查资料的运用。对社会变迁理论也缺乏关照,其实,社会生活是"普通人与国家相遇和互动的舞台",①逐渐脱出传统,增益现代性;国家与社会、传统与现代行动关联、相互建构和形塑构成社会生活的重要内容,也促推社会生活不断嬗变。如此种种,正是本书关注和所要探究的。

---

① 孙立平:《转型与断裂:改革以来中国社会结构的变迁》,清华大学出版社 2004 年版,第 386 页。

第一章　梁山县概述

第一节　基本概况

梁山县位于山东省西南部，两省（山东、河南）、四地市（济宁、泰安、菏泽、濮阳）交界处，东临汶上县、西毗郓城县、北接东平县、南连嘉祥县，西北与河南省台前县隔黄河相望，地处东经115°51′－116°21′北纬35°36′－35°59′之间，梁山县境南北长41公里，东西长45公里，总面积为964平方公里。

气候适宜，自然资源丰富。地处暖温带半湿润地区，属大陆性季风气候，四季分明，具有光照充足、热量丰富、雨热同季、降水适中的特点，适宜自然生物的繁殖生长。梁山县资源丰富，种类繁多。动物类有人工饲养动物30多种，水生鱼类70多种，特别是小尾寒羊、鲁西黄牛量多质优，堪称国宝；黄河鲤鱼、鳜鱼、甲鱼味道鲜美，闻名遐迩。植物类有数百种，特别盛产小麦、玉米、大豆、棉花、花生、瓜菜等，是鲁西南主要粮仓、棉仓和蔬菜基地之一。

水力资源和矿产资源丰富。梁山县临黄河、靠东平湖，京杭运河贯穿南北，境内河渠纵横，地下水储量十分丰富。梁山县年均水资源量5亿立方米，人均占有量850多立方米，为山东省人均占有量的2倍。梁山县有效灌溉面积达5.4万公顷，占总耕地的91.2%。梁山县水质优良，在梁山脚下发现的泉水含有丰富的矿物质，是制造啤酒、饮料的优质原料。梁山县境内优质石灰岩储量达15亿立方米，是生产石灰、水泥的原料。境内矿藏品种多样，煤、石膏、铁矿、铝土储量较大。

地理位置优越，交通便利。梁山县古来即为交通要道，目前已经形成了公路、铁路、水路等纵横交织、四通发达的交通运输网络。济菏高速、220国道、蒙馆路、聊商路、梁肥路、济梁路6条干线公路贯穿境内。京九铁路在梁山境内穿越，并设有梁山站（见图1.1）。公路交通可沿干道北上济南、邯郸，南下徐州、商丘，东抵兖州、泰安，西达郑州、西安，特别是京九铁路的开通，为梁山"南征北战"，实现经济腾飞插上翅膀；济南到菏泽高速公路开通，梁山进入省会城市一小时经济圈。①

图1.1　梁山火车站②

第二节　行政区划沿革

梁山县建县较晚，1949年8月下旬，中共昆山县委、县政府在商老庄召

① 中共梁山县委党史研究室编著：《丰碑——梁山改革开放30年》，中共党史出版社2008年版，第16页。

② 文中照片全部由笔者于2007年至2009年间在梁山县拍摄。

开区、乡干部会议,宣布改昆山县为梁山县。① 昆山县成立于1941年1月,当时梁山上还驻扎日军,只好以昆山为县名,设县前该地区属东平湖西抗日根据地,俗称湖西。② 梁山县因境内梁山而得名,据《山东通志·疆域志》载:梁山"本名良山,以梁孝王游猎于此而名",③包括原寿张、阳谷、东阿、东平、汶上、郓城等县的边区。④ 梁山县建立后,行政区划先后多次调整。1952年,梁山县将原来的第9区划分为9、10区,由南旺县划来的1个区为第11区,全县共11区;自1949年8月建立平原省以来一直到1953年,梁山县隶属平原省菏泽专署;1953年下半年撤并南旺县,北部4个区划归梁山县,梁山县为15个区,归属山东省菏泽专署;1955年,将15个区全部改为以区驻地为名,即代庙区、大路口区、小路口区、黑虎庙区、凤山区、商老庄区、馆驿区、安山区、银山区、斑鸠店区、孔坊区、拳铺区、徐集区、孙庄区、开河区;1956年,撤去大路口、孔坊、斑鸠店3个区,分别划归银山、代庙、商老庄、拳铺等区,梁山县共分12个区;1958年2月撤区并乡后,梁山县为25个乡、1个镇;1958年8月,在26个乡镇的基础上成立7个人民公社,即东风(银山)、火箭(大路口)、八一(黑虎庙)、水泊(芦里)、七一(后集)、红旗(黄庄)、卫星(孙庄)人民公社;1959年6月,将7个公社划为10个公社,以驻地为名,即银山、大路口、小路口、黑虎庙、芦里、城关、拳铺、徐集、开河、孙庄人民公社;1960年4月,汶上县的寅寺、东平、须城、沙河站4处公社及平阴县黄花园1处公社划归梁山县,梁山县开河公社划归汶上县,全县为14处公社;1961年4月,又将汶上县和平阴县划归梁山县的5处公社划回,开河公社又划回梁山县,全县为10处公社;1962年2月,将银山公社分为银

① 中共梁山县委党史研究室:《中国共产党梁山县历史大事记》(第一卷:1932—2000),中共党史出版社2002年版,第111页。

② 中共梁山县委党史研究室:《中国共产党梁山县历史大事记》(第一卷:1932—2000),中共党史出版社2002年版,第369页。

③ 张曜修、孙葆田纂:《山东通志》,民国四年铅印本,卷二十四,疆域志,一一四。

④ 参见孙俊太:《梁山县历史沿革》,载中国人民政治协商会议梁山县委员会文史资料委员会编:《梁山文史资料》第1辑,内部资料1986年版,第1页;中共梁山县委党史研究室:《中国共产党梁山县历史大事记》(第一卷:1932—2000),中共党史出版社2002年版,第110页。

山、斑鸠店2处公社,全县为14处公社;1963年4月,将大路口公社分为大路口、寿张集2处公社,全县为12处公社;1965年上半年,又新增商老庄、大安山、小安山、馆驿、代庙5处公社,全县为17处公社;梁山县1967年3月后属菏泽地区革命委员会,1978年8月后属菏泽地区行政公署;1979年上半年,从原有公社中划出3个新公社,即赵堌堆、王府集、信楼公社,梁山县为20处公社;1982年底,将城关公社更名为梁山镇,梁山县为1个镇、19处公社,即梁山镇和斑鸠店、银山、代庙、赵堌堆、小路口、大路口、商老庄、大安山、黑虎庙、寿张集、小安山、马营、馆驿、王府集、韩岗、拳铺、徐集、信楼、韩垓等19个公社。① 1983年底,由原20处公社、镇改建为27个乡和5个镇,即斑鸠店乡、代庙乡、商老庄乡、大安山乡、司里乡、昆山乡、豆山乡、郓陈乡、赵堌堆乡、黑虎庙乡、大路口乡、寿张集乡、杨营乡、馆里乡、马营乡、小安山乡、李官屯乡、馆驿乡、王府集乡、前集乡、后孙庄乡、拳铺乡、方庙乡、信楼乡、韩垓乡、袁口乡、开河乡和小路口镇、徐集镇、韩岗镇、银山镇、梁山镇。② 1985年底,银山镇、豆山乡、斑鸠店乡、昆山乡、司里乡、大安山乡6个乡镇全部、代庙乡的33个行政村及商老庄乡的24个行政村划归东平县,梁山县为24个乡镇;③原代庙乡的孙楼、国那里、邹桥、马楼、红庙、杨盘、白庙、沙窝刘和原属商老庄乡的尹那里、大王共10个行政村划归郓陈乡管辖;原属商老庄乡的刘堂、黄河涯、周楼、马坊、殷那里、杨庄、郑那里、大吴8个行政村划归小安山乡管辖。④ 1990年,梁山县由菏泽地区划归济宁市管辖。⑤

---

① 梁山县地名办公室编:《山东省梁山县地名志》,内部资料1984年版,第60—61页。

② 《山东省人民政府关于梁山县改革现行公社体制请示报告的批复》,1983年8月17日,梁山县档案馆藏档3-1-182(本文所用档案全部是梁山县档案馆和菏泽市档案馆馆藏档案,收藏号依次是全宗号-目录号-案卷号,其中全宗号3是梁山县人民政府档案号,目录号1表示永久,案卷号182表示第182卷,下同)。

③ 《中共梁山县委、县人民政府区划调整中梁山、东平两县工作交接情况的报告》,1986年1月16日,梁山县档案馆藏档3-1-363。

④ 《梁山县人民政府关于孙楼、刘堂等十八个行政村归属问题的通知》,1986年5月3日,梁山县档案馆藏档3-1-240。

⑤ 《菏泽地区行署关于将梁山县划归济宁市管辖的报告》,1989年10月7日,菏泽市档案馆藏档28-1-531(全宗号28是菏泽地区行署档案号,目录号1表示永久,案卷号531表示第531卷,下同)。

2000年，梁山县所属24个乡镇合并为梁山镇、杨营镇、拳铺镇、馆驿镇、韩岗镇、韩垓镇、小安山镇、小路口镇、徐集镇、马营乡、寿张集乡、大路口乡、赵堌堆乡、黑虎庙乡等14个乡镇，包括859个自然村，687个行政村（见图1.2）；2007年底，原687个行政村合并为672个行政村，梁山县共计735000人。①

第三节　社会经济发展概况

新中国成立以来，梁山县社会经济不断发展，特别是中共十一届三中全会以来，社会经济发展驶入"快车道"，生产力水平跨上新台阶，人民生活水平接近全面小康，整体经济和社会面貌发生了历史性巨变，社会经济取得令人瞩目的成就。

梁山经济建设和社会发展不断取得新成就，经济实力日益增强。从新中国成立50年来的统计看，1999年梁山县国内生产总值达28.32亿元，比1949年增长32.40倍，年均增长7.27%；财政收入1999年达11912万元，比1949年增长1324倍，年均增长15.46%；人均国内生产总值达3861元，比1949年增长15.6倍，年均增长5.78%。② 进入21世纪，梁山县经济总量又迈上新台阶。2007年，实现地区生产总值93.13亿元，比1978年增长22.7倍，年均增长11.5%。2007年人均GDP达到12621元，比1978年增加12367元，增长16倍，年均增长10.3%。产业结构发生新变化。2007年，梁山县第一、二、三产业的增加值占GDP的比重，由1978年的54.0∶25.5∶20.5变化为20.5∶53.9∶25.6。第二产业比重提高28.4个百分点，其中工业增加值比重由21.3%提高到51.5%，提高了30.2个百分点；综合财力显著增强，2007年梁山县地方财政收入达到1.83亿元，年均增长10.9%；

① 中共梁山县委党史研究室编著：《丰碑——梁山改革开放30年》，中共党史出版社2008年版，第180页。

② 梁山县统计局编：《辉煌五十年：1949—1999年》，内部资料2000年版，第5—6页。

地方财政支出6.32亿元,年均增长15%。[①] 近年来,梁山县经济建设发展迅速,2015年12月18日《今日梁山》报道:近年来,梁山县紧紧围绕"工业强县、文化名城、生态和谐家园"发展定位,2014年县域经济综合实力全省排名实现了三年连续进位,圆满完成了公共财政预算收入、固定资产投资"三年倍增"。2015年前三季度,GDP完成180.23亿元,增长8.8%;1—10月,全县公共财政预算收入10亿元,增长17.45%,增幅居全市第一位。其他主要经济指标增幅高于全省、全市平均水平。

农村经济全面发展。历史上,梁山一带是黄河水灾多发地区,滩区、湖区的自然灾害更为频仍,粮食产量低而且不稳定。新中国成立以来,党和政府非常重视农业发展,为了从根本上改变农业生产的落后面貌,梁山县进行了几次较大规模的农田水利基本建设。从1959年开始,新建了陈垓引黄灌区(见图1.3)、东平湖引黄灌区等引黄工程,开挖整修了梁济运河、宋金河、金码河、流长河、琉璃河、龟山河等河流,修建了提、排灌站等一大批排灌工程。随着这些工程的兴建,大大提高了抗旱灌溉能力和防洪除涝能力,有力地促进了农业生产的发展。20世纪80年代以来,围绕发展高效农业,大搞骨干工程治理和田间配套,兴建排灌站377处,开挖治理排灌渠1041万米,打机井9859眼,共完成土石方6802万立方米,投工4367万个,投资16193万元,有效灌溉面积由1962年的1200公顷增加到1999年的46300公顷,增加38倍;建成旱涝保丰田28390公顷,占总耕地面积的51.5%。同时,农业现代化水平不断提高。1954年,梁山县仅有一台美制"小富农-15"型拖拉机,到1999年底,梁山县农机总动力达到38.5万千瓦,机耕、机播、机收面积分别达到46240、37547、36100公顷,分别占总耕地面积的84%、68%、66%。[②]

新中国成立以来,随着农业生产条件的不断改善和科学种田水平的不断提高,梁山县农业生产稳步快速发展。新中国成立初期,农民分得土地,生产情绪空前高涨,粮食产量不断增加。例如,梁山县七区何店新中国成立

---

① 中共梁山县委党史研究室编著:《丰碑——梁山改革开放30年》,中共党史出版社2008年版,第3页。

② 梁山县统计局编:《辉煌五十年:1949—1999年》,内部资料2000年版,第7—8页。

图 1.2 梁山县陈垓引黄灌区孙佃言枢纽

前亩产小麦 39 斤、高粱 135 斤、谷子 125 斤、豆子 65 斤、地瓜 1200 斤，而 1952 年分别达到 85 斤、210 斤、270 斤、70 斤、1500 斤。① 1982 年，由于全县 98.8%的生产队实行大包干责任制，农民群众生产积极性大大提高，全县小麦获得大丰收，每亩单产 196 公斤。② 20 世纪 90 年代以来，围绕发展高效农业，坚持以市场为导向，在稳定粮食总产量的基础上，大力调整种植结构，积极培植抗虫棉、大棚蔬菜、圆葱、花生、蚕桑等产业，努力扩大经济作物面积，经济作物面积在种植业中所占比重越来越大。1999 年，梁山县粮食总产 39.46 万吨，单产每公顷 5270 公斤，分别比 1949 年增加 35.69 万吨和每公顷 4858 公斤。1999 年，全县棉花总产 7365 吨，比 1949 年增加 7320 吨，

---

① 《梁山县七区何店生产水平调查报告》，1953 年 1 月 6 日，梁山县档案馆藏档 3-1-18。

② 中共梁山县委党史研究室编著：《丰碑——梁山改革开放 30 年》，中共党史出版社 2008 年版，第 217 页。

单产每公顷 1159 公斤，每公顷比 1949 年增加 1124 公斤；全县经济作物面积达 30417 公顷，占总耕地面积的 55.3%。在种植业大幅度发展的同时，林牧渔业也得到较快发展。农田林网面积逐年扩大，到 1999 年底全县有林地面积 8000 公顷，其中经济林 4133 公顷，农田林网化面积 54667 公顷，果品产量 2 万吨，林业产值 0.58 亿元，全县林木覆盖率达到 18.1%，成为全省绿化先进县。畜牧业结构日益优化，科技含量逐步提高，生产方式逐渐向规模化、区域化发展。1999 年底，全县肉类总产达 4.89 万吨，实现畜牧业总产值 4.33 亿元，占农业总产值比重为 26%，已成为全县农村经济发展的支柱产业。渔业生产发展较快，到 1999 年全县实现水产品总量 2 万吨，实现渔业产值 1.2 亿元。① 近年来，梁山县把“三农”工作作为重中之重，落实支农惠农政策，实施“五大产业链”建设，积极保护农民利益，实现了粮食增产、农业增效、林牧渔业全面发展，粮食产量不断提高。从 2006 年开始，梁山县全面取消农业税，仅此一项全县农民人均惠利 100 元，并对小麦等主要粮食作物直接补贴，加上农资直补、良种直补，农民每人每亩惠利 60 余元，再一次激发了农民种粮积极性，2007 年全县小麦每亩平均达 404.1 公斤，比 1978 年的 125.5 公斤增长了 221.99%；玉米、棉花、大豆单产从 1978 年的 177.5 公斤、18.5 公斤、75.05 公斤分别达到 2007 年的 517.3 公斤、91.9 公斤、168.5 公斤，分别增长 191.44%、396.76%、123.18%，产量大幅度提高。② 2007 年，全县实现农林牧渔业总产值 43.08 亿元，比 1978 年增长 11.1 倍，年均增长 9%；粮食总产达到 36.78 万吨，比 1978 年增长 1.59 倍，年均增长 3.3%；蔬菜总产量达到 90.1 万吨，比 1978 年增长 14.2 倍，年均增长 9.8%。农业产业化水平提高，“五大产业链”建设成效明显，种植业结构不断调整，农林牧渔业全面发展。农林牧渔业总产值比由 1978 年的 87.3∶3.8∶5.1∶3.8，调整为 2007 年的 58.7∶1.9∶36.3∶3.1。③ 近年

① 梁山县统计局编：《辉煌五十年：1949—1999 年》，内部资料 2000 年版，第 8—9 页。

② 中共梁山县委党史研究室编著：《丰碑——梁山改革开放 30 年》，中共党史出版社 2008 年版，第 217 页。

③ 中共梁山县委党史研究室编著：《丰碑——梁山改革开放 30 年》，中共党史出版社 2008 年版，第 4 页。

来,梁山县农业持续发展,2014 年 2 月 22 日《济宁日报》报道:要争取粮食生产实现"十连增",农民增收实现"十连快",农业结构调整步伐加快,农业综合生产能力稳步提高,农村各项改革稳步推进。农业生产的全面发展、产业结构逐步优化,使梁山县农业的基础地位进一步加强。

工业生产能力不断增强。新中国成立之初,梁山县工业仅有少数个体小手工业者从事红炉、酿造、印染、木器、竹业、缝纫、编织等小规模作坊生产。在党和政府领导下,梁山县工业从无到有、从小到大、从弱到强,已经初步形成以化工、机械、建材、纺织为主,门类较为齐全的工业生产体系。1955 年 9 月,梁山县农机修造厂建成投产,成为梁山县历史上第一家国营工业企业。其后,梁山县工业的发展走了一段弯路。1966 年起,山东省政府调整工业布局,梁山县被省政府定为"小三线"建设基地,青岛、烟台、济南三市部分工业企业在梁山相继建起了梁山油漆厂、石棉厂、轴承厂、棉纺织厂,从而带动了梁山县工业企业的发展;同年,菏泽地区所属水泥厂在梁山县建成投产。梁山县还同时建成了化肥厂、造纸厂等县属工业。至此,梁山县工业得到进一步发展。中共十一届三中全会以后,梁山县工业企业积极进行经济体制改革,相继实行了"三定一奖",利润提成、车间班组包干、浮动工资、定产定销、岗位指标等各种形式的生产责任制,促进了全县工业生产的较快发展。特别是 1994 年以来,梁山县根据市场经济发展要求,先后对部分企业实施了股份制改造,资产委托经营,对部分企业坚持放开搞活,采取了联合、兼并、租赁、拍卖、破产等改革措施。各类企业逐步建立起了充满活力的新机制,全县工业进一步发展壮大。同时,注意扶持个体私营企业,使其得到较快发展,出现了京九石化公司、良福制药公司、恩信实业公司、城市公交公司等一批规模大、效益好、发展前景广阔的个体私营企业。到 1999 年底,梁山县工业企业发展到 1227 家,从业人员 3.86 万人,年产值 16.62 亿元,独立核算工业固定资产原值 7.14 亿元,实现利税 6095 万元。① 乡镇企业发展几经波折,在困难和挑战中积极发展,到 1999 年全县乡镇企业总产

① 梁山县统计局编:《辉煌五十年:1949—1999 年》,内部资料 2000 年版,第 68—72 页。

值达到 8. 8 亿元，实现利税 1. 02 亿元。① 乡镇企业的兴起为农村经济繁荣发挥了重要作用。经过近十年的迅速发展，梁山县民营经济不断壮大，民营企业已成为工商业的主力军，2007 年，梁山县民营经营户数达到 19155 户，注册资金 13. 69 亿元，营业收入 146. 2 亿元，增加值 42. 8 亿元，上缴税金 2. 33 亿元；民营经济在规模以上工业企业中的比重已超过 90%。②

在工业发展过程中，注意调整产业产品结构，加快改造石棉、油漆、机械等传统产业，优先发展造纸、酒水、棉纺等优势产业，积极培植等级面粉、制药、热电联产等新兴产业，并加快改造传统产品，培育名牌产品，开发高新产品。经过几十年的发展，梁山工业规模逐步扩大，生产能力逐步增强。1999 年，全县拥有电力、机械、化工、建材、编织、皮革、印刷、缝纫、家具制造、食品、酿造、饲料加工、工艺制品、五金、电器、造纸等 30 多个工业门类，3000 多个花色品种，其中“梁山牌”收割机刀片获国家银质奖称号，占领全国 80%以上的市场，花键轴等 4 种产品获部优称号；“水泊牌”油漆、标准面粉等 30 多种产品获省优、部优称号，“梁山牌”中山装获华北六省一市服装评比第一名；“水泊牌”义酒、条纹包装纸获国际博览会金奖。针织坯布、轴承、石棉制品、水泥等 100 余种产品行销 20 多个国家和地区，在国内外市场享有良好声誉。③ 近年来，梁山县加大实施“工业立县”战略，进一步加快企业改革、改制步伐，以市场为导向，全力推进技术创新和制度创新，工业经济实力明显增强，增长速度和运行质量得以提高。2007 年底，全县规模以上工业企业达 189 家，比 1978 年增加 140 家。2007 年，梁山县规模以上工业完成增加值 35. 89 亿元，比 1978 年增长 109. 6 倍，年均增长 17. 6%。2007 年，高新技术产业产值比重达 24. 9%。2007 年，规模以上工业实现销售收入、利税、利润分别达 139. 17 亿元、14. 83 亿元、10. 97 亿元，分别比 1978 年增长 195、184. 4、1096 倍，年均增长 20. 0%、19. 7%、27. 3%，年销售收入超

---

① 梁山县统计局编：《辉煌五十年：1949—1999 年》，内部资料 2000 年版，第 9—10 页。

② 中共梁山县委党史研究室编著：《丰碑——梁山改革开放 30 年》，中共党史出版社 2008 年版，第 5 页。

③ 梁山县统计局编：《辉煌五十年：1949—1999 年》，内部资料 2000 年版，第 11—12 页。

亿元企业达29家,利税总额超千万元的企业20家。① 近年来,梁山县以企业升级为支撑,以产业转型为主线,以科技创新为动力,强力推动工业经济升级。2016年1月3日《济宁日报》载:梁山县启动了"百项技改项目"推进计划,2015年1至11月完成技改投资64.1亿元。积极推进企业规范化改制和上市工作,将55家企业纳入首批改制重点,水泊焊割等4家企业启动"新三板"挂牌。不断加快主导产业转型,专用汽车产业上升到省级层面推动,省政府扶持的专用车综合服务中心建设进展顺利,梁山工业园被命名"省新型工业化产业示范基地",2015年1至11月生产专用汽车7.2万辆,专用汽车及零部件实现销售收入112.5亿元。出版印刷产业信息化改造步伐加快,编制完成产业发展规划,网络出版、数字出版渐成规模,电子教具、数字教辅推向市场,2015年1至11月实现码洋销售收入96亿元。油漆、轴承、农机配件、玻璃加工等传统产业发展得到重视,涂料化工产业园已获市政府批复。工业经济规模迅速壮大,经济效益显著提高。

消费品市场日趋繁荣。新中国成立初期,经过对旧式商业的社会主义改造,国有商业有了较大发展;但长期以来计划经济体制下的商品流通体制影响了商品经济和城乡市场的发展,商品供需矛盾突出,加上购销流通渠道不畅,集市贸易中又限制品种交易,致使全县城乡市场十分萧条。中共十一届三中全会以后,城乡市场突破了国有商业"一统天下"的旧观念,向多种经济成分、多种经营方式、多种流通渠道、少环节的"三多一少"的新型流通形式转变,参与市场竞争的各经济类型、机构、网点全面发展,形成了开放型、竞争型的市场格局,有力地促进了社会主义市场经济的发展。随着个体私营经济的飞速发展,商业网点数量急剧增加。1998年底,梁山县共有各类商业零售网点5627个,比1978年增长5.7倍;从业人员17425人,比1978年增长8.3倍。商业零售机构的大幅度增长,对于繁荣全县城乡经济起到了重要作用。1999年,全县社会消费品零售总额实现5.8亿元,比1978年增长15倍,比1949年增长241倍。此外,改革开放以来,不断加大

① 中共梁山县委党史研究室编著:《丰碑——梁山改革开放30年》,中共党史出版社2008年版,第5页。

对市场建设的投资，1978 年以来，全县用于市场建设的投资达 9307 万元，是 1978 年的 18 倍。市场数量迅速增加，设施不断完善。1999 年，全县各类集贸市场达 65 处，成交额达到 5.6 亿元，比 1978 年增长 15 倍。① 城乡集贸市场的不断扩大和繁荣，对于促进城乡经济发展、满足人民群众生活需要起到了积极作用。近年来，积极引进外资和先进经营模式，连锁经营、便民店、仓储式超市、专业店、专卖店、代理经营、网络商业等新型营销方式竞相发展；2007 年，梁山县全社会消费品零售总额实现 27.24 亿元，比 1978 年增长 74.7 倍，年均增长 16.1%。② 随着经济不断发展和百姓购买力日益提高，梁山县消费品市场日趋繁荣。

邮电通信事业发展迅速。梁山县邮电通信业的发展从小到大、从慢到快，取得了显著成就。1994 年，梁山县彻底告别磁石摇把子电话，邮电通信事业发展进入“快车道”，1999 年，市话增容 13970 门，农话增容 7775 门，建成了拥有 8 个信道的移动电话模拟基站和无线寻呼基站，实现电话号码升 7 位和村村通电话。同时，图文传真、DDN 网、分组交换、国际互联网等一些先进技术也在全县得到使用。1999 年，梁山县邮电局、所达到 42 处，电话交换机装机容量达到 1.62 万门，市话用户 17970 户，农话用户 13456 户，移动电话用户 7610 户，无线寻呼用户 7119 户。邮电业务总量达到 6225 万元，是 1978 年的 125 倍，是 1949 年的 6225 倍。③ 近几年，梁山县邮电通信实现了历史性跨越。2007 年底，梁山县拥有固定电话用户达 12.24 万户，比 1989 年增长 86.42 倍，年均增长 65.5%；移动电话用户 19.79 万户，比 1994 年增长 197.8 倍，年均增长 155.5%；2007 年邮电业务总量达到 1.62 亿元，比 1978 年增长 323.3 倍，年均增长 22.1%。④ 梁山县通信业日新月异，特别是广大农村现代化的通信方式如手机、E-mail、电脑聊天、快递等得到长足发展。邮电通信业的发展，为梁山县社会经济全面发展，发挥了积极

---

① 梁山县统计局编：《辉煌五十年：1949—1999 年》，内部资料 2000 年版，第 14—15 页。

② 中共梁山县委党史研究室编著：《丰碑——梁山改革开放 30 年》，中共党史出版社 2008 年版，第 5 页。

③ 梁山县统计局编：《辉煌五十年：1949—1999 年》，内部资料 2000 年版，第 17—18 页。

④ 中共梁山县委党史研究室编著：《丰碑——梁山改革开放 30 年》，中共党史出版社 2008 年版，第 6 页。

的推动作用。

旅游事业有了长足发展。梁山是中国古典文学名著《水浒传》故事发祥地，水泊梁山（见图 1.4）为旅游业的核心载体。1985 年，梁山风景区被批准为山东省首批省级风景名胜区，正式售票接待游客。随着水浒文化的广泛传播和梁山县委、县政府"旅游兴县"战略的提出，梁山县走出了一条打水浒牌、做水浒文章、大力发展旅游事业的路子，使景区开发和旅游服务设施建设逐步发展。旅游景点得以修复新建，成立梁山旅游社、旅游服务公司、山寨酒家、旅游纪念品开发部等服务部门，旅游产业逐步健全，旅游收入连年增长。1998 年，来梁山的游客达 10 万人次，旅游收入达 100 万元。① 近几年，景点建设进入"快车道"，旅游业发展迅速。2007 年，接待国内游客达 56 万人次，接待入境游客 3000 人次，旅游收入过 5000 万元。② 梁山风景区先后被评为山东省省十佳山岳型旅游区、国家"AAAA"风景旅游区。近年来，梁山县旅游业不断增加新亮点，实现新跨越。2009 年 12 月 15 日《济宁日报》载：近年来，梁山县依托水浒资源，大力发展旅游经济，努力丰富旅游景观，着力拓展产业链条，实现年接待游客 100 万人次、旅游收入超过 3 亿元，年接待游客以 50%的幅度递增。2016 年 1 月 26 日《济宁日报》报道：近年来，梁山县先后编制了旅游产业发展、景区和乡村旅游 3 个总体规划，按照"一轴四环六区"的思路有序开发核心景区。820 亩的聚义湖、2200 亩的梁山泊建成蓄水，被评为省级水利风景区。水浒大酒店正式营业，法兴寺大雄宝殿、影视基地紫石街等景点顺利建成；梁山泊广场、水浒街、水浒文化广场对外开放。成功创建山东旅游强县、1 处省级旅游强乡镇、2 处省级旅游特色村，水浒酒文化体验馆晋级"3A"景区，梁山"水浒故里"被列为全省十大文化旅游目的地。2015 年景区游客接待人次、旅游收入分别较"十一五"末增长 156%、172%。青堌堆、岳家大院等 5 处遗址被列为国家和省级重点文物保护单位。梁山歼灭战遗址纪念园入选国家级抗战纪念遗址名录。旅游业成为梁山县国民经济新的重要增长点。

---

① 梁山县统计局编：《辉煌五十年：1949—1999 年》，内部资料 2000 年版，第 21—22 页。

② 中共梁山县委党史研究室编著：《丰碑——梁山改革开放 30 年》，中共党史出版社 2008 年版，第 6 页。

科技是第一生产力的观念日益增强,科技成果的推广应用日趋广泛。解放初,梁山县科技人员不过百人,大多分布在教育卫生部门。新中国成立以来,科技队伍的人数、文化素质、布局都有了明显提高和改善。1999 年全县各级各类科技人才达 1.29 万人,比 1978 年增加 1.06 万人,增长 4.7 倍。自 1978 年以来,全县共取得各种科研成果 352 项,其中达到国内先进水平的 120 项,占 34%。科技队伍不断壮大,1999 年底,全县企事业单位和国家机关共有专业技术干部 12755 人,其中,高级职称 448 人,中级职称 4094 人,初级职称 8213 人。① 科技创新取得新成就,共获得科技成果 720 项,2007 年梁山县科技人才发展到 17471 人,建科技特派员工作站 11 个,实施科技项目 92 个,引进推广新技术、新品种 23 个,创建利益共同体 9 个,投入资金 8200 万元,创利税 3.2 亿元。② 近年来,梁山县不断健全企业技术创新体系,2016 年 1 月 3 日《济宁日报》载:目前全县拥有市级以上工程技术研究中心达 30 家、院士工作站 5 处、研究生工作站 1 处。全县市级以上高新技术企业发展到 40 家,其中国家级 15 家。科技发展为经济建设提供了强力支持。

教育事业全面振兴。目前,梁山县学前教育、基础教育、职业教育、成人教育等多层次、多形式的教育网络已经形成,教育质量不断提高,教师待遇逐步落实,办学条件日臻完善,特别是通过 1987 年的农村中小学校改、1989 年的城镇中小学校改和 20 世纪 90 年代开展的普及九年制义务教育工作,使全县中小学面貌发生了巨大变化。1999 年全县各级各类学校达 201 处,在校生 14.86 万人,其中小学 160 所,在校生 9.06 万人,普通中学 38 所,在校生 5.70 万人。③ 近几年,中小学布局逐步优化,农村办学条件进一步改善。2007 年初,在对农村贫困家庭学生及享受城市居民最低生活保障政策家庭的义务教育阶段学生实施“两免一补”的基础上,全部免除了农村义务教育阶段学生杂费和课本费。④ 2007 年末,梁山县共有普通中学 28 所,在

① 梁山县统计局编:《辉煌五十年:1949—1999 年》,内部资料 2000 年版,第 18—19 页。

② 中共梁山县委党史研究室编著:《丰碑——梁山改革开放 30 年》,中共党史出版社 2008 年版,第 7 页。

③ 梁山县统计局编:《辉煌五十年:1949—1999 年》,内部资料 2000 年版,第 19 页。

④ 中共梁山县委党史研究室编著:《丰碑——梁山改革开放 30 年》,中共党史出版社 2008 年版,第 252 页。

图 1.3 水泊梁山

校生 4.34 万人；小学 138 所，在校生 5.63 万人，学龄儿童入学率 99.98%。① 近年来，梁山县大力“全面改薄”，均衡发展城乡教育，2015 年 11 月 6 日《今日梁山》报道：近些年，梁山县教体局把实施“全面改薄”作为增强农村义务教育保障能力、助推农村义务教育均衡发展的基础工程，摆上重要位置。2013 年下半年，县教体局报县委、县政府研究确定新建校舍面积 26.9 万平方米。在农村投资 1.7 亿元，实施农村义务教育学校校舍标准化建设工程，新建校舍 13.6 万平方米。建设工程进展顺利，建设成果正逐步显现，城乡差距正逐步缩小，城乡教育均衡发展正快速推进。

卫生事业蓬勃发展。解放初，梁山县仅有医院 1 处，从医人员 13 人。在党和政府的领导下，加强城乡医疗机构建设和各级各类网络建设，使卫生技术队伍不断扩大，医疗卫生条件不断改善。1999 年，梁山县各级各类医

① 中共梁山县委党史研究室编著：《丰碑——梁山改革开放 30 年》，中共党史出版社 2008 年版，第 7 页。

疗卫生机构达27个，卫生技术人员达1408人，病床达963张。梁山县人民医院成为二级甲等医院，医疗技术水平不断提高。乡镇卫生院和村卫生室得到加强，广大农村缺医少药的状况逐步改善。卫生防疫、妇幼保健工作成绩显著，基本形成了县、乡、村三级预防保健网络，各种传染病、地方病、寄生虫病发病率大幅度下降。爱国卫生运动广泛开展，人民群众健康意识明显增强。[①] 近年来，形成以公有制为主体，国家、集体、个人多种办医形式并存的格局；积极推进城镇职工医疗保障制度改革和新型农村合作医疗。2007年末，享受新型农村合作医疗的农村人口达90%以上，逐步建立起具有中国特色的卫生服务、医疗保障卫生体系。2007年底，全县各级各类医疗卫生机构29所，拥有卫生技术人员1838人，医生769人，拥有医疗床位1176张，建筑面积4万平方米，万元以上设备近百台（件），共有卫生室（诊所）800余个，卫生技术人员1700余人。[②] 2013年1月31日《济宁日报》报道：梁山县不断深化医药卫生体制改革，2012年新农合参合率达到99.02%，农民受益度进一步提高。全县310处省统一规划建设的村卫生室已全部配备使用基本药物，并实行零差率销售。同时，困难群众医疗救助"一站式"即时结算服务进一步健全完善，极大地方便了困难群众就医，有效地缓解了困难群众看病难、看病贵的问题。近年来，梁山县城乡卫生事业不断发展，新医改稳步推进，镇、村级卫生室得到升级改造，2015年12月18日《今日梁山》报道：梁山县新型农村合作医疗制度不断完善，参合率达到了99.2%。新医改工作稳步实施，被县政府评为医改工作先进单位，全镇24处村级卫生室规范化建设任务顺利完成，镇、村二级卫生院（室）得到升级改造，硬件设施建设有了明显改善。梁山县卫生事业不断发展，日益满足群众需要。

城乡居民生活有了保障。1994年起，梁山县开始建立农村社会养老保险制度，1999年底，梁山县农村投保达到2.7万人，五保户得到较好供养，供养五保户2180户、2426人；敬老院发展到31处，集中供养710人；1998

① 梁山县统计局编：《辉煌五十年：1949—1999年》，内部资料2000年版，第20—21页。

② 中共梁山县委党史研究室编著：《丰碑——梁山改革开放30年》，中共党史出版社2008年版，第7—8页。

年，开始建立了城乡居民最低生活保障制度。[1] 随着我国一系列全民保障制度政策出台，梁山县1999年启动了企业养老保险，2000年实施机关事业保险，2002年建立城镇职工基本医疗保险，2004年实行了农村社会养老保险，社会保险覆盖面逐步扩大，社会保障水平逐步提高。截至2007年底，梁山县企业基本养老保险参保人数达到23465人，城镇企业参保率为100%；机关事业保险参保人数达到12957人，参保率为100%。农村养老保险全县参保人数达到20381人。[2] 近些年，梁山县社会保障体系不断完善，2014年11月2日《济宁日报》载：梁山县把新增财政收入的80%以上投向民生领域，每年“为民十件实事”如期实现。城乡社会保障系统持续完善，10万名60岁以上的城乡居民养老金足额发放，社会养老保险参保人员达到41万。

人民生活水平明显提高。新中国成立初期，农民、城镇居民收入很低，生活十分贫困，1966年，全县农民人均纯收入仅56元，非农业居民人均生活费收入320元，处于非常艰难的境地。“文革”中，工农业生产徘徊不前，1978年农民人均纯收入73元，比1966年仅增加17元；非农业居民人均生活费收入361元，比1966年增加41元。群众生活虽比过去有所好转，但多数农民仍没有解决温饱问题。中共十一届三中全会后，梁山县国民经济和各项社会事业得到持续、快速、健康发展，群众生活水平大幅度提高。1999年，全县农民人均纯收入达到2266元，比1978年增长30倍，非农业居民人均生活费收入达到3072元，比1978年增长8倍。[3] 2007年末，城乡居民人均储蓄达6279元，比1978年增长814.4倍，年均增长12.8%；2007年，城市居民人均可支配收入达8173元，比1978年增长92.7%，年均增长14%；农民人均纯收入达4611元，比1978年增长75.9%，年均增长12%。居民消费结构持续优化，城乡居民生活质量持续提高，住房、汽车、通信器材成为消费热点。随着梁山县经济的不断发展，职工工资水平平稳提高，2007年在岗职工平均年工资达12884元，比2006年增长26%，比1978年增长98.4%，

① 梁山县统计局编：《辉煌五十年：1949—1999年》，内部资料2000年版，第24页。

② 中共梁山县委党史研究室编著：《丰碑——梁山改革开放30年》，中共党史出版社2008年版，第8页。

③ 梁山县统计局编：《辉煌五十年：1949—1999年》，内部资料2000年版，第22—23页。

年均增长 14.7%,[①]人民生活迈入小康。近年来,随着梁山县经济快速发展,城乡人均收入不断增加,人民生活水平日益提高,2014 年 5 月 26 日《济宁日报》报道:梁山县齐心协力,真抓实干,力争完成城乡居民人均收入增长 13%的目标,使人民生活水平不断提升。

① 中共梁山县委党史研究室编著:《丰碑——梁山改革开放 30 年》,中共党史出版社 2008 年版,第 8—9 页。

第二章　服饰变迁

服饰是人们衣着、发型、首饰和其他附属品的总称,是人类不可缺少的生存条件,也是人类文明的重要标志。中国历代新王朝建立无不“易服色”,以标示朝代更迭和社会变迁。服饰受历史因素、自然环境、生产力发展水平及社会风尚等影响和制约,一定时期还受政治因素的干预,是一定时期物质文明、精神文明和政治文明的物化和外显,因此,服饰不仅具有保护和装饰人们身体的功能,还以非文本形式记录着社会生活变化,承载政治、经济、民俗、伦理、价值观和社会风尚等丰富的社会内涵。随着时代发展,人们服饰也不断演变,研究服饰变迁不仅使我们了解服饰变迁轨迹和规律,还能更深刻地认识社会历史发展变化。

第一节　新中国成立至改革开放前服饰变迁

一、传统服饰延续

随着时代发展,作为社会文化外表和符号的服饰也不断变迁。近代以来,中国社会发生剧变,象征等级和名分的服饰也出现变革的端倪,但变化艰难而缓慢。辛亥革命推翻了延续两千余年的封建君主专制制度,传统服饰制度开始消亡,服饰现代化正式启动。广大农村服饰变迁缓慢,因服饰具有稳定性和传承性,到新中国成立前,人们服饰还基本持续清代的传统样式。据《梁山县志》载:新中国成立前百姓服装朴素大方,有贫富阶级差别。夏季,服色一般为蓝色或白色,富者多穿中式长衫;冬季服装多为黑色,富者着皮袄、长袍、马褂,贫者穿棉袄、衩裤,外扎腰带。①

新中国成立初期,百废待兴,百姓生活困难,难得温饱,梁山县农村服饰变化不大,仍基本延续新中国成立前的传统样态。在梁山县,人们上衣还主要承续清代式样,夏季为单衫,也称褂子,男子为对襟、布扣,前襟外各置一口袋;女式流行右开大襟式样,衣长可及膝,高领、大袖,襟及袖口等处镶边,后来,褂子身长渐短,窄袖,多不镶边。② 春秋季一般穿蓝、深灰色或黑色中式夹裤、夹袄③。长袍马褂是清代的流行服装,长袍有夹、棉之分,右开襟,男式长袍一般为青色,较肥大,女式的用花布制作,紧身。辛亥革命后,长袍一般为富人穿着,普通农民仅在年节或重要场合才穿。马褂套在长袍外面,常见的马褂分对襟和大襟两种,通常为青色。马褂较一般褂子短,长仅及肚脐。辛亥革命后,马褂逐渐被淘汰。棉袄主要分对襟和大襟两种,男式为对襟,形如夹袄,表里之间填棉絮,老年人习惯穿大襟棉袄,衣襟开在右边,比较肥大,多为黑色,一般还用布带扎腰,这样既可防寒保暖,还可在腰带上插烟袋、放手巾等。女式棉袄为大襟,比较紧身严实,一般用蓝布或花布做袄表,有大、小袄之分。棉袄看上去比较臃肿、皱皱巴巴的。

下衣,男式为宽裆带腰的裤子,俗称"大裆裤子",穿上后,在裤腰处竖打一折,俗称"挽裤腰";女式单裤大裆带腰,与男式相差无几,但女裤颜色比较鲜艳。扎裤子的带子俗称"裤腰带",旧时男式腰带用布缝制或用破布条、绳子充当,但不用苘绳,因为按照当地习俗,在有丧事时才用苘绳束腰。女子腰带一般比较讲究,用红布做成或绣有精美图案。有的裤子没裤袢,裤子与腰带分离,比较容易掉。男子夏季穿短裤,又称"裤衩",女子有穿裙子的。春秋天穿夹裤,有的贫穷人没有夹裤,脱了棉裤就是单裤。棉裤一般高裤腰,里面多填棉絮,护围前胸和后胸,能防寒但比较笨重。衩裤又称套裤,上口尖而下裤管平,穿时露出臀部及大腿后面上部,男女皆宜。④ 儿童在五六岁前穿有背带或上下身连体的"开裆裤子"。当地婴儿还有穿"土裤"(又

① 《梁山县志》,新华出版社 1997 年版,第 490 页。
② 山曼等:《山东民俗》,山东友谊书社 1988 年版,第 80 页。
③ 《梁山县志》,新华出版社 1997 年版,第 490 页。
④ 《梁山县志》,新华出版社 1997 年版,第 490 页。

称沙土布袋）的习惯，土裤既是衣服，也是被褥；土裤用棉布制作，上端有领口，下端密密缝牢以防漏土，两侧有袖洞，领口与袖洞用系带连接，比较肥大，以便用来装沙土；装的沙土比较讲究，先把黄河淤积的细沙在太阳下曝晒，然后用细筛子筛，再在铁锅里炒，当发出"噗噗"声时方可，等土温适宜时即可装入土裤。据笔者母亲讲，本人小时候就穿过土裤，不仅舒适，而且防止婴儿红臀和腹股沟等处浸渍发炎，具有保健功能。一直到20世纪七八十年代，当地人还在穿着这种土裤。如今，时兴尿布、尿不湿。农村还有扎腿的习惯，冬季天气严寒，人们往往用带子把裤脚扎起来，既能保暖也显得比较整洁，女子扎腿的较多。

人们穿衣除有季节、男女之别外，贫富差异不再明显。随着农业生产逐步恢复，人们开始添置新衣，脱掉了过去的破衣烂衫，穿着比较整洁，精神面貌也有所改观，据笔者的奶奶回忆："解放初的几年，生活好了，能穿暖了，冻不着了，还是粗布衣。"鸦片战争以来，当地传统土布受到严重冲击，但洋布并没有取代土布。20世纪50至70年代，梁山县的衣服面料仍主要是自己织的土布（织布机见图2.1；土布见图2.2）。在山东省日照市后村镇东邵疃村也不例外，人们穿的衣服花色很少，多数是穿小木机织的粗布。① 新中国成立之初，人们大量纺织土布，自用或出售以增加收入。如梁山县五区陈楼村，共有老幼妇女327人，参加纺织的有108人；二区张庄参加纺织的有33人，25人是织卖布的，8人是自己穿的；织布组共3个，郑某某（女）所在的组共6人，约20天时间共赚豆子47斤，除吃及各种基本费外，每人净赚豆子8斤。② 当时的歌谣："小棉车吱哇哇，男的下地去劳动，女的在家纺棉花。大空去下地，小空纺棉花"，③反映了人们纺线的积极性。国家也积极鼓励农民纺织土布，例如，1950年4月，梁山县政府从专区供销社调拨棉花发给群众，让农民自己纺线织布，还向群众提供布样，订立收购合同。④

① 钟霞：《集体化与东邵疃村经济社会变迁》，合肥工业大学出版社2007年版，第214页。

② 《梁山县民政科3月份月终工作总结报告》，1950年3月31日，梁山县档案馆藏档61-1-2（全宗号61是梁山县民政局档案号，目录号1表示永久，案卷号2表示第2卷，下同）。

③ 菏泽专区生产救灾委员会办公室印：《生产救灾情况》第8期，1958年4月7日，菏泽市档案馆藏档28-3-140。

④ 《梁山县人民政府四月份月终报告》，1950年4月30日，梁山县档案馆藏档3-1-1。

梁山一带的棉纺织业历史悠久，大约始于北宋年间，后来，纺织水平越来越高，梁山“鲁锦”①曾当作贡品进献朝廷。土布的制作过程非常复杂，从采棉到上机织布要经过大小72道工序。② 织好的白布，如果做其他颜色的衣服还需要染色，一般染成蓝、黑、青等颜色。20世纪50至70年代，人们用布除自织的土布外，还凭布票购买青、兰、白平纹布和少量条格布及花布。③ 剪裁衣服并不是每个农村妇女都能做到，一般请巧手量体裁衣，然后自己缝制。集体化之前，纺线、织布、做衣服为家庭妇女的主要任务之一。尤其是冬日农闲时节，妇女们聚在一起，一边晒太阳，一边做衣服，成为农村一景。

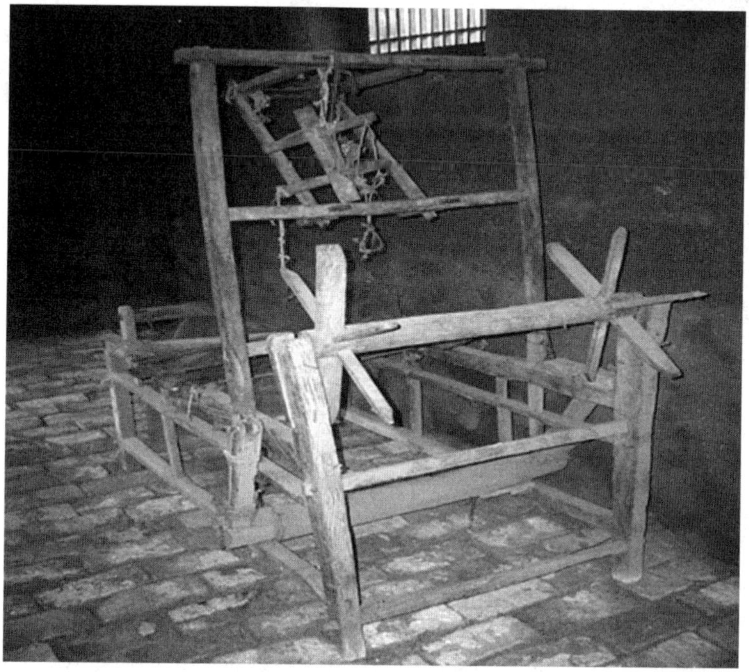

图2.1　废弃的织布机

① 鲁锦即山东的民间手工棉纺织品的总称。

② 《“柴大官人”鲁锦报》2008年第4期。

③ 《山东省菏泽专员公署民政局、山东省菏泽专员公署商业局、山东省菏泽专区供销合作社关于认真做好寒衣救济物资发放工作的联合通知》，1964年11月9日，梁山县档案馆藏档61-1-53。

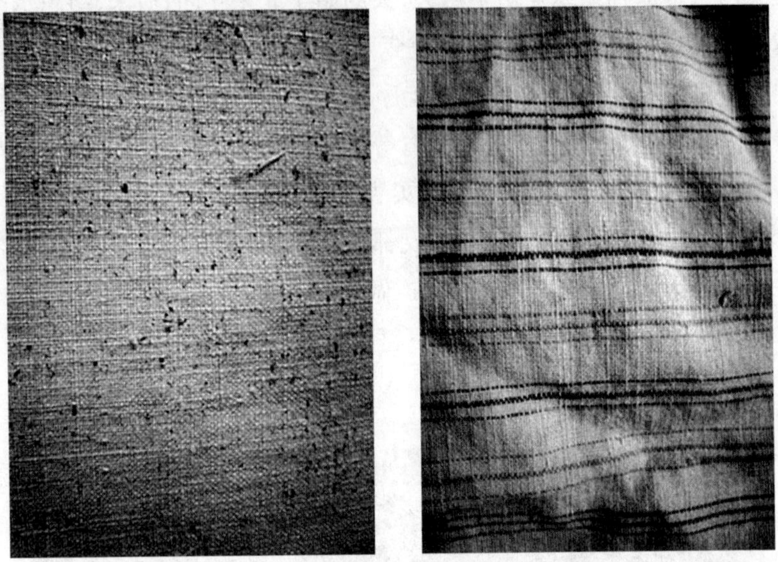

图 2.2　土布

人们大多仍穿自做的布鞋。旧时，做鞋是农村妇女的重要手艺和必修课，如果不会做鞋，会被视为“拙婆娘”，是很没面子的。当今，有的老年妇女还有做鞋的习惯。自做的布鞋一般分为圆口、尖口和松紧口三种，有单棉之分，制作过程比较复杂，棉鞋主要有“老头子”鞋（见图 2.3）和“三块瓦”鞋（见图 2.4）。儿童流行穿“虎头鞋”，以蓝色或黄色布料做鞋帮，在鞋头绣虎头，虎头额绣“王”字，鞋后口做虎尾当“提件”。虎为百兽之王，俗信穿上虎头鞋可辟邪、健康成长。人们还有做“蒲窝”鞋的习惯。“蒲窝”鞋又称“嘎哒”鞋，用蒲草、芦花编织而成，这种鞋既可保暖又可履泥泞，但比较沉重。缠过足的老太太仍穿自己做的“小脚鞋”。如今，村里还能见到穿“小脚鞋”、缠腿的老太太（见图 2.5）。新中国成立初期，袜子主要用土布缝制，有单、棉之分，底较厚，高筒，穿破再用碎布补缀，穿着不舒服，也不易洗刷（见图 2.6）。后来，逐渐被机织袜取代。小脚妇女仍用长长的裹脚布缠脚。当地妇女还有纳鞋垫的习惯，纳出鸳鸯、莲藕等吉祥图案，寄寓美好愿望和祝福。新中国成立初期，人们仍习惯戴毡帽。毡帽又称“毡帽头”，大致两种样式，一种是半圆形，春秋季戴；另一种俗名“三块瓦”，可挡风防寒，帽檐左、右、后长出三块,可护两耳及后颈。皮帽又称"耳朵帽",以毡或布为面,内填棉絮,旁边有用皮毛做成的两耳扇,耳扇可系在帽顶,也可放下护耳保暖。儿童冬季戴有辟邪寓意的"虎头帽"(见图2.7),帽前端绣成虎头形状,一般为红色棉帽,能护住颈部和耳朵,有帽带。老年妇女戴"绒帽",用棉花和黑平绒做成,带护耳,帽子正前端一般镶有帽珠等饰品。女子流行围方头巾,对角扎在头上或系在项间,老少皆用,只是颜色不同。草帽是农民夏日出行或劳动时不可少的行头,多以高粱秸篾、苇篾或麦草为原料做成,有圆形和六角形两种,帽顶或尖或圆,有帽带,既可挡炎炎烈日又可防雨。

图2.3　"老头子"棉鞋

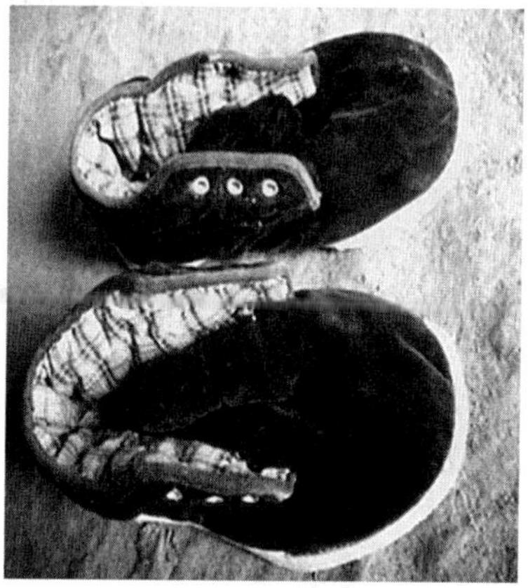

图2.4　"三块瓦"棉鞋

二、迟缓的服饰现代化

20世纪50年代以后,中山服开始在梁山县农村出现。这种中山服是在以前中山装基础上改进的,把传统略小的圆领改为阔而长的尖领,前阔、后背做的宽松一些,中腰稍微收敛,后片比前片略长,袖笼稍提,右边的暗兜上方多了插钢笔的小豁口。[①] 而原中山装是孙中山先生在广东人黄隆生协

① 王东霞编著:《百年中国社会图谱——从长袍马褂到西装革履》,四川人民出版社2003年版,第169—170页。

图 2.5 穿“小脚鞋”、缠腿的老太太

图 2.6 布袜子

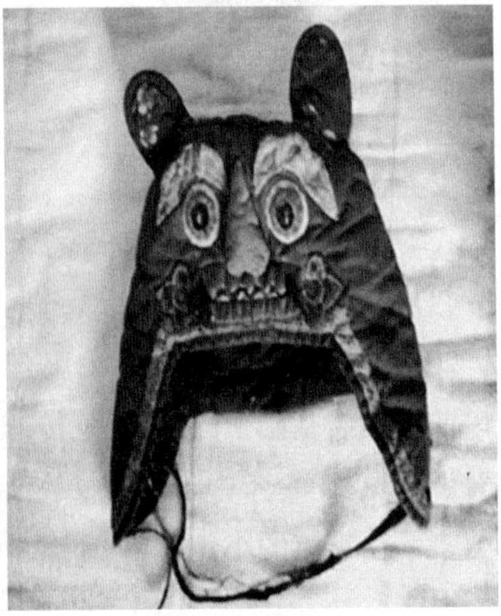

图 2.7 虎头帽

助下，参照南洋华侨中的“企领文装”和西服样式创造的，上衣站翻领、对襟、五纽、前胸左右各缀方形二明袋，有软盖；裤制，前面开、用暗纽，左右二暗袋，前有一小暗袋，后有一带盖的暗袋。① 新式中山装成为毛泽东等国家领导人参加国事活动的正式服装。中山装大方、庄重、实用，这种中西样式融合的中山装流行广泛，农村青年甚至妇女、孩子也都逐渐穿着。因百姓的中山装从干部装束学来，又称“干部服”。尽管这种中山服已经远远落后于世界服饰潮流，但它的出现标志着农村服饰现代化迈出了重要一步。后来，中山装代替传统衣衫，成为男性最主要的服装样式，当今，有的老年人还在穿着。当时衣服颜色比较单调，主要是蓝、青、黑、白。1957 年，李景汉在北京郊区乡村调查时也看到，衣服用布颜色单调，青布为最多，白布和蓝布次之。② 农村青年妇女除主要穿单调的蓝土布衣外，有的穿格子、碎花布褂子，这种花褂是当时年轻妇女最流行的服装，为单调乏味的服装世界增添了鲜活气息。20 世纪 60 年代中期以后，开始流行“一字领”女服，又称“迎宾服”，仅与男式中山服的领子与口袋有所不同，小西服领，左右前襟下各置一暗兜。③ 后来，在农村逐渐流行。“文革”期间，“全国人民学习解放军”，梁山县男女青年兴起了“军装热”。没有军装就仿军装款式自己做，没军装也要戴军帽，军绿色成为革命最彻底的服色（见图 2.8）。解放军的军服虽属于西式军服范畴，但在具体形制上尽量避免欧美军服样式，而是侧重于苏联军服风格。20 世纪 60 年代，军服上衣折下式立领（俗称制服领）、五个纽扣，领子两端头缝缀犹如两面红旗式的领章；军帽圆顶有前檐，帽前一枚金属质红五星。④ 当时，把着装作为人们思想水平高低的重要标准，女性提倡穿朴素的蓝色或灰黑外衣，把穿花衣服认为是不革命的，是资产阶级习气，女性穿花褂子也受限制，有的为了求美，就把花衣服穿在里面，故意露出花衣边。20 世纪 50 至 70 年代，服装款式和颜色单调贫乏，衣服现代化进程

---

① 朱和平：《中国服饰史稿》，中州古籍出版社 2001 年版，第 356 页。

② 李景汉：《北京郊区乡村家庭生活调查札记》，生活 · 读书 · 新知三联书店 1981 年版，第 14 页。

③ 华梅：《服饰与中国文化》，人民出版社 2001 年版，第 766—767 页。

④ 华梅：《中国服装史》，中国纺织出版社 2007 年版，第 171 页。

十分缓慢。衣服大都自做或购买新式衣料请裁缝制作,购买成衣的不多。单调贫乏的服装款式和色调是对农村传统文化的沿袭,也是社会经济落后和官方意识形态强势的体现。

图 2.8 "文革"期间流行的军绿色裤子

20 世纪 50 至 70 年代,人们除穿自做的布鞋外,也买少量布帮胶底的胶鞋和"空前绝后"的塑料凉鞋。由于当时工业品匮乏,防水耐磨的胶鞋供不应求。当时,为鼓励人们养猪,1963 年梁山县规定完成生猪派购任务的奖给布胶鞋一双,①人们穿上这种布胶鞋颇感自豪。1968 年,菏泽地区革命委员会生产指挥部要求鞋厂多生产胶底鞋、硫化鞋和胶粘鞋,以满足农民需要。② 人们除穿自做的布袜以外,方便舒适的机器织袜逐渐流行,当地俗称

① 《山东省人民委员会关于对猪羊蛋等几种主要副食品的收购政策和实物奖励办法的通知》,1963 年 3 月 16 日,菏泽市档案馆藏档 28-2-114。

② 《菏泽地区革命委员会生产指挥部关于下达 1968 年第四季度布鞋生产计划的通知》,1968 年 10 月 6 日,菏泽市档案馆藏档 28-3-263。

“洋袜”。新中国成立以来,人们除了仍戴毡帽和皮帽外,新式的中山装制服帽开始出现,因最初为穿干部服的人所戴,故又称“干部服帽”。[①] 冬天仍戴旧式皮帽防寒。“文革”期间,流行戴军帽或仿制的军帽。新中国成立之初,女子时兴长辫,有双辫或单辫。受当时女干部不扎辫而留短发的影响,有的农村青年妇女也开始留短发。20 世纪六七十年代,妇女的发式很简单,年轻女孩扎成短短的刷子形状或齐耳短发,家庭妇女流行短短的“剪发头”。留短发比长辫有许多好处:一是省时间,梳长辫耗时费力;二是容易洗,洗长头发太麻烦;三是干活方便。老年妇女有的留发髻。20 世纪 50 至 70 年代,男子多留光头,俗称“和尚头”,容易剃,也容易洗。也有的年轻人留平头和分头,俗称“留洋头”,当时有“留洋头,不戴帽”的说法。20 世纪 50 至 70 年代,梁山县女子戴首饰的不断减少。特别是“文革”期间,流行戴毛主席像章,戒指、耳环、手镯等成为封建主义的“残渣余孽”,如果穿戴不符合无产阶级式样的饰品,就会被强行摘除。化妆品认为是资产阶级和封建主义的结合,也无立足之地。

三、服饰现代化停滞

20 世纪五六十年代经济困难时期,服饰现代化出现停滞趋势。新中国成立初期,经济困难,崇尚节俭,从国家领导人到普通百姓,穿衣都很简朴。据李银桥回忆,当时毛主席穿衣非常简朴,“没有他的亲口允许,是不能为他添置新衣服的。从 1953 年底到 1962 年底,毛泽东没做过一件新衣服”。[②] 王鹤滨也说:“毛主席的衣着十分简单,只有两套衣服经常替换。”[③] 普通百姓服饰也很简朴,甚至穿破衣烂衫,仅能蔽体御寒。

20 世纪 60 年代初的困难时期,人们缺衣少穿,据笔者村里 81 岁的老队长董某某回忆:“当时穿衣困难,衣服破破烂烂的,冬天穿旧棉袄、旧棉裤,甚至露着棉絮,里面也没有内衣,勉强过冬,孩子多的,更苦。”从档案

① 山曼等:《山东民俗》,山东友谊书社 1988 年版,第 76 页。
② 李银桥:《在毛泽东身边十五年》,河北人民出版社 1991 年版,第 173 页。
③ 郭思敏编:《我眼中的毛泽东》,河北人民出版社 1990 年版,第 11 页。

资料,也能看出当时人们缺衣少穿的状况。1962 年,梁山县缺寒衣的 118813 人,衣 148509 件;[①]小路口公社缺寒衣的 2291 户 9086 人,共缺寒衣 15386 件;其中,董集有 38 户 284 人缺棉衣 310 件,社员董某某,8 口人 6 个小孩,长子 18 岁,最小的不满 1 周岁,全家仅有两床被子,除长子和其父有顾体的棉衣,其余全无棉衣;[②]小路口公社代那里大队,全队缺寒衣的 95 户 272 人,占总户的 26%,占总人数的 27%,缺衣 338 件;[③]大路口公社 470 人衣服顾不着身体,本着打紧精神,尚须临时解决布 2500 尺。[④] 当时,芦里公社退伍老红军陈某某全家 6 口人,其中 4 个小孩,在穿衣方面都很困难,从穿戴到铺盖,都是破烂不堪,破了补补再用,大小拼凑着穿。[⑤] 人们穿衣困难,尤其是寒衣缺乏,有的破烂不堪,服饰现代化无从谈起。

为解决用布困难,人们充分利用旧衣服、旧棉絮,发扬"拆旧翻新打补丁"的艰苦朴素精神,采取"新的不多旧的凑"办法,大力节约用布。[⑥] 梁山县几乎每年都需国家救济,据统计,从 1949 年到 1980 年,国家几乎每年都向梁山县发放救济棉衣或棉布、棉絮,1949—1958 年梁山县每年都发放救济衣物,共计 193920 件,其中发放数量较大的是 1951 年 54530 件、1954 年 60300 件、1957 年 24426 件。[⑦] 发放棉布数量最大的 2 个年份是 1964 年和 1965 年,由于连年受灾,群众缺少寒衣严重,为帮助灾民御寒过冬、劳力能

① 《梁山县人民委员会民政科 1962 年一年来民政工作总结》,1962 年 12 月 27 日,梁山县档案馆藏档 61-1-50。

② 《梁山县小路口公社雨后受灾情况报告》,1962 年 8 月 26 日,梁山县档案馆藏档 61-1-50。

③ 《梁山县人民委员会民政科 1962 年一年来民政工作总结》,1962 年 12 月 27 日,梁山县档案馆藏档 61-1-50。

④ 《大路口人民公社关于雨后受灾情况的专题报告》,1962 年 8 月 25 日,梁山县档案馆藏档 61-1-50。

⑤ 《平凡的事迹,高尚的品格》,1963 年 12 月 15 日,梁山县档案馆藏档 61-1-52。

⑥ 《山东省菏泽专员公署关于第四年度棉布计划供应的宣传材料》,1957 年 8 月 19 日,菏泽市档案馆藏档 28-3-125。

⑦ 《梁山县十年来(1949—1959 年)救济款发放情况汇总表》,1959 年 9 月 12 日,梁山县档案馆藏档 61-1-42。

够坚持生产,1964 年国家救济梁山县棉布 30 万市尺;[①]为解决群众穿衣困难,1965 年救济梁山县补助用布 30 万市尺。[②]

当时,人们生活相当艰苦,即使有布票也无钱买布做衣服。"新三年、旧三年、缝缝补补又三年"是人们穿着状态的真实写照。为了能多穿几年,人们做的新衣总是又肥又大,既可单穿也可罩棉衣,有的甚至穿破还大得不合体。衣服一般都是自己缝制,做工比较粗糙,仿制中山服或军装的吊兜或兜盖做得过大、过小或位置不当者很常见。不管怎样,人们能穿上件新衣服就很满足了。裤子短了,就一截截地加长;磨破了,就补上层厚厚补丁。一身衣服大孩子穿了小孩子穿,总是像接力棒一样从老大传到老小,有时不大考虑是男式还是女式,而且补了又补接了又接,当时的顺口溜:"新老大、旧老二,缝缝补补给老三",比较形象地反映了当时的穿衣情况。

人们穿的衣服往往补丁摞补丁。衣服补丁主要有暗补丁和明补丁。暗补丁是在衣服将要磨破时补在衣服里面的补丁。如果衣服磨破了,把补丁补在衣服的外面即"明补丁"。补补丁也成了当时农村妇女的常务。当时的补丁形形色色、五花八门,"通常能见到的补丁主要是裤子双膝上的长方形补丁,屁股上的圆形补丁,衣领上的长条补丁,有的人上衣肘部也有补丁";"补丁的颜色也不很讲究,并不太考虑是不是要找块'靠色'的布,而且洗褪了色的衣服即便有同样颜色的补丁,也肯定深浅不一,所以经常能看到已经几乎发白的蓝裤子上补着一块簇新的蓝补丁,反而觉得很好看。而且那时能穿上商店买的成衣已属不简单,虽破旧了,也很时尚"。[③] 俭朴在当时成为重要的道德标准,穿补丁衣服成为一种时尚和光荣,有时穿件新衣反倒感觉不自然。也有的贫苦百姓穿着露体的衣服。鞋子穿久了,容易被脚趾磨出窟窿,缝上补丁也很常见。如此艰苦的穿衣条件,蔽体穿暖成为人们

① 《山东省菏泽专员公署民政局、山东省菏泽专员公署商业局、山东省菏泽专区供销合作社关于认真做好寒衣救济物资发放工作的联合通知》,1964 年 11 月 9 日,梁山县档案馆藏档 61-1-53。

② 《梁山县人民委员会关于分配群众穿衣困难补助用布的通知》,1965 年 12 月 26 日,梁山县档案馆藏档 61-1-56。

③ 黄新原:《真情如歌:五十年代的中国往事》,中国青年出版社 2007 年版,第 125—126 页。

穿衣的需求,不大考虑服饰的改善和创新,服饰现代化进程停滞,甚至倒退。

第二节 改革开放以来服饰变迁

一、服饰快速现代化

一种文化对异质文化的吸收,往往首先从最表层的生活习尚层次的服饰开始。中共十一届三中全会以来,实行改革开放,服装业与国际接轨,服饰快速现代化,款式趋新、花色增多、个性鲜明,特别是年轻人穿新款服装、追国际潮流,引领农村的服饰现代化。

随着人们收入不断增加,在解决吃饭问题后,对服装的需求迅速增长,服装供不应求。如1980年,山东省服装年产能力不到4000万件,远不能满足市场需求,而且花色品种太少。① 1981年,菏泽地区市场上绒衣绒裤奇缺。② 20世纪80年代,随着缝纫机的增加,会缝纫裁剪成为农村女孩的重要本领,学缝纫裁剪成为时髦,人多年轻女孩都学缝纫,农村办缝纫机培训班的很多。当时笔者村里,就有附近村庄师傅办的缝纫培训班,村里不少年轻女孩都参加了。但20世纪80年代末,随着人们逐渐富裕和审美观念的更新,尤其是年轻人不再穿裁缝做的衣服,买缝纫机、学裁缝的锐减,缝纫机逐渐受冷落。人们购买成衣者增多,开始穿成衣,农村集镇服装店不断增多。人们穿衣由注重实用变为追求美观,直接选购各式新潮服装,新颖、漂亮、个性的时装成为百姓的喜好。据《梁山县志》载:20世纪80年代以来,衣服款式日趋现代化,样式新颖别致,面包服、皮夹克、夹克衫、裘皮大衣及西式套服等深受青年人的喜爱;青年人服装颜色鲜艳,童装更是五彩缤纷、

① 《关于山东省1980年国民经济计划安排的报告》,1980年1月2日,菏泽市档案馆藏档9-2-247(全宗号9是菏泽地委档案号,目录号2表示长期,案卷号247表示第247卷,下同)。

② 中共菏泽地委办公室编:《情况反映》第69期,1981年11月27日,菏泽市档案馆藏档9-1-582。

花色繁多。[1] 人们穿衣逐渐时装化。1984年调查表明：梁山县农民除需要朴素大方、宽松的服装外，时兴的中高档服装将在青壮年的富裕农民中很快普及，逐步向城市看齐，向高档、优质、多品种发展；时装将在青年男女中继续流行，穿西服、卡曲、夹克衫的将更多更普遍；国际上流行的时装，在一部分人中流行；运动服装进一步外衣化、时装化，首先在中小学生中日益普及；羽绒服将进一步出现热销的局面；童装的图案点缀和花型将更趋现代化，生命周期将是服装中最短的一种。[2] 人们服饰消费不断增加，从全国人均纤维消费量也可看出这种趋势：我国人均纤维消费量由1978年的2.4千克增长到1991年的4.1千克。[3]

人们穿衣由原来防寒避暑实用型向追求新颖、时尚的装饰型转变，衣着消费实现成衣化、时尚化。过去流行的中山装、军装逐渐退出服装市场，四季都有新款服装上市。最先引领服装潮流的是喇叭裤，这种服装原为水手服，肥大的裤管为罩住靴口，以免海水或冲洗甲板的水进入靴内。其款式是腰臀大腿部收紧，从膝盖以下裤管逐渐扩大，下部肥大呈喇叭状。20世纪80年代初，时髦男青年首先穿着，接着，女青年也不甘落后，穿起拉链在前的喇叭裤，而且还流行把上衣束进喇叭裤里，脚穿高底皮鞋，青春焕发，生机勃勃。起源于美国西部牛仔淘金生活的牛仔裤，因性感、运动感和耐穿也逐渐成为大众消费和大众流行的代表性服装，20世纪90年代后，逐渐发展到牛仔短裙、短裤、夹克、帽子、背包等，颜色和料子也不断改变，而且具有强大生命力，至今仍受人垂青。1987年中共十三大上，中央政治局五位常委第一次穿西装亮相记者招待会，在中央领导同志的带动和倡导下，“西服热”随之兴起。“脚蹬裤”松紧自如，活动方便，舒适自由，曾一度深受女性喜欢，几乎人人穿着，但不够大方，后来渐渐不再流行。20世纪80年代中期，时兴军绿色军用式棉大衣，价廉，保暖，20世纪90年代以后，随着轻便的羽绒服上市，军大衣被取代，穿军装成了土气、保守的象征。在军绿色棉大衣

---

① 《梁山县志》，新华出版社1997年版，第490页。

② 中共菏泽地委办公室编：《参阅件》第5期，1984年8月23日，菏泽市档案馆藏档9-1-706。

③ 王晓华、孙青编：《20年的服装变迁》，《艺术导刊》2001年8月号，第48页。

流行时,农村还时兴仿军大衣样式的灰色棉大衣,外形肥大,但由于是用棉絮做的,穿上很暖和(见图 2.9)。后来,一度流行挺括的“呢子”大衣,但不轻便,穿上也不暖和。20 世纪 90 年代流行手织毛衣,如今过渡到羊毛衫、羊绒衫时代,织毛衣的歇业了。20 世纪 90 年代以后,人们着装追求随意、舒适,各式各样的休闲装颇受青睐。轻便、美观、色彩各异的羽绒服成为最受欢迎的防寒服,羽绒大衣、羽绒上衣、羽绒坎肩等逐步取代以前的棉袄、棉裤、棉大衣,如今,轻便美观的各式羽绒服已成为人们越冬的最重要服装。女士服装代表和引领时尚潮流,是流行时装的风向标。如今,不少年轻女孩常年在外打工,和城里人一样追求新潮和个性,讲究款式和品牌。在春寒料峭时节,爱漂亮的女性也仿城里人穿起羊毛衫裙、黑皮裙,脚穿高筒高跟鞋,初夏就换上迷你裙。服饰城乡差别基本消失。如今,人们服饰日趋时尚化、品牌化、高档化,穿出个性、品味和自信成为人们的现代追求。

20 世纪 80 年代初,农村硫化鞋、泡沫鞋、塑料凉鞋销量较大,但高跟、半高跟女鞋销量不大。[①] 随着人们生活水平提高,鞋的消费由耐穿型、实用型向轻型化、舒适化、高档化发展。1984 年,菏泽地区市场调查表明:塑料鞋比重下降,皮鞋、布鞋比重上升,皮靴也开始崭露头角,皮鞋在农村消费将扩大,估计三五年内,其销量将超过城市;塑料鞋过剩、橡塑并用发泡底、仿皮面凉鞋的社会消费将继续扩大;适合中老年穿用的橡塑软底鞋、布底鞋供不应求。[②] 后来,女式高跟皮鞋、男式胶鞋、胶靴广为流行。[③] 如今,各样式的皮鞋、休闲鞋也进入寻常百姓家。高筒袜、连裤袜等应有尽有。如今,女式凉鞋流行无后帮,而且光脚穿,涂染脚趾甲,戴趾环、脚铃。在尖头细高跟皮鞋流行后,出现与之反差极大的“松糕鞋”,鞋头和鞋跟宽大,厚鞋底,带有明显男性化特征,显得笨头笨脑、缺乏女人气。20 世纪 80 年代以来,帽子款式日益多样,并增加镶、嵌、滚、拼等装饰,季节性需求明显,有皮帽、运

① 中共菏泽地委办公室编:《情况反映》第 69 期,1981 年 11 月 27 日,菏泽市档案馆藏档 9-1-582。

② 中共菏泽地委办公室编:《参阅件》第 5 期,1984 年 8 月 23 日,菏泽市档案馆藏档 9-1-706。

③ 《梁山县志》,新华出版社 1997 年版,第 490 页。

图 2.9　20 世纪 80 年代中期流行的灰色棉大衣

动帽、太阳帽等。农村青年发型也紧跟时代潮流，女青年一改过去的短发和梳辫子，开始改为披肩发，有的男青年也蓄长发。如今，新式的美容美发厅和形象设计中心在农村集镇随处可见，女士流行烫发，特别是在城市打工的年轻人更前卫，有的染五颜六色的彩发；男青年也不甘落后，不少时髦的男性也加入染彩发行列。文身热不断升温，以往认为在身上刺纹有些原始社会“文身”意味，或是黑社会成员标志。但如今，爱美女士文眉的越来越多，有的女孩还在右额边文上梅花等图案；男青年文身的也逐渐增多，纹的面积较大。有的年轻女孩还整容，使自己变得越来越美丽、时尚。20 世纪八九十年代，青年女子戴首饰者增加，有的戴三金（耳环、戒指、项链），一般是结婚时的彩礼。如今，年轻女孩也戴上金项链、耳环、耳坠，有的男青年也戴着耳环、耳坠。

二、服饰后现代化

后现代理论以裂变反对统一、以无序反对有序、以多元主义反对普适主义、以融合论反对整体论、以流行文化反对高雅文化、以地方主义反对全球主义。① 其反常规、反传统、无规则、无权威等思潮也浸润到服饰领域,服饰出现后现代化趋向:反常规化、裸露化、怪诞化、中性化、儿童化等。在城里打工的年轻女孩、小伙子,穿衣打扮学城里人、追流行风,引领农村服饰的后现代潮流。

反常规化。赶时髦的年轻人穿衣,“长其所短,短其所长”,走“反常规思维”路线。将小外衣套在肥大的内衣外,外面的夹克短于里面的毛衣或衬衣,外衣下边露出一大截内衣,甚至用夏季的短外衣罩毛衣穿,一副衣不合体的样子。有的长裙外加一件短及腰上的小坎肩,或是长袖呈明显递进式,外衣袖明显短于内衣袖。春秋季流行上穿齐腰短夹克,内穿长长的毛衣,毛衣不束在裤腰内,毛衣的下摆超过臀部和外套露在外面,一改过去外衣罩住内衣的常规着装方式。身上到底穿了几件衣服,看衣服的下摆便一目了然。比较常见的是内穿长袖衬衣,短袖衫穿在长袖衫或毛衣外,招摇过市。还有的是内衣外穿,内衣袖长,外衣袖短,穿几件衣服在袖口处就呈现出几个层次。还有的穿缩手装,将以前裸露的手遮起来,将衣袖加长盖过手背,只露出几个手指尖。如今,年轻女孩流行的外衣超短,大约相当于原来衣长的一半。内衣特长,相当于短连衣裙。不论人们对年轻人变化不一、新奇个性的“反常规”着装如何不理解,但她(他)们依然故我,勇追服饰后现代化潮流。

裸露化。服装本来是遮身蔽体,而现代女性服装,突破传统服装遮盖身体的固有观念,暴露部位与程度均大大挑战传统观念。肌肤遮覆越来越少,

---

① [英]迈克·费瑟斯通:《消解文化——全球化、后现代主义与认同》,杨渝东译,北京大学出版社 2009 年版,第 103 页。

胴体的裸露部分越来越多。露脐装一改人们过去上衣遮掩下裳的传统穿衣模式,露出肚脐和腰间的一大截肌肤,把过去该长的部位缩短,上衣短得不能再短;裤腰做的特浅,怎么上提也不能盖住肚脐。不仅上衣越来越短小,露出肚脐,且袖子由短变无,而且肩部变成吊带。领口开得越来越低,尽可能袒露肌肤。裙子超短,有的穿超短的牛仔短裤。女装吊带衫已很普遍,大大方方穿着宛若乳罩式的肚兜式上衣,肩上只有两条细带,后背也裸露着。下衣不同于游泳衣的三角形,而是一字形,长度仅在大腿根,远远看去好像穿着"泳装"。裸露之风盛行,越来越为人们所习惯,甚至出现"脸不漂亮露胸,胸不漂亮露肩,肩不漂亮露腿"的趋向。

怪诞化。20世纪末,一度流行怪诞的服饰,以荒诞为时髦,剃"公鸡头",仅留中间一溜头发,两侧剃光;穿"朋克装",这种服装是西方流行的一种颓废青年装,用发胶把头发粘成兽角状,黑皮夹克绣饰骷髅等;酷的衣服、冷峻怪异的形象颇受年轻人青睐。穿饰有骷髅、怪兽图案的服装,大而黑的墨镜,一副冷冰冰、不可一世的叛逆者、野性形象。受"韩流"影响,青年男女流行染黄头发,穿黑色肥腿裤或油亮面料且颜色不同的长裤、圆领文化衫或肥肥阔阔的夹克,衣服肘部和牛仔裤膝盖撕成不规则的孔洞,双肩背皮包或衣服前襟挂饰物。还流行乞丐装,拼拼凑凑、破破烂烂,刻意违背常态,颇像流浪乞丐的装束。衣服边缘不锁边,而是敞着布边,布丝缕缕。把布料故意撕烂、做成破洞状、杂色或像污染过似的,无规则地拼接在一块;打上颜色不相配的补丁,有时补丁摞补丁;帽子破边、歪歪斜斜、邋邋遢遢;穿鞋不穿袜子。[①] 这种特殊处理的服装不同于乞丐所穿的破烂服装,也不是装穷,而是追求时髦、潇洒、异众,满足求新趋异、放荡不羁的心理。有的年轻人穿着拖地的掉裆裤,哼着 hip-hop 的节拍一颤一颤地走路,觉着特别潮。

"中性化"与"儿童化"。21世纪初,曾流行阴阳合一的服饰,混合性别符号,服饰的男女界限变得模糊不清。年轻男性着装有女性化倾向,女性着装则男性化,女孩子染黄头发、红头发、彩发成为时尚,男青年也加入染发的行列,戴上耳环。男士不仅衣服、发型和首饰女性化,甚至动作和说话都是

① 华梅编著:《华梅谈服饰文化》,天津人民出版社2001年版,第357页。

女里女气的。女士留男式短发，头发短短的、乱乱的，牛仔磨白、撕边，旅游鞋脏兮兮的。年轻人玩弄混合性别符号的游戏，社会对模糊两性符号的宽容度日益扩大，服装中性化风格愈演愈烈。① 随着生活节奏加快，社会竞争压力增大，人们渴望永远年轻、享受属于自己童年的快乐，"儿童化"服饰的流行就是这种心理的反映。追求"蔻"的年轻人，梳着活泼的羊角辫，喜欢穿带卡通画、流氓兔、加菲猫的T恤，穿可爱的袋袋裤或背带裤，斜挎一个绣花包或小皮包，包带上缀着铃铛或绒毛小熊、小狗等饰物，脚蹬"娃娃鞋"，甚至"喝水用奶瓶、化妆用婴儿露，搽手用宝宝霜，说话也奶声奶气的。一时间，连三十大几的少妇也穿着孩里孩气的女装"。②

中国自古崇尚礼教，服饰礼仪严格，服装款式不能随意更易，把不符合中国人正统观念和思维、奇异怪诞的非正统穿衣者称为"服妖"。《汉书·五行志》云："风俗狂慢，变节易度，则为剽轻奇怪之服，故有服妖。"③过去，农村里的老年人看到年轻人穿的新式怪异服装，颇感不解，常说："穿的啥？打扮得像妖精似的。"当今社会，服饰变化加速，奇装异服不断出现，令人眼花缭乱；服饰观念不断更新，社会宽容度越来越大，看上去怪诞、顽皮、前卫的后现代服饰，日渐被人们认可和包容。老人们对"后现代服装"也接受了，经常听她（他）们讲："现在年轻人穿多好啊！跟城里人穿的一样，就像电视里演的那样。"服饰领域体现人的自在本质，个性化特征也使得服饰世界丰富多样，正如哈贝马斯所说："现代个人以自主和自决、能动与创新，为这一领域注入了对制度化、例行化以及'平庸人生'进行抗争的内容，使其具有了形质多样、异彩纷呈的性状。"④只有新异、反常规才有服饰的发展和创新，这也是服饰的生命力所在。后现代服饰的流行，使服饰日趋多样和新异，也促进人们思维的活跃和生活多样化，也体现了社会的开放和进步。

① 刘云华：《后现代服饰文化中的模糊性》，《装饰》2004年第2期，第72页。
② 华梅：《中国服装史》，中国纺织出版社2007年版，第189页。
③ （汉）班固：《汉书》第五册，中华书局1962年版，第1353页。
④ ［德］哈贝马斯：《公共领域的结构转型》，学林出版社1999年版，第33页。

三、传统服饰复归

从服装质料上看，改革开放以来，农村棉布消费逐渐减少，化纤、呢绒、毛线等消费大增，其中化纤、呢绒的消费量最大；但20世纪90年代末，人们倾向纯棉类消费，出现“返璞归真”的趋势。20世纪80年代初，新颖的人造棉、的确良、涤卡等化纤布流行，被认为是最时髦、最高级的布料，挺括、新颖、经久耐穿，非常受欢迎，很快普及开来。据统计，1984年，全国社会商品零售总额比上年增加17.4%，是历史上增长最快的一年，呢绒品等商品的销售额增长更快。①《梁山县志》载：20世纪80年代后，人民服饰有了巨大变化，化纤布、针织品、毛纺织品等高级布料占了市场优势，基本上取代了棉布。② 化纤主要原料来源于石油，广泛应用于纺织业，对缓解天然纺织原料的不足起了重要作用，长期来看，化纤仍是不可替代的纺织原料。但石油是不可再生的资源，随着人们环保意识的增强，引起人们对服装面料的重新认识，化纤衣料在加工时对空气造成污染，而且，以化纤为原料生产的衣服有不吸汗、伤皮肤等缺点。1985年起，纺针织品开始由低谷转向旺销，1988年达到顶峰；1989年起这一周期已逐步转向衰退阶段，原先抢手的毛线、毛毯、毛巾被、锦纶丝袜，货源有余，出现滞销。③ 随着人们生活质量的提高，穿衣开始讲究面料和质地，更崇尚有益于人体健康的以天然纤维为原料的天然纺织品。棉纤维织品具有透气、柔软、吸湿、不伤皮肤等优点，纯棉制品对人体有亲和度，具有特殊的优点，特别是有卫生保健功能，是化纤所不能比拟的，所以人们对棉织品垂青，土布、纯棉内衣、纯棉布料重新受青睐。笔者的母亲常说：“还是棉布的好，吸汗，不伤皮肤，穿起来暖和贴身。”人们注重健康保健，崇尚与人体相和谐的天然棉纺织品，不仅符合当今时代的环保

---

① 《1985年国民经济和社会发展计划（草案）要点》，1984年12月20日，菏泽市档案馆藏档28-2-351。

② 《梁山县志》，新华出版社1997年版，第490页。

③ 菏泽行署办公室编：《参阅件》第13期，1989年7月31日，菏泽市档案馆藏档28-1-511。

主题,也体现了人文关怀的趋向,成为服饰时尚和服饰文化的新潮流,也是人们服饰消费的正确选择。手工制作的棉布鞋也很受欢迎,不臭脚,不出汗。自做的布棉鞋很暖和,老年人至今仍爱穿。1999 年,与中式小袄相配套的偏带布鞋随之兴起;这种样式的布鞋在 20 世纪 50 至 70 年代曾是女鞋的主要样式,如今再度走红,有了非常青春的名字,人称“娃娃鞋”。男士也紧紧跟风,黑布小圆口布鞋也成为男士的所爱。① 梁山生产的“鲁锦”也畅销海内外。

20 世纪 90 年代初,一度失宠的缎子面料重新受到人们的喜爱,农村流行用缎子面料做棉袄。集市上褐色、黑色、红色、绿色的缎子面料琳琅满目,缎子料上有古钱币、梅花等吉祥图案以及篆体的福、寿等字符。当时,男女老少都穿着缎子袄,而且不罩外套,结婚时更是必备的礼服。1997 年香港回归,中国地位大增,国人深感自豪,对襟中式服装热也随之兴起。香港特区首任行政长官董建华在香港回归后的第一个春节,身着蓝色缎面团花图案的对襟袄出现在公众场合,这一服饰形象大大吸引世界华人的眼球,人们以穿中式服装为荣,中国传统服装流行开来。

2001 年 10 月 21 日,参加 APEC 会议的各位领导人,身着红、绿、蓝、咖啡、酒红颜色的织锦缎对襟“唐装”依次步入上海科技馆会场,经过改良、具有浓郁民族特色、色彩饱满华丽的着装极大地吸引了国人眼球,由此兴起一股“唐装热”。男女老幼人人着“唐装”,传统服装重新找回自我,大红、紫色、浅粉、淡绿、天蓝、黑色,五彩缤纷;立领、圆领、对襟、偏襟,多种多样;刺绣、印花,眼花缭乱。特别是逢年过节,人们身着色彩鲜艳、传统图案的“唐装”,形成了一道独特的风景。近些年,“唐装热”有所降温,但仍受老年人和儿童喜爱。

传统服饰回归,特别是“唐装热”,不仅是返璞归真的“怀旧风”,也是中国传统服饰文化的回归,展示了中华文化强大的生命力,折射出中国经济快速增长和国力不断提高背景下民族自豪感和自信力提升。当然,唐装不是简单的复古,而是传统服饰文化特质与现代时尚元素的有机结合;既继承传

① 华梅编著:《华梅谈服饰文化》,天津人民出版社 2001 年版,第 409—410 页。

统又面向未来、既是中国的又是世界的服装，才能具有长久生命力。

第三节 新中国成立以来服饰变迁的特点、原因及影响

服饰是社会文化的重要载体，记录和折射社会发展变化并反作用于时代。总结新中国成立以来华北农村服饰变迁的特点、原因及影响，有助于加深认识服饰变迁，也使我们更加深入了解新中国成立以来的中国社会。

新中国成立以来，华北农村发生了翻天覆地的变化，作为社会文化载体和事象的服饰也相应地发生了巨大变化，其特点主要有：

第一，从传统到现代。随着社会发展，服饰在承继传统的同时，不断现代化。新中国成立之初，人们服饰仍主要保持之前的传统样式：穿粗布衣，以蓝、黑、白为"主打"色；男子穿对襟衣，大裆裤；女子穿大襟褂，肥裆裤。20 世纪 50 年代以后，新式的中山服开始流行。"文革"时期又流行军装。中山服和军装的出现，给单调、传统的服饰世界增添了现代气息，但传统服饰仍占重要地位。新中国成立到改革开放前，服饰现代化进程迟缓，远远落后于国际服装发展潮流。改革开放后，服装业与国际接轨，服饰现代化进程急剧加速；随着人们收入增加，不再纺线织布、自做衣服，而是直接买成衣、赶潮流，现代时装成为百姓最爱，新颖、美观、个性成为服饰主旋律。人们按自己理解和偏爱选择服饰，追求新潮和个性，服饰日趋现代化。

第二，明显的阶段性。新中国成立到改革开放前，服饰贫乏单调；改革开放后则丰富多彩。新中国成立初期，生活艰苦，缺衣少穿，服装款式和色调少有变化，人们仍穿旧式的粗布衣衫。20 世纪 50 年代以后，开始出现中山装，"文革"时期流行军装。但服装缺乏，一衣多季，一衣多人穿，款式趋同，颜色单调，主要是蓝、灰、黑，所以外国人称中国为"蓝蚂蚁"国度。女性服装也很单调乏色，一般也是蓝、灰、黑"三原色"或小碎花的上衣。1956 年李滨声先生的漫画《四季常青》配文："桃花开了，姑娘穿蓝色；荷花开了，姑娘穿蓝色；菊花开了，姑娘穿蓝色；水仙花开了，姑娘穿蓝色"，生动形象地反映了当时女性服色单一。改革开放后，服饰的数量、款式、颜色发生巨大

变化，人们一季多衣，各种时装不断上市，令人眼花缭乱。服装颜色从单调到多彩，从灰暗到明朗，追求美观、时尚和个性。女性服饰可谓乱了套了，什么花样都有，紧身的、宽松的、古典的、前卫的、超短的、加长的……①如今，人们穿着自由，随意搭配，追求个性，新、旧、土、洋服饰杂陈，很难出现“撞衫”现象。

第三，城乡一体化。国家意志对城市的控制和渗透比农村深入彻底，新潮、政治象征性服饰也首先且主要在城市流行；而且，20 世纪 50 至 70 年代，确立了城乡分割的二元社会结构，服饰的城乡差距明显。新中国成立以后，国家领导人的正式着装中山服首先在城市流行，很快成为城市居民的主体服装。20 世纪 50 年代中苏友好时期，苏式列宁装、布拉吉（俄语连衣裙的译音）在城市流行一时。苏联大花布在中国市场也大量涌现，甚至男性也穿苏联花布做的花衣服。②“文革”期间，城市首先掀起“军装热”。相对封闭落后的农村，虽然也受当时政治、“主打”服装的影响，而且农村服饰对城市的模仿一直没有停止，但由于受传统习俗和观念影响较深，“跟风”较慢，布拉吉、列宁装等几乎没在农村流行开来，百姓仍主要穿传统粗布衣、承续新中国成立之前服饰样式，服饰现代化程度很低，城乡二元化明显。改革开放以后，农民收入增加，人们穿流行时装，特别是农民进城务工，直接受城市影响，年轻人穿与城里人同样的服装，戴同样首饰，留同样发型，在年轻人的引领下，农村服饰越来越现代化、城市化，城乡服饰差别日益缩小，逐渐实现服饰城乡一体化。

服饰是社会文化的直观表现形式，得社会风气变革之先，是社会变迁的晴雨表，其发展演变深受社会条件影响和制约，影响服饰变迁的因素主要有：

第一，国家政治与政策。服饰不可能超然于政治，难免受政治干预和影响，国家政治走向决定服饰变迁的路径和式样。20 世纪 50 至 70 年代，国

① 吴亮、高云主编：《日常中国：80 年代老百姓的日常生活》，江苏美术出版社 1999 年版，第 117 页。

② 金联波：《“布拉吉”引发的猜想》，《老照片》第 10 集，山东画报出版社 1999 年版，第 87 页。

家政治强力渗透,服饰“泛政治化”明显。特别在“全面专政”年代,服装的颜色式样只准有单调的集中,着装稍微艳丽、稍有不同就是“奇装异服”,是“资产阶级生活方式”“资产阶级意识形态”,要受到严厉批判。① 与封建主义、资本主义和修正主义相应的服装被统统取缔。在抗美反苏的政治氛围下,西方流行时装被挡在国门之外。1954 年起,国家实行棉布计划收购和计划供应、棉花统购政策。② 1954 年 9 月 15 日起,个人零星用布每人每年配给 15 尺,凭票供应。③ 农民所产棉花除按国家规定每人留用 3 斤外,一律按国家收购牌价,全部售予国家。④ 统购统销政策,只能有限满足人们改善服饰的需要,一定程度上影响了服饰的健康发展。改革开放政策实行后,服饰与国际潮流接轨,服饰观念不断更新,人们根据自己喜好自由选择和搭配服饰,日益时装化、多元化和个性化。1983 年 12 月 1 日起,全国实行棉布敞开供应,免收布票。⑤ 1999 年,国家定价、统一收购、关闭市场的棉花统购制度终于废除了。⑥ 布票废除与棉花市场开放后,人们用棉用布的需要得到满足,也促进了服饰发展和变迁。

第二,经济发展水平。经济是服饰变迁的物质基础,经济发展水平直接制约和影响服饰变迁。新中国成立之初,社会生产力水平低下,人们忙于果腹,难以足食,也难丰衣,不可能追求衣着华美,穿粗布衣甚至补丁衣,仅能蔽体御寒。低下的经济发展水平,决定了“新三年,旧三年,缝缝补补又三年”“新老大,旧老二,缝缝补补给老三”的穿衣习惯,严重限制了服饰发展。20 世纪 80 年代初,流行由剩余布料做成的白、蓝、格子等“衬衣领”,也反映

---

① 雷颐:《“日常生活”与历史研究》,《史学理论研究》2000 年第 3 期,第 124 页。

② 中共中央文献研究室编:《新中国成立以来重要文献选编》第五册,中央文献出版社 1993 年版,第 455—459 页。

③ 《梁山县人民政府财政经济委员会棉布计划供应实施方案(草案)》,1954 年 8 月 28 日,梁山县档案馆藏档 3-1-22。

④ 《梁山县人民政府财政经济委员会关于明确棉布计划收购和计划供应中的几个问题的通知》,1954 年 10 月 22 日,梁山县档案馆藏档 3-1-26。

⑤ 中国经济体制改革研究所信息室编:《举世瞩目的八年——中国发展与改革纪事》,四川人民出版社 1987 年版,第 258 页。

⑥ 《山东省人民政府关于切实做好 1998 年度棉花工作的通知》,1998 年 11 月 23 日,菏泽市档案馆藏档 28-2-673。

了当时经济水平低下。随着改革开放深入和农村经济发展,农民收入不断提高,1978 年梁山县农民人均纯收入 73 元,到 1999 年增加到 2266 元;[①] 2007 年达到 4611 元[②]。随着收入增长,人们对服饰的需求不断增加,消费水平和审美观念也相应提升,人们已不满足于穿暖,而是追求潮流和时尚,讲究档次和品牌,从而推动服装业不断发展,服装业也由卖方市场变为买方市场,新的款式和品牌不断涌现。经济的快速发展也为服装业奠定了坚实的物质基础,服装业得到迅速发展。如今,人们服饰日益讲究,日趋时尚和高档。

第三,民间传统社会。作为社会文化载体的服饰,其变迁深受民间传统社会的影响和制约。新中国成立后,随着农村经济的恢复发展,人们纺线织布做新衣,但仍延续传统服饰样式。随着处于霸权地位的国家意志对民间社会的强力控制和渗透,百姓穿衣带有明显的"国家意志化"倾向,特别是"文革"期间,压抑人们爱美的天性,穿军装和军便装成为人们革命和进步的标志,人们仍主要穿传统的土布衣,但一些年轻妇女的花衣服往往大于罩在外面的军装,下面露出一截。"文革"结束后,军装独尊的局面不复存在。改革开放以来,各式新潮时装令人应接不暇,但百姓穿衣讲究实用、追求美观大方,许多"新潮"服饰难以为百姓认可和接受,如喇叭裤、健美裤等成为匆匆"过客",实惠耐用、适合农民生产生活的中山服仍为老年农民喜爱,牛仔服长盛不衰。另外,中老年人受传统观念影响较大,中老年服饰变化较慢。人死后穿的寿衣,至今仍保持传统样式。

服饰与社会经济文化密切相关,服饰变迁深受其影响和制约,同时又反作用于社会经济文化。新中国成立以来,华北农村服饰变迁的影响主要包括以下三个方面。

第一,改变农村形象。农村服饰是农村发展的外在直观表现,是人们认识农村形象的最直观标示之一。单调破烂与多彩华丽的服饰传达不同的信息,代表截然不同的农村形象。新中国成立后,人民翻身做主人,分得土地,

---

① 梁山县统计局编:《辉煌五十年:1949—1999 年》,内部资料 2000 年版,第 68—72 页。

② 中共梁山县委党史研究室编著:《丰碑——梁山改革开放 30 年》,中共党史出版社 2008 年版,第 8—9 页。

生产积极性高涨，生活水平不断提高，人们逐渐摆脱衣衫褴褛的窘境，穿上崭新整洁的衣服，过去农村萧条、破败的形象也得以初步改观，农村气象为之一新。当然，蓝、灰、黑色调和单调的服装款式仍使农村有呆板、压抑之感。改革开放后，服装业得到迅速发展，与国际接轨，服装款式多变、异彩纷呈，如今，随着人们逐渐富裕和服饰观念改变，人们穿衣时装化，自由选购和搭配自己喜爱的款式和色调，追求新潮和个性，五彩缤纷、款式新颖的服饰将农村装扮得靓丽多姿，展示着欣欣向荣、日新月异的社会主义新农村形象。

第二，影响农村经济。新中国成立初期，百业待兴，国家提倡艰苦朴素，人们穿衣朴素节俭，特别是"文革"时期，对服饰进行禁锢和控制，压抑人们服饰追求美的情怀，限制服饰消费力，从长期来看不利于社会经济发展。改革开放后，人们生活水平不断提高，穿衣需求也日益增加，人们不满足于穿暖，而且追求美观时尚。日益增长的服饰消费需求激发了市场活力，促进了农村工商业发展，服装业不断发展壮大，裁缝店、服装店不断增多。服装业的发展使棉花需求量大增，棉价不断提高。从 1995 年 9 月 1 日起，每市斤皮棉（标准级）收购价格由原来的 5.44 元提高到 7 元①，刺激了人们种棉积极性，农民种棉增多，收入增加，许多农民靠种棉富裕起来，农村经济振兴和奔小康的步伐不断加快。

第三，转变人们观念。中国古代"贵贱有级，服位有等"②的服饰制度，标示和提醒人们的身份认同和等级存在，固化和加强了社会等级秩序和不平等观念。新中国成立后，国家领导人在服饰上与人民群众一样，穿中山装甚至补丁衣服，增强了人们艰苦朴素、自力更生和平等观念。"文革"期间，"全民穿军装"，使人们思想单一化，也强化了无产阶级专政观念。改革开放之初，由于长期受传统观念的影响，人们对新潮服饰颇有微词，老年人更难以接受，认为女子穿短裤、裙子有伤风化；年轻人留长发、穿喇叭裤是流氓

① 《中共馆里乡委员会、馆里乡人民政府关于 1995 年棉花工作的规定》，1995 年 4 月 5 日，梁山县档案馆藏档 103-1-81（全宗号 103 是梁山县馆里乡档案号，目录号 1 表示永久，案卷号 81 表示第 81 卷，下同）。

② 贾谊：《新书校注》，阎振益、钟夏校注，中华书局 2000 年版，第 53 页。

习气；有的对高跟鞋也大加反对，当时甚至把久旱不雨也归咎于人们穿高跟鞋，说是把天顶高了，下不了雨了。多彩的服饰领域又“成为丰富而自由的内心世界的历史源头”，①随着新潮服饰的流行，人们的服饰观念和审美情趣也在不断更新，对应接不暇的“怪异”时装越来越宽容和理解，趋新观念不断增强，传统的女子“束胸”“衣不露肤”等封建观念彻底改变。农村服饰的城市化、国际化，也使城乡不平等及“崇洋媚外”等观念得以扭转。

新中国成立以来，华北农村服饰从传统到现代、从贫乏单调到丰富多彩，变迁速度越来越快，流行周期越来越短，人们的服饰自由搭配、求美趋新、彰显个性，这不仅是服饰发展和人们服饰观念更新的体现，也是人们穿衣自由度扩大、社会包容性提高、文化多元以及时代进步和文明提升的反映。在当今世界日益现代化和全球化潮流下，服饰要在继承和弘扬传统民族特色、地方特色的基础上，不断创新发展，与时俱进。讲究环保、科学和理性，追求美观、舒适和保健是服饰变迁的趋势和指向。

① ［德］哈贝马斯：《公共领域的结构转型》，学林出版社 1999 年版，第 33 页。

第三章　饮食变迁

“民以食为天”，饮食是人类生存的第一要素，在人类社会生活中居于最基本、最重要的地位，正如《礼记·礼运》载：“夫礼之初，始诸饮食”，“饮食男女，人之大欲存焉”。[①] 马克思曾说：“人们首先必须吃、喝、住、穿，然后才能从事政治、科学、艺术、宗教等等”，[②]也表明了饮食的重要性。1959年，毛泽东在党内通信中强调：“吃饭是第一件大事。”[③]饮食不仅具有满足人们生存需要的功能，还以非文本形式记录着社会生活变迁。

第一节　新中国成立至家庭联产承包责任制实行前的饮食变迁

新中国成立至集体化时期，农业生产水平较低，生产力落后，粮食缺乏，人们终年辛劳，勉强温饱，饮食清淡粗糙。人们抵御自然灾害的能力低下，歉收之年，往往缺粮断炊，人们只好靠代食品充饥，三年困难时期人们大量患水肿病，甚至饿毙。

一、清淡粗糙的日常饮食

食物对维持人的生存具有至关重要的意义。食物可分主食和副食。主

---

① 《礼记》，崔高维校点，辽宁教育出版社 1997 年版，第 64—65 页。

② 《马克思恩格斯选集》第三卷，人民出版社 2012 年版，第 1002 页。

③ 中共中央文献研究室编：《新中国成立以来毛泽东文稿》第 8 册，中央文献出版社 1993 年版，第 236 页。

食指用粮食制成的窝窝、馒头等,副食指人们下饭的蔬菜、蛋、鱼、肉、乳品及水果等。当人类学会用火以后,逐渐进入熟食阶段,有了早期的饮食文化。先秦时期,一日三餐制萌芽,汉代趋于定型。人们日常饮食习俗具有继承性和稳定性。新中国成立后,人们饮食仍延续一日三餐制,梁山一带俗称"一天三顿饭"。受生产力水平限制,人们"早吃少、午吃干、晚吃稀",饮食重数量、轻质量,重主食、轻副食,多稀食、少稠食,清淡粗糙。早饭称"清早饭",比较简单,以稀为主,喝高粱面或用玉米面熬的面汤,俗称"糊涂",配以地瓜或面食,佐以咸菜。午饭俗称"晌午饭",以干为主,吃高粱面、地瓜面或玉米面窝头、饼,炒点时令蔬菜或吃咸菜,喝水。晚饭称"黑夜饭"或"喝汤","人是一盘磨,睡倒就不饿",人们晚上睡的早,再加上粮食短缺,所以晚饭吃稀而且量少,大多做点面汤、面条、疙瘩汤之类的稀食,俗称"喝汤"。人们在晚饭时见面打招呼,不是问吃饭了没有,而是问喝汤了没有。

粮食作物的种植,决定人们日常主食的种类。梁山县粮食作物主要有地瓜、高粱、玉米、小麦、大豆、谷子,还有绿豆、豇豆等,其中,地瓜的种植最普遍。人们日常以面食为主,有时配以糠、菜,丰年不过地瓜、高粱、玉米及各种杂粮。小麦产量很低,人们在刚收获后或过年吃几顿白面;有的不舍得吃,换成粗粮。主食是用高粱面、玉米面或地瓜面,条件好的加点豆面,掺在一起做成的窝窝头和面饼,最好的主食是小麦面和高粱面或玉米面的双合面馒头、卷子。能吃上窝头也不容易,因为当时磨面很费力,主要是靠磨和碾(见图3.1和图3.2),后来使用钢磨,但人们仍主要依靠磨和碾。当时,每村都有几盘磨和碾,用人推或用驴拉,用簸箕添加物料,用箩筛面,效率很低,每盘畜拉磨大约每小时磨10斤左右的面粉。①

地瓜高产、好吃、省工,成为人们的主要食粮之一,"只有在贫困和人口压力之下,才迫不得已用甘薯代替五谷做主食"。②"地瓜饭,地瓜馍,离了地瓜不能活",表明了地瓜在人们日常饮食中的重要地位。在山东省日照

① 张洪兴主编:《淄博粮食志》,中国文史出版社2005年版,第238页。
② [美]黄宗智:《长江三角洲小农家庭与乡村发展》,中华书局2000年版,第120页。

市后村镇东邵疃村也不例外,20 世纪五六十年代,村民长年主食以地瓜为主。[1] 地瓜浑身都是宝,都可食用,叶蔓、瓜把全部收集起来,晒干藏好,以作代食品之用。[2] 地瓜吃法很多,煮着吃、烤着吃、蒸着吃,切成块加面糊熬地瓜粥喝等;或者先把地瓜煮熟,再切片晒干,长期食用;还可把地瓜切成片、晒成干后煮食或把地瓜干磨成面食用。纯地瓜干面蒸的窝窝太软,不成形,一般掺高粱面或玉米面。由于地瓜干面不耐煮,不能做饺子皮、面条。春地瓜含淀粉多,出干率高,一般全部切晒。秋收的地瓜主要冬储,供冬、春食用。为防止地瓜霉烂,冬储入窖时,伤块、断块、病块、虫块、露头青与雨淋块等不能放;地瓜窖要及早挖好,进行晾晒,老窖要检修消毒,地址要选择背风向阳、地势高燥、土质坚硬、地下水低的地方。[3] 当时,大街上的地瓜窖随处可见。冬储不当,地瓜则易发生霉烂。如 1957 年 11 月 10 日,因存储不当,馆驿区贾庄乡兴隆一社 558 个窖地瓜开始患黑斑病腐烂,占总窖数 85%,有病地瓜占总地瓜数 75%,烂掉占有病地瓜数的 9%。[4] 吃地瓜多了,容易产生胃酸而"倒"牙,晚上更要少吃。

人们一年四季离不了咸菜、酱菜和干菜。当时有"菜不够,咸菜凑"之说。梁山农村家家都有几口大大小小的咸菜缸,白萝卜、胡萝卜、芥菜、雪里蕻、白菜、豆角、黄瓜都可以腌。腌之前,先把菜洗净,在盆里用盐腌,揉出水,再放到咸菜缸里。芥菜、萝卜等在大缸里腌,小缸腌雪里蕻、韭菜花、大蒜等。或是把菜切成丝状或条块状,把白菜丝、辣椒丝、姜丝等放在一起用盐轻揉,把水和菜汁倒掉,装坛密封。咸菜缸里怕进生水或雨水,尤其是苍蝇,否则,易腐烂或生蛆。人们一边吃咸菜,一边往缸里放菜、加盐。人们最常吃的酱菜是咸面酱和冬瓜酱豆。人们做酱的历史悠久,方法很多,《齐民要术》中就记录十几种制酱法。夏伏天,太阳酷热、空气干燥,是晒酱的最

---

① 钟霞:《集体化与东邵疃村经济社会变迁》,合肥工业大学出版社 2007 年版,第 214 页。

② 《中共菏泽地委关于做好地瓜收刨储藏工作的意见》,1960 年 9 月 12 日,菏泽市档案馆藏档 9-1-211。

③ 《梁山县生产救灾委员会关于馆驿区贾庄乡兴隆一社地瓜腐烂情况的通报》,1957 年 11 月 18 日,梁山县档案馆藏档 61-1-33。

④ 《梁山县人民政府财政经济委员会梁山县 1955 年花生(芝麻)统购和食油统销办法(草案)》,1955 年 10 月 15 日,梁山县档案馆藏档 3-1-28。

图 3.1　石磨

图 3.2　碾子

好季节。把馍弄碎，发酵，蒙上纱布，在太阳下曝晒，晒好的咸面酱呈红褐色，黏稠，味道鲜美，既可单食，又可作调味品使用。做冬瓜酱豆时，先把豆子煮熟，在太阳下晒到半干，再拌上面，然后密封起来，发酵。发酵好的豆子，略带臭味，有白色黏稠物。把“丝”好的豆子，加上冬瓜片及花椒、姜等调料，密封，腌渍一段时间即可吃，味美且有营养。冬瓜酱豆是人们冬季最喜欢吃的咸菜之一。在夏、秋季节，人们总要制作和储存大量的干菜，以备冬季与来年青黄不接时食用。夏天，把豆角用开水烫一下，搭起来晒干，留着吃；秋后，收了白萝卜切成片、晒成干，冬春季熬着吃，把雪里蕻、萝卜缨用沸水烫一下，晒干，吃时再泡开。

在蔬菜缺乏的季节，当地还有吃自泡黄豆芽和咸面糊的习惯。泡黄豆芽一般选粒大完好的黄豆，洗净，放到盆子里，用湿布盖好，放在温度适宜的地方，一般放在炕头里，早、晚用温水冲一次。豆芽长出二三公分后，即可食用。咸面糊是把辣椒、葱花、油、盐等加水烧开，然后把和好的面糊倒入、搅拌做成。人们生食大葱和大蒜很普遍。

人们吃的炒菜仅是一些应时的蔬菜，如白菜、萝卜等，一般只是加点佐料和盐煮食，放食油很少。当时，实行油料计划收购和食油统销，国家规定每人每年3斤的食油量。[①] 食油如此紧缺，所以，人们食用很少。往锅里放油用“油撇子”，又小又浅，一次只放一小撇，有的甚至用拴线的铜钱放油，滴上几滴油意思意思。而且，有时食盐也很紧缺，如1960年11月23日，菏泽地区境内库存盐仅够11.5天的供应量，有的单位已脱销。[②] 人们平时很少吃肉，过年时才买点或生产队里分点肉，平时客人来了擀顿面条，就算招待了。鸡蛋平时是舍不得吃的，只有小孩、老人或农忙季节为劳力增加营养时才偶尔食用。人们靠卖鸡蛋挣点花销，买油盐酱醋，当时有句顺口溜：“地瓜干子成主粮，鸡屁股是银行”。当时社员饲养一只母鸡、鸭每年向国家交售2—4斤鲜蛋。[③] 鸡蛋在

① 中共菏泽地委办公室编：《工作情况》第33期，1960年11月30日，菏泽市档案馆藏档9-3-54。

② 《中共山东省委、山东省人民委员会关于几种主要副食品实行按比例交售的暂行办法（草稿）》，1959年12月8日，菏泽市档案馆藏档9-2-68。

③ 《中共山东省委、山东省人民委员会关于几种主要副食品实行按比例交售的暂行办法（草稿）》，1959年12月8日，菏泽市档案馆藏档9-2-68。

当时是馈赠亲友的重要礼品。

人们平时很少吃零食。零食是一天三顿饭之外的饮食，俗称“垫嘴”或“吃零嘴”。比较常见的零食是干熟地瓜条，把煮熟的地瓜切成长条，晒干。这种地瓜条耐嚼，味道香甜，别有一番风味，小孩特别爱吃。人们还把小胡萝卜晒干，用干锅炒，炒熟的小萝卜干，吃起来又酥又香甜，孩子们和老年人都很喜欢。有的在自家院子里或菜园周围种点向日葵，成熟的果实有时等不到晒干就吃完了。孩子们能吃上糖块，就已经很奢侈了。

集体化时期，人们不但一起劳动，就连吃饭也有凑在一起的习惯，俗称“撵饭场”。每村都有几个比较固定的吃饭场所，夏季多在较大的树荫下，春、秋、冬选在空旷背风的向阳处。饭时一到，人们一手端着汤、一手端着菜和馍，陆续赶到饭场，或蹲或站，也有的把自己的饭菜凑在一起相互品尝，边吃边聊，天南海北、村内村外无所不谈，既交流信息，也加深感情。

人们饮公用井水。每村都有两三口井。西方传教士明恩溥对华北地区19世纪末的水井进行了详细描述：“中国北方大平原上的水井一般比较浅，其深度在10到30英尺之间，一个50英尺深的水井就相当罕见了，当然，偶尔也会出现深一些的水井。尽管没有印度宗教沐浴那样的景观，但井水确乎是中国乡村外部装备的一个重要特征。为了节省运水的劳力，所有的牲口都被赶到井边喝水，其结果是水井附近到处是泥水，特别是在冬令时节，简直脏的不堪入目，水井上面一般没有什么盖子，其开口处也不比地面高。”①明恩溥认识到水井对村民生活的重要性，注意到井浅、井口边的不卫生，但各地的情况并不都是如此。新中国成立后，当地村里虽然没有明文的护井卫生公约，但民众对水井还是很注意保护的。一般有用四块大条石垒成的井台，井口高出地面半米左右，使四周的污水难以从井口进入(见图3.3)。人们大都不到井边去饮牲口，而是挑回去倒在饮水槽里饮牲畜。为了取水省力，梁山县的水井一般都装有“挑杆”，有的称“吊杆”“桔槔”，挑杆长约十米，用铁环固定在高高的木制“门字形”支架上，挑杆的一端是用

---

① [美]明恩溥：《中国乡村生活》，午晴、唐军译，中华书局2006年版，第27页。

来取水的井绳和钩,另一端坠重物。在河北省栾城县农村几家、十几家、几十家共用一井,有的井有辘轳。[①] 过去,笔者村前后各有一口井,有“挑杆”,供全村600多人用水。每天大清早,人们就成群结队地担着水桶去挑水,井旁排起长长的队伍。每家都有大水缸,一般需挑三四趟才能把缸蓄满。全家人及家禽、牲畜的用水就靠这一缸水,用完,第二天再去挑。洗衣服一般是不用这好不容易才挑来的井水的,都到村前的河里去洗。如果挑水去得晚,井水位就很低,打水比较费力,天旱时,井水往往供不应求。打水危险,肩挑手提也很费力。另外,公用井也存在不卫生隐患,难以达到梁山县爱国卫生运动委员会、梁山县人民委员会卫生科规定的卫生标准:水井周围30米内无积肥坑、栏圈及厕所等污染源,有井盖、井棚、公用水桶和护井公约,进行消毒等。[②] 由于水井较浅,水质不好,笔者村后边的那口井井水较咸,含氟量较高,饮此井水的村民都黄牙根。

二、代食品大量食用及歉年缺粮断炊

1. 代食品大量食用

当时,生产力水平低下,粮食产量低,人们只好计划用粮、节约用粮,实行粮菜混吃。正如当时人们所说:“粮收万石,也得粗菜淡饭”“丰年要当歉年过,有粮常想无粮时”。[③] 歉收之年,更是“低标准,瓜菜代”,靠能吃的树叶、野菜、草种子、茅草根、苲草、湖草及各种农作物的副产品如秸、秆、叶、糠、秕、玉米芯、豆角皮,特别是地瓜的叶、蔓等代食品充饥。

新中国成立之初,天灾频仍,人们生活艰难,为应对粮食缺乏,往往靠吃萝卜干、喝糊涂,以及吃马蜂菜、杂草、苲草等充饥。如1950年7月中旬,由于发生大水灾,梁山县七区贾庄无论有无生产门路的多是吃野菜;解庄30

---

① 《栾城县志》,新华出版社1995年版,第832页。

② 《梁山县爱国卫生运动委员会、梁山县人民委员会卫生科关于加强农村四改造和饮水饮食卫生管理的通知》,1965年4月8日,梁山县档案馆藏档46-1-18(全宗号46是梁山县卫生局档案号,目录号1代表永久,案卷号18表示第18卷,下同)。

③ 《中共梁山芦里公社党委、地委驻芦里公社工作组关于芦里公社秋季分配和安排社员生活的情况报告》,1960年10月20日,菏泽市档案馆藏档9-1-210。

图 3.3 废弃的老井

户少粮断炊，都是吃杂草、野菜，喝点稀糊涂，靠要饭讨点萝卜干，没有粮食吃，有的到亲戚家要几斤萝卜干子吃；谭庄共 99 户 301 人，无吃的达 60%，有 60 多户是靠吃苲草、马蜂菜为生，每天家中用刀切菜声不断，谭耿氏借了一碗谷子喝糊涂，主要吃苲草、马蜂菜。①

“三年困难”时期，人们根据中央“低标准、瓜菜代”的精神，节约用粮、计划用粮，充分利用代食品，实行粮菜混吃。1959 年，毛泽东在党内通信中强调要节约用粮：“按人定量，忙时多吃，闲时少吃，忙时吃干，闲时半干半稀，杂以番薯、青菜、萝卜、瓜豆、芋头之类。”②梁山县各公社集体食堂③大量安排榆叶、柳芽、洋槐花、糖李芽、米蒿、土呢子头、水波菜、曲曲芽、蒲公

① 《梁山县人民政府七月份综合报告》，1950 年 7 月 31 日，梁山县档案馆藏档 3-1-2。

② 中共中央文献研究室编：《新中国成立以来毛泽东文稿》第 8 册，中央文献出版社 1993 年版，第 236 页。

③ 梁山县农村公共食堂在 1958 年随着人民公社的建立而迅速发展起来的。从梁山县档案馆藏档资料来看，全县公有食堂最多时 2433 处，到 1959 年 11 月 25 日仅存 330 处，后来一度恢复，1960 年 2 月 12 日有食堂 1880 处。1960 年冬天，实行分散自炊，1961 年 5 月绝大部分已自炊。1961 年 6 月，中央在下发《农村人民公社工作条例（修正草案）》中正式取消了公共食堂。

英、小根蒜、旋花、野苋、一枝黄花、荠菜、车前子、白蒿、羊蹄、老鹤筋、七七菜、灰菜、蓄芽、野胡萝卜等野菜、树叶。① 群众精打细算，多吃代食品，节约用粮。如1959年，大路口公社90%以上的户注意节约用粮，称着吃、量着吃，都不吃净粮食；一般是早晨吃菜窝窝，中午先吃拌菜后吃馍，晚饭吃稀；双庙集生产大队张某某除教育小孩不吃零食外，还采用重劳动吃干，轻劳动半干半稀和好天干活少吃菜，雨天不干活多吃菜的办法。② 1960年1月，城关公社凤山大队有的社员粮食、地瓜、胡萝卜已吃完，以地瓜叶、萝卜缨为主食，其中有一个6口人的户，现在每天可以吃到1斤谷子，1斤玉米，其他以地瓜叶、萝卜缨补充。③ 1960年10月，芦里公社在安排社员口粮时，安排了大白菜、大萝卜、油菜、胡萝卜、地瓜鲜秧叶、鲜胡萝卜缨、大豆角皮、豇豆秧和角皮、棉花壳、花生皮等代食品。④ 1960年12月，芦里公社杨屯大队为解决粮食缺乏问题，安排大量蔬菜等代食品，12月安排白菜20783斤，每人每天半斤，⑤以岁定量，1—3岁3两，4—7岁5两，8—10岁6两，11—12岁8两，13—15岁9.5两，16—60岁11两，61岁以上8两；1961年1月到3月14日，安排萝卜24万斤，每人每天平均2.5斤，1—3岁1斤2两，4—7岁1斤6两，8—10岁1斤10两，11—12岁2斤，13—15岁2斤7两，16—60岁3斤4两，61岁以上2斤7两；3月15日到4月15日，安排干菜33866斤，每人每天平均13两，1—3岁5两，4—7岁7两，8—10岁9两，11—12岁11两，13—15岁14两，16—60岁1斤，61岁以上14两；1961年4月15日以后到6月底的蔬菜主要靠小队和个人大种春菜解决。⑥

“三年困难”时期之后，社会生产逐步恢复，但人们生活并没根本改善，

① 《梁山县爱卫会介绍几种野菜及树叶的吃法和注意事项》，1959年4月30日，梁山县档案馆藏档46-1-11。

② 《山东省委菏泽地区检查组检查报告》，1959年8月7日，菏泽市档案馆藏档9-1-156。

③ 《梁山县水肿发病情况报告》，1960年1月8日，梁山县档案馆藏档46-1-12。

④ 《中共梁山芦里公社党委、地委驻芦里公社工作组关于芦里公社秋季分配和安排社员生活的情况报告》，1960年10月20日，菏泽市档案馆藏档9-1-210。

⑤ 当时16两为1斤。

⑥ 《中共芦里公社委员会、地委驻芦里公社工作组关于芦里公社杨屯大队征购分配安排生活试点工作情况报告》，1960年12月4日，菏泽市档案馆藏档9-1-210。

平常年份也难以自足,仍大搞代食品,实行粮菜混吃,节约用粮。1968 年 5 月 15 日,《山东省革命委员会生产指挥部关于抓紧时机种好瓜豆菜的通知》要求:“忙时多吃,闲时少吃,忙时吃干,闲时半干半稀,杂以番薯、青菜、萝卜、瓜豆、芋头之类。”①1970 年 5 月 31 日,《菏泽地区革命委员会生产指挥部关于 1970 年夏粮征购分配的有关政策问题》强调:“多种瓜豆菜,适当种植生长期短的早熟作物,坚持低标准,瓜菜代,计划用粮,节约用粮,安排好社员生活。”②人们大搞粮菜混吃,实行节约用粮,计划用粮。如 1966 年,梁山县寿张集人民公社张庄大队粮菜混吃的 105 户,占总户数的 93%,吃粮水平由原来每天每人 1 斤 5 两至 1 斤 7 两,压缩到 7 至 8 两;吃菜方法多种多样,蒸窝窝、掺着吃,拌上面吃、馏着吃,光馏叶用辣椒水调着吃,下到锅里熬着吃,把叶剁碎包着吃等方法;妇女主任杜某某家,以前不掺菜五天就吃 30 斤粮食,每人每天就合 1 斤多,搀着菜吃,5 口人每天吃粮三四斤,每人每天平均 6 两多点;张某某家 3 口人,2 个光棍汉,1 个老娘,在没有吃菜以前,一天吃粮 6 斤,每人每天平均 2 斤粮食,现在比以前不吃菜节约粮食 3 斤 6 两;社员任某某家 5 口人,最小的 11 岁,山芋下来以后,上顿吃山芋,下顿吃,吃的都没有个数;吃菜以后,每天需 3 斤半,比以前节约 5 斤粮食;贫农张某某之妻说:“俺共 8 口人,如不吃菜每天就得 10 斤粮食,吃菜每天每人 7 两就够啦”;四队贫农张李氏老大娘,将高粱壳、谷秕子掺到粮食里吃。③

人们还广开副业门路,利用豆角皮、麦秸、麦糠、玉米芯、玉米穗、棉花壳、葵花头、葵花杆等原料大搞无粮淀粉,推广食用增量法。1959 年 12 月,梁山县芦里公社馆里生产队听了关于用豆角皮制造淀粉的指示后,该队支部书记荣某某与几个队干部进行试验,用棉壳加工出淀粉,每斤棉壳可出

① 《山东省革命委员会生产指挥部关于抓紧时机种好瓜豆菜的通知》,1968 年 5 月 15 日,菏泽市档案馆藏档 28-3-257。

② 《菏泽地区革命委员会生产指挥部关于 1970 年夏粮征购分配的有关政策问题》,1970 年 5 月 31 日,菏泽市档案馆藏档 28-2-173。

③ 《梁山县寿张集人民公社张庄妇代会节约用粮计划用粮的典型汇报材料》,1966 年 11 月 12 日,梁山县档案馆藏档 20-1-38(全宗号 20 是梁山县寿张集公社档案号,目录号 1 表示永久,案卷号 38 表示第 38 卷,下同)。

10两淀粉，梁山县财贸部试制时每斤出淀粉11.2两。① 1960年3月，人们对农副产品和野生植物进行综合利用，据不完全统计已利用起来的有14种，如地瓜秧、玉米皮、豆角皮、麦秸、谷草、稻壳、麦糠、绿豆秧、玉米芯、棉花茎、地瓜把、毛草等，制造各种淀粉。还大力推广食用增量法，由于群众和干部积极努力，试验成功的大米，经过三蒸，每斤可出饭8斤。②

代食品对人们度过饥荒起了重要作用。有的野菜如果食用得法，不仅味美鲜肥，而且营养丰富，但有的确实令人难以下咽，现在老人们还常常提起当年吃苲草的情景："苲草真难吃，又苦，吃进肚里不消化，坠得慌。"代食品如果食用不当，则易出现中毒现象。

2. 歉年缺粮断炊

近代以来，水、旱、蝗等自然灾害频仍严重，灾荒之年人们往往四处逃荒要饭，甚至饿毙。新中国成立之初，百废待兴，民鲜盖藏，人们抵御自然灾害的能力低下，灾荒之年缺粮断炊，甚至饿死。据1950年1月22日统计，发生大水灾后，梁山县能够吃到明年麦收的大约24%，能吃到明年旧历二月底的约13%，能吃到旧年年底的约39%，目前断炊的约24%。③ 从1950年3月22日梁山县重灾区群众生活调查来看，人们缺粮、断粮非常严重（见表3.1）。

表3.1 梁山县重灾区群众生活调查表④

类别 村名	总户数、人数	吃到二月底	吃到三月底	吃到麦收	断 炊
西下坡	63户232人	19户75人	18户57人	8户28人	30户63人
东下坡	27户105人	8户28人	7户28人	5户21人	21户75人
玄 桥	105户471人	21户121人	28户112人	28户84人	56户308人

① 菏泽专区增产节约办公室编：《增产节约运动简报》第9期，1959年12月11日，菏泽市档案馆藏档28-3-160。

② 菏泽专区增产节约办公室编：《增产节约运动简报》第14期，1960年3月22日，菏泽市档案馆藏档28-3-160。

③ 《梁山县群众生活情况与缺粮数目统计表》，1950年1月22日，菏泽市档案馆藏档9-3-1。

④ 《梁山重灾区群众生活调查表》，1950年3月22日，梁山县档案馆藏档3-1-2。

“三年困难”时期,因自然灾害、粮食浪费、高征购等原因,粮食匮乏,梁山县农村出现严重饥荒。1959 年 1 月,梁山县大部食堂缺粮(见表 3.2)。

表 3.2 梁山县食堂缺粮情况统计表①

数量 项目	断 炊	能吃 1—5 天	能吃 6—8 天	能吃 8—10 天	能吃 半个月	能吃 1 个月
食堂数(个)	649	1001	315	107	125	25
人数(人)	147063	226826	79536	24246	28325	5757

从表 3.2 可以看出,1650 个食堂、大约 70%的食堂断炊或仅能吃 1—5 天。据 1959 年 7 月底统计:梁山县大路口公社粮食接不上秋收的户数约占该公社的 10%,个别户已断粮停炊;黑虎庙公社据 5 个生产队统计有 121 户 444 人的口粮接近吃完,占该社人口的 5%多一点。② 1960 年 3 月 9 日,梁山县缺粮人口占农业人口的 91. 1%。③ 1961 年,大路口公社全社 55 个大队普遍受灾,全年平均每人占有粮食 91 斤,每人每天仅合 2. 6 两。④ 社员生活安排非常紧张。1960 年 12 月,芦里公社杨屯大队社员分配以岁分级,以人定量,闲时少吃,两头照顾老人、小孩,忙时多吃,中间照顾劳力,分段安排,定期发粮、指标到户、粮食到堂,填折发证、凭证发粮办法安排口粮。由于人们生活安排较差,粮食吃的不够细,影响胃肠道吸收,缺乏营养,人体所需的蛋白质达不到最低需要量,以致缺乏营养而患水肿病,出现眼肿、面部、下肢及全身浮肿现象,有气无力,走路扶着墙,严重患者死去。

① 中共梁山县委党史研究室:《中国共产党梁山县历史大事记》(第一卷:1932—2000),中共党史出版社 2002 年版,第 450 页。

② 《山东省委菏泽地区检查组检查报告》,1959 年 8 月 7 日,菏泽市档案馆藏档 9-1-156。

③ 中共菏泽地委办公室编:《工作情况》第 20 期,1960 年 3 月 9 日,菏泽市档案馆藏档 9-3-53。

④ 任轮升:《关于梁山县大路口公社开展社会主义教育运动和社员生活安排情况的报告》,1961 年 12 月 4 日,菏泽市档案馆藏档 28-3-193。

第二节 家庭联产承包责任制实行以来的饮食变迁

实行家庭承包责任制以来，人们生产劳动积极性大大提高，粮食产量和收入日益增加，生活水平不断提高，饮食也发生历史性巨变，主、副食品空前丰富，不仅解决温饱问题，而且讲究营养和健康，饮食质量和水平不断提高。

一、丰富营养的日常饮食

实行家庭联产承包责任制以来，人们的饮食水平不断提高，主食数量不断减少，副食量日益增加。1981 年 1 月 3 日《人民日报》载：据国家统计局 1981 年提供的 10282 户农村家庭调查资料显示：农村家庭在农村改革刚刚起步的 1979 年人均消费主食 55.4 元，比上一年增加了 7.9%；人均消费副食 27.9 元，比上一年增加了 12.9%，副食的增幅大于主食；粮食消费为 513.5 斤，其中细粮比上一年增加了 33.9 斤；食用油、肉类、家禽、蛋类、酒类等主要副食品的消费比上一年增加了 10%；主食消费减少、副食消费增加的趋势一直持续下来。梁山县也不例外，据《梁山县志》载：农村实行家庭联产承包责任制后，人民生活水平迅速提高，小麦面粉逐步成为人民生活的主粮，鱼、肉、禽、蛋等营养品食用量日趋增加，饮食讲究营养。① 梁山县杨营镇从 1984 年开始以小麦面粉为主食；进入 20 世纪 90 年代，人们“由吃饱向吃好发展，鸡、鱼、肉、蛋被端上饭桌”。② 梁山县寿张集乡“农民由吃粗粮到吃细粮，由吃饱到吃好，由温饱走向小康，讲究合理膳食，科学就餐”。③ 人们饮食由“粗放型”转变为“营养型”。一日三餐的饮食发生巨大变化，食

① 《梁山县志》，新华出版社 1997 年版，第 490 页。

② 中共梁山县委党史研究室编著：《丰碑——梁山县改革开放 30 年》，中共党史出版社 2008 年版，第 380 页。

③ 中共梁山县委党史研究室编著：《丰碑——梁山县改革开放 30 年》，中共党史出版社 2008 年版，第 435 页。

品日益丰盛，由过去的“早吃少，午吃干，晚吃稀”，变为一天三顿都吃饱、吃好。早饭通常吃馒头或油饼，喝玉米面稀粥或米、绿豆熬制的稀饭，炒蔬菜或煮鸡蛋，有的比较注重营养搭配，早饭以鸡蛋、豆浆或牛奶为主。午饭吃馒头，炒菜，而且炒多个菜，经常有肉，注意荤素搭配；喝菜汤，菜汤一般是油、盐、西红柿、虾皮、紫菜、面粉、鸡蛋等做成。晚饭吃馒头、炒菜、喝面汤，或吃面条。人们“晚吃少”的习惯发生改变，晚饭后人们看电视、休闲，不再像过去那样早早睡觉，不用再担心“消化不好”了。

实行家庭联产承包责任制后，粮食产量不断提高，生活逐渐改善，饮食水平不断提高，一天三顿吃上白馍馍。例如，寿张集公社群众过去吃饭多数是地瓜当家，玉米、高粱配合，到 1982 年全社 60%以上农户全年吃小麦，40%的农户少掺一点儿玉米面。[①] 1990 年，馆里乡孙庄村全村 600 多人存款 40 多万元，户户早已吃上白馍馍。[②] 老年人因此很满足，他们常说：“现在生活多好啊，一天三顿白馍馍；过去，就是地主家也没天天吃白馍馍；一般人家整天吃高粱面、地瓜干，甚至糠、菜做成的饭团子。”“地瓜饭，地瓜馍，离开地瓜不能活”的日子成为遥远的回忆。过去的主要粮食作物地瓜、高粱已很少种植和食用，种植的玉米、大豆主要用来销售，玉米可用来熬糖稀，也是做饲料的重要原料，价格也不断上涨。人们只把少量的玉米磨成面，做稀粥。大豆用来榨油。小麦面做的各种食品如馒头、花卷、饼、包子、水饺、面条等成为人们的主食。馒头又叫馍馍，半球状，用小麦面粉发酵做成。过去，人们蒸馍用“面头”，和面前要泡半天，而且，如果面发的时间过长，容易酸，需用碱中和一下。如今，不少百姓直接到馍房用粮食兑换或用钱买馍。但老人们总认为自己和面蒸的馒头好吃。人们以前自己擀面条，现在多为机制面条，直接购买或拿着面粉到轧面条处加工，不过，现在有时间的人们仍喜欢吃又宽又厚的手擀面，筋道好吃。随着人们生活改善，饮食越来越注重营养和科学，充分享用“细粮”之后，人们又意识到“粗粮”的重要性，玉米

① 《党的十一届三中全会以来，寿张集公社解决了温饱，人民生活越来越好》，1982 年 12 月 14 日，梁山县档案馆藏档 20-1-116。

② 《馆里乡党委走上步看下步，把握工作主动权》，1990 年 12 月 31 日，梁山县档案馆藏档 103-1-40。

面、大豆面、地瓜等以一种必不可少的营养来源重新受到人们青睐。

衡量生活水平高低一般以菜肴的质量和数量作为标准。菜肴一般分新鲜蔬菜、豆制品为原料的素菜和鱼、肉、蛋及家禽为原料制作的荤菜。现在，日常饮食菜肴原料非常丰富：白菜、油菜、韭菜、芹菜、菠菜、卷心菜、萝卜、菜椒、西红柿、黄瓜、冬瓜、丝瓜、莲藕、蒜、葱、蘑菇、木耳等蔬菜；家畜、家禽、野味、水产等肉食；鸡蛋、鸭蛋、鹅蛋、牛奶等蛋奶；大豆油、棉油、花生油、猪油等植物类和动物脂肪食用油；盐、糖、酱、醋、姜、辣椒、花椒、茴香、味精等调料。丰富的菜肴原料，大大丰富了人们的餐桌，炒、煎、煮、烹、炸、涮等烹调技法使人们大饱口味。随着人们生活水平提高，人们饮酒量增加，饮酒档次不断提高。

农村同城市一样，在冬天也可以吃到新鲜蔬菜。咸菜已不再是主要的佐餐菜，一年四季新鲜蔬菜不断，而且一日三餐都有蔬菜。人们常说："过去是没啥菜吃，现在是不知吃什么菜好。""吃菜难"的日子一去不复返。刚实行家庭联产承包责任制时，人们专门留出菜地种菜，蔬菜充足，如1986年，山东省大白菜种植面积和产量都比1985年增加，除部分按计划调往省外和省内调剂外，大部分需要由产地组织推销，预计约达3亿斤。① 如今，种菜规模化，产量大大提高，2007年6月9日《济宁日报》载：韩岗镇党委、政府在发展现代农业过程中，大力调整农业种植结构，积极扩大无公害蔬菜种植面积；去年，以丁楼、槐王和荣店等村为中心，种植大蒜1万多亩；人们还采用新技术，实行立体种植，蔬菜产量大大提高。2008年9月5日《济宁日报》载：梁山县马营乡菜农还种植西瓜、晚豆角、大白菜、萝卜，把传统的种植经验与外地的新技术结合在一起，提高瓜菜的附加值，发展农作物立体种植，一年达到三种三收或四种四收，蔬菜产量大大增加。当地种植的各种反季节蔬菜，丰富了人们的菜篮子。2007年12月31日《齐鲁晚报》载：在梁山县大路口乡蔬菜种植基地有90余个蔬菜大棚，种植的反季节西红柿、黄瓜等蔬菜，春节前就可上市。当地种植的食用菌，也丰富和改善了人们的

① 《山东省人民政府关于搞好大白菜收储调运工作的通知》，1986年11月8日，菏泽市档案馆藏档28-2-379。

饮食。2008 年 10 月 27 日《济宁日报》载:梁山县目前发展各类食用菌大棚 660 个,种植面积达到 90 万平方米;馆驿镇建设了占地 500 多亩、种植面积 35 万平方米,以生产高档珍稀食用菌为主的现代高新食用菌产业园区;小路口镇规划建设了以生产普通食用菌为主的两横三纵的食用菌产业经济带;生产的金针菇、猴头菇、猪肚菇和杏鲍菇等各种珍稀食用菌,供不应求。近些年,梁山县蔬菜种植规模不断扩大,据 2015 年 12 月 9 日《今日梁山》载:韩垓镇油坊村"千亩绿色无公害蔬菜基地"和大李庄社区"高标准蔬菜大棚基地"等专业村、特色村,进一步扩大了蔬菜种植业规模,提升了产业化水平。

肉食消费是衡量人们生活水平高低的重要标准。石毛直道在《饮食文明论》中说:"就世界范围来看,不难发现,一旦某一国家的生活水平提高,那里人们食物结构中谷物的比例就会减少,相应的则是以肉为主的动物性蛋白质食品比重的提高。当然,后者的提高是存在着一个合理的度的。"① 如今,肉、蛋、奶已成为人们日常饮食的重要组成部分,平时也不断吃肉,猪肉、鸡肉、羊肉、鱼肉任意选购、食用。蛋类、肉类等副食品随处可以买到,肉、蛋消费从"节日消费"型转变为"经常消费"型、"日常消费"型。每逢过年,肉食更丰盛,一家一般买二三十斤猪肉,五六斤羊肉,还有几只鸡、几条鱼。伊利、蒙牛等名牌奶品也进入寻常百姓家。卖鲜奶的走街串巷,有的门口安上送奶箱,每天都能喝上鲜奶。食用油基本上是村民用大豆兑换或购买,以前放油的"油撇子"不见了,人们放油直接用油桶倒。食油消费量不断增加,现在人们每月约消费 3 斤油,相当于集体化时期一年的食油量。

全国各地产的干鲜果品随处可买到,东北的瓜子、松子,南方的荔枝、菠萝、香蕉、橘子,新疆的哈密瓜、葡萄干,外国进口的果品等应有尽有。随着人们生活水平的提高,瓜果消费量不断增加,人们往往大量购买瓜果,一买就几十斤。由于粮食充足,人们习惯用小麦兑换苹果、桃、杏、西瓜等。特别是在小麦收获后,卖水果的开着三轮车走村串巷,送瓜果上门。人们每年都

① [日]石毛直道:《饮食文明论》,赵荣光译,黑龙江科技出版社 1992 年版,第 11 页。

准备大量兑换瓜果的小麦。如今,大小水果摊遍布集镇,“洋水果”也不断出现,人们用现金购买水果,一年四季水果不断,水果消费“日常化”,消费量愈来愈大。

人们的饮食习惯也悄然变化。过去人们一般在农忙时吃得好一些,补充体力;闲时吃得简单,甚至吃稀的。现在,农闲时,时间充裕,人们想着法子改善生活,做点比较麻烦的食品,例如水饺、包子、油饼等;农忙时间紧,人们吃的反而比较简单。过年的饮食与平时基本没什么差别,平时肉食不断,购买也方便,正是由于平时饮食和过年没什么差别,人们过年的向往才没以前那么强烈了。“闲时吃稀,忙时吃干”及“晚饭吃少”的饮食观念变了。

过去,公用井水质得不到保障,用水也不方便。家庭联产承包责任制实行后,有的自家打了二三十米深的压水井,用公用井水的逐渐减少,井水不再新鲜,饮用后有的拉肚子,公用井慢慢废弃。用压水井后,人们告别了用扁担挑水的日子,方便了许多,但吃的还是浅层地下水,难免受污染,水质仍没保障。农村饮水安全事关广大农民群众的生命健康。由于梁山县浅层咸水占总面积的50.6%,氟水区占36.5%,全淡水面积仅占12.9%,多数农民喝苦咸水或高氟水。[①] 各级政府很重视除氟改水任务和改造苦、咸水工作,1985年初,梁山县有27个村,21458人喝上安全卫生的自来水,占全县人口的3.17%。[②] 近年来,农村饮水安全问题得到党和政府的高度重视,截至2004年底,梁山县共建成大小饮水工程101处,水源井101眼,梁山县14个乡镇有供水设施的乡镇10个,占乡镇总数的71.4%,通上自来水的户数2.74万户,占总户数的19.4%,自来水普及率15.8%;2005年以来,梁山县按照省政府关于实施村村通自来水工程统一部署及县总体规划,以“农村供水城市化,城乡供水一体化,供水经营规模化,供水企业管理化”为原则,大搞“村村通自来水”工程;2005—2007年,建成集中供水工程130项,完成新打机井130眼,安装变频恒压供水设备130套;到2007年底,梁山县自来

---

① 中共梁山县委党史研究室编著:《丰碑——梁山县改革开放30年》,中共党史出版社2008年版,第228页。

② 《梁山县爱国卫生运动委员会第一次委员会议纪要》,1985年1月24日,梁山县档案馆藏档3-1-210。

水普及率已达到95.87%，基本实现了村村通自来水（见图3.4和图3.5），①有效解决了农村饮水困难问题。自来水机井深100多米，水质好，甘甜清冽，饮用卫生、安全，从而结束了几千年来喝苦咸水、氟水的历史，喝上"洁净水""放心水"。笔者村里通了自来水后，老人们高兴地说："真想不到这辈子能喝上自来水，过去真是想也不敢想，再也不用喝苦咸水了，跟城里一样了。"

图3.4　梁山县杨营镇董相白村自来水供水站

二、饮食的方便化、安全化、营养化

随着社会经济发展，主、副食品日益丰富，粮油、糕点、果脯、肉类、水产、调味品、乳制品、豆制品、蔬菜、水果、冷冻食品、方便食品、休闲食品、保健品、干果、罐头、饮料等不胜枚举。食品已模糊了地域概念，自产的、外地的，国产的、进口的应有尽有。

① 中共梁山县委党史研究室编著：《丰碑——梁山县改革开放30年》，中共党史出版社2008年版，第228页。

图 3.5 农家通了自来水

改革开放以来，社会产品日渐丰富，过去的“短缺”食品日益满足了人们需要。1981 年，食油由调入变为自给有余，国家食油存储量已超过历史最高水平；库存量可供应两年多，农民自食调剂外，需出售约 1000 万斤；有些地方出现“卖油难”。[①] 据市场调查，1984 年，梁山县食用盐基本满足人们需要。[②] 20 世纪 80 年代初，随着农业生产发展，人们饮食消费水平不断提高，购买力逐渐增大，对食糖、盐、罐头、保健品、强化食品等需求不断增加，有的商品供不应求；据 1984 年市场调查，今后销售食糖的主要市场将逐渐由城市转向农村，食糖产销的潜力很大。调味盐、健康盐、加碘盐等比重进一步提高；罐头消费逐渐增加；1983 年罐头内销量占总量的 52%，供销差额大，肉、禽、水果罐头缺口大，龙眼、荔枝、菠萝罐头偏紧，只有苹果、梨、桔罐头较松，物美价廉的蔬菜罐头严重不足，今后国内市场对罐头需求也将进

① 《山东省菏泽地区行署关于解决群众出售食油意见的报告》，1981 年 10 月 28 日，菏泽市档案馆藏档 28-1-308。

② 中共菏泽地委办公室编：《参阅件》第 5 期，1984 年 8 月 23 日，菏泽市档案馆藏档 9-1-706。

一步扩大。近几年,冷饮食品销售额以每年平均20%的速度发展,但目前人均饮料只有0.3升,发展潜力很大;20世纪80年代以来,市场上出现的适合老年人、病人、儿童需要的保健食品受到消费者普遍欢迎;目前已上市的强化食品如强化谷类、强化罐头、强化儿童食品以及强化固体饮料等,都是很有发展前途的食品。① 如今,各种商品货源充足,新产品不断问世。

如今,各种品牌的方便食品尤其吸引消费者的眼球:方便面、麦片、玉米片、八宝粥、锅巴等各种面食制品;畜、禽、肉、蛋、蔬菜、罐头、火腿等熟食制品;馒头、包子、饺子、春卷、汤圆、粽子、烧麦、面团、鱼肉丸、鸡肉丸、各种点心及各种蔬菜、肉、禽分割小包装及带鱼、黄花鱼、虾仁等速冻食品。速冻水饺颇受欢迎。以往包水饺,费时费力,从和面、切肉、切菜、调馅,到做皮、包馅,大约一两个小时;如今,人们吃水饺可直接到商店购买。

现在,人们很少自己蒸馒头,而是直接到馍房兑换或购买。有的把丰收后的小麦直接送到村里的馍房,领取馍票,取馍时不用每次都带着小麦,十分方便;一次性把小麦交给馍房也省去存储小麦的许多麻烦。每当吃饭时,人们到馍房凭票去拿热腾腾的馒头。真空烧鸡、糟鱼和各种熟肉食在村里商店均可买到。成品、半成品食物不断增多,大大减少了烹调时间,极大地方便了人们生活。

集市、商业网点不断增加,大大方便了人们饮食。为方便人民生活,为促进商品经济发展,繁荣市场,1986年6月21日颁布的《山东省人民政府关于发展城乡零售商业、饮食服务业有关问题的暂行规定》:要坚持"国家、集体、个体一起上",充分调动全社会各方面积极性,大力发展零售商业和饮食服务业;县城以下重点发展集镇商业服务网点;允许商店和个人摆摊经营;对新办的集体零售商业、饮食服务业企业,仍按有关规定给予减免所得税照顾;农村富余劳动力可以向工商行政管理部门申报领取营业执照,在当地营办零售商业、饮食服务业,也可持户籍证明到外地申请经营,②促进了

① 中共菏泽地委办公室编:《参阅件》第5期,1984年8月23日,菏泽市档案馆藏档9-1-706。

② 《山东省人民政府关于发展城乡零售商业、饮食服务业有关问题的暂行规定》,1986年6月21日,菏泽市档案馆藏档8-2-379。

饮食业的发展。2000年6月，粮食市场开放，鼓励农民通过集贸市场出售自产粮食，并不受数量限制；允许经县级以上工商行政管理部门批准的粮食经营企业和粮商（包括私营、个体粮食经营者）到农村集贸市场和粮食批发市场购买和销售粮食，[1]搞活了粮食流通，也促进了人们饮食的改善。为方便人们粮油食品的消费，梁山县积极推进“放心粮油”工程，激活粮食流通，把发展农村粮油食品连锁经营作为粮食系统服务新农村建设的着力点来抓，2008年6月24日《济宁日报》载：梁山县在全市率先成立了梁山沃德园粮油服务公司，共购置配送车10辆，在城乡建立连锁店21处，实现“统一管理、价格、质量、配送”，大大便利了人们生活。如今，集市数量不断增加，方圆三五里就有一个，几乎每天都能赶集，而且各种蔬菜、肉食、水果、糕点等食用品货源充足，充分满足了人们生活需要。有的商贩把蔬菜、肉食、面食等送到家门口。

家庭饮食环境不断改善，做饭逐渐现代化，人们普遍建起了专门的厨房，明窗净几，干净卫生，有的墙体和地面铺设瓷砖，空间很大，灶台、碗柜和餐桌布局安排科学合理，设施现代、齐全，逐步煤气化、电气化，煤气灶、电饭煲、微波炉、豆浆机成为百姓厨房的新设备，做饭方便、快捷、卫生。有的仍用煤球炉做饭，但过去一边拉着风箱、一边往灶里填柴、一边翻炒锅里食物的做饭方式很少见了；做一顿饭落一身黑灰、烟熏火燎、呛得难受的日子渐渐远去。2009年9月8日《济宁日报》报道了梁山县梁山镇凤山的陈大娘的厨房变革：30年前，做饭是一个大土灶，烧锅需要两个人，特别是在炒菜时，一个人要手持锅铲不停地翻滚，另一个人要不停地拉风箱，往灶膛里添柴草，整个屋里烟熏火燎，呛得人直流泪，做饭简直就是遭罪。后来，采用“慢性子”的煤火炉、液化气灶。如今，电饭煲里焖饭，电磁炉上炒菜，豆浆机里熬豆浆……饭越做越轻松了。

人们逐渐吃上了放心肉。自1985年梁山县放开生猪市场以来，肉食市场日趋活跃，人们食肉量不断增加，但在屠宰中猪肉注水现象比较严重，每

① 《国务院关于进一步完善粮食生产和流通有关政策措施的通知》，2000年6月10日，菏泽市档案馆藏档28-2-759。

头猪可注入10公斤水；为躲避仪器检测，有的在水中掺明矾、盐等杂物，严重危害消费者的身体健康。1991年11月起，实行了“定点屠宰，集中检疫，统一纳税，分散经营”，及时发现肉食病变，对其进行无害处理或销毁，使群众吃上了放心肉。① 后来，逐渐加大对生猪屠宰的管理力度，实施从屠宰到加工、运输、销售的全过程管理，全面提高肉品质量安全监管水平，使肉品达到国家无公害肉品的强制性标准要求，确保肉类产品消费安全，使人民群众真正长期吃上安全合格的“放心肉”。②

食品安全逐步得到保证。20世纪80年代初，冷饮颇受人们欢迎，但卫生质量难以保证。梁山县人民政府加强了冷饮食品卫生管理，严格冷饮生产的批准手续，所有要求生产冰糕的单位，生产前需向县卫生防疫站写出书面申请，经检验设备符合卫生要求方可试产；鉴于目前梁山县清凉饮料生产设备达不到国家规定的卫生标准，故各类土啤酒、土汽水一律禁止生产，所有国营、集体和个体食品销售摊点，均不得采购和经销不符合卫生要求的清凉饮料，③防止和减少了食物中毒及肠道传染病发生流行，保证了人民群众身体健康。劣质盐、无碘盐基本退出百姓的餐桌。各级政府采取严厉措施查处匿报货物品名、无计划运销等手段大量贩运的劣质盐、无碘盐，没有山东省盐务局统一印发的“准运证”的一律按私盐查处，④确保了人民群众的食盐安全和身体健康。食品卫生监督员经常检查监督饮食品服务行业执行《中华人民共和国食品卫生法》的情况，对不符合卫生要求的饮食服务单位和个体户，分别予以停业整顿、罚款和吊销卫生许可证等处罚，⑤食品卫生

① 《梁山县商业局关于加强生猪市场管理、推行“定点屠宰”的报告》，1991年11月10日，梁山县档案馆藏档3-1-323。

② 《梁山县人民政府关于进一步加强全县生猪屠宰管理工作的意见》，2005年8月22日，梁山县档案馆藏档17-2005-23（全宗号17是2001年后梁山县政府档案号，目录号2005代表2005年度，案卷号23表示第23卷，下同）。

③ 《梁山县人民政府关于加强冷饮食品卫生管理的通知》，1983年3月15日，梁山县档案馆藏档3-1-172。

④ 《山东省人民政府办公厅关于进一步加强盐运输管理的通知》，1994年8月16日，梁山县档案馆藏档28-2-586。

⑤ 《梁山县爱国卫生运动委员会第一次委员会议纪要》，1985年1月24日，梁山县档案馆藏档3-1-210。

状况得到进一步改善。梁山县大力加强食品监督，2004年11月，成立梁山县食品药品监督管理局，把食品、保健品等纳入监管范围；至2008年6月，梁山县食品药品监督管理局拥有52家食品生产企业，建立了覆盖全县所有行政村的食品药品安全监督网、食品药品供应网、食品药品信息网的监管体系，饮食安全得到有效保障。① 梁山县大力开展了食品安全专项整治，据2007年12月27日《济宁日报·都市晨刊》报道：梁山县农产品检测中心已建成启用，并建成10个无公害农产品生产基地，基本解决违禁农药使用问题；全县49家食品生产许可证，47家食品小作坊签订了质量安全承诺书，10类产品生产企业全部建立质量档案，出口食品包装全面加贴检验检疫标示；梁山县536户食品经营户建立进货索证索票制度和进货台账制度、84家餐饮单位实行量级分化管理、140家餐饮单位实行笑脸公示。梁山县还实施食品放心工程，据2008年3月15日《济宁日报》载：从解决广大群众最关心、最直接、最现实的利益问题出发，全面加强农村食品安全监管，大力推进食品监管网建设，力争2008年梁山县所有乡镇完成食品监管机构的组建，加快改造和规范农村食品供应体系，建立质量安全保障、服务方便快捷的农村食品供应体系，建立质量安全保障、服务方便快捷的农村食品安全畅通网络；各行政村建立食品安全信息员，构建县、乡、村三级食品安全信息网。近些年，加大了食品安全监管，保障"舌尖安全"。2015年12月4日《今日梁山》载：梁山县积极开展羊肉及其制品专项行动，保卫"舌尖安全"，严查市场内存在掺假掺杂、未经检疫或检疫不合格、超过保质期、病死、毒死、死因不明、来源不明、标示不清、标注虚假生产日期和保质期、索证索票不全的羊肉及其制品。这些措施，使食品安全得以保证。

丰富多样、卫生安全的食品为人们的健康饮食奠定了物质基础。据营养学家研究，人体需要的营养素有40余种，每天膳食应包括：谷类食品及油脂等供能性食物；畜禽、水产、蛋、乳等结构性食物食品；各种蔬菜、水果等保护性食物。② 古人早就认识到不同食品有不同的营养成分和功能，并讲究

① 中共梁山县委党史研究室编著：《丰碑——梁山县改革开放30年》，中共党史出版社2008年版，第26页。

② 王建中主编：《东北地区食生活史》，黑龙江人民出版社2004年版，第312页。

合理的膳食搭配。《孔子家语·执辔》载:“食水中善游而耐寒,食土者无心而不息,食木者多力而不治,食草者善走而愚,食桑者有绪而蛾,食肉者勇毅而悍,食气者神明而寿,食谷者智慧而巧,不食者不死而神。”①《黄帝内经》载:“五谷为养,五果为助,五畜为宜,五菜为充。”②如今,人们不仅吃饱,而且讲究营养,注意粗细、果蔬、荤素、干稀合理搭配,食品结构进一步优化,膳食营养结构日趋合理与平衡。食品消费由“主食型”转变为“副食型”,主食消费量下降,副食消费量增加,副食结构中植物性食品减少,动物性食品如猪肉、羊肉、鸡蛋、鱼等动物性食品及乳制品明显增加。人们的饮食习惯逐渐由原来的“饱餐型”转变为“营养型”“健康型”,从对量的需求发展到对质的追求,倾向绿色和健康食品。近几年,高粱、玉米等杂粮再度走红,反映了百姓对杂粮中微量元素的重视和对传统膳食的重新认识。蔬菜要吃无污染的、粮食要吃当年的、鱼虾要吃活蹦乱跳的、花生油找非转基因的,成为人们消费新时尚。营养、减肥、保健、抗衰老等已经成为老百姓津津乐道的话题。人们营养结构日趋多样化、合理化,向低脂肪、高蛋白、细质蔬菜倾斜,低脂肪、低糖、低盐、低热量食物越来越受人们欢迎。无激素的瘦猪肉、天然的新鲜蔬菜、山鸡蛋、绿色食品受到人们青睐。多喝酸奶易消化吸收,鸡蛋一天不超过1个,早晚吃点水果可抗衰老等健康常识不断增多。

第三节 新中国成立以来饮食变迁的特点及原因

新中国成立以来,华北农村饮食发生了巨大变迁,特别是农村实行家庭联产承包责任制以来,饮食变迁更加迅速,人们解决温饱问题,进入小康,饮食变迁的特点主要有:

第一,从单一贫乏到丰富多样。新中国成立到农村实行家庭联产承包责任制以前,粮食贫乏,饮食单一,人们辛劳一年难得温饱,一日三餐,都是

① 《孔子家语》,王肃注,上海古籍出版社1990年版,第69页。

② 南京中医学院中医系编著:《黄帝内经灵枢译释》,上海科学技术出版社1986年版,第345页。

粗茶淡饭，以地瓜和用高粱面、地瓜面蒸的窝窝头为主食，过年也难得吃上白面馒头，人们一年四季以咸菜为“主打”，蔬菜主要是本地产的白菜、萝卜，肉类、蛋类、乳制品所占比重十分有限。每天的主、副食没大变化，最多是夏季增加一些时令蔬菜，过年过节才能吃上肉食。农村实行家庭联产承包责任制以后，粮食产量不断增加，生活水平不断提高，人们不但吃饱，更讲究吃好，注重营养，注意粗细、荤素、果蔬搭配，肉、蛋、鱼等消费量不断增多，乳制品消费也明显增加。如今，各种主、副食品琳琅满目，面食、肉食、蛋类、乳制品、干鲜果品、饮料、时令蔬菜、反季节蔬菜等货源充足，应有尽有，人们饮食日趋丰富多样。

第二，从清淡粗糙到营养精细。在农村实行家庭联产承包责任制以前，人们生活水平低下，膳食单调、粗糙，营养成分单一。以粗粮、杂粮为主，细粮很少，仅能温饱，粗细粮搭配严重失调；丰年也主要是地瓜、高粱、玉米等。灾歉之年则以糠、菜等代食品充饥，甚至患水肿病、饿死。人们平时很少吃肉、蛋，主要是“咸菜”和应时的蔬菜，而且，舍不得放油，菜肴比较清淡。农村实行家庭联产承包责任制以来，人们生活水平逐渐提高，细粮成为主食，不仅吃饱，而且吃好，主食消费量不断下降，蔬菜、肉食、水果、蛋、奶等消费量日趋增多。如今，人们饮食日益讲究营养健康，注意荤素、粗细搭配，向低脂肪、高蛋白、细质蔬菜倾斜，垂青低脂肪、低糖、低盐、低热量食物，绿色食品颇受欢迎。

第三，从家庭自做到市场购买。自新中国成立到实行家庭联产承包责任制前，终年辛劳分得的现金收入也很少，难以满足正常的日常开支，用于购买食品的部分很小。主食主要是自己蒸的窝窝头，各种咸菜、酱菜和干菜等也都由家庭主妇制作，蔬菜、肉主要是生产队分配，几乎不从市场购买，人们外出也带着自家做的窝窝、饼和咸菜，甚至学生上学也是如此。当时，各地的饭馆、商店等都凭粮票①供应，没有粮票，只能要饭或挨饿。实行家庭

① 实行统购统销后，各地发行了大量粮票。1955 年 8 月 25 日，国务院全体会议第 17 次会议通过《市镇粮食定量供应凭证印制暂行办法》规定：全国粮票自 1955 年 9 月起开始使用。随着粮食生产的发展，1980 年 6 月 12 日粮食部下发（80）粮供字第 22 号文件停止流通，全国通用粮票前后共流通使用 25 年。各地粮票直至 1993 年才光荣“退休”。

联产承包责任制以来，经济快速发展，农民收入不断增加，饮食业迅速发展，主、副食加工逐渐社会化，市场上应时与反季节蔬菜及肉食、鱼、蛋、奶等应有尽有，各种方便食品不断上市，馒头、糕点、酱菜等都有销售，商业网点不断增多，甚至各村都有规模不等的饭店，外购食品十分方便，人们饮食社会化、市场化程度不断提高。

新中国成立以来，华北农村饮食变迁的原因主要有：

第一，经济发展水平。新中国成立到集体化时期，生产力水平低，采用传统农业经营模式和种植方法，不讲科学种田，农业产量低，农民收入少，特别是集体化时期出勤不出力，高度“过密化”，劳力不足的还要买工分（见图3.6），人们辛劳一年仅得温饱。20 世纪 80 年代以来，实行科学种田，改良品种，投入的肥料、化肥增加，农田水利设施不断完善，农业实现机械化，粮食产量不断提高，同时非农产业也不断发展，农民收入不断增加。1966 年，梁山县农民人均纯收入 56 元；①1978 年梁山县农民人均纯收入 73 元，到 1999 年增加到 2266 元；②2007 年达到 4611 元。③ 随着经济发展和科技进步，农副产品极大丰富，食品加工业也不断进步，各种主、副食品大量上市，人们饮食不断上档次，讲究营养，肉、蛋、奶、水果和各种副食品的消费量不断增加，主、副食搭配，素、荤菜并重，饮食水平和质量不断提高，饮食结构日趋科学合理。

第二，国家政策影响。饮食变迁很大程度上受国家政策影响。新中国成立之初，人们分得土地，生产劳动积极性提高，人们饮食逐渐得以改善，基本解决温饱。1958 年，人民公社建立，人们吃食堂，大吃大喝，后来，粮食缺乏，食堂难以维持，许多人挨饿。后来，实行“三级所有，队为基础”，人们饮食主要由生产队的分配决定，分配什么，吃什么；分配多少，吃多少，饮食营养化、市场化水平低。实行家庭联产承包责任制以后，改变了过去“队长敲

---

① 梁山县统计局编：《辉煌五十年：1949—1999 年（序言）》，内部资料 2000 年版，第 22 页。

② 梁山县统计局编：《辉煌五十年：1949—1999 年》，内部资料 2000 年版，第 68—72 页。

③ 中共梁山县委党史研究室编著：《丰碑——梁山改革开放 30 年》，中共党史出版社 2008 年版，第 8—9 页。

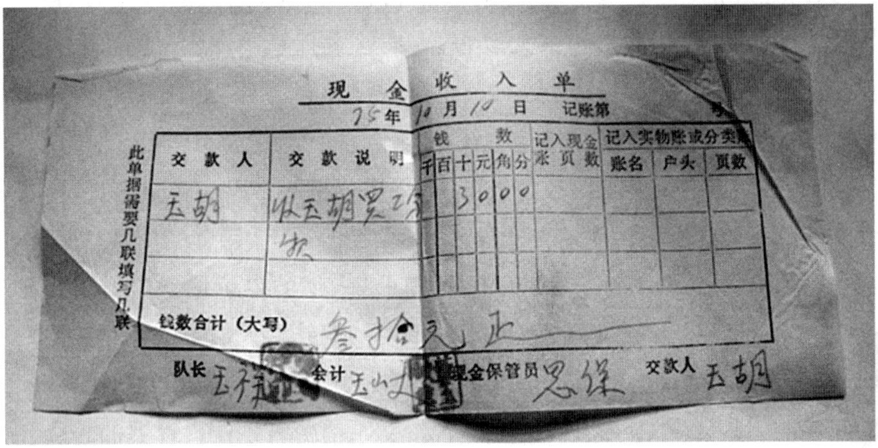

现金收入单

75年10月10日　记账第　号

此单据需要几联填写几联

交款人	交款说明	钱数 千	百	十	元	角	分	记入现金账页数	记入实物账或分类账 账名	户头	页数
玉胡	收玉胡买工分款			3	0	0	0				

钱数合计（大写）叁拾元正

队长 玉祥　会计 玉山　现金保管员 思保　交款人 玉胡

图 3.6　集体化时期社员买工分的收据

破钟，半晌不出工；出工一窝蜂，干活大呼隆”的现象，农民生产自主性和能动性提高，劳动效率提高，粮食产量和农民收入不断增加；同时，大力发展商品经济，市场上蔬菜、肉、鱼、蛋、奶等充足，饮食业快速发展。随着人们逐渐富裕，人们的饮食水平不断提高，肉、蛋、奶消费量不断增加，人们的饮食结构由饱餐型变为营养型、健康型，主食消费量下降，副食消费量上升，膳食营养结构日趋科学合理。另外，随着改革开放的深入，西方饮食不断传入农村，汉堡包、热狗、可口可乐等颇受青少年青睐，在全球化背景下，中西饮食文化交融将日益深入。

新中国成立以来，特别是实行家庭联产承包责任制后，人们生活水平不断提高，温饱问题逐步解决。根据梁山县馆里乡农村住户调查数据，1999年的恩格尔系数为 49.3%，①按照恩格尔定理规定的标准，恩格尔系数在40%—50%为小康型，可知人们生活水平已属于小康型。2007 年，梁山县寿张集乡的恩格尔系数为 38%，比 1978 年下降了 40%，群众生活日益富裕。②人们已由勉强温饱到小康、富裕，由过去食品短缺、“糠菜半年粮”到吃饱、

① 《馆里乡 1999 年农村住户调查》，1999 年 12 月 31 日，梁山县档案馆藏档 103－1－133。

② 中共梁山县委党史研究室编著：《丰碑——梁山改革开放 30 年》，中共党史出版社 2008 年版，第 435 页。

吃好，讲究营养健康。如今，各种主、副食品极大丰富，地域性、季节性、自产性特点不再明显，膳食结构大大改善，人们饮食日趋多样化、营养化、现代化。但西式面包并没代替馒头、刀叉也没取代筷子，手擀面、自蒸馒头、手工水饺仍很受百姓青睐，饮食结构也没有根本性转变，正如1993年2月9日《九十年代中国食物结构改革与发展纲要》中强调的："从整体上看，我国人民长期以来形成以粮食为主，搭配适量蔬菜和一定肉食膳食结构，这种基本的食物结构将在今后较长时期存在下去。"①人们的传统饮食习俗仍在延续，并没断裂。按照"营养卫生、科学合理"原则，结合人们生产能力和消费习惯，继承饮食习惯中的优良传统，吸收国外先进适用经验，粗细搭配、荤素搭配、讲究营养，"绿色"消费、健康消费、文明消费将是饮食发展的趋势和方向。

① 《九十年代中国食物结构改革与发展纲要》，1993年2月9日，菏泽市档案馆藏档28-2-562。

第四章 居住变迁

住房是人类生活的基本要素，是人类文化和物质文明的重要载体，以非文本形式记载社会变迁。所谓“富不富先看屋”，住房是家庭财产的重要方面和符号，也是社会分层的重要标志。自古以来，广大农民孜孜以求的重要目标就是购置田产、建造房屋，为子孙后代打下基业、积聚财富。当今社会，置地已不合时宜，农民便把心思放在建造新房上。新中国成立以来，特别是实行家庭联产承包责任制以来，华北农村住房发生天翻地覆的变迁，从平房到楼房，从土木结构到砖石钢筋水泥结构，住房日益宽敞、舒适、现代化。

第一节 住房形式变迁

新中国成立以来，华北农村住房形式发生巨大变迁。以家庭联产承包责任制实行为界，住房形式分为前后两个明显不同时期，前一时期住房形式主要是以土、柴草、木材为主要材料的土平房，后一时期主要以砖、石头、水泥预制品为主的砖房和楼房。

住房最能体现当时的社会经济状况和人们的生活水平。新中国成立前，农村生产力水平低下，广大农民难得温饱，住房简陋，据 1883 年 8 月 3 日《北华捷报》载：华北农村“屋子一律是泥土筑成的三间矮房，屋顶是高粱秆，上面抹上一层滑秸泥（用切细的麦秸调和的泥浆）”。[①] 广大农村除了少数地主、官宦的青砖房或极少数楼房外，绝大多数是贫苦农民住的仅能栖

---

① 转引自李文治编：《中国近代农业史资料（1840—1911）》第一辑，生活 · 读书 · 新知三联书店 1957 年版，第 917 页。

身的破旧土房子、茅草屋,甚至冬透风、夏漏雨。据笔者村92岁高龄的老支书董某某老人回忆说:“解放前,能吃饱,不逃荒要饭就知足了,哪里还想住好屋子呢?都是土屋子。地主家住青砖房,不少是‘砖穿皮’,砖墙里面是土或土坯。”(见图4.1)

图4.1 新中国成立前建的青砖老房子

新中国成立之初,农民分得土地,生产积极性高涨,农业生产得以发展,随着生活水平不断提高,梁山县部分农民开始对旧房进行修补,有的建了新房,但仍延续着新中国成立前的用材习惯和结构形式,就地取材,用泥土做墙,木檩条,盖些柴草,然后再覆盖泥土,泥上房顶,便建成新房。受经济条件限制,梁山县大多数农户还沿用着旧屋老房,赓续着传统的民居形式。这种房屋墙体厚,窗子窄,室内使用面积小,通风采光效果差,室内潮湿阴暗。“三年困难”时期过后,农村经济逐渐好转,生活条件逐步改善,特别是随着人口增加,一家几口挤在祖传的老房内,居住条件严重恶化,新中国成立后出生的孩子又逐渐长大,需要结婚成家,住房的压力大增,人们对破旧拥挤的土房已难以忍受,不得不改建新房。正如笔者85岁的奶奶所说:“一家数口挤在一块儿,孩子小还能凑合,但孩子长大成家,人多拥挤,姑嫂、妯娌、婆媳之间少不了矛盾,没办法,不盖屋子不行了。"20 世纪 60 年代末 70 年代初,农村出现建土平房的小高潮。人们把多年辛辛苦苦养猪养鸡等积攒的钱用来备料建新房,有的翻盖旧屋。建房的成本与旧房中能提供的建材有关。如果旧房能提供大量木料、石头,则能大大节约建房的成本。20 世纪 60 年代末,当时建房流行"秫秸棚"屋(见图 4.2),即房屋的屋檐是用秫秸(也称高粱秸)做成。20 世纪 70 年代初,逐渐出现"砖安檐"屋,即屋檐用砖做成。以上这两种房屋都是土平房,一般三间。建房时,先整地基、打夯,再垒一层石头做墙基,条件好的再垒上几层砖,以防止地面水分上浸或积水浸泡墙体。然后,一层一层筑土墙。房顶用大梁和檩条支撑,上面铺一层高粱秸打成的箔,然后再上柴草、土,泥屋顶。为防止漏雨,房顶上用的泥土很多,屋顶表面再用淤土、麦秸或麦糠等和好的稀泥,泥上厚厚的一层,房子就算盖好了。由于土房顶抗雨水冲刷能力差,每年雨季来临前,人们都要泥屋顶。泥屋顶是当时人们的"必修课",专门用淤土泥屋顶,淤土干时坚硬,加水粉化后,黏性很大,掺上麦糠,用泥板在屋顶泥一层,干后很耐雨水冲刷;泥屋子是一项繁重的工作,也是技术活,人们一般用铁锨直接把和好的泥扔上屋顶,还要请老把式掌泥板,需三四个人才能完成。

土房抗雨水能力差,雨水对房顶和墙壁的侵蚀严重,屋顶的柴草很容易因漏雨腐烂,墙壁也常常受雨水冲刷而损坏。土房墙壁虽厚,但由于是用土筑成的,雨水很容易对墙体造成损坏,时间长了,墙的下端就容易出现凹痕,呈"蜂腰状",人们有的用泥和麦糠或苘纤维修补修补。土墙使用寿命较短,尤其怕水浸泡。一旦降雨过大或发生水灾,房屋周围积水,墙体很容易浸水,造成墙体损坏,导致墙倒屋塌。1957 年,梁山县发生水灾,房屋倒塌非常严重,梁山县成灾 24986 户 101547 人,其中,9161 户 39100 人房屋全部倒光,共计 69482 间。① 1962 年 8 月,因降雨造成的房屋倒塌也很严重,由于雨量集中,梁山县倒房 23284 间,1984 户 8914 人只好住车棚、猪圈、山

① 《梁山县生产救灾委员会 1958 年上半年生产救灾规划》,1958 年 2 月 23 日,梁山县档案馆藏档 3-1-46。

图 4.2　20 世纪 60 年代末建的"秫秸棚"土平房

洞、坑洞等；小路口公社董集大队因地势低洼，雨量集中，倒房 407 间，占原有房屋的 52%，同时，还有危房 128 间，占总房屋数量的 15.8%；①大路口人民公社有 20 个大队 45 户 150 名社员的 108 间房屋倒塌，另外有 200 间房屋已不能继续住下去。② 20 世纪 70 年代后期，随着农民生活改善及建材生产的发展，建房量有所增加，农村建房形式也有了改进。为防止雨水对墙体的侵蚀，一般先起三五层左右的砖墙俗称"坚脚"，再压上一层麦秸草，然后用加有麦秸的泥土层层夯实；墙体还是泥墙，有的在墙的四角和上大梁的地方砌了砖跺；也有的在安门窗的地方垒上砖，甚至前墙也砌上砖，称为"大镶砖"。有的房顶用了石灰捶顶，抗漏能力增强。但由于人们收入少，无力建房，居住仍十分拥挤。例如，1979 年，梁山县馆驿公社住房困难申请 177 户 743 人，其中王仲口大队唐某某，全家 8 口人，住着 4 间房；小路口公社梁

① 《梁山县人民委员会民政科 1962 年一年来民政工作总结》，1962 年 12 月 27 日，梁山县档案馆藏档 61-1-50。

② 《大路口人民公社关于雨后受灾情况的专题报告》，1962 年 8 月 15 日，梁山县档案馆藏档 61-1-50。

庙大队老复员军人徐某某,全家6口人,有母亲、弟弟、弟妻和两个侄子,全家共3间破房,徐某某常年住在生产队的牛棚里;信楼公社孙庄大队老复员军人郭某某,全家9口人,自公社化以来就担任队长,现仍住着2间破房。① 可见,当时即便是土房也不能满足人们需要,住房仍比较紧张。

实行家庭联产承包责任制以来,解决了吃饭问题,人们迫切需要改变长期缺房、居住条件差的局面。1979年12月在青岛召开第一次全国农村房屋建设工作会议,确定了"全面规划,正确引导,依靠群众,自力更生,因地制宜,逐步建设"的方针,重申农民建房产权归个人所有,强调要调动农民和集体的积极性。② 各级政府设立建筑管理部门,对农村建房进行引导和管理。随着改革开放的深化,农民逐渐富裕,再加上实行正确的建房方针和房屋产权政策保障,农民便把多余的钱投向建房,"家家备料,村村动土",20世纪80年代初,农村建房出现了新中国成立以来少有的兴旺景象。③ 建新房数量大大增加。例如,从1978年到1983年,寿张集公社建新房7611间,其中1983年新增房屋2185间,④而1983年寿张集公社共9285户⑤,可见,寿张集公社1983年大约每四户就建一间房。人们居住条件明显改善,改变了过去住房简陋、拥挤、"一宅多户"的状况。1983年,梁山县向农村供应各类钢材35吨,水泥1700吨,建材供应大大促进了村镇建设工作,梁山县有9783户农民建了新房,约占全县农户的6.5%,建房31256间,建筑面积522934平方米,占地2747亩,总投资345.1万元,建筑质量和建设标准都比以前有了明显提高。⑥ 这一时期,不仅建房的数量大,而且建筑结构发

① 《梁山县革委民政局关于帮助困难户修建房屋的报告》,1979年12月30日,梁山县档案馆藏档61-1-108。

② 《光辉的成就》,人民出版社1984年版,第190页。

③ 《山东省菏泽地区行署关于农村房屋建设的意见》,1981年7月11日,菏泽市档案馆藏档28-1-312。

④ 《寿张集公社农民住房和家具情况统计表》,1983年12月24日,梁山县档案馆藏档20-1-122。

⑤ 《寿张集公社1983年农村经济收益分配汇总表(表一)》,1983年12月25日,梁山县档案馆藏档20-1-122。

⑥ 《梁山县基本建设委员会1983年工作总结》,1984年1月16日,梁山县档案馆藏档73-1-19(全宗号73是梁山县建委档案号,目录号1代表永久,案卷号19表示第19卷,下同)。

生了历史性变化,由以前的"土草房"变为"浑砖房"。《梁山县志》载:1980年以后,群众建房则多为现代建筑中的砖混结构或钢筋混凝土结构,出现了一批高水平、高质量的平房及小型楼房,石灰粉墙,玻璃门窗,高大宽敞。① 墙基一般垒二层或三层石头,墙体全部用砖建成。房顶也逐渐由木梁、檩、椽子及柴草变为砖登顶、水泥预制品檩条,水泥捶顶,更加美观、结实、耐用。窗户也用带钢筋的玻璃窗取代老式的木棂窗。水泥地面或用砖铺地,明窗净几,人们告别了过去室内阴暗潮湿、尘土飞扬的日子。1989年,梁山县共有农房63.7万余间,户均占4.6间,建筑面积为97.13万平方米,人均占农房面积17.9平方米,农房标准质量较好的约占30%,一般的约占60%,较差的约占10%。② 20世纪90年代以来,人们不断富裕起来,农民新建房屋不断上档次,建房结构已全部是砖、钢筋、水泥预制品为材料的现代化建筑结构,用水泥大梁,省去了檩条直接用楼板,房檐用水泥板建"大檐"屋,屋檐上还粘上"水刷石"或瓷砖,美观大方。梁山县农村房屋逐渐向砖房过渡,人们的居住条件明显改善。例如,20世纪90年代,梁山县杨营镇95%的农民搬进砖石结构的新居。③ 如今,农村建房最流行的样式是带"走廊"屋,房屋宽大,约10米宽,正房一般是四大间,当中两间有走廊,室内房间布局仿照城里的楼房样式,把原来的大房间分成小房间;室内被分成南、北两个室,南边靠门的室为客厅,比较大,北面的那个室较小,为卧室;西边的一大间分成南北两个室,门都朝客厅开;东边一大间不再分小室,门朝向走廊;屋檐流行装饰瓦,外墙贴瓷砖;室内装修也很讲究,墙壁、顶棚、地板都装修,墙壁刮瓷,天花板吊顶,地面水泥化或贴地板砖;铝合金框的玻璃窗,而且窗户特宽大,门上也装有玻璃,采光效果好(见图4.3)。房间的增多为人们提供更多的独立自由空间,大大方便了人们生活起居,提高了人们的生活质量。有的则建起了二层或三层的楼房(见图4.5),而在20世纪八九十年代

① 《梁山县志》,新华出版社1997年版,第491页。

② 《梁山县城乡建设委员会关于城乡建设工作情况的汇报》,1989年10月30日,梁山县档案馆藏档73-1-43。

③ 中共梁山县委党史研究室编著:《丰碑——梁山改革开放30年》,中共党史出版社2008年版,第380页。

初，当地的富裕户则时兴在房屋一角建一间楼房（见图4.4）。农村建房不断上档次，人们居住面积越来越大，日益宽敞、舒适、现代，出现明显的“楼房化”“城市化”趋向，例如，2007年，杨营镇高庄、杨营、高坟、高楼村60%的农户建起二层小楼，生活步入小康；全镇人均住房面积达到33平方米，农民逐步向“居住楼房化、生活城市化”方向发展。[①]

图4.3　带走廊的四间堂屋

第二节　房屋建筑变迁

新中国成立以来，房屋建筑发生巨大变迁，主要表现在建房材料、地基、墙体、屋顶、门窗、地坪、用工形式、费用等方面。

---

① 中共梁山县委党史研究室编著：《丰碑——梁山改革开放30年》，中共党史出版社2008年版，第380页。

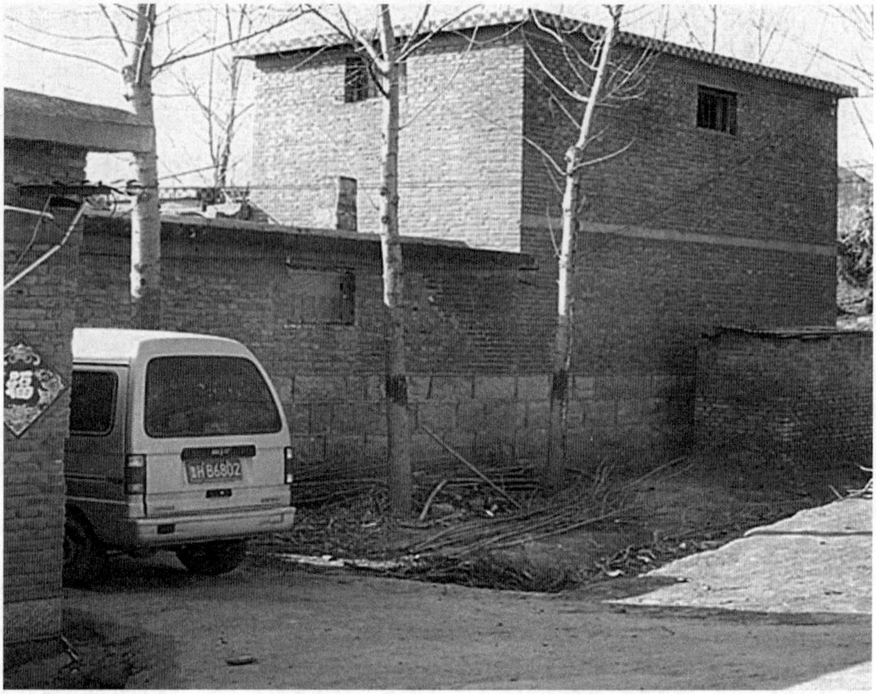

图 4.4　带一间角楼的楼房

一、建房材料

自新中国成立至农村实行家庭联产承包责任制，农村主要是建土房，所需的建房材料是土、木、柴草、石、土坯、石灰等建筑材料，而这些材料大都是就地取材。梁山县得天独厚的自然条件造就了丰富的建材资源。黄河从梁山县境北部流过，沉积下了大量淤土，取之不尽的淤土及山脚下的山土为人们建房和砖、瓦生产提供了充足的材料来源。木料是当时民居建筑中使用较多的建筑材料，不仅门窗需要木料，而且梁、檩、椽、柱等使用的木料也很多，其中以榆木最多。榆木结实，承重能力强，多用来做大梁及檩，民间俗信“榆梁”谐音“余粮”，有吉祥的寓意。当地大量种植的榆树、杨树、柳树、槐树、椿树、梧桐树、枣树等树木，为建房提供丰富的木材资源。小麦、高粱等作物的广泛种植及河、湖地区大量种植的芦苇，为建房提供充足的麦秸、高

图 4.5　新建的楼房

梁秸、苇秆等原料。坯在砖普遍使用之前也是重要的建筑材料，可用来垒墙，特别是用来建炕、支锅灶。土坯的建造方法简单，首先用淤土与麦秸和泥，但一般不用沙土，沙土无黏性，干了易粉碎；制坯的模具是用四块长约 50 公分、厚 5 公分的木板做成的木框，把和好的泥土填满模框，压实，把上面抹平，把框往上轻轻拿掉即可，等坯晒干后即可使用。梁山县境北部多山，多数山丘岩石裸露极易开采，为人们建房提供了丰富的石料；当地石质主要有石灰岩、白云质灰岩和页岩，可采制建房用的各种石料，还可烧制石灰、生产水泥。梁山县生产石灰历史悠久，烧制的石灰以质纯、黏结力强享有盛誉。早在 1953 年，梁山县供销合作社组织个体石灰生产者成立张坊石灰社；在此基础上，1956 年成立梁山县石灰厂，建起日产 35 吨立筒式石灰窑一座；后来，有条件的地方也相继建立石灰厂。[①] 当地生产的石灰不仅满

① 梁山县城乡建设委员会编纂：《梁山县城乡建设志》，梁山县城乡建设委员会 1988 年版，第 83 页。

足本县需要，还销往梁山县西南部的部分县市。

家庭联产承包责任制实行以来，农村房屋由土房改为砖房、楼房，建房材料由自足变为从市场购买，过去建房用的土、柴草、木材大都能自足，而建新式房屋的原料如石头、砖、水泥、黄沙和水泥预制品等，几乎全都需要购买。梁山县生产砖的历史悠久，新中国成立前一般采取小土窑煅烧法；1958年，梁山县建成第一座大型轮窑。① 以往的小土窑用车轮式的支撑，上面装几千块砖坯，下面用柴草烧，五六天的时间才能烧好；新式轮窑为烧煤多门循环出装式的圈窑，产量大增，成本降低。② 改革开放以来，为适应农民建房用砖需要，梁山县相继建立陈集、张坊、后码头等大型砖窑厂（见图4.6）。梁山县各地的小砖厂如雨后春笋般地涌现起来，例如，寿张集公社许多大队也纷纷建砖窑，1978年前全公社只有1个砖窑，现在达到6个，③满足了农村建房用砖的需要。梁山县水泥厂1958年开始投产，但因产品质量差，产量低，1961年停产；1966年、1970年进行重建和扩建，进行技术改造，生产能力和产品质量大大提高，1976年，年产325#火山灰质硅酸盐水泥5万吨。④ 梁山县水泥厂因处于梁山风景区内，污染严重，现在已被拆除，农村用的水泥一般是小安山或肥城产的。梁山县内不产黄沙，多由平阴、汶上等县输入。随着对水泥板、楼板、水泥大梁等预制品需求的不断增多，各地大大小小的预制品厂也纷纷建立，而且送货上门，并负责安装，大大方便和满足了农民建房的需要。

二、地基及墙体

新中国成立以来，农村建房的地基处理和墙体建筑也发生巨大变迁。

---

① 梁山县城乡建设委员会编纂：《梁山县城乡建设志》，梁山县城乡建设委员会1988年版，第82页。

② 房瑞荣、周传宪、姬脉科：《运河轶韵——古镇开河漫谈》，中国文联出版社2002年版，第263—264页。

③ 《党的十一届三中全会以来，寿张集公社解决了温饱，人们生活越来越好》，1982年12月14日，梁山县档案馆藏档20-1-116。

④ 梁山县城乡建设委员会编纂：《梁山县城乡建设志》，梁山县城乡建设委员会1988年版，第83页。

图 4.6 砖窑厂

在家庭联产承包责任制实行前，农村建房一般不重视挖地槽，只在地坪墙根处夯实，即开始垒石头，建墙体；家庭联产承包责任制实行后，人们建房对地基处理非常重视，一般挖半米左右深的地槽，用水浸透，再用土和石灰做垫层，然后用打夯机层层夯实，再垒上两层或三层石头。地基的夯实对建屋来说尤为关键。过去，都是人力打夯，所用的夯是大约高半米、直径 30 公分的圆柱体石头，在夯石的一侧固定上约 2 米长的木棍即夯把，在夯石的下端拴上拉夯的绳。打夯是非常费力气的活，一般请村里年轻力壮的劳力帮忙。掌夯把是一项技术活，要请专门的“把式”才行。打夯时，众人抓住夯绳把夯石高高抛起，夯石高过头顶，掌夯的就松开夯把，等夯落下时再抓住。掌夯把的不仅要负责夯的方向，使夯正好落在墙基位置处，还要防止夯歪斜，以防砸到拉夯的人。为了调动劳动激情和统一步调，打夯时还哼唱有节奏的“夯歌”。夯歌由夯把式领唱，大家应和。笔者小时候，很喜欢看打夯的，也特别爱听打夯者吟唱的夯歌：“（领）太阳出来了，（应）咳呀咳呀咳。（领）照东墙吆，（应）咳呀咳呀咳……。”打夯者精神焕发，昂首挺胸，伸臂高呼,旁观者高声叫好,来回夯三五遍,直到发出嘣嘣声才算完工。夯声咚咚、夯歌阵阵,一番热闹而欢快的劳动景象。现在,人力打夯的热闹场景不见了,而代之以机械化的打夯机。

梁山县房屋的墙体主要为"土打墙"。土房的土墙建筑环节非常重要,墙体建不好,当然房屋也不结实。梁山县筑墙都选用淤土,淤土做的墙结实耐久。先把粉碎的淤土、麦秸或草、水掺和好,然后,把润好、湿度适中的土往墙基上填,用挡土板挡住、踩实,再用打墙板打结实,一层一层地修筑,并用铁铲把墙面铲光找平,墙体厚度一般55公分,墙体的高度有固定比例,房屋进深与墙高的关系一般为1∶7,即进深1尺墙高7寸。① 等墙体干透、结实后,才能上屋盖。如果筑墙的泥土粉碎不好、墙体不干即上屋盖,建的房则不耐久,甚至发生倒塌。例如,1967年,梁山县八里湾大队建房时,挖出来的淤泥块"不经风化晾干砸碎,随挖就随打墙,因而打起来的墙胶泥泮原样不变,拳头大的都有,和沙土根本不合股,胶泥泮用手一抓,就一块一块的掉下来,所以打起来的墙质量相当差";再加上墙体未干就上屋盖等原因,下大雨后,结果造成房屋倒塌。② 由于土墙厚,房屋室内面积窄小,为了扩大室内空间,也为了减少筑墙的劳动量,有的用两架大梁,不建隔山墙,而用高粱箔代替隔山,把客厅和卧室分开;也有的一个隔山、一架大梁。有的墙用土坯筑成,称土坯墙。因为制坯较费事,这种土坯墙为数不多。还有的用高粱秸或玉米秸做成篱笆,外面涂抹和麦糠的黏土,建成篱笆墙。用土坯墙和篱笆墙建成的屋子,一般存放杂物、饲养家禽等。

家庭联产承包责任制实行后,农村建的房子主要是砖房。在砌砖墙之前,一般先垒上两层或三层的条石,坚固又能防止水浸湿墙体。砖墙可分为"二四"墙或"三七"墙(用泥土烧制的红砖,不论是手工砖还是机制砖,规格统一,长24公分,宽10.15公分,厚5.3公分,重约2.5公斤),前者墙厚度为24公分,后者墙厚37公分;当地农村建房多采用"三七"墙;砌砖的口诀

① 梁山县城乡建设委员会编纂:《梁山县城乡建设志》,梁山县城乡建设委员会1988年版,第90页。

② 《菏泽地区移民办公室关于梁山县八里湾大队倒房问题检查报告》,1967年10月5日,梁山县档案馆藏档61-1-60。

是“上跟线,下跟棱,左右相邻要对平”,砖间的横向灰缝为10毫米;墙体垂直与平整用靠尺检查。① 最初,一般以石灰勾砖缝,后来采用水泥和沙子勾缝。20世纪90年代以来,人们对墙体的处理更加讲究,墙外抹一层水泥或贴上瓷砖,室内的墙面由专业施工者刮瓷,平整而光滑。如今,为了保证房屋更加坚固耐用,农村建房非常流行用钢筋、水泥等“打圈梁”,坚实的石基、结实的砖墙,再加上牢固的“圈梁”,房屋抗水能力大大增强,即使出现大暴雨、大洪水,房屋也安然无恙。

三、屋顶、门窗及地坪

家庭联产承包责任制实行前建的土房,多为泥平顶房,墙体为版筑土墙体,房屋的承重主要靠隔山墙和横亘在前、后墙上的大梁。房屋的木大梁很粗,一般直径在20公分左右,多用榆木。一般三间房,用两架大梁或建一个隔山墙来代替大梁。大梁上面放檩条,一般七根,每根檩条直径约10公分,也多用榆木。在大梁和檩条之间有梁墩,来调节屋脊的高度,使房顶中间略微凸起,以便排水。在檩条上放椽子,大约半米的间隔。然后,铺上用高粱秸打的箔或用苇子打的苇箔,上面再放高粱秸、麦秸、玉米秸等柴草。最后上土,泥上房顶。为防止漏雨,房顶一般厚达10公分以上。这种土、草房顶隔热效果好,夏天太阳不容易晒透,比较凉爽,冬天防寒效果也很好,不容易冻透。但泥房顶防水效果差,易漏雨;一旦漏雨,容易使柴草腐烂,不几年就需修补一次。家庭联产承包责任制实行以来建砖房,屋顶的木料、柴草逐渐被砖、水泥预制品代替,用石灰、炉渣或水泥捶顶,解决了漏雨的问题。20世纪90年代以来,结实、耐用的楼板代替水泥檩条和水泥板。如今,农村建房采用水泥大梁和楼板,然后,用水泥、黄沙、石子等捶顶。水泥捶顶的房屋既防漏又坚固,还为人们提供了重要的晒粮场所,农户把收获后的小麦、玉米等粮食直接放在房顶上晾晒,不用再到打粮场晾晒粮食;有的把粮食长期

① 梁山县城乡建设委员会编纂:《梁山县城乡建设志》,梁山县城乡建设委员会1988年版,第71页。

堆放在屋顶上。夏天,人们还可在房顶上乘凉。但水泥捶顶的房屋容易晒透和冻透。住惯了土房的老人至今还常常提起老房子冬暖夏凉的好处。如今,有的为了防止太阳直射,在房顶上又加了一层预制的水泥板来隔热,俗称防晒层(见图4.7)。建防晒层后,冬天也不用扫雪。

图4.7　建防晒层的房屋

家庭联产承包责任制实行以前的土房,屋门口样式可分为有过木的方门和以砖起拱的圈门。门窗全是木制的。屋门分为花棂门、木板门。花棂门下半部为木板,上半部为花棂。木板门是用厚度两至三公分的木板制成,这种门坚固耐用,使用最为广泛。讲究些的还在门楣上边安装长方形的木棂窗,俗称"亮窗",以提高室内的通风透光效果,其宽度与门框相同,高度约0.3米。门分为下面有门枕的叉子门和无门枕的扫地门,叉子门下的门枕间有门槛。窗分为方格窗、花格窗等,一般宽0.7米,高0.9米,木制窗棂,冬天糊上窗纸以防止冷空气进入,夏天则敞着。一般没用后窗,有的只在后墙留一砖宽见方的墙洞。过去,一般农家的大门比较简单,用粗木头做个支架,然后钉上木条或固定上高粱秸,俗称“柴门”,一般没有门楼。20 世纪 90 年代以来,新建房屋的门窗发生巨大变化。正房屋门一般为带玻璃的扫地木门,上有宽大明亮的玻璃窗,有的还安上防盗门。房屋前后都有窗户,全是玻璃窗,带钢筋的木制窗户框变成铝合金框,还有防止蚊蝇进入的纱窗框。而且,窗子越来越大,通风透光效果好,满室阳光。院子大门时兴又宽又结实的大铁门,宽约 2 米,能通过拖拉机和农用三轮车,若过行人则可只开大铁门上的小门,方便又安全(见图 4.8)。

图 4.8 新式大门

家庭联产承包责任制实行前建的土房,居室内地面一般同于或略高于室外地面,由于是土地面,夏天比较潮湿,而且凹凸不平,时间长了,门口被踩得比较低洼。由于经常打扫，室内地面会变得越来越低，一扫地室内尘土飞扬，十分不卫生。而且，蚂蚁、虫子等容易滋生，最担心的是老鼠在室内打洞，弄得屋子里土堆和鼠洞不断，一旦下大雨，有时水会从鼠洞进入室内。而家庭联产承包责任制实行后建的砖房，石头地基比较高，一般两三层条石，室内地面也垫的比室外地面高出许多，室内变得干燥，而且人们用砖铺地面，砖铺地比较省事、美观，但是容易粘土，时间长了砖面上容易出现泥疙瘩，而且不结实，防潮效果也差。20 世纪 90 年代以来，人们用搅拌后的石子、黄沙和水泥铺地面，造价虽高，但是一次性投资就解决了大问题，水泥地面结实、耐用又防潮，脏了还可以用拖把拖地或用水冲，鼠洞的问题彻底解决，干净又卫生。如今，人们建房仿照城里的楼房地面装修方式，流行铺地板砖，更加舒适、美观、漂亮。

四、用工形式和费用

新中国成立以来，随着时代发展和农民收入日渐增加，农村建房的用工形式和费用也不断演变。在集体化时期，农民自筹资金，自备物料，集体帮助施工，房权归个人所有，五保户由集体负责安排。这种社员建房、集体帮助的形式，调动了集体和农民的积极性，减少个人建房的压力和负担，同时把农民个人建房纳入统一规划、统一标准的轨道，适合当时农村的经济发展水平，也是最主要的建房方式。① 20 世纪 80 年代初，农村的主要建房方法是农民自筹资金，自备材料，采用无偿帮工，亲戚、邻居之间互相帮工，对帮工除了管饭之外，没有别的报酬。建房一般选在农闲季节，除了亲戚邻居帮忙外，更重要的是请泥瓦匠、木匠等工匠。泥瓦匠、木匠在村里很有名，盖房离不了他们。这种用工方式，在当时节省了造房的费用，但里里外外需自己张罗，费力、劳心、耗时，招待酒、饭、菜也比较麻烦。家庭联产承包责任制实行以来，农户都忙于农、副业生产和各自事务，无偿帮工不好找了。同时，农

① 《山东省菏泽地区行署关于农村房屋建设的意见》，1981 年 7 月 11 日，菏泽市档案馆藏档 28-1-312。

民的收入也增加了，为了省事、省心，逐渐采用花钱请“盖屋班”建房的包工制。人们自己备好料后，请村里的“盖屋班”施工，直接支付工钱，这种包工制成为20世纪80年代以来最主要的用工方式。现在，只要准备好建房款就万事大吉，各地有专业建房队负责施工，砖、石头、水泥等建筑材料运货上门，预制件包送并包安装，大大便利了建房。建房也有采取“全包”方式的，施工者既包工又包料。

过去建房前，一般请风水先生或请有建筑经验的泥瓦匠师傅“相地”，以求家族兴旺、财源茂盛。按照当地建房惯例，在开工、上梁等重要环节要招待施工者，房主尽量把饭做得丰盛些，在规定的要管的饭之外，有的还额外招待，对施工者慰劳、联络感情，以获得施工者的好感，使他们增强责任心，尽量把活干好、干快，既保质又保量、结实又美观。在建房开工时，要放鞭炮以示庆贺、求吉祥。上梁是建房的重要环节。大梁是整个房屋的关键构件，上梁需要的人手也比较多，上梁时有隆重而热闹的庆贺仪式。当地的上梁时间一般选在中午时分，梁上贴“上梁大吉”等字样，有的还系上红布条，燃香祈神，保佑建房平安顺利，等众人抬梁时，燃放鞭炮。上好梁后，房主设宴招待。当地还流行民谣《上梁歌》：“太阳出来明晃晃，东家叫我观大梁。这架梁，是好梁，出在云南卧龙岗。四块金砖托玉柱，四根玉柱架金梁。太阳一出满天红，我给大梁系彩虹。彩虹系到老龙头，辈辈出王侯；彩虹系到老龙腰，辈辈出阁老；彩虹系到老龙尾，辈辈福寿如流水。”①如今，上梁采用机械化吊车，节省了大量人力，但还承续过去上梁时放鞭炮等传统习俗。

建房费用在不同时期差别很大。1979年，梁山县小路口公社梁庙大队老复员军人徐某某，通过政府扶持200元建房费，在集体和社员帮助下盖3间新房；信楼公社孙庄大队老复员军人郭某某，用政府扶持的建房费300元，建3间新房。② 可见，集体化时期，在集体帮助之下，农民建房每间大约需要100元左右。当时，由于农民收入少，集体的收入大多用于维持生活，

---

① 阎继芳：《梁山民谣七首》，载中国人民政治协商会议梁山县委员会文史资料委员会编：《梁山文史资料》第11辑，内部资料1995年版，第169页。

② 《梁山县革委民政局关于帮助困难户修建房屋的报告》，1979年12月30日，梁山县档案馆藏档61-1-108。

"鸡屁股当银行",平时省吃俭用,节衣缩食,数年积攒,平时有点钱就买点建材,甚至借债才能建房。20世纪80年代以来,随着改革开放深入和经济社会发展,农民收入逐渐增加,生活水平不断提高,人们不满足于低矮土房和拥挤的住所,对居住条件的要求也与时俱进,建房的档次不断提升,所需费用也一路攀升。据调查,20世纪80年代初,由于砖、石等建筑材料便宜,工钱低,每间费用大约在400—500元;20世纪80年代末,随着建房的增多,建筑材料等费用也在增加,每间花费约800元;20世纪90年代,建房档次不断提高,建筑材料价格及工钱大涨,建房费用也随之大增,每间费用达到3000—5000元。如今,一般每间房屋造价大约10000多元,楼房的造价还要高些。

第三节 院落布局变迁

早在四五千年前的新石器时代,先民们就曾在梁山一带劳作定居。由于战乱和洪水等自然灾害的影响,直到明朝,梁山一带的村落才出现较大发展,建村867个;新中国成立后,村庄规模不断扩大,村庄数量不断增多,到1985年梁山县共计1073个自然村。① 随着行政区划的调整,梁山县村庄数也不断变化,2007年底梁山县有859个自然村。②

梁山县村落较密集,村庄间隔一般三五里;有的则紧密相连,不可分割地交错在一起,地域的区分不明显。在大大小小的村落里,分布着或多或少、或大或小的院落。当地,农村民居的院落基本为四合院形式。四合院是中国民居中最基本、最普遍的一种形式,历史悠久,西周时期中国就出现了比较严整的四合院;经过不断发展演变,到明清时期,以北京四合院为代表形成了一套成熟的结构和造型。③ 标准的四合院以院落为中心,分内外院;

① 梁山县城乡建设委员会编纂:《梁山县城乡建设志》,梁山县城乡建设委员会1988年版,第87页。

② 中共梁山县委党史研究室编著:《丰碑——梁山改革开放30年》,中共党史出版社2008年版,第180页。

③ 陈从周等编著:《中国民居》,学林出版社1997年版,第14页。

内外院以二门相连，内院由正房耳房和东西厢房组成，院落方正开敞；外院由倒座（南屋）、大门和围墙组成。[①] 但当地的四合院不分前后院，只有一个院落，四面围房或墙，组成一个封闭的院落。整个院落主要由正房、配房、院墙、大门、照壁、茅厕及当院（古称天井院）等组成。四合院四面合围、向心聚合、自成一体的形制是中国传统自给自足的小农经济在建筑上的反映，有很强的私密性和自我保护意识，也寄寓了人们追求阳光、宁静、安全的美好情愫；其严谨有序的布局，也适应中国传统家庭起居习惯，体现了"居处有礼"[②]的传统伦理观念。当地标准的四合院布局是由正房、东西厢房、南屋和位于东南方向的大门等组成的院落。

正房坐北朝南，俗称"堂屋"或"上房"，是院落中的主要建筑，其高度为其他建筑之首，高大宽敞，质量较好。过去的堂屋一般三间，中间为大厅，也是农户的"门面"，是家庭经济状况和文化品位的象征，是待客、宴请、祭祖的地方，一般收拾得比较整洁、高雅，张贴"松鹤延年""鹿鹤同春"等字画，靠墙中间放置条几、八仙桌，两边放椅，井井有条，摆设也比较讲究，有的摆放寓意全家"平安"的花瓶及文房四宝等。大厅两边为卧室。长辈住在堂屋的东边，子女住西边或厢房。

东西配房又称"东屋"或"西屋"，配房一般要比正房低三砖至五砖，否则，认为不吉利，谓之"房无主次，家无主事"。配房山墙与正房之间的夹道不能超过约定俗成的宽度，超过了谓之"脱气"；近代民居建筑中正房和配房之间夹道的距离只允许 50—70 公分，现代民居建筑中逐渐增大至 1 米。[③] 配房的前墙不能和正房门口对齐，更不能超过，对齐或超过谓之"滴泪"，俗信不祥。一般把西屋作居室，厕所设在院子西南角，东屋当厨房而不做居室，因为夏天夕照炎热难耐，冬天日出半天也看不见太阳，常言道："有钱不住东厢房，冬不暖，夏不凉"，或饲养家畜、存放杂物等。厨房俗称"饭屋"，用土坯垒锅台和炕，炕有洞通灶间的锅底，灶间烧火做饭，冬天可

① 姜波：《四合院》，山东教育出版社 1999 年版，第 40 页。

② 《礼记》，崔高维校点，辽宁教育出版社 1997 年版，第 153 页。

③ 梁山县城乡建设委员会编纂：《梁山县城乡建设志》，梁山县城乡建设委员会 1988 年版，第 491 页。

暖炕，睡在炕上干燥又暖和，特别适宜老年人使用。与正房相对、坐南朝北房屋称为南屋，其功能与其他配房相似。过去的房屋为土房，阴暗、低矮、潮湿，家庭联产承包责任制实行以来，砖房、楼房逐渐取代土房，明亮、宽敞、舒适，宜居程度大大提高。

大门是家庭的“门面”，不仅是人们住宅质量高低的表现，也是主人财产、家业的象征，过去婚嫁讲究“门当户对”，也说明大门的标准代表主人的社会地位与经济条件，所以，人们一般把大门建的比较讲究。大门即街门，一般分为露天门、门楼门、门洞门和穿堂门四种。露天门的构造简单，只有简易的大门，上面没有覆盖物。门楼门为大门上建起脊的门楼。门洞门一般与配房相连。穿堂门即临街房屋前后相对有门，向外者为街门，向里者通当院，此种大门多见于集镇，常被店铺或作坊采用。家庭联产承包责任制实行以前，大门比较简易，多为露天门或门楼门。家庭联产承包责任制实行以来，农村大门主要是门洞门，建得日益讲究，面积与一间配房相当，既可乘凉，又可存放物品，用处颇多。大门口墙壁全部贴上瓷砖，门口上边一般镶有“家和万事兴”“山河锦绣”等字样，门旁两边是寄托人们美好愿望的瓷砖对联，美观而喜气，洋溢着浓郁的现代气息，非常气派。进大门迎面一般建有照壁，俗称“迎门墙”，传统观点认为其可以“聚气”、避“三煞”，有聚财聚福和避邪的功能。另外，照壁（俗称迎门墙）使外人窥不见宅内的活动，给人一种安全感和私密感。一般以配房山墙做照壁，没有配房的则专做照壁。如今，照壁越来越漂亮，装饰考究，漂亮的瓷砖贴面，组成山水、花鸟或“福”字等图案，十分雅致和喜庆，一进门就给人赏心悦目之感。过去的院墙为黄土墙，比较矮，不耐风吹雨打，年久易被雨水剥落，凹凸不平，为了防止雨水冲刷大多在墙头种上仙人掌（见图 4.9）。如今的院墙全是以砖、石为建筑材料，墙外面抹上一层水泥，美观耐用，有的还贴上瓷砖，现在的院墙与过去有了质的飞跃，也体现了社会生活的巨变。

院子里一般栽种石榴树和榆树等，石榴花很红火，俗信能避邪；石榴多籽，寓意“多子多福”。榆树籽，又称“榆钱子”，种榆树取招财之意。过去的当院土地面，晴天有土，雨天泥泞，而且比较杂乱、拥挤，院子里一般堆放大量的柴草，夏季的麦秸，秋季的高粱秸、玉米秸、棉花柴，还有树叶、木柴，一

图 4.9 20 世纪 70 年代建的土院墙

垛一垛的。鸡鸭乱跑,粪便随地。每家都有大粪坑,有的有猪圈、羊圈。如今,院子大多硬化起来,宽敞、整洁、美观。人们把庄稼秸秆卖掉,用煤球炉、电饭锅和煤气灶做饭,方便又卫生。家禽实行了圈养。柴草垛、粪坑、猪圈、羊圈不见了,而代之以小花园,人们养花种草陶冶情操、美化生活,足不出户就可观花木枯荣、知季节更替,生活环境舒适而雅致。

总之,新中国成立以来,农家院落发生了翻天覆地的变化,家庭联产承包责任制实行以来的变化更大,过去的土墙、土房已变成砖墙、砖房和楼房,过去的"脏、乱、差"变成"净化、美化、绿化"。传统的四合院布局也面临"挑战",人们新建的楼房,大都沿柏油路而建,在楼后边建小院,改变了过去的传统四合院模式,成为新型的现代化院落。

第四节 室内陈设变迁

新中国成立以来,人们的房屋不断改善,与此同时,室内陈设不断增加,档次逐步提高，日益现代化。特别是 20 世纪 80 年代以来，随着社会经济迅速发展，现代化电器逐渐进入农家，室内陈设发生质的飞跃。

自新中国成立到家庭联产承包责任制实行之前，农村不但房屋简陋，而且室内陈设也很简单落后。新中国成立之初，百废待兴，人们住低矮的土房，室内陈设十分简单，仅有基本日常生活必需品。随着经济恢复发展，人们生活水平不断提高，室内陈设日渐丰富，日用必需品逐渐增多。1957 年，李景汉在京郊农村调查，发现人们“厨橱里放着新瓷碗、盘、碟等物；几案上摆着茶壶、茶碗、茶叶罐、瓷脸盆、漱口盂、胰子盒、牙刷、牙粉或牙膏、雪花膏、润面油、暖水瓶、酒壶、纸、笔、水、书、墨水瓶；绳子上悬着几条干净的毛巾，墙角立着雨伞。也有时看见手电筒或自行车或比较稀罕的东西”。[①] 据笔者调查，当时梁山县农村很富有的也达不到上述京郊的情况，手电、自行车很少，但总的来说，室内陈设不断丰富、增加。这一时期的家具较少，一般包括八仙桌、桌厨（见图 4.10）、带扶手的圈椅、板凳、小凳子、大木床、放衣物的大木柜、放首饰等小物件的木板箱和皮箱等，一般都雕有花草、龙凤等图案或花边，古色古香。当时招待客人时兴的座位是八仙桌、板凳，八仙桌的桌面大约 1 米见方，无桌洞，高约 1 米。板凳面宽约 10 公分，长约 2 米，高约半米。老式木床长 7 尺 7 寸，高 1 尺 7 寸，宽 3 尺 7 寸，俗称“三七”，横木 7 根，[②]没有床板，人们在横木上铺高粱秸箔，箔上铺草苫子，然后铺苇席，再铺上被褥，被子俗称“盖体”。大木柜是最重要的家具，为长方体形状，长 1 米，宽 0.6 米，高 0.7 米，里面放被褥、衣物等。这种大木柜在当时也不容易买到。特别是“文革”时期，实行“左”倾错误路线，禁止从事木柜生产和出售，生产木柜的传统手工业被摧残殆尽，例如，1976 年有生产木柜传统的寿张集公社杨楼村几个社员做了几个木柜去卖，结果被扣上“投机倒把”的帽子，当作“黑典型”，大会批斗，罚款游街。[③] 由于箱子、柜子少，

---

① 李景汉：《北京郊区乡村家庭生活调查札记》，生活·读书·新知三联书店 1981 年版，第 15—16 页。

② 山曼：《流动的传统——一条大河的文化印迹》，浙江人民出版社 1999 年版，第 55 页。

③ 《农业生产责任制促进了木柜生产大发展》，1983 年 12 月 30 日，梁山县档案馆藏档 20-1-122。

人们的衣服、被子无处存放，一般在房梁上悬吊一根木棍，把被褥、衣物等都搭在上边。梁山县建炕的较少，冬天重要的取暖设备是“火烘子”，用俗称“白了条”的枝条子编成。把做饭后尚未燃尽的草木灰盛到铁盆子里，然后，放到被窝里的“火烘子”里面，俗称“烘铺”。粮囤由“白了条”的枝条子编成，里面抹上泥和谷糠等物，防止露粮食（见图 4.11）。厨房设备主要是大铁锅、瓦盆、瓦罐、瓦缸、碗等，碗盆等如果不小心损坏，就拿给走街串巷的流动锔盆锔碗匠修补，工匠很灵巧地在裂纹两边钻眼，再砸进铜锔子，抹上石灰膏，即可继续使用。盆、碗、缸可多次修复，使用多年。厨房最常见的用品是人们用茭草莛子①做成的各种器物：人们把两层莛子用针线串起来做成圆形“锅拍子”，可用来盖锅，也可盖盆、缸等，上面还可摆放水饺、面条等；用莛子编成各种筐子，放干粮（馒头、窝窝、饼等食物的统称）等物品，每家都有许多大大小小的莛子筐；还可把莛子用绳串起来做成篦子，放到锅里用来蒸、熘干粮等。暖水瓶很少，平常不烧开水，喝生水。若是客人来了，现烧水喝。新中国成立之初，家庭照明用棉籽油灯盏，灯光如豆。自煤油（俗称洋油）输入后，煤油灯很快取代过去的食油灯，因为煤油照明度比食油灯好，而且，价格差不多，煤油很快代替了食油。农民习惯早睡，点灯时间较短，不致浪费。后来，流行罩子灯（见图 4.12），村里晚上演戏或学校上夜校等则点汽灯（见图 4.13）。

家庭联产承包责任制实行以来，随着农民收入逐步增加，室内陈设档次不断提高，尤其是现代化电器逐渐增多。20 世纪 80 年代初，传统的木柜还很流行。1983 年，寿张集公社杨楼村每天生产木柜 80 个仍供不应求，木柜生产工艺遍及附近的李楼、殷庄、邵楼、肖庄、郭楼等大队及大路口、小安山、黑虎庙、商老庄、代庙、银山、芦里等公社。② 后来，新式家具大立柜逐渐增多，现代化的耐用品如缝纫机、手表、挂钟、收音机、录音机、电视机也进入农

① 山曼认为人们用高粱穗秆编筐子等器物，参见山曼：《流动的传统——一条大河的文化印迹》，浙江人民出版社 1999 年版，第 56—57 页。其实，高粱莛子比较粗壮，柔韧性差，易断，一般不用来编器物，带穗的高粱莛子多用来扎制扫地用的笤帚。

② 《寿张集公社杨楼村农业生产责任制促进了木柜生产大发展》，1983 年 12 月 30 日，梁山县档案馆藏档 20-1-122。

图 4.10 20 世纪 60 年代流行的旧式桌厨

家。据统计,1983 年寿张集公社有大立柜 1612 个,1983 年新增 393 个;缝纫机现有 3008 架,1983 年新增 775 架;手表现有 2431 块,1983 年新增 714 块;挂(座)钟现有 757 个,1983 年新增 279 个;收音机现有 3868 个,1983 年新增 1166 个;录音机现有 22 个,1983 年新增 18 个;电视机现有 3 台,1983 年新增 2 台。① 缝纫机在 20 世纪 80 年代逐渐普及,20 世纪 90 年代以来,人们普遍买成衣,买缝纫机、学裁缝的锐减,缝纫机逐渐受冷落。手表在 20 世纪 80 年代初实属贵重之物,也是人们有钱的象征,戴手表的人都故意挽起衣袖露出来,当时农村有这样的说法:"骑洋车(即自行车)的倒倒链,戴手表的露一半。"后来,手表逐渐普及。20 世纪 80 年代,时兴带单摆的大挂钟,一般都挂在对着门口的堂屋墙上,上面盖着毛巾防尘,很爱惜;这种挂钟,每逢半点响一下,几点钟响几下,响声大,还得上弦;如今,挂钟已被方便

① 《农民住房和家具情况统计表》,1983 年 12 月 24 日,梁山县档案馆藏档 20-1-122。

图 4.11 废弃的“条子囤”

图 4.12 罩子灯

图 4.13 汽灯

实用的石英钟取代。20世纪80年代,收音机逐渐普及,逐渐取代有线广播,人们通过收音机听戏剧、评书、新闻和天气预报,当时流行体积大的,放在桌上显得很阔气,但携带不方便。录音机太耗电池,当农村通电后才广泛使用,20世纪90年代初录音机是年轻人不可少的娱乐工具。当时,电视机很稀罕,1981年,笔者邻村买了一台12英寸的黑白电视机,当时没通高压电,就用电瓶做电源。附近村的人都去观看,由于人太多,家里太挤,就搬到大队院里卖票放映;为了提高画面效果,还在屏幕上贴了层彩色的塑料膜。

电的使用不仅解决了照明问题,使人们告别了昏暗熏烟的煤油灯,也为家用电器的使用和普及提供了可能。1993年12月17日《梁山日报》载:从1990年开始,连续打了三个扶贫办电百村战役,三年通电311个村,1993年又打了一个攻坚战,35个无电行政村架了电,至此梁山县709个行政村实现了村村通电。随着农村逐渐通了电,电视机、VCD、洗衣机、电冰箱、空调、电脑等现代化的电器逐渐增多。20世纪90年代以来,组合家具、装饰柜、席梦思床、玻璃茶几、西餐桌椅和各种质地的大型成套沙发等日益流行,逐渐取代20世纪80年代后期流行的高低柜、站橱、五斗橱、写字台、折叠椅、单人沙发等家具。

如今,现代家具已“组合化”:组合橱、组合沙发、组合床、组合餐桌等。电视机、电冰箱、洗衣机、音响、电话、手机、空调等为主的“多大件”,已取代20世纪80年代初的自行车、缝纫机、手表、收音机“四大件”,家用电脑、轿车高档消费品开始进入富裕农民家庭。① 梁山县杨营镇普通农户家庭逐渐购置洗衣机、空调、家庭影院、摩托车等高档消费品,部分农民还购买了小汽车。② 徐集镇有的家庭还买了电脑、上了互联网。③ 随着人们逐渐富裕,卫生观念逐渐增强,现在许多家庭安上太阳能热水器,生活条件和质量不断提高。

---

① 中共梁山县委党史研究室编著:《丰碑——梁山改革开放30年》,中共党史出版社2008年版,第25页。

② 中共梁山县委党史研究室编著:《丰碑——梁山改革开放30年》,中共党史出版社2008年版,第380页。

③ 中共梁山县委党史研究室编著:《丰碑——梁山改革开放30年》,中共党史出版社2008年版,第391页。

图 4.14　室内陈设一角

第五节　村镇建设变迁

家庭联产承包责任制实行以前，农民收入低，经济不富裕，村镇建设落后，农村以低矮的土房、土路为主，街道弯曲狭窄、凸凹不平，雨天泥水、污水遍地、道路泥泞，农村面貌破旧，“矮、低、脏、乱、差”。村镇建房缺乏统一规划，多数地方农民盖房处于自发状态，有的乱圈乱占耕地，乱建房屋，有的村庄建房极不整齐，占地较多，甚至因争宅基地发生纠纷等。① 农村实行家庭联产承包责任制以来，农业生产快速发展，农民收入不断增加，人们生活水平逐步提高，农村建房出现“建房热”。为改变农村建房缺乏规划的现状，从 1984 年 10 月梁山县开始进行乡村建设规划，到 1986 年 11 月完成规划，

① 《山东省菏泽地区行署关于农村房屋建设的意见》，1981 年 7 月 11 日，菏泽市档案馆藏档 28-1-312。

并被菏泽行署评为农村规划先进县。① 从此，梁山县村镇建房走上了按规划实施的路子。20世纪90年代，村镇建设驶入“高速路”，基础设施和环境卫生不断改善。1995—1997年济宁市开展村镇建设“十百千”活动，要求村镇建设：有村镇规划，建设自来水、卫生水，街道硬化，有排水设施、路灯、公共绿地，通电话，村容镇貌整洁卫生，街道无“三堆”，实现绿化美化，防治污染，等等，②给村镇建设指明发展路子，极大地促进了梁山县的村镇建设和人们生活环境的改善。20世纪90年代起，梁山镇村庄建设在“布局合理、节约土地和先规划、后建设”的要求指导下开始起步，建成一批新村和新房；新房均是红砖到顶，水泥预制件屋顶，既实用又美观，有条件的村还建成新颖别致的小楼；其中，马庄居委会村庄改造成为梁山县村庄改造的典型，中央、省、市领导多次来此调研，受到有关部门表彰；2002年，梁山镇又结合实际对56个村（居）进行村庄改造规划；2006年，该镇按照县城整体规划，全镇21个城中村均提出改造申请。据统计，梁山镇居民平均每人居住面积达到25.8平方米，比1978年增加21.5平方米。③ 2002年，为进一步改善农村的环境面貌，治理农村“脏、乱、差”，优化农村经济发展环境，提高农民的生活质量和文明素质，树立社会主义新农村的良好形象，推动区镇“两个文明”建设再上新水平，梁山县开展创建文明街（路）活动。④ 2005年，梁山县各乡镇又进一步加强农村文明一条街建设，如杨营镇要求：村庄规划规范整齐；主街道集中设置阅报栏、公开栏和宣传栏，内容更新及时，宣传氛围浓厚；主次街道路面硬化、平坦，两侧有排水沟；街道两侧统一绿化（有条件的

---

① 《梁山县城乡建设委员会关于城乡建设工作情况的汇报》，1989年10月30日，梁山县档案馆藏档73-1-43。

② 《关于印发村镇建设十百千活动考核办法及评分标准的通知》，1998年3月9日，梁山县档案馆藏档44-1996—1998-1（全宗号44是梁山县建委1996年度后档案号，目录号1996—19981表示1996—1998年度，案卷号1表示第1卷，下同）。

③ 中共梁山县委党史研究室编著：《丰碑——梁山改革开放30年》，中共党史出版社2008年版，第377页。

④ 《中共梁山经济开发区工作委员会等关于加强文明街（路）建设的实施意见》，2002年9月1日，梁山县档案馆藏档88-2002-3（全宗号88是梁山县杨营镇档案号，目录号2002表示2002年度，案卷号3表示第3卷，下同）。

村街安装路灯）；街道两侧墙面统一粉刷，街道整洁卫生，无“三大堆”现象等，①大大推进了村镇建设。

为贯彻落实中共十六大和十六届四中、五中全会精神，全面落实科学发展观，加快建设小康社会步伐，努力把广大农村建设成为“生产发展、生活宽裕、乡风文明、村容整洁、管理民主”的社会主义新农村，2006年，梁山县委、县政府提出关于创建“五个好”（经济发展好、村民生活好、村风民风好、村容村貌好、村务管理好）社会主义新农村的意见及“培植农村新产业、塑造农村新面貌、建设农村新生活、展现农村新形象”的总体要求。② 梁山县各乡镇积极响应新农村建设号召，村镇建设不断取得新突破。如拳铺镇大力响应中央建设新农村的号召，按照“二十字”方针要求，结合文明小康村、文明生态村创建，不断加大力度，使新农村建设稳步推进，农村基础设施进一步改善。到2007年，原来“脏、乱、差”的状况已经荡然无存，取而代之的是一个个规划整齐、设施配套、整洁漂亮、生态宜居的新农村；一个以小城镇为核心，以民营经济为支撑，以新农村建设为依托，布局合理、协调发展的镇村建设新格局已经逐步形成。③ 徐集镇按照中央提出的新农村建设要求，稳步推进全镇新农村建设步伐，积极开展“文明生态村、文明小康村”创建活动，拨付大量资金用于新农村建设，完成村村通油路，自来水普及率达到98%，村庄安装路灯率达60%，有线电视覆盖率达到40%，绿化示范村庄达30%，村容村貌发生极大改变，原来“矮、低、脏、乱、差”的农村状况得以改善，呈现绿、亮、清、洁的新农村；以小城镇为核心，以交通便利的村为基础，相互依托、协调发展的村镇建设新格局已经形成。④ 据2008年10月31日《济宁日报·都市晨刊》载：梁山县统筹城乡发展，加大资金投入，全面加强

---

① 《中共杨营镇委员会、杨营镇人民政府关于进一步加强全镇农村文明一条街建设的实施意见》，2005年4月6日，梁山县档案馆藏档88-2005—2006-6。

② 《中共杨营镇委员会、杨营镇人民政府关于社会主义新农村建设的实施方案》，2006年6月1日，梁山县档案馆藏档88-2005—2006-6。

③ 中共梁山县委党史研究室编著：《丰碑——梁山改革开放30年》，中共党史出版社2008年版，第385页。

④ 中共梁山县委党史研究室编著：《丰碑——梁山改革开放30年》，中共党史出版社2008年版，第390页。

城乡基础设施建设,构筑城乡一体化进程;2008年以来,大力实施产业富民、自来水入户、有线电视入户、村容整洁等工程,实现了村村通油路、通客车,自来水普及率达到92.7%,梁山县建成文明生态村、小康村128个,绿色示范村85个。近些年,梁山县大力进行"美丽乡村"建设,成效显著。2015年12月4日《今日梁山》报道:大力实施"345工程",即打造三个美丽乡村示范片区,着力实施一村翠绿、一塘清水、一处广场、一院洁净"四个一工程"的生态文明村建设,全面实施村村净、村村绿、村村亮、村村建广场、户户通五个全覆盖。全县农村面貌明显改善,群众满意度日益提升。梁山街道示范片区、拳铺镇示范片区、大路口乡美丽乡村示范片区等三个片区建设进展顺利,100个生态文明村全面达到了硬化、绿化、美化、亮化、净化标准,并积极发挥生态文明村的带头作用。梁山县城乡环卫一体化工作取得突破性进展,2015年11月11日《今日梁山》报道:黑虎庙镇细化完善了城乡环卫一体化的各项工作机制,建造垃圾焚烧炉和垃圾中转站,聘请70名卫生保洁员和1名垃圾清运员,做到保洁人员每天都按点上岗、垃圾每日清理,街面干净整洁清运主要道路沿线和村庄内垃圾;购置5000个小垃圾桶、30000多个垃圾袋,发放农户家中,与农户签订门前"包扫、包集、包整洁"的三包责任制,实行垃圾袋装化,形成垃圾"户集、村收、镇运"的垃圾收集体系,达到村庄整齐整洁效果。村镇建设实现历史性跨越。

梁山县小城镇建设不断取得新进展。20世纪80年代末以来,特别是进入21世纪以后,梁山县小城镇建设进入发展的"快车道"。根据"以集镇建设为重点,带动整个村镇建设"的工作方针,1989年,梁山县将韩岗、徐集、小路口作为集镇开发试点,已安装路灯21盏;委托山东省勘察院和山东省建筑学院对韩岗、徐集作了总体工作和集镇建设规划,梁山县政府成立了"梁山集镇建设综合开发领导小组",拨款用于集镇开发建设;韩岗镇按照总体规划先行一步,实行了六个统一(即统一规划、拆迁、设计、征地、施工、配套),这不仅有利于改善镇容镇貌,而且有利于节约土地和建设资金,也保证了工程质量。①

① 《梁山县城乡建设委员会关于城乡建设工作情况的汇报》,1989年10月30日,梁山县档案馆藏档73-1-43。

2000 年，梁山县牢固树立“小城镇、大战略”指导思想，认真贯彻济宁市小城镇建设工作会议精神，加快小城镇建设；聘请济宁市规划设计院编制完成了拳铺镇、开河乡的总体规划，完善制订了杨营镇详细规划，编制了 10 个乡镇的 69 个行政村的新一轮村庄建设规划，完成杨营、徐集两个镇的中心镇报批工作；加强道路、电力、电讯、给排水等基础性建设；出现梁山镇马庄村、吕屺口村，杨营镇高庄、杨营村，信楼乡二郎庙村，开河乡石钟楼村等小康型建设示范村。① 近些年，梁山县村镇建设获得长足发展，2016 年 1 月 26 日《济宁日报》报道：“十二五”期间，梁山县建成 2 个省级生态村、3 处市级美丽乡村示范片区、144 个市级生态村。

近些年，梁山县小城镇建设取得巨大成绩。如杨营镇把小城镇建设作为带动经济和社会发展的重大战略来抓，坚持基础设施建设和综合开发建设并举，进一步完善路网建设和商业街建设，规范了农贸市场，强化了电力、通信、供排水设施；目前，商业楼房已达 2000 余间，形成了集日用百货、服装布匹、烟酒糖茶、五金交电、建材化工、农用物资、餐饮服务等诸多行业的综合商贸群体，有效聚集了人流、物流、资金流，加快农村剩余劳动力转移；全镇已实现村村通电话，基本实现村村通有线电视。② 马营乡坚持走“小城镇开发”路子，沿金城路建设红线控制 50 米，沿黄兴路 30 米，府前街 25 米，鑫星路 20 米规划，立足长远，着眼当前，沿路积极发展小城镇；完善了交通设施，加快了小城镇建设，大大促进城乡一体化进程。③ 据 2008 年 4 月 22 日《山东商报》载：徐集镇为进一步把握好济菏高速路出入口“要塞”、梁山县“门户”的区位优势，再掀城镇规划建设高潮，徐集镇制定了详细的城镇规划建设方案，特聘园艺师对小城镇“四化”建设提出设计方案，“四化”建设坚持净化一处，绿化一处，总体以“净化日常化、绿化生态化、美化规范化、亮化全面化”原则，着力打造环境人性化、设置艺术化、路段特色化、视觉景

① 《梁山县建委 2000 年工作总结和 2001 年工作计划》，2000 年 12 月 30 日，梁山县档案馆藏档 44-2001—2004-3。

② 《杨营镇人民政府 2006 年度工作总结和 2007 年度工作计划》，2006 年 12 月 9 日，梁山县档案馆藏档 88-2005—2006-6。

③ 中共梁山县委党史研究室编著：《丰碑——梁山改革开放 30 年》，中共党史出版社 2008 年版，第 422 页。

观化效果,各项工程进展顺利。近几年,梁山县城镇化建设获得快速发展,2016年1月26日《济宁日报》载:“十二五”期间,梁山县大力实施城镇化追赶战略,按照“中心城区突破、基础设施拉动、城乡一体发展”取向,加快构建新型城镇体系。全县城镇化率提高2个百分点、达到38%。其中,拳铺镇、杨营镇入选全国重点镇、省级百强示范镇,马营镇被列为市级小城镇建设示范点。小城镇建设对农村经济社会发展和促进城乡一体化,具有巨大促推作用。

黄河滩区群众的生存环境得到历史性改善。过去时常面临黄河洪水威胁的梁山县滩区群众,逐渐搬迁到黄河堤外居住,结束了受黄河水围困的历史,居住环境得到极大改善。黄河滩区辖于楼、蔡楼两处滩区,分属梁山县黑虎庙、赵堌堆、小路口三个乡镇42个行政村、8668户,总人口30161人,总面积43.43平方公里,总耕地面积5.19万亩。由于滩区属黄河行洪区,历史上黄河水灾频繁,滩区群众经常遭受黄河水侵害,人们生命财产安全面临严重威胁;一旦漫滩,群众多年省吃俭用积攒盖的房子、置办的家具便付之东流,滩区群众陷入“洪水漫滩—家园重建—再漫滩—再重建”的恶性循环。为彻底改变这一现状,在上级政府支持下,滩区村庄实施搬迁,在黄河大堤外重新选址、规划,建设新村。1992年黑虎庙乡于楼、东郭、义和3个行政村的9个自然村陆续搬出黄河滩区,搬迁760户,新建房屋3800间,建设新村9个。① 1996年8月,梁山县整个滩区全部进水,平均水深2至3米,农田全部被淹,大量房屋损坏、倒塌,基本设施严重损毁;1996年,山东省和济宁市作出把滩区村庄全部迁到滩外的决定。② 1996年,黑虎庙乡程那里、陈垓村用一年多时间顺利搬出滩区,建新村2个,新建房屋737间。③截至1999年10月底,梁山县有20个行政村、25个自然村,搬出滩区,共4416户,15643人,新建房屋18445间;22个行政村、31个自然村筑起连体村台,共4252户,14518人,有16村的迎水面进行砌石护坡;2000年6月21

① 中共梁山县委党史研究室编著:《丰碑——梁山改革开放30年》,中共党史出版社2008年版,第442页。

② 《梁山县人民政府关于我县黄河工程迁占补助资金的请示》,2001年3月1日,梁山县档案馆藏档17-2001-14。

③ 中共梁山县委党史研究室编著:《丰碑——梁山改革开放30年》,中共党史出版社2008年版,第442页。

日通过山东省验收,被评为山东省 6 个黄河滩区村庄搬迁先进县之一。① 黄河滩区群众的搬迁,彻底改变居住环境,结束世世代代与洪水周旋、遭受黄水威胁的历史,过上安居乐业的小康生活。

另外,库区群众的居住方式也发生巨大变迁。过去,东平湖水库二级湖内的小安山镇及馆驿镇等库区群众,为了防止洪水浸满,建房之前,先筑高高的土台,当地称“房台”,各家房台连起来称为“村台”。1964 年上半年,在梁山县境内的东平湖修复好二级湖堤后,腾出 40 多万亩耕地,5 万群众重返湖里居住,开始正常农业生产,②并修筑村台。1965 年,东平湖库区的村台工程,经梁山县移民办公室最后落实为 116 个村台,1965 年冬到 1966 年春完工。③ 如今,库区高高的村台还在。但由于上下村台不容易,人们一般不再在村台上建新房,台上只保存着一些老房子(见图 4.15),新房都建在村台下的柏油路两旁。在村台下建房居住,大大方便了人们的生产生活。

图 4.15　高高的村台及老房子

① 中共梁山县委党史研究室:《中国共产党梁山县历史大事记》(第一卷:1932—2000),中共党史出版社 2002 年版,第 481 页。

② 《梁山县县乡道路 1965 年计划和“三五”规划意见》,1964 年 10 月 15 日,梁山县档案馆藏档 44-1-10。

③ 《菏泽专区东平湖村台指挥部为报送东平湖村台剩余工程计划任务书的报告》,1965 年 6 月 15 日,梁山县档案馆藏档 3-1-91。

如今,农村还出现新的住宅趋向,仿照城里人,购买商品房居住。例如,2007年,梁山大路口乡清堂李村沿公路开发建设了一批商品房,两层楼,每户上下各两间,每户有一个单独的小院,价格实惠,大约10万元,人们纷纷购买,供不应求。住上新楼房的李某某高兴地说:“生活真是好了,咱农民也像城里人一样,住上楼房。”杨营镇胡台庙村的住宅小区也基本建成(见图4.16)。也有的富裕户直接在县城里购房居住。有的乡镇开始建设新型农村社区,把农村人口逐步聚集到社区生活,全面实现社区化管理。据2009年12月14日《济宁日报》载:黑虎庙乡规划设计了西小吴、西张庄、义和三个社区。目前,三个社区均已开工建设,预计3年内全部完成建设。近些年,梁山县社区建设进展顺利,2016年1月26日《济宁日报》载:“十二五”期间,梁山县建设新型农村社区18处、146万平方米,5970户农民住进城市化社区。如今,梁山县许多社区仍在继续建设和完善。

图4.16 杨营镇胡台庙村住宅小区

新中国成立以来,梁山县村镇建设取得可喜成绩,大大改善了农民的居住环境,逐步实现通油路、通客车、通自来水、通有线电视、通网络,硬化、绿化、美化、亮化、净化,治理了农村“脏、乱、差”,优化了农村经济发展环境,改变了农村落后面貌,大大提高了农民的居住质量和生活水平,缩小了城乡差别,加快了城乡一体化进程。

第六节 新中国成立以来居住变迁的特点及影响

新中国成立以来,特别是20世纪80年代以来,随着改革开放的深入和家庭联产承包责任制的实行,农村经济不断发展,农民逐渐富裕起来,人们的住房条件也逐步改善,现代化程度不断提高。由土房到砖房、楼房,建筑材料主要由土、木材、柴草变为砖、水泥、预制品,人均居住面积不断扩大,宜居指数不断提高。居住变迁的特点主要有:

第一,明显的阶段性。新中国成立到家庭联产承包责任制实行前,鲁西南农村居住变迁迟缓,主要延续新中国成立之前的传统样态,传统样式的土房子、土院墙,院落脏、乱、差,道路泥泞,街道狭窄、弯曲,农村住房缺乏规划,布局不合理,室内陈设简单、古朴。家庭联产承包责任制实行以来,随着经济发展和农民收入增加,居住变迁迅速加快,人们开始大量翻盖旧房或建新房,房屋数量不断增加,质量不断提高,由土房变为砖房、楼房,由土木结构变为砖石结构、钢筋水泥结构,院落由脏、乱、差变得硬化、美化、绿化,室内陈设日益丰富、高档,电视机、电冰箱、电脑等现代化电器不断增多,居住发生了天翻地覆的变化,现代化程度大大提升。

第二,宜居指数不断提高。新中国成立到家庭联产承包责任制实行前,人们居住的主要是低矮土平房,室内狭窄、阴暗、潮湿,家具简单,道路一到雨天就泥泞不堪,尘土飞扬,院子里柴草垛、粪坑、猪圈、羊圈占据很大面积,家禽遍地跑,卫生条件差,而且居住拥挤。家庭联产承包责任制实行以来,鲁西南农村居住发生天翻地覆的变化,建房数量与质量均有大的提高,土房变为砖房、楼房,安上玻璃窗、纱窗、防盗门窗,有的还安上监控摄像头,住房宽敞、明亮、舒适,道路、院落硬化,卫生条件根本改善,人均居住面积不断扩大,2007年梁山县农村人均居住面积达到30平方米,比1978年增长130.8%,①

① 中共梁山县委党史研究室编著:《丰碑——梁山改革开放30年》,中共党史出版社2008年版,第25页。

居住条件不断改善，宜居指数大大提高。

第三，居住形式日趋现代。新中国成立以来，人们居住形式发生巨大变迁，改革开放以来的变化尤甚。从新中国成立到改革开放前，实行城乡二元化的管理体制，人们固定在土地上，常年从事农业生产，居住在传统村落，再加上生产力水平低，人们收入很少，无力改建住房，长期居住传统形式的土木结构的土房子，低矮、阴暗、潮湿、狭窄。改革开放以来，随着经济发展和逐渐富裕，人们纷纷翻盖旧式土房，建新砖房，住房形式发生重大变迁。近些年人们的住房逐渐由砖木结构变为钢筋混凝土结构，在承重性、抗震性、耐火性方面均比土木结构的房子有大的提高，而且房间开间、进深较大，玻璃门窗，室内宽敞、明亮、通透。有的仿照城市居住行式建起二层楼房，特别是建设社会主义新农村以来建的新村、小城镇，大多都是楼房，人们居住形式发生根本变革。当前，新型农村社区建设进行得如火如荼，大批农民逐步聚集到社区生活，住进楼房，道路、电力、电讯、给排水、健身器材等基础设施齐全，实现"硬化、净化、绿化、美化、亮化"，居住形式实现城市化。还有的富裕起来的农民到县城购买商品楼房，直接到城里居住。

住房变化最能体现社会生活变迁，法国年鉴学派重要代表人物布罗代尔曾说："任何住宅都是依据传统范本建成或重建的，因循守旧在建筑领域比在其他领域势力更大"，①新中国成立以来"因循守旧"势力强大的住房发生如此巨变，社会生活变迁的程度可以想见，住房的巨大变迁，给人们生活带来重要影响，主要表现为：

第一，促进家庭与社会和谐稳定。安居才能乐业。住房是家庭构成的物质基础保障，为人们提供生活和修养的场所，适当的居住空间才能很好地发挥家庭的功能，使家庭活动顺利进行。如今，农村居住条件得到巨大改善，2007 年，梁山县农村人均居住面积达到 30 平方米，比 1978 年增长 130.8%，②为人们家庭生活正常进行和社会和谐发展提供了重要前提，也

---

① [法]费尔南·布罗代尔：《15 至 18 世纪的物质文明、经济和资本主义》第一卷，顾良、施康强译，生活·读书·新知三联书店 2002 年版，第 313 页。

② 中共梁山县委党史研究室编著：《丰碑——梁山改革开放 30 年》，中共党史出版社 2008 年版，第 25 页。

为人们投身社会经济建设创造良好环境。每个小家安定乐业，整个社会才能稳定和谐。“面积适当、居住空间充足的住宅是正常家庭生活开展的必要物质前提，是家庭诸社会功能尽善发挥的重要保障。结构合理、生活空间充裕的住宅环境能促使家庭社会功能的顺利实现，从而使整个社会向着有序的方向发展，反之，结构不当、拥挤而狭小的住宅则会妨碍家庭成员的正常生活，阻碍或延缓家庭社会功能的履行，并使社会出现无序现象。”①如今，农村宽敞舒适的住房，为家庭社会功能发挥和社会有序发展提供了重要保障。

第二，提高人们生活质量。新中国成立以来，人们住房从“生存型”转向“舒适型”，生活质量日益提高。农村实行家庭联产承包责任制以前，人们居住仅避风雨的土平房，透光通风效果差，夏天潮湿，冬天阴冷，而且住房紧张，甚至人畜杂住。家庭联产承包责任制实行以来，人们居住条件不断改善，逐渐告别过去低矮、阴暗、破旧的土房，住上宽敞、明亮、舒适的砖房、楼房，宜居程度大大提高。住房宽敞明亮、室内装修现代豪华、陈设精美雅致，起居、待客、娱乐功能齐全，现代化水平大大提高，为人们生活提供了充裕、优雅的空间。“家房不再只是一个能吃上饭、睡上觉的‘窝’，它正在演进、升格为人生自我满足的宫殿。”②干净、舒适、宽敞的居住环境，令人赏心悦目，大大提高了人们的生活质量。老人们常说：“以前住着‘土垃围’、茅草房，透风漏雨。如今，住着宽敞明亮的大砖房、楼房，和城里人没啥两样了。”

第三，有利于个体健康发展。宽敞舒适的居住空间为个体成长提供了良好环境，有利于个体身心健康发展。家庭联产承包责任制实行以前，人们住房紧张、空间有限，有的兄弟几个都成婚生子还同在一个院里居住，主干家庭和联合家庭增多，家庭庞大，居住拥挤，人们缺乏独立自由生活空间，婆媳、姑嫂、妯娌关系复杂，住在一起，难免出现矛盾与摩擦，生活的隐秘性也难以得到保证。而且，“拥挤的住宅不可能提供相对独立的个人空间，也就

① 张胜康：《住宅的居住空间与家庭的社会功能》，《城市研究》1996年第4期。

② 张虹宁、张泽清：《美国住宅文化的启示》，《美国研究》1997年第4期。

无法维持其独立性,生存空间的不足会引发个体的焦虑情绪,使其紧张程度加大,从而不利于个体人格的健康发展”。① 如今,人们居住宽敞,每个核心家庭都有自己独立院落,房屋仿照城里楼房的结构样式,实行大房间分小室,三室一厅或五室一厅,孩子有自己的独自居住房间,日益人性化,也有利于个体身心健康发展。

新中国成立以来,特别是实行家庭联产承包责任制以来,农村住房发生了天翻地覆的巨变,实现了由土房到砖房、楼房的转变,人们的居住条件空前改善。但是,新房、新村和新城镇的不断涌现,占用了不少耕地,而旧村中的宅基闲置现象日趋严重,大量坍塌的院落和闲置的宅基,既浪费土地资源,又影响村容镇貌。统一规划,整合资源,合理布局,守住耕地红线,建立新型农村社区是农村住房发展的趋势。

① 于琨奇、花菊香主编:《现代生活方式与传统文化》,科学出版社 1999 年版,第 32 页。

第五章　交通变迁

"公路通，百业兴"。交通是国民经济的基础产业，是保障经济和社会各项事业发展的基本前提和重要支柱，也是国民经济现代化的重要组成部分和必要条件。交通在国民经济和社会发展中处于先行的战略地位。发达的交通是经济繁荣、社会文明的重要标志。新中国成立以来，华北农村交通发生了巨大变迁，改革开放以来的变化尤甚，农村道路从土路到碎石路，再到柏油路和村村通油路；交通工具从传统的大车、小车到现代化的拖拉机、农用三轮车和汽车，从自行车到摩托车、电动自行车、轿车和村村通客车，实现了从传统到现代的历史性跨越。与此同时，人们的出行习俗也发生了重大变迁。

第一节　道路建设变迁

一、新中国成立到改革开放前的道路建设

梁山县位于济南到菏泽的交通要道。远古时代，东夷人和诸夏部族是山东道路的最初开拓者；公元前 1113 年前后，周公率大军东征，灭奄建鲁，以鲁为中心开辟了道路。[①] 秦统一后，推行"车同轨"，把全国道路修整、联结，修筑著名的驰道。梁山一带的道路也不断发展。唐宋时期，中国陆路交通发展到鼎盛期，从历城（今济南）到曹州（今菏泽）的大道就经过梁山一

① 《山东公路史》第一册，人民交通出版社 1989 年版，第 176 页。

带。[①] 但一直到明清时期，路况都很差，晴天坑洼不平，雨雪天泥泞不堪。民国时期，重视公路修建。1919 年，山东省议会制定《修治山东水陆道路计划概略》，计划在山东修筑 7 大干线，12 条支线，其中济南至菏泽的 265 公里公路在 1926 年修通，[②]从而改善了梁山一带的交通条件。1929 年，修建肥（肥城）梁（梁山）线，[③]梁山一带的交通得到进一步改善。抗日战争爆发后，道路破坏严重。

新中国成立时，百废待兴，交通建设也不例外。为了满足国防建设、物资交流和支援救灾等需要，加紧修筑重点公路。1951 年 10 月《平原省人民政府菏泽区专员公署为执行省政府关于发动群众补修主要县道乡道的通知》要求：为完成生产救灾与物资交流任务，对县道、骡马乡道、山路等重要道路进行补修；并提倡群众修桥补路，以期平整道路，便利群众运输；所有修补之道路均发动群众加以养护，分段负责并做好群众的宣传教育工作，使人人爱护公路。[④] 为保证及时通车，支持灾民运输，加强城乡物资交流，梁山县利用秋末农闲，在不影响群众生产及节约民力的情况下，使用民工建勤修建公路。1951 年 10 月 25 日至 31 日，对郓梁路进行修筑，路面宽 7 公尺，路冠高 2 公寸，边沟口宽 1 公尺，深 5 公寸，底宽 3 公寸（路面路沟合计宽 9 公尺）；路面修整后，经过夯实辗轧，坚实平坦，达到通车顺畅。[⑤] 同年，修筑了梁山至代庙公路，路面平坦坚实，便于通行大车。[⑥] 这样，梁山南到郓城、北到代庙的公路修通，为南下和北上打开通道，大大方便了人们出行，也促进了经济社会发展。1953 年 11 月 30 日至 12 月 6 日，修筑菏泽至梁山县班车路线，当时的施工要求是：路基路面平坦，加土 25 公分以下者，用石磙轧平；

---

① 《山东公路史》第一册，人民交通出版社 1989 年，第 33 页。

② 《山东公路史》第一册，人民交通出版社 1989 年，第 182—183 页。

③ 民国山东通志编辑委员会：《民国山东通志》第 3 册，山东文献杂志社 2002 年版，第 1863 页。

④ 《平原省人民政府菏泽区专员公署为执行省政府关于发动群众补修主要县道乡道的通知》，1951 年 10 月 12 日，菏泽市档案馆藏档 28-3-8。

⑤ 《平原省人民政府菏泽区专员公署关于秋季民工建勤修路的指示》，1951 年 10 月 17 日，菏泽市档案馆藏档 28-3-8。

⑥ 《平原省人民政府菏泽区专员公署为批复准修梁山至戴庙公路》，1951 年 12 月 19 日，菏泽市档案馆藏档 28-3-8。

加土25公分以上者采取层土层夯，最后轧平；边坡要求达到1∶1至1∶1.5；做到边坡整齐，疏水畅通；路冠要求为15公分；对平行之大车道，亦加整修平坦，便于群众车辆行走。① 梁山到菏泽的班车路线以及与之平行的大车道修通，对梁山县经济社会发展具有重要意义。

为适应和促进农业合作化运动发展，1955年，梁山县重点整修连贯乡镇间的大车道、有政治和经济意义的山区道路、土特产较多的大车道、小型河沟上的临时便桥等。② 乡镇间道路的修复，大大方便了人们的出行和日常生活，极大地促进了农村经济社会发展。1956年，梁山县修县道4条，乡道1条，全长28公里，梁兖线梁山境内段11公里。③ 1956年，从梁山县城至孟家店接汶上至郓城干线公路建成通车。④ 1956年底，梁山县有三条通车路线，梁山到代庙20公里；梁山到郓城16公里（梁山县境）；范庄到袁口的22公里，共计58公里；1957年元旦，梁山到袁口段通车。⑤ 1958年，梁山县汽车站建成投入使用。⑥ 至此，梁山县不仅建成汽车站，而且北到代庙、南到郓城及菏泽、东到袁口等都实现通车，交通取得重大进展。但由于梁山县公路大部是沙土路面，经过车辆多次碾轧，路面容易起松土，出现坑槽，每逢过往车辆，尘土飞扬，车辆颠簸，不仅影响行车速度，还多耗油、损坏车辆机件，而且，晴通雨阻，不能适应交通需要。

为实现晴雨通车无阻，梁山县从1959年开始修筑碎石路面，1959年冬修补了梁山至菏泽碎石路面。⑦ 1960年，菏梁公路在梁山县境内16公里调

① 《山东省菏泽专区冬季整修公路计划》，1953年11月21日，菏泽市档案馆藏档28-3-31。

② 《山东省人民政府菏泽区专员公署为请将县、乡、村道路修建补助费开支数字和整修工程项目函告由》，1955年11月25日，菏泽市档案馆藏档28-3-78。

③ 《梁山县人民委员会交通科1956年度工作总结》，1956年12月30日，梁山县档案馆藏档44-1-1。

④ 《梁山县交通大事记》，1992年9月15日，梁山县档案馆藏档44-1-67。

⑤ 《梁山县人民委员会交通科为呈报修浚从梁山到袁口公路请转知公路部门派员接管》，1956年12月10日，梁山县档案馆藏档44-1-1。

⑥ 《梁山县交通大事记》，1992年9月15日，梁山县档案馆藏档44-1-67。

⑦ 《山东省菏泽区专员公署关于修补梁山至菏泽碎石路面工程民工用粮的批复》，1959年11月28日，菏泽市档案馆藏档28-3-161。

整新线路，铺筑了石子路 24 公里，其中完成铺筑磨耗层 9 公里，1960 年内实现晴雨通车无阻。① 磨耗层是用砂、小砾石、碎砖、炉渣等当地廉价材料加入适量黏土，经过拌和、整型、压实而形成的一层平坦、坚实的硬壳，既能消除路面搓板现象，维持路面平整，又能延长路面使用寿命，成本低，效益好。② 石子路的铺设，一定程度上改变了过去晴天尘土飞扬、雨天路面泥泞的状况，但比较颠簸，行车速度慢，一旦雨量较大，载重车辆也难以通行。随着经济社会发展，梁山县县乡路面质量和通行能力不断改善。1964 年 10 月 15 日《梁山县县乡道路 1965 年计划和“三五”规划意见》载：1964 年，梁山县境内的公路里程已达 80 多公里，除通往济宁、兖州、菏泽的线路外，在 1963 年又通了梁山至济南的班车线，梁山县孙庄、拳铺、银山、斑鸠店、城关五个人民公社通行了汽车，对支援工农业生产，特别对支援农业生产起了重大作用；但梁山县尚有寿张集、大路口、小路口、芦里、黑虎庙、徐集开河等七个人民公社没有公路，原有大路只能在春季通行马车、地排车，特别是小路口和黑虎庙两个公社与县驻地相隔宋金河，交通运输条件更是不方便。③

1972 年，梁山县开始铺设沥青路面，兖梁公路铺筑的沥青路面宽 8.5 米，公路等级为三级。④ 沥青路面既平坦又耐用，行车速度大大提高，也减少了对车的损坏程度，还能晴雨通车和减少尘土，具有巨大的社会效益。沥青路面的铺设使公路修筑发生质的飞跃。早在 19 世纪 50 年代初，欧洲城市已采用天然柏油铺路；1871 年，比利时化学家德·斯密特在美国成功铺设第一条柏油路；1915 年，北京第一条柏油路出现于东交民巷外国使馆区内。⑤ 1964 年，交通科学研究院与北京、河北等省、直辖市公路部门协作试

① 《梁山县交通局关于三年来交通运输工作总结和今后三—五年发展规划的报告》，1960 年 8 月 12 日，梁山县档案馆藏档 44-1-4。

② 《当代中国》丛书编辑部编：《当代中国的公路交通》，当代中国出版社 1991 年版，第 126 页。

③ 《梁山县县乡道路 1965 年计划和“三五”规划意见》，1964 年 10 月 15 日，梁山县档案馆藏档 44-1-10。

④ 《梁山县交通大事记》，1992 年 9 月 15 日，梁山县档案馆藏档 44-1-67。

⑤ 王瑞芳：《近代中国的新式交通》，人民文学出版社 2006 年版，第 90—91 页。

验,利用国产炼油副产品渣油铺筑路面获得成功。① 随着国产炼油副产品渣油和石油沥青的逐年增多,公路路面逐渐得以改善,黑色路面不断增多,公路面貌逐渐改观。1976 年底,梁山县晴雨通车路线 98.1 公路,其中油路 50.13 公里,石子路面 47.97 公里。② 但广大村庄道路依然落后,路路弯曲、路面坑洼不平,晴天尘土飞扬,经碾轧后辙槽深陷,凹凸不平;雨天"脚上粘泥甩不掉,自行车塞得不走道"。秋冬季节,气温降低,水分蒸发慢,遇到多雨雪年份,一冬天道路都泥泞难行,严冬季节,人们出行只好选在路面冰冻时,趁早或晚行路,否则只好在泥泞里跋涉。

为保障道路顺利通行,公路的护养工作也不断加强。1951 年初《平原省菏泽地区行政督察专员公署公路电线义务护养办法》规定:梁山县成立县、区、村护路委员会,检查公路情况;自卫队员轮流看守当日停止车辆及牲畜通行;护路村负责填平路上车辙、牛马牲畜脚迹和积水槽,临时修补路面,疏浚侧沟水道;等等。③ 针对公路时常遭到铁木轮车轧坏的情况,1953 年山东省人民政府菏泽地区专员公署规定:公路上禁止铁木轮车行驶,如有特殊情形,经公路机关之许可,只准在路幅边沿通过;下雨雪时,严禁公私车辆及牛羊群牲畜在公路通行;雨雪后由公路部门根据情况规定禁行或放行日期,在禁行期内如有偷行或强行被查获者,除令其把所轧坏路段修复外,视情节轻重予以教育或送法院处理;凡铁木轮车辆故意行驶公路,如被查获不听劝阻者,除令其将公路修复外,视情节轻重予以教育或送法院处理。④ 1957 年 8 月 5 日《山东省菏泽专员公署关于制发兽力车、三轮车、地排车、自行车、摊贩等应遵守的交通事项的通知》规定:兽力车雨雪天路面泥泞,不得通行

---

① 《当代中国》丛书编辑部编:《当代中国的公路交通》,当代中国出版社 1991 年版,第 28 页。

② 《梁山县交通局关于公路建设情况和今后规划》,1976 年 12 月 5 日,梁山县档案馆藏档 44-1-21。

③ 《平原省菏泽地区行政督察专员公署公路电线义务护养办法》,1951 年 1 月 11 日,菏泽市档案馆藏档 28-2-12。

④ 《山东省人民政府菏泽区专员公署为对答复梁山县人民政府请示冬季修补县乡民行大车道提出几点意见》,1953 年 12 月 17 日,菏泽市档案馆藏档 28-3-31。

公路;小地排车雨雪后,公路泥泞不放行,不得擅自通行公路。[①] 这些规定,特别是雨雪之后的禁行等措施,对养护公路、保障道路畅通具有重要意义。

二、改革开放以来的道路建设

中共十一届三中全会以来,梁山县道路建设进入快速发展期,道路建设不断开创新局面。实行家庭联产承包责任制后,农副业生产迅速发展,广大农村逐步发展为商品生产基地,农副产品外运量不断增加,同时,工业品也需源源不断地运进农村,农村货运量大大增加。另外,随着农民收入增加,人们进城、探亲访友、长途旅行等需要不断增加,广大农民对修建公路、发展运输的愿望非常迫切。为适应城乡交流、商品经济发展和人民生活需要,公路建设不断发展。1984 年 10 月,梁山县境内公路通车里程达到 302 公里,其中沥青路面 178 公里,沙、石粒料路面 63 公里,土路面 61 公里。[②] 但梁山县一部分新建乡镇还不通汽车,物资运不出、送不进,群众行路难的问题尚未解决。而且,公路线路标准低、质量差、通过能力小,不能适应机动运输车辆日益增长的需要。例如,1984 年馆里乡初建时,"全乡没有一条像样的干线公路,一条条无头路弯弯曲曲,阴天下雨路断停车,很不方便。"[③]1986 年,梁山县县乡公路 145 公里,其中沥青路面 56 公里,沙石粒料路面 42 公里,土路面 47 公里;但沥青路面数量少、标准低、路况差,47 公里土公路晴通雨阻,全县 24 个乡镇还有 4 个乡镇不通公路和汽车,物资运送难、群众行路难和乘车难的问题仍很严重。[④] "七五"期间,梁山县公路建设速度明显加快。1986 年到 1991 年,先后修建县乡公路 86.7 公里;干线公路 54 公里,

---

① 《山东省菏泽专员公署关于制发兽力车、三轮车、地排车、自行车、摊贩等应遵守的交通事项的通知》,1957 年 8 月 5 日,菏泽市档案馆藏档 28-2-78。

② 《梁山县交通局关于加强公路建设的意见》,1984 年 10 月 23 日,梁山县档案馆藏档 44-1-38。

③ 《中共馆里乡委员会 1985 年工作总结》,1985 年 12 月 30 日,梁山县档案馆藏档 103-1-6。

④ 《梁山县人民政府关于解决公路建设资金问题的请示》,1986 年 11 月 10 日,梁山县档案馆藏档 3-1-245。

大型公路桥1座；新建和改建了梁山环城路、码头大桥、蒙馆路梁山至赵堌堆段，聊商路梁山段，全部验收为全省全优工程；同时集中力量新建改建了丁庄—杨营、拳铺—方庙、韩岗—韩垓、拳铺—堂子、徐集—信楼、高庄—滑庄、郓陈路和梁山—靳口8条县乡公路，修建8条县乡路，到1991年梁山县实现了乡乡通柏油路的目标，①梁山县道路建设取得重大进展。

20世纪90年代以来，公路建设实行分级管理，地方道路交由梁山县交通部门建设管理，调动了当地政府修建农村公路的积极性，公路建设快速发展，道路质量和通行能力不断升级。1995年，梁山县境内共有柏油路19条，总长293.5公里，密度为每平方公里30公里。其中县乡公路4条，里程153.5公里；1995年上半年又新建从县城到火车站的干线公路公明大道20.5公里，乡乡公路开袁路9.5公里。② 初步建成以干线公路为骨架，县乡公路和乡村公路相配套、相互连接的公路网络，为改革开放和经济建设发挥了重要作用。1996年，京九铁路建成通车，穿越梁山西境，结束梁山县境内无铁路的历史。③ 经过10年发展，到2000年，梁山县先后新建和改建济(济宁)梁(梁山)公路、公明大道(梁山火车站—梁山县城)、220国道(滨州—郑州)、蒙(蒙阴)馆(馆陶)路梁山东段、肥(肥城)梁(梁山)公路以及运河孙庄大桥、郭楼大桥、码头大桥等公路工程建设项目，梁山公路交通实现历史性突破。④

新世纪、新起点、新跨越，加快经济发展、扩大经贸旅游、优化投资环境，给梁山县公路交通提出更高要求，建设高等级公路提上日程。2001年开始，先后实施蒙馆路梁山东段、济梁路、220国道、县城西南环、济菏高速和连接线等一批路网升级改造和新建公路项目，截至2007年，梁山县国、省道

① 《梁山县交通局公路建设汇报提纲》，1991年12月28日，梁山县档案馆藏档3-1-367。

② 《梁山县交通局交通管理与公路建设情况汇报》，1995年9月15日，梁山县档案馆藏档44-1-87。

③ 中共梁山县委党史研究室编著：《丰碑——梁山改革开放30年》，中共党史出版社2008年版，第21页。

④ 中共梁山县委党史研究室编著：《丰碑——梁山改革开放30年》，中共党史出版社2008年版，第296页。

干线二级以上公路率达到90%以上,优质路率达97.6%以上;2008年又实现德商路梁山段和公明路改建,梁山县国、省道干线公路全部达到二级以上标准,结束了梁山县公路等级低、通行质量差的交通状况,实现了由单一通行到畅通、安全、舒适、美化的大公路通行网络转变,为梁山县农村社会、经济、文化发展插上腾飞翅膀。①

在修建道路的同时,坚持修路养路并重,狠抓道路养护,逐年组织公路病害的调查,制定公路养护计划,全力做好道路管理养护工作和抢修任务;保证公路畅通,延长公路使用寿命,②并采取措施,保证行路畅通和安全。例如,2002年梁山县开展创建"平安大道"活动,建立适应新形势需要的动态交通管理工作机制,加强公路交通、治安秩序的管理,2002年10月1日前,梁山县道路达到"交通安全畅通,治安秩序良好,执法公正文明,警务保障有力,人民群众满意"的建设目标。③ 良好的公路交通治安秩序和道路交通环境,对保障道路畅通和经济发展发挥了重要作用。

2003年,梁山县启动的村村通油路工程最为引人瞩目。村村通油路工程实行前,农村道路没有根本改善,坑洼不平,泥泞难行,人们只能望路兴叹,严重束缚了农村经济社会发展。为彻底改善城乡居民的出行条件,国家、省、市先后出台了"村村通油路"优惠政策;山东省政府启动了"村村通油路"工程,制定了三年实现"村村通油路"规划,并实行连续资金补助。梁山县积极抓住山东省三年实现"村村通"机遇,充分利用省交通厅扶持及国债项目,多方筹措地方配套资金,全力加快村村通公路工程建设,完善农村公路网络。2003年4月15日,梁山县人民政府制定了《梁山县村村通油路工程实施方案》,要求各乡镇人民政府、县政府有关部门积极利用国家及省、市"村村通油路"建设的各项政策,按照先易后难,重点解决150个未通油路的行政村通路问题,同时加快原有通村公路及部分县乡公路的改造和

① 中共梁山县委党史研究室编著:《丰碑——梁山改革开放30年》,中共党史出版社2008年版,第297页。

② 中共梁山县委党史研究室编著:《丰碑——梁山改革开放30年》,中共党史出版社2008年版,第304页。

③ 《梁山县创建"平安大道"活动实施方案》,2002年7月22日,梁山县档案馆藏档17-2003-18。

提高，确保三年内全面实现全县行政村基本通油路的目标。① 同时，彻底调整城乡客运运力结构，大力整顿城乡客运市场，依据农村客运市场实际，通过延长运营线路，开辟新线路，投放新运力，增加班次密度，加大基础设施建设，保证 2004 年 12 月 31 日前实现梁山县村村通客车，达到客运站点距离行政村不超过 1 公里；黄河滩区、湖区的个别偏远行政村可以适当放宽到 1. 5 公里。② 经过近两年发展，2004 年底，梁山县实现“村村通客车”目标。③ 2005 年，梁山县顺利完成村村通油路工程；2007 年，累计完成投资 2. 33 亿元，共修建农村公路 1122. 8 公里；2007 年，梁山县境内公路通车里程达到 1393 公里，其中干线公路 151. 4 公里，县乡公路 336. 4 公里，公路密度每百平方公里 144. 5 公里，初步形成以干线公路为骨架，县乡公路相互配套、相互连接的公路网路；2007 年济（济南）菏（菏泽）高速过境，将梁山县拉入省会城市一小时经济圈，提升了梁山县政治和经济区位。④ 在村村通油路的同时，村内道路也逐步实现硬化（见图 5.1）。例如，2007 年，杨营镇所有行政村之间和村内道路已全部实现硬化，⑤告别“晴天‘扬灰’路，雨天‘水泥’路”的历史。近些年，梁山县村内道路又升级改造，硬化道路“村内通、户户通”和村级网化建设不断加快，2016 年 1 月 26 日《济宁日报》报道：“十二五”期间，梁山县硬化村庄道路 1000 多公里，基本实现“村内通、户户通”，梁山县成为全省村级公路网化示范县。“村村、户户通油路”和“村村通客车”工程的实现，对方便群众出行、“三农”问题解决和城乡一体化都具有重要意义。

---

① 《梁山县村村通油路工程实施方案》，2003 年 4 月 15 日，梁山县档案馆藏档 17-2003-19。

② 《梁山县村村通客车工作实施方案》，2003 年 4 月 7 日，梁山县档案馆藏档 45-2003—2005-2（全宗号 45 是梁山县交通局 1996 年度后档案号，目录号 2003—2005 表示 2003—2005 年度，案卷号 2 表示第 2 卷，下同）。

③ 中共梁山县委党史研究室编著：《丰碑——梁山改革开放 30 年》，中共党史出版社 2008 年版，第 21 页。

④ 中共梁山县委党史研究室编著：《丰碑——梁山改革开放 30 年》，中共党史出版社 2008 年版，第 21 页。

⑤ 中共梁山县委党史研究室编著：《丰碑——梁山改革开放 30 年》，中共党史出版社 2008 年版，第 381 页。

图 5.1 村内硬化的道路

第二节 交通工具变迁

交通工具随着时代发展而不断变迁。交通工具可分为陆上和水上两种，当地交通工具以陆上交通工具为主。新中国成立以来，华北农村交通工具的数量和质量都发生巨大变迁，驱动力从人力、畜力到机械力、电力，材质由木制到铁制，从传统到现代，不断演化和改进；特别是改革开放以来，交通工具的变化更快。新中国成立以来的车辆可分为两类，即大车、小车、地排车、拖车、轿子等传统交通工具和自行车、摩托车、电动自行车、拖拉机、农用三轮车、汽车等现代交通工具。

一、传统交通工具变迁

原始社会时期，交通工具就有了明显进步。相传，四千多年前的黄帝时代就已经发明了车。《史记·夏纪》载，禹命诸侯百姓“陆行乘车”，[1]反映

① 上海书店编:《二十五史》第1册，上海古籍出版社1996年版，第11页。

了当时已有了车。甲骨文中“车”的不同样态，也反映了当时车的多样性。随着时代不断进步，造车技术不断提高。但直到新中国成立以前，梁山县农村仍主要是传统交通工具。

新中国成立初期，梁山县运输工具仍保持传统样态，主要是大车、小车、地排车等。1956 年 7 月，梁山县有马车运输合作社 1 处，马车 10 辆，牲口 17 头；地排车搬运合作社 1 处，车 76 辆。① 1956 年 9 月 1 日，梁山县运输管理站正式成立，运输工具以铁木轮大车为主、小车为辅。② 为充分发挥现有车辆潜力，解决当前运力不足，适应农业生产和道路通行，对铁木轮大车、小车进行技术改造。铁木轮大车、小车构造简陋笨重，载重少，成本高，效率低，且不宜行驶公路，1956 年 10 月，梁山县开始对民间落后运输车辆铁木轮大车、小车等进行技术改造，将铁木轮大车改造为木轴胶轮大车，仍利用原有铁木轮大车的一切部件，只将车轮外圈锯掉一部分，通过简单加工，装上 32×6 汽车轮胎，经济适用，效果好，几乎与铁轴滚珠大车相同，比改造前可提高载重量一倍以上，行速也可提高 30%左右，还可解决通行道路问题。③

集体化时期，大车、小车、地排车仍是最主要的交通运输工具，公社每年对拥有量都进行统计。例如，寿张集公社在 1963 年有胶轮大车 7 辆，胶轮手推车 855 辆，胶轮地排车 1750 辆，铁木轮大车 171 辆，木轮手推车 828 辆。④ 这些交通工具主要用于农业生产，载粮、运肥、拉土，也可乘人。实行家庭联产承包责任制以来，这些车辆逐渐失去用场。

大车，集体化时期每个生产队都有一两辆，为木制，带辕子，有车厢和车帮，车架又宽又长又扎实，大约 1.5 米宽，4 米长，车体两端装有横木，俗称

① 《梁山县个体运输业社会主义改造总结》，1956 年 7 月 16 日，梁山县档案馆藏档 44-1-1。

② 《梁山县交通运输业的目前情况和今后意见》，1956 年 10 月 30 日，梁山县档案馆藏档 44-1-1。

③ 《山东省交通厅为对民间落后运输车辆进行技术改造并制定规划的函》，1956 年 10 月 25 日，菏泽市档案馆藏档 28-3-101。

④ 《寿张集公社 1963 年主要农业生产机具农具拥有量年报表》，1964 年 1 月 4 日，梁山县档案馆藏档 20-1-14。

“横担”,在车体和横担之间可安“排车子”,以便能装载更多物品。大木轮子,直径约 1 米,为了加固耐用,木轮上铆有铁钉,有的还在轮周上镶有铁环(见图 5.2)。在土路上行驶往往轧出深痕,对道路破坏严重。由于特别笨重,必须用牲口驾辕子,载重物时,有时在车辕子两边再套上两头牲口“拉边套”。生产队里用它运庄稼、肥料;在车厢上搭起席棚,可作娶亲之用。由于农村道路不平和载重物,制作大车的材料多用榆木、槐木、枣木等硬木料,扎实耐用。后来,出现胶轮大车,车轮有滚动轴承、铁轴、钢圈和能充气的轮胎。不但载重量增加,运输效率提高,也减少对道路碾压,应用广泛。实行家庭联产承包责任制后,庞大笨重的大车被淘汰,实用轻便的胶轮地排车和拖拉机、农用三轮车逐渐取代大车。

小车,也称手推车、独轮车,20 世纪 50 年代至 80 年代初,当地农村使用广泛。为木制车架,长约 2 米,前窄后宽,一个车轮,两个车把,各装一个支架,即“小车腿”。轮子直径大约半米,用枣木或槐木等硬木制成,有时铆上铁钉加固,安置在车架前端的中间。这种车结构简单,造价便宜,尤其是不受道路限制,大路、小路、田埂都可行驶。小车是当时重要的家庭运输工具,一般农家都有,既可运庄稼、肥料,也能坐人,旧时妇女乘坐着小车回娘家。如果走长途,还可加上车袢,垫上厚大的披肩;载重物时还可在车架前面拴上绳子,从前面牵引。因为独轮,比较难驾驭,容易侧翻歪倒。后来,出现改进的橡胶独轮车。家庭联产承包责任制实行后,逐渐被地排车取代。现在,笔者家还保存着 20 世纪 80 年代初制作的改良胶轮小车(见图 5.3)。

地排车样式与大车相仿,但比较小,长约 2.5 米,宽 0.8 米,车轮逐渐由木轮改成辐条式铁轴胶轮。家庭联产承包责任制实行后,轻便又能载重的地排车,成为农家最重要的运输工具。农忙季节,各家都忙着用它运送庄稼、肥料等,所以,几乎每家都有自己的地排车。如果想多载庄稼,还可在地排车前后端安上“排车子”,能装两三米高。可由人拉,也可在车把之间套牲口,或者由人驾辕子,牲口拉长套。以前,农民拉肥料、运庄稼、做生意,甚至运砖、石头等建筑材料,都离不了地排车。家庭联产承包责任制实行之初,地排车成为最受农民欢迎的运输工具,过年时,人们在车帮前面贴上“一日行千里,双手架万斤”的春联,祈望车子能更好地为人们发挥作用。

图 5.2 仿制的无车帮大车

图 5.3 废弃的改良独轮车

20 世纪 90 年代以后，农村拖拉机、农用三轮车逐渐代替地排车。如今，只有少量载重地排车还在使用（见图 5.4）。

图 5.4　驴拉地排车

当地还有一种特殊的运载工具——"拖车"，为全木，长方形支架，大约长 2 米，宽 1 米，只有两根木条着地，与地面的摩擦力较小，但是不容易拐弯。农民用它托运犁、耙等农具，由牲口拉着。在集体化时期，这种简易的载重工具还广泛使用，后来被地排车代替。20 世纪 80 年代以后，拖车逐渐淘汰了。

轿子是中国古代普遍使用的交通工具，古称"肩舆"，由人肩扛而行，乘人或运输货物等。《尚书·益稷》载：大禹治水时"予乘四载，随山刊木"，① "四载"就包括原始的轿子。后世的轿子不断发展，而且应用广泛，宋代《清明上河图》中，繁华的北宋都城汴梁大街上有许多轿子出游。轿子有官轿和民轿之分。官轿为达官显贵们出行时乘坐，有严格等级之分，是权势和身份地位的象征。民轿种类多，最常见的是娶亲时抬新娘用的花轿，也称喜轿，装饰华丽。新中国成立前，花轿是当地娶亲的必备用具。在山东台头村

① 《今古文尚书全译》，江灏、钱宗武译注，贵州人民出版社 1996 年版，第 57—58 页。

也不例外,"长期以来,轿子一直是社会公认的把新娘接到丈夫家的唯一合法的运载工具"。[①] 过去,有专门从事出租的轿子铺。轿身似木制小屋,左右多开有小窗,窗上有帘子,天热时可收起通风,冷时放下保暖。轿内有椅子状座位,冬天,轿内可放火盆取暖。轿门一般有轿帘,遮挡轿内。上轿时轿夫将轿子前倾,乘轿人跨过轿杆坐入。轿外左右两侧各固定一根轿杆,多为二人或四人抬。还有一种丧事专用的轿子,较小,供出殡时使用,放死者遗像或牌位,俗称"丧轿"。轿子历史悠久,运用广泛,乘轿者安稳舒适,而抬轿者苦不堪言;乘轿者高高在上,带有浓厚的封建等级色彩。新中国成立后,破除封建,移风易俗,具有传统封建象征的轿子,被时代淘汰,轿子逐渐绝迹。但改革开放以来,传统的婚丧习俗复归,有的以花轿娶亲;有的办丧事,把丧轿(见图5.5)也派上用场。

另外,牛、驴、马、骡等既是重要的交通驱动力,又可骑乘、驮拉,也是交通工具。

牛,形体大,力量足,耐劳,温顺。因为牛的力气大,不仅用于犁地、耙地和耩地,在交通运输方面也广泛使用。过去用大车运肥、拉庄稼,主要靠牛。集体化时期,生产队为了农业生产和运输需要,每个生产队都饲养好几头牛,有专门饲养牛的屋子,俗称"牛屋",有专职饲养员喂养和照料牛,和牛住在一起,晚上添草加料,使牛能够膘肥体壮,保证农耕和运输需要。集体化时期,牛最适宜农业生产和运输,使用最广泛,生产队主要喂牛,很少有驴、马、骡。实行家庭联产承包责任制以后,人们不仅靠牲口耕作,农闲时还用来运输,比如拉土、拉砖、运建筑材料等,但牛的速度慢,吃的饲料也多,逐渐不适应人们的实际需要,于是,农户喂牛的少了,喂驴、马、骡的逐渐多起来。

驴,俗称毛驴,公驴俗称"叫驴",母驴称"草驴",按照当地习俗人们通常只能骑"叫驴"。驴体形较小,性情温顺,有耐力,生命力强,容易饲养,而且好驾驭。驴的用处很大,不仅可用于农耕,还可以套上拉车,也可做代步

---

① 杨懋春:《一个中国村庄:山东台头》,张雄、沈炜、秦美珠译,江苏人民出版社2001年版,第111页。

图 5.5　丧轿

工具。实行家庭联产承包责任制之初，农村喂驴得挺多，既可用来耕地、打场，也可套车拉庄稼、运肥料、做生意等，人们走亲戚也喜欢用驴车。当时，笔者家里就曾喂养过毛驴。20 世纪 90 年代以来，随着机动车普及，农家逐渐不养驴了。

马自古就在军事、邮驿、经济等方面发挥过重要作用，许多朝代都有马政，有众多的管理人员和庞大的管理系统。马速度快、力量大、性子烈，用于农耕的同时，更多用于运输业。在广泛使用拖拉机、汽车运输前，人们在农闲时节，多用马车从事运输，用马车运砖、载石头。但马很难驾驭，如果不是有经验的壮劳力，使用不得。现在，农村喂养马的很少了。

骡子是马与驴杂交而生的牲畜，公驴和母马交配产下的称“马骡”，公马和母驴交配产的称“驴骡”，驴骡个小，一般不如马骡好。骡子具有马的灵活和奔跑力，又有驴的温顺和强大负重力，拥有“杂交优势”，但基本不能繁殖后代。实行家庭联产承包责任制以后，农家养骡子的，除用于农耕外，还广泛应用于运输方面，尤其是用骡子驾辕子，拉重物。如今，农村喂养骡子的也很少了。

二、现代交通工具变迁

中国有“自行车王国”之称。自行车最初是在晚清时期由外国人带进中国的。自行车最初传入时称为“脚踏车”，又称“洋车子”。据 1868 年 11 月 24 日《上海新报》载：“兹见上海地方有自行车几辆乃一人坐于车上，一轮在前，一轮在后，人用两脚尖点地，引轮而走。又一种，人如踏动天平，亦系前后轮，转动如飞，人可省力走路。不独一人见之，想见者多矣。即中国有长路客商尽可购而用之，无不便当矣。”19 世纪 70 年代，外国人曾将一辆自行车献给光绪皇帝；后来，自行车逐渐改进，数量不断增多，不少贵族子弟已拥有自行车。后来，自行车逐渐增多，但主要集中于城市。20 世纪 30 年代后期，日本自行车在中国低价倾销，中国自行车逐渐增多，但主要是城里人的代步工具。① 民国《东平县志》也载：“自行车亦日渐增多，用之者非士商之青年即学校之学生，农家无购用者。”②

新中国成立后，上海“永久”、天津“飞鸽”等知名品牌自行车，供不应求，要凭票供应。当时的自行车主要是乡村干部骑用。20 世纪 60 年代，自行车稍微多了一点，一般农民买不起，还得有买自行车的票。20 世纪七八十年代，农村自行车逐渐增加，当时不仅因为农民收入增加，更主要的是不再凭票购买了。随着农民收入增加，农村自行车数量不断增多。1982 年，寿张集公社的自行车比 1980 年增加 2900 辆。③ 当时，人们对自行车非常爱惜，像如今对轿车一样呵护，每次骑后，车圈、车条、车梁、车胎等都反复擦拭，甚至做到一尘不染。车梁也用布或彩纸等缠住，车大梁搭上专门放东西的“车搭子”。车鞍子套上精心缝制或购买的鞍座套。20 世纪 80 年代中

---

① 张亦工、夏岱主编：《割掉辫子的中国人》，中国青年出版社 1997 年版，第 100 页。

② 张志熙等修，刘靖宇等纂：《东平县志》，民国二十五年铅本，卷五，风土，三。

③ 《党的十一届三中全会以来，寿张集公社解决了温饱，人们生活越来越好》，1982 年 12 月 14 日，梁山县档案馆藏档 20-1-116。

期,梁山县自行车基本普及。自行车成为人们最主要的代步工具。20世纪末,全国的自行车拥有量5亿辆,平均每百户人家有193.23辆。[①] 如今,随着摩托车、电动自行车日益增多,自行车逐渐闲置起来。

摩托车速度快,载量大,深受男青年青睐。20世纪80年代以来,梁山县摩托车不断增加。2007年底,梁山县寿张集乡拥有摩托车3168辆,每个自然村大约有87辆摩托车。[②] 21世纪以来,电动自行车成为人们的新宠,充电方便,安全快捷,特别受年轻妇女喜欢,人们下地、赶集、走亲戚,骑着电动自行车快捷又方便。如今,农村摩托车和电动车基本普及。

新中国成立后,梁山县拖拉机、农用三轮车、汽车逐渐增多。1954年,菏泽地区行署分配给梁山县拖拉机站美国产小富农-15型拖拉机1台。[③] 1956年初,梁山县基本实现合作化,为争取四年超额完成五年农业增产计划,加速合作化,新建拖拉机站1处,拥有拖拉机7台。[④] 后来,拖拉机站不断增多,1962年,梁山县已有县拖拉机站、黑虎庙分站和大路口、徐集社营站。[⑤] 1964年,梁山县共有拖拉机57个混合台。[⑥] 后来,梁山县拖拉机数量不断增加。以梁山县寿张集公社为例,1971年初,寿张集公社农用拖拉机混合台共2台,其中83马力、8马力各1台,均为四合兴大队所有;[⑦] 1978年底,农用大中型拖拉机19混合台,农用小型拖拉机(20马力以下)18

---

① 董增刚编著:《从老式车马舟桥到新式交通工具》,四川人民出版社2002年版,第235页。

② 中共梁山县委党史研究室编著:《丰碑——梁山改革开放30年》,中共党史出版社2008年版,第435—438页。

③ 杨洪荣、郝喜强:《梁山县交通事业发展概况》,载中国人民政治协商会议梁山县委员会文史资料委员会编:《梁山文史资料》第12辑,内部资料1996年版,第34页。

④ 《梁山县人民委员会为呈请建立拖拉机站由》,1956年1月27日,梁山县档案馆藏档3-1-38。

⑤ 《梁山县人民委员会关于提高拖拉机作业收费的通知》,1962年8月23日,梁山县档案馆藏档3-1-65。

⑥ 《山东省菏泽专区公署关于呈请增拨梁山县拖拉机的报告》,1964年7月9日,菏泽市档案馆藏档28-2-133。

⑦ 《寿张集公社1970年农业现代化情况(一)》,1971年1月10日,梁山县档案馆藏档20-1-48。

台。[①] 实行家庭联产承包责任制后，农民逐渐富裕，购买拖拉机的农户不断增多，农村拖拉机数量增加迅速，据统计，1982 年寿张集公社拖拉机比 1980 年增长 37 台，[②]拖拉机达到 68 台；[③]20 世纪 90 年代以来，拖拉机数量增加更快，2007 年底，寿张集乡就有拖拉机 3672 辆。[④] 农用三轮车以体积小、速度快、机动灵活的特点深受人们喜爱。实行家庭联产承包责任制后，特别是 20 世纪 90 年代以来，农用三轮车数量增加迅速。以馆里乡为例，1989 年底，全乡拥有农用机动三轮车 30 辆；[⑤]2000 年底，即达到 303 辆，[⑥]相当于 1989 年的 10 倍。20 世纪八九十年代，拖拉机用处很大，农耕、运输，但是体积大、速度慢；如今，体积较小、方便快捷的农用三轮车最受百姓青睐，不仅可用来耕地、运物，还可用来载人，成为人们运货物、走亲戚的最重要工具。快捷、方便、实用的农用三轮车基本取代了拖拉机。

汽车在中国初见于上海，1902 年从国外引进。[⑦] 1951 年 9 月，天津汽车制配厂制造出两辆吉普车和一辆旅行轿车，是最早国产汽车；1956 年，国产第一辆解放牌汽车下线并开始大批量生产。[⑧] 1962 年，梁山县工业局购置了波兰-20 型旧式汽车。[⑨] 1966 年，梁山县搬运社从济南购进解放牌汽车两部从事运输，成为县专业运输部门汽车运输开始。[⑩] 20 世纪 70 年代

① 《寿张集公社革委主要农业机械年末拥有量(一)》，1978 年 12 月 30 日，梁山县档案馆藏档 20-1-98。

② 《党的十一届三中全会以来，寿张集公社解决了温饱，人们生活越来越好》，1982 年 12 月 14 日，梁山县档案馆藏档 20-1-116。

③ 《寿张集公社管委工作报告》，1983 年 8 月 22 日，梁山县档案馆藏档 20-1-121。

④ 中共梁山县委党史研究室编著：《丰碑——梁山改革开放 30 年》，中共党史出版社 2008 年版，第 438 页。

⑤ 《馆里乡农业动力机械年末拥有量(三)》，1989 年 12 月 30 日，梁山县档案馆藏档 103-1-31。

⑥ 《馆里乡农业动力机械年末拥有量(五)》，2000 年 12 月 5 日，梁山县档案馆藏档 103-1-142。

⑦ 王崇焕：《中国古代交通》，商务印书馆 1996 年版，第 8 页。

⑧ 董增刚编著：《从老式车马舟桥到新式交通工具》，四川人民出版社 2002 年版，第 148 页。

⑨ 杨洪荣、郝喜强：《梁山县交通事业发展概况》，载中国人民政治协商会议梁山县委员会文史资料委员会编：《梁山文史资料》第 12 辑，内部资料 1996 年版，第 34 页。

⑩ 《梁山县交通大事记》，1992 年 9 月 15 日，梁山县档案馆藏档 44-1-67。

末,梁山县共有专业运输汽车 144 部,年客运量 25 万人次,货运量 20 万吨,①但交通运输仍是国民经济的一个突出薄弱环节。从菏泽地区来看,当时运输能力只能承担 30%左右的运输任务;60%以上的物资要靠组织农村人力车运输;菏泽地区每年要有十万辆地排车和十几万精壮劳力常年搞运输;但每年还有一二百万吨物资因运输跟不上而积压。② 当时,梁山县的运输情况也不例外。

中共十一届三中全会后,梁山县开始实施"国家、集体、个体一起上"的方针,社会运力成倍增长。但在 20 世纪 80 年代初,汽车数量增长过快,耗油量过大,因能源紧张出现封存汽车的现象。1982 年 6 月 15 日,《梁山县人民政府关于查封私人汽车的通告》规定:为加强运输市场管理,维护交通秩序,节约能源,保障国民经济调整的顺利进行,对私人汽车进行封存检查;除专业运输车辆外,梁山县汽车于 6 月 15 日一律停止供油,进行封查;各有车单位和个人,应将牌、证交封调汽车领导小组办公室,经审查后,对全体和集体车辆办理放行手续,私人汽车一律不再发给号牌和行车执照;私人汽车处理问题,按山东省交通厅(81)鲁交监字第 5 号文件执行;封查期内,运输管理部门对待查车辆不得安排货源。③ 1985 年,山东省政府分配给菏泽地区第一批农村专用汽车,其中,分配给梁山县载重车 10 辆,小轿车 5 辆,旅行车 3 辆,微型车 1 辆。④ 随着经济社会发展,梁山县汽车拥有量不断增加,运输能力逐渐提高,1995 年 9 月,梁山县拥有社会客车 71 部,1890 个座位;梁山县发展货运汽车 1111 部,挂车 588 部,总载重 6922 吨位,专业运输企业货车 84 部,挂车 53 部。⑤ 特别是 2004 年完成了"村村通客车"目标,

---

① 杨洪荣、郝喜强:《梁山县交通事业发展概况》,载中国人民政治协商会议梁山县委员会文史资料委员会编:《梁山文史资料》第 12 辑,内部资料 1996 年版,第 34 页。

② 《菏泽地区行署关于请求解决汽车问题的报告》,1976 年 10 月 15 日,菏泽市档案馆藏档 28-3-322。

③ 《梁山县人民政府关于查封私人汽车的通告》,1982 年 6 月 15 日,梁山县档案馆藏档 3-1-112。

④ 《关于分配 1985 年农村汽车的通知》,1985 年 5 月 24 日,菏泽市档案馆藏档 28-1-398。

⑤ 《梁山县交通局交通管理与公路建设情况汇报》,1995 年 9 月 15 日,梁山县档案馆藏档 44-1-87。

运输车辆大增；2007 年，梁山县拥有城乡客车 146 辆，线路 42 条，城乡客运一体化基本形成。[①] 2007 年底，梁山县有营运客车 315 辆，6210 个座位；货运汽车 4392 辆，15045 吨位。[②] 如今，城乡公交也开通了，百姓在村口即可乘车，大大方便了人们出行。百姓常说："村村通了公路，村里道路也都硬化，村口有客车，交通实在太方便了，和住在城里没啥区别了。"

随着农民逐渐富裕，农村轿车也不断增多。2007 年底，梁山县寿张集乡拥有轿车 68 辆；[③]徐集镇张庄村人口不足 300 人，高档轿车有十多辆，人民群众都过上了现代化新生活；徐集镇由以往进城靠步行，变成现在出门上公交或开私家车。[④] 如今，梁山县客货运输形成了国有、集体、个体一起上，多层次、多渠道、多方式的新型运输结构，运输市场空前活跃。交通运输事业的快速发展，解决了人们出行难、乘车难问题，实现"油路修到村里，客车通到门口"，大大方便了人们生活，极大地促进了农村经济社会发展。

另外，梁山县水上交通也发生巨大变化。1950 年，梁山、东阿等县民船组织起来，成立航运队，在黄河内运输粮食和治黄石料；1956 年，成立梁山航运社；1962 年 10 月划归梁山县交通局；1978 年后，因黄河运输业务少，大部转移到台儿庄，从事京杭运河运输。[⑤] 1973 年，梁山县蔡楼渡口建成，配备双身轮渡两艘，[⑥]对黄河两岸经济社会发展发挥了重要作用。后来，钢制船只逐渐代替木船。中共十一届三中全会以后，随着农村个体渡运专业户逐年增多，为加强管理，成立梁山县蔡楼渡口管理站。[⑦] 为了更好提高渡口

---

① 中共梁山县委党史研究室编著：《丰碑——梁山改革开放 30 年》，中共党史出版社 2008 年版，第 304 页。

② 中共梁山县委党史研究室编著：《丰碑——梁山改革开放 30 年》，中共党史出版社 2008 年版，第 21 页。

③ 中共梁山县委党史研究室编著：《丰碑——梁山改革开放 30 年》，中共党史出版社 2008 年版，第 438 页。

④ 中共梁山县委党史研究室编著：《丰碑——梁山改革开放 30 年》，中共党史出版社 2008 年版，第 391 页。

⑤ 杨洪荣、郝喜强：《梁山县交通事业发展概况》，载中国人民政治协商会议梁山县委员会文史资料委员会编：《梁山文史资料》第 12 辑，内部资料 1996 年版，第 35 页。

⑥ 《梁山县交通大事记》，1992 年 9 月 15 日，梁山县档案馆藏档 44-1-67。

⑦ 杨洪荣、郝喜强：《梁山县交通事业发展概况》，载中国人民政治协商会议梁山县委员会文史资料委员会编：《梁山文史资料》第 12 辑，内部资料 1996 年版，第 36 页。

通过能力和社会经济效益,使货畅其流,人便通行,1988 年梁山县在蔡楼渡口架设浮桥一座。① 浮桥的架设,大大提高了通行能力,进一步打开了梁山县发展的西北部窗口,有力地促进了社会经济发展。1993 年,梁山县公私船只增加到 70 艘,其中有大型汽车轮渡多艘,可架设浮桥,每天机动车流量可达 4162 辆。② 如今,水上运输能力不断提高,有力地促进了农村经济社会发展。

第三节 出行习俗变迁

出行习俗指伴随着人们出行而生发形成的习惯和风俗。自古以来,在人们长期的出行中形成许多习俗。随着时代变迁和交通发展,出行习俗也不断发生变化。新中国成立以来,特别是改革开放以来,随着交通的迅速发展,人们的出行习俗发生巨大变迁。

一、少出行和行路难习俗变迁

在中国传统自给自足的自然经济下,人们封闭性和保守性严重,养成了少出行的习惯。在传统社会里,缺乏便利、安全客运系统,除了官员出行能享受各地奢侈的招待外,普通百姓则“行路难”;行路难,也导致人们少出行。行路难、少出行和出门在外的诸多不便,加大了人们对外出的恐惧和家人对行人的担忧和牵挂。“在家千般好,出门步步难”“金窝银窝,不如自己的草窝”“儿行千里母担忧”“家里有病人,路上有行人”等诸多俗语,表明了当时人们少出行、出行难的观念。在集体化时期,人们被束缚在农业生产上,限制了人们自由出行,为防止耽误生产,走亲、访友和赶集也只能在农闲

① 《梁山县人民政府关于在蔡楼渡口架设黄河浮桥的请示》,1988 年 4 月 4 日,梁山县档案馆藏档 3-1-276。

② 杨洪荣、郝喜强:《梁山县交通事业发展概况》,载中国人民政治协商会议梁山县委员会文史资料委员会编:《梁山文史资料》第 12 辑,内部资料 1996 年版,第 36 页。

时或逢年过节，人们很少长途旅行。“文革”时期，长途运输被当作搞资本主义被禁止，例如，1969 年 1 月 25 日菏泽地区革命委员会生产指挥部要求严厉打击投机倒把长途运输等资本主义活动。① 改革开放后，特别是实行家庭联产承包责任制以来，人们获得生产经营自主性，有了很大独立性和自由度，交通条件也日益改善，人们外出打工、经商者逐渐增多。据 2009 年 12 月 15 日《济宁日报》载：梁山县积极通过多种渠道转移和输出农村劳动力，2009 年以来已累计转移输出农村劳动力 13 万人次。如今，安全便捷的交通服务和人们外出打工、经商的经历，使人们减少了对出行的畏惧和担心，少出行和出行难的观念发生了根本改变。

二、择日习俗变迁

古时，人们对出行日期的选择很慎重，出远门要选择黄道吉日。甲骨文中就有大量关于出行的占卜记录。人们认为有无数神煞主宰着人们的日常生活，黄道诸神对行旅有利。人们总结出了出行吉日的规律，皇历上的出行吉日注明了“宜出行”“吉出行”。现在普遍流行的历书上依然如此。选吉日的方法很多，有查皇历的，有请算命先生指点的，但人们普遍认为农历三、六、九为出行吉日，俗语说“三六九，往外走”；回家的日子也有讲究，俗信农历二、五、八为吉日，所谓“二五八，好回家”。新中国成立后，移风易俗、破除封建迷信，大破“四旧”，取缔算命，收缴皇历，出行择日的习俗淡化。在当今社会，时间就是金钱，人们很少遵循传统的选择吉日方法，不会因为择日而耽误行程。但有的老年人，出行还遵循“三六九，往外走；二五八，要回家”的习俗。

三、重离别习俗变迁

过去，交通不发达，出行不便，路途艰辛，通信困难，人们对出行人的牵

① 《菏泽地区革命委员会生产指挥部关于抓紧时机扎扎实实地安排好社员生活的意见》，1969 年 1 月 25 日，菏泽市档案馆藏档 28-3-274。

挂多多,很重视离别。旧时,山东郓城、梁山一带流行当兵辞别的歌谣:“正月里,正月正,年轻人离家去当兵。没出大门三回头,端起酒杯泪交流。一杯酒,敬老天,老天保佑全家安。二杯酒,递给爹,男儿当兵心不怯。三杯酒,递给娘,千万不要挂心肠。四杯酒,递给哥,地里活儿你做着。五杯酒,送给嫂,家中事情照料好。六杯酒,送给妹,你和嫂嫂同床睡。七杯酒,送给妻,还没开口泪水滴。少擦官粉少抹油,大门以外别停留。人家问我哪里去,别说话,光摇头。”①这首歌谣唱出了游子临行前敬拜神灵,祈愿老天保佑全家平安,以及对父、母、哥、嫂、妹、爱妻等亲人的嘱托和留恋牵挂,情真意切、捶人心扉,真切地演绎了离别时重分重离、难分难舍、不忍相别的生离活剧,也反映了梁山一带重别离、讲情义的风情和性格。出远门的人,临行前要辞别亲戚朋友,亲朋好友设宴饯行,祝出行人一路顺风、平安到达目的地。俗话说“出门饺子进门面”,当地送行时,时兴吃饺子,俗信吃了饺子,出行就能平安顺利;水饺也是以往过年时才能吃到的食品,也就是用最好的食物饯行;“元宝”形状的饺子也寓意外出务工、做生意能挣钱发财;而且在包制过程中包含了家人对行路人的浓浓深情和美好祝福。如今,人们还延续着临行前吃水饺的习俗,有的出行前还放鞭炮,图吉利。人们送行往往要送到大门外或村外,如今,一般把出行人送上汽车或火车,俗称“送站”。古代通信难、相见难,故离别亦难;如今,交通和通信发达,如果想念,随时可以拨打电话或直接乘车前去会面,省去以往的许多默默、无奈的思念和牵挂。

四、多带路费和“干粮”习俗变迁

俗话说“穷家富路”,人们出行在外,事事靠钱财,一旦路费不足,举目无亲,难以借用,所以,过去人们出行多带费用。如今,有银行卡,随时随地可以取款;通过邮局或银行汇款也行,安全又方便。“出门在外,干粮多带”,当地,把窝窝、饼、卷子、馒头等面食统称“干粮”。过去,路上饭馆或卖

① 山曼:《流动的传统——一条大河的文化印迹》,浙江人民出版社 1999 年版,第 74—75 页。

饭的少,也为了节省钱,人们出远门习惯带上吃的干粮。在出门前就预先准备好要带的饼、窝窝、卷子及咸菜等。路上饿了即可食用,或到了住的店里,把带的干粮简单热热或在热水里泡泡即食。20 世纪 80 年代初,笔者的亲戚有外出做小生意的,他们外出还都是带着烙好的饼或蒸好的咸卷子,到住的店里后,让店家热热或直接泡开水吃。如今,人们富裕了,挣钱多了,出行不用再带干粮,带钱就行了,即使列车上卖的盒饭老百姓也舍得吃。

五、谨言慎行习俗变迁

常言道:“出门不露富”。古时,社会不安定、强盗多,人们出行格外小心,少暴露身份,保持“低调”,不逞能,不露财,更不与别人“斗富”,一路上省吃俭用,穿戴平常,带的钱财、贵重物品不能让外人看见,以免招来祸端。一般把带的费用装入钱袋盘缠绕于腰间,这可能是把路费称为“盘缠”的重要原因。如今,为了出行安全,人们还秉承这种谨言慎行遗风,出门前老人还习惯于这样嘱咐年轻人。另外,出行要讲礼节,特别是出门问路要先施礼,有句俗语叫“见人不施礼,多走五十里”,意思是问路时要客气,讲礼节,要尊重对方,否则,对方可能会因为问路人不礼貌而不理睬或故意指错方向。当今,人们出行问路时,讲礼貌、说话客气也不过时。

六、出行器具变迁

20 世纪 80 年代以前,人们出门多靠步行,普通小商贩和手艺人一般挑着担子,走街串巷,招揽生意。人们步行还有专门用来放东西的行囊,多为长条形,两端有口袋,内放物品,搭在肩上,俗称“褡裢”。肩上搭“褡裢”,手里还可再拿别的东西,很方便。也有的干脆背个用来装粮食的布口袋,把物品装入口袋内,把口袋背在肩上,或把口袋内的物品均分两部分,让前后的物品重量相当,扛在肩上,手叉腰支撑肩上的口袋。妇女回娘家则习惯用包袱。因为“褡裢”、口袋或包袱放东西易挤压,人们便把容易挤坏的干粮、鸡蛋、糕点、瓜果等物品放在箩筐或篮子里,用扁担挑着箩筐,篮子挎在胳膊上或提在手里。人们出行最常用的是篮子,篮子种类颇多,主要有用荆条编的条篮子、用竹篾编的竹篮子和用“白了条”编的比较精致的“把筦子”。如今,人们出行都拖着各式各样的现代化行李箱,带轮子,提拉方便;如果行李重,还有能折叠的小行李车,十分方便。

七、出行禁忌变迁

自古以来,人们在长期的出行中形成了许多禁忌,主要表现在出行时间、言语、行走等方面。“父母在,不远游”,如果父母年事已高,儿子不宜长时间出门在外;如今,交通、通信发达,来往和电话联系方便,此俗淡了。“三六九,往外走,二五八,要回家”的习俗,也很淡了。“六腊月不出门”,意思是农历六月太热、腊月太冷,天气太恶劣,人们难以忍受,不适合人们出行。腊月是年终岁末,强盗较多,在外经商做工的人把一年的收入随身带回家,易成为强盗抢劫的目标,出行不安全,现在此俗消匿了。“爱走夜路,总要撞鬼”,夜晚天黑,看不准路,可能遭遇不测或强盗,如今人们走夜路的不多了,而是乘车或住宿。“早投宿,晚上路”,出行选择在路上行人多的时候出发,路上人多,强盗不敢行动,比较安全,此俗也有一定现实意义,出行要注意安全。在出远门的日期确定上,忌在家中亲人去世的日子、忌黑道日出行、忌农历逢五出远门,如今这些习俗已废。走水路的忌讳很多,坐船忌说翻,特别忌说“把不听话的孩子扔到水里”之类的话。当地曾流传这样的传说:当时一船人渡河,船上一小孩特不听话,大人很生气,顺口说了句“不听话,把你扔到水里”。等船到了河中央,平静的河面突然波浪翻滚,船无法通行,全船人危在旦夕。这时,船工说:是谁说了“忌”话惹河神发怒了?说的话必须兑现。在大家性命难保的情况下,只好把那不听话的小孩扔到水里。河面顿时安稳,人们安全抵岸。这个民间传说不足信,可能是用来吓唬小孩子要听话,同时,也教育人们出行要说好话、讲吉言,忌说恶语和不吉利的话。“瓜田不纳履,李下不正冠”,在行走时要注意行动举止,以免引起别人误会。“贪小便宜吃大亏”,有时为了贪小便宜,可能上坏人当,受骗吃大亏,现实中因贪小便宜而上当的也时有发生。行路遇殡葬,脱下衣帽扑打,可以破解晦气，有这种迷信观念的人少了。“一人不进庙，二人不看井”，以免被人害了；“一人不上路”，出外要结伴而行，有个照应，比较安全；“宁走十步远，不走一步喘”，如果遇到难行道路，要绕过去，不要硬闯，以免带来意外损失或伤害；“军中不可有女，不可与女人同坐车船”，告诫行路戒女色，免惹祸端等。同时，新的禁忌也不断产生，如雷雨天出行忌打手机、乘车忌与司机攀谈等，都有一定的科学道理。

禁忌是社会生活的反映，是在人们长期的社会生活中逐渐形成的，有的带有落后、迷信的成分，有的是良好的生活习惯，有一定科学道理和积极意义。随着社会生活发展变化，禁忌也在演变，特别是改革开放以来，科技发展，交通发达，许多传统禁忌已不合时宜，逐渐淡化、消失；有的仍具有一定现实意义，还在沿袭。我们应取其精华，弃其糟粕，扬长避短，以科学态度对待出行禁忌。

第四节 新中国成立以来交通变迁的特点及影响

新中国成立以来，华北农村道路建设和交通工具发生历史性变迁，人们出行习俗也发生重大改变，其特点主要有：

第一，从传统到现代。新中国成立以来，农村道路从传统土路到碎石路，再到沥青、水泥路，实现村村通油路，村内道路也“油路化”，道路交通实现从传统到现代的历史性转变。20 世纪 50 至 70 年代，人们外出靠步行，自行车很少，20 世纪 80 年代自行车普及，20 世纪 90 年代以来，摩托车、电动自行车逐渐增多，有的还买了家庭轿车，几乎村村都有城乡客车或公交。原始低效的人力、畜力逐渐进化为机器动力或电力，传统的大车、小车、地排车、拖车等人力、畜力车被现代化拖拉机、农用三轮车、汽车等机动车代替。许多传统出行习俗逐渐消失。新中国成立以来，华北农村交通实现了从传统到现代的历史性变迁。

第二，阶段性。交通具有长时段性和传承稳定性。新中国成立以来，华北农村交通发生翻天覆地的变迁，但也具有明显的阶段性。新中国成立到改革开放前,农村道路、车辆、交通习俗等基本还保持新中国成立前的样态,延续传统的交通方式:土路坑洼泥泞;以人力、畜力为动力,人们出门主要靠步行;车辆是传统的大车、小车、地排车、拖车等;交通基础设施与运输设备落后、缺乏,布局不合理,基本保持传统的出行习俗。改革开放以来,交通发展进入新的历史阶段,柏油路、水泥路建筑速度明显加快,柏油路通车里程迅速增加,1978 年农村公路通车里程只有 10 多公里,到 2007 年增长到 1100 多公里。① 如今,实现村村通油路和村内通油路。交通工具机动化,以汽油、柴油为燃料或靠电力;出行骑摩托车、电动自行车,有的开轿车、乘城乡客车或公交;拖拉机、农用三轮车、汽车取代了以前的大车、小车、地排车、拖车,运量大,速度快。人们的出行习俗也发生巨大改变。

第三,突变性。新中国成立以来,华北农村交通不断发展,但也呈现明显的突变性。改革开放以来,交通插上腾飞的翅膀,进入发展"快车道"。交通基础设施建设,离不开国家主导和大力支持。在国家扶持和各级政府的推动下,2003 年,梁山县启动了"村村通油路"工程,短短三年实现了村村通油路,根本改变了农村道路落后状况,村内道路也实现"油路化",人们告别世世代代的泥泞土路。例如,马营乡在 1978 年全乡全部都是狭窄的乡村土路,没有一条水泥路或沥青路,每到阴雨天气,泥泞遍布,行走艰难;20 世纪末,道路硬化不足几公里;自实行"村村通油路"工程以来,利用国家扶持政策,大力开展通油路工程,2007 年,马营乡 100%的行政村实现了村村通油路,95%的村实现街内道路硬化。② 同时,2003 年开始实施村村通客车工程,2004 年实现该目标。如今,部分农村还通了城乡公交。近几年,农村交通突飞猛进,实现历史性跨越。

交通是国民经济的基础,是经济发展和社会进步的前提和基础,马克思曾说,交通运输是"第四个物质生产领域"。③ 发达的交通对经济社会发展

① 中共梁山县委党史研究室编著:《丰碑——梁山改革开放 30 年》,中共党史出版社 2008 年版,第 303 页。

② 中共梁山县委党史研究室编著:《丰碑——梁山改革开放 30 年》,中共党史出版社 2008 年版,第 421 页。

③ 《马克思恩格斯选集》第二卷,人民出版社 2012 年版,第 874 页。

具有巨大的促推作用。新中国成立以来,交通对经济社会发展发挥了重大作用,主要表现在:

第一,推动农村经济发展。俗话说:“要想富,先修路”。落后的交通严重制约农村经济发展,糟糕的路况使菜农们伤透脑筋,一下雨道路泥泞,菜烂了也难运出,商品周转困难,信息不灵通,严重阻碍了经济发展,正如馆里乡委员会 1985 年所总结的:“交通闭塞是经济不发达的主要因素之一。”①通了公路能物畅其流、货通其无,大大促进经济发展,加快农民增收致富步伐。村村通油路,解决了过去制约经济发展的瓶颈,极大地促进了农村经济发展。过去瓜果蔬菜运不出去的难题彻底解决,快捷的运输使农产品外运量大大增加,农产品产销率和商品化程度大大提高,同时,也促进蔬菜种植的扩大和升级。例如,韩垓镇利用方便的交通优势,大搞蔬菜种植,形成蔬菜种植产业化,以开河东村为中心的蔬菜种植区,面积达 2000 亩,以油坊为中心的芦笋、双孢菇等种植区,种植芦笋 3000 亩,规划发展了双孢姑基地 300 亩,②大大增加菜农的收入,种植效益明显提高。农村通了油路,也通了“富裕路”,证明了“公路大通大富,小通小富,不通不富”。

第二,带动工商业发展。“公路通,百业兴”。交通基础设施作为重要的社会生产要素,对其他生产要素具有强烈的吸附作用,诱发工商业生产要素向交通便利的地区位移和聚集,带动工商业发展。梁山县充分运用交通优势,积极发展“路带经济”,促进工商业发展。梁山县利用京九铁路在梁山西境贯通的发展机遇,开通了从县城到火车站的公明路,沿路设立了济宁梁山对外贸易加工区,2002 年更名为省级梁山经济开发区;如今已形成生物医药、纺织服装、新型建材、畜牧和农副产品加工、出版印刷、汽车配件、新型物流七大主导产业。③ 拳铺镇利用 220 国道贯穿镇境的优势,在沿线发

---

① 《中共馆里乡委员会 1985 年工作总结》,1985 年 12 月 30 日,梁山县档案馆藏档 103-1-6。

② 中共梁山县委党史研究室编著:《丰碑——梁山改革开放 30 年》,中共党史出版社 2008 年版,第 395 页。

③ 中共梁山县委党史研究室编著:《丰碑——梁山改革开放 30 年》,中共党史出版社 2008 年版,第 446 页。

展起了挂车专用车产业，2007 年，拳铺镇生产专用汽车 4.8 万辆，占全国专用车生产总量的 22%，产品远销全国 20 多个省市和加拿大、俄罗斯、中东、东南亚等国家和地区；沿线发展起的挂车专用车产业成为全国规模最大、密集度最高的挂车专用车产业集群。[①] 杨营镇依托聊（聊城）商（商丘）公路贯穿镇境南北的优势，积极发展"路带经济"，在聊商路两侧实施了商业街开发建设，先后建起商业楼 800 多间，逐步发展为日用百货、服装布匹、烟酒糖茶、五金交电、建材化工、农用物资、餐饮服务、文化娱乐等为一体的商贸群。[②] 可见，便捷的交通对工商业发展具有极大带动作用。

第三，缩小城乡差别。过去，交通落后，乡村不通公路，严重限制了人们与外界的沟通和交往，农民们整天面朝黄土背朝天，在田间劳作，整年很少出村，导致农村闭塞、落后。农村公路的修通，特别是现在实现村村通油路、村村通客车，有的村庄还开通城乡公交，村内道路也实现硬化，不仅便利村庄内部的交流，也便利村民与外界的交往；不仅使村民们走出闭塞的村庄，也使城市的现代生活方式和理念渗入农村，极大地促进了农村社会生活的进步和文明程度的提高。公路修好后，各种生活日用品直接运进村里，大大方便了人们购买；公交车开到村头、家门口，节省了人们进城的时间，提高办事效率，便利了人们生活。正如梁山县韩垓镇靳楼村党支部书记焦某某所说："如今村村通油路让俺农村的交通便利了，老百姓吃不愁穿不愁，出门能坐车，花钱手头有的梦想变成了现实。"[③]方便快捷的交通像血管一样联结城乡各个角落，加速城乡人流、物流和信息流的流动，提高了农村广大群众的物质文化生活水平，改变了农村生活和人们的思想观念，对缩小城乡差别发挥了关键作用。

新中国成立以来，华北农村交通发生了巨大变迁，从土路到油路，从人力、畜力车到机动、电动车，再到村村通油路、村村通客车，日益现代化、便捷

① 中共梁山县委党史研究室编著：《丰碑——梁山改革开放 30 年》，中共党史出版社 2008 年版，第 383—384 页。

② 中共梁山县委党史研究室编著：《丰碑——梁山改革开放 30 年》，中共党史出版社 2008 年版，第 381 页。

③ 中共梁山县委党史研究室编著：《丰碑——梁山改革开放 30 年》，中共党史出版社 2008 年版，第 304 页。

化、信息化，人们出行习俗也发生重大改变。不断提高和完善的交通基础设施、运输装备和四通八达的交通网络，对当地工农业发展、社会各项事业进步以及人民生活水平提高将发挥更大的促进作用。

第六章 婚丧习俗变迁

婚丧是人生大事，人们自古就很重视婚丧礼俗，“三礼”中记载了完备的婚丧礼仪。随着历史发展，历代相沿、约定俗成的婚丧礼仪习俗也不断嬗变。新中国成立以来，华北农村婚嫁丧葬习俗发生巨大变迁，新中国成立之初，移风易俗，婚丧从简，1950年实行新婚姻法，1978年2月梁山县全面实行火化；20世纪80年代以来，传统婚丧习俗回潮。传统与现代、国家与社会博弈和建构，促推婚嫁丧葬习俗不断变迁。

第一节 婚嫁习俗变迁

婚嫁即男婚女嫁，乃人生大事，它不仅关系个人，还事关两个家庭和家族的延续。婚礼为礼之本，《礼记·昏义》载：“昏礼者，礼之本也。”①古时最完备的婚礼称为“六礼”俱备，据《仪礼·士昏礼》载：“六礼”包括纳采、问名、纳吉、纳征、请期、亲迎，②即送礼求婚、询问女方姓名及出生日期、送礼订婚、送聘礼、议定婚期、新郎亲往迎娶。“六礼”原为诸侯大夫的婚嫁仪礼，汉代开始在民间流行。在长期的历史流变中，婚嫁习俗也不断演变。新中国成立以来，华北农村婚嫁习俗发生了巨大变迁。

一、婚嫁礼俗变迁

“男大当婚，女大当嫁”。青年男女到了婚嫁年龄，父母开始托媒人提

① 《礼记》，崔高维校点，辽宁教育出版社1997年版，第200页。

② 《仪礼》，崔高维校点，辽宁教育出版社1997年版，第5—9页。

亲。媒人在传统婚嫁中具有重要作用,《礼记·曲礼上》载:“男女非有行媒,不相知名”,[①]《礼记·坊记》载:“男女无媒不交”。[②] 传统婚嫁遵“父母之命,媒妁之言”,在封建家长制下,青年男女婚姻无自主权,家长在家庭中有至高无上的权力,子女的婚姻大事全由家长决定,青年男女双方不能见面。例如,寿张集公社某某某大队三队王某某与妻在结婚前从未见面,女方结婚当晚才知道男方“哎呀吓死人”,比女方大20多岁,蒜瓣子头,托盘嘴,脸上还不干净。[③] 由家长包办、听媒妁之言的婚嫁方式,难免造成不幸福的婚姻。

新中国成立后,特别是1950年5月1日《中华人民共和国婚姻法》颁布后,实行婚姻自由,反对家长包办婚姻,重视男女双方的相互接触了解,据《梁山县志》载:男女成婚,须征得双方同意。[④] 媒婆作为封建社会遗留下来的社会角色,在新中国成立后的社会主义教育运动和“文革”中都是被批判的对象。如1963年,中共芦里公社社会主义教育运动中,兴无灭资、移风易俗,要求把媒婆等三道九流、五花八门、牛鬼蛇神、歪风邪气、乱七八糟的玩意统统揭出来。[⑤] 1966年,寿张集公社“四清”工作大队寿张集大队大会斗争媒婆2人。[⑥] 经过斗争批判,传统职业媒婆改行了,媒人的重要性降低,婚姻自主观念加强。20世纪80年代以来,妇女组织积极发挥作用,为青年牵线搭桥。例如,1984年,馆里乡妇女第一次代表大会要求妇女干部要为青年们牵红线,搭鹊桥,每个妇女干部每年至少要介绍成两对。[⑦] 如今,年

---

① 《礼记》,崔高维校点,辽宁教育出版社1997年版,第4页。

② 《礼记》,崔高维校点,辽宁教育出版社1997年版,第161页。

③ 《寿张集公社“四清”工作大队关于无产阶级“文化大革命”运动中妇女工作情况汇报》,1966年6月11日,梁山县档案馆藏档20-1-38。

④ 《梁山县志》,新华出版社1997年版,第494页。

⑤ 《中共芦里公社委员会关于开展社会主义教育运动的下步意见》,1963年5月1日,梁山县档案馆藏档25-1-17(全宗号25是梁山县芦里公社档案号,目录号1表示永久,案卷号17表示第17卷,下同)。

⑥ 《寿张集公社“四清”工作大队关于无产阶级“文化大革命”运动中妇女工作情况汇报》,1966年6月11日,梁山县档案馆藏档20-1-38。

⑦ 《馆里乡妇女第一次代表大会工作报告》,1984年12月21日,梁山县档案馆藏档103-1-5。

轻人在外打工,自由恋爱的越来越多。尽管现在农村成亲一般还离不了介绍人,但只是"牵线",在介绍人把双方情况互相告知后,双方都暗地里打听对方的身高长相、文化程度、有无劣迹、经济状况等,"打听"环节之后,如果双方有意,介绍人与双方商量,即确定相亲的时间和地点。相亲地点一般选在集市上、女方的邻居家或女方家里。男方在介绍人陪同下去相亲,一般带着糖块、香烟等,女方的姐、妹、姑、姨等亲人也都到场"掌眼",并安排男女方单独见面,俗称"相媒"。有的相很多个,笔者附近村有个男青年相了几十个,糖块就送了一麻袋。现在,农村男、女青年一般在十八九岁就开始相亲,如果二十二三岁还订不了婚,就会遭人非议,人们可能会说不是"好茬",再找条件合适的就难了。过去,有的地方订婚年龄更早,如20世纪80年代初,梁山县寿张集公社杨楼村,十六七岁的男青年多数订了婚。[①] 经过相亲,如果双方没意见,就互相要对方的电话,通过电话或短信联系及单独会面,进一步了解接触。

经过双方"谈"的环节后,就进入订婚程序。而传统婚嫁还有合婚的环节,俗称"查八字""测八字"。媒人先把男方的生辰八字帖送给女方,让女方刻算。所谓生辰八字是一个人出生的年、月、日、时,各用一天干和一地支搭配起来的八个字,所以叫"八字"。如果,女方认为命运相合,再把女方八字送到男方,供男方刻算。如果双方属相和命相相配,即可成媒。如果不合,即使门当户对,二人很有意,婚姻也无从谈起。新中国成立后,大破封建迷信,"查八字"的封建迷信活动被取缔。例如,1966年破"四旧",铲除几千年来毒害劳动人民的旧思想、旧文化、旧风俗、旧习惯,寿张集"四清"大队、肖庄大队社员控诉了以前结婚先查八字的坑害和上当,要打破束缚在头上的神鬼系统,彻底解放思想,坚决取缔查八字。[②] 但改革开放以后,封建陈规陋俗一度泛滥,成婚前先测八字现象又抬头。[③] 测八字是封建迷信,通

① 《寿张集公社杨楼村农业生产责任制促进了木柜生产大发展》,1983年12月30日,梁山县档案馆藏档20-1-122。

② 《梁山县"四清"工作团寿张集"四清"大队、肖庄大队"四清"运动总结》,1966年6月10日,梁山县档案馆藏档20-1-37。

③ 《连广生同志在全县移风易俗婚丧改革工作会议上的讲话》,1991年11月26日,梁山县档案馆藏档61-1-200。

过出生时间定终身大事，是反科学的，是一种天命论，污染社会风气，毒害人们心灵，阻碍社会进步，这种合婚陋俗必须坚决摒弃。如今，成婚查八字的几乎绝迹了。

相亲后，双方就进入订婚环节，俗称“换启”。自古订婚就讲究彩礼，《礼记·曲礼上》载：“非受币，不交不亲”。[①] 新中国成立后，大力反对结婚索要高额彩礼，提倡不收彩礼。如：“文革”时期，寿张集公社“四清”工作大队反对索要彩礼，要求女方不要彩礼，不送红启，不陪送衣物嫁妆，要陪送锄、镰、锨、毛主席著作；[②]寿张集公社杨楼大队大揭旧婚嫁习俗危害性，破“四旧”立“四新”，反对结婚要厚礼和有钱即成婚，[③]狠刹了婚嫁方面的歪风邪气，社会主义新风尚得以发扬，出现了青年妇女喜事新办、结婚不要彩礼的新现象。如四合兴大队女青年谢某某，订婚没收一分钱，结婚没要一点彩礼，把爱情建筑在为共同的革命目的而劳动、工作的基础上。[④] 20 世纪 80 年代以来，随着人们收入增加，结婚收彩礼的风气不断高涨，而且彩礼数量不断增多。如今，在“换启”前还有初订婚的程序，当地俗称“换手绢”，即男方把订婚钱用手绢包好送给女方。一般买大红手绢，包两层，钱的数量在不同时期不等，20 世纪 80 年代以来数量不断攀升，从“六百六”到“千里挑一”，再到“万里挑一”，甚至更多。20 世纪八九十年代初，在“换启”之前还有买衣服的环节，在媒人、女方嫂子和姐姐等陪同下到县城买衣服，一般都买十几套。如今，都穿时装，款式更新快，买衣服的环节改为直接送现金。“换启”即媒人把男方的求亲帖送到女方家，同时送现金、衣料、首饰等，换启费用越来越高，过去是“万里挑一”，也有的是 20200 元、28000 元，有的随城里人再押“三金”，即金项链、戒指、耳环；当前，花费越来越高，订婚要“万紫（5 元）千红（100 元）

---

① 《礼记》，崔高维校点，辽宁教育出版社 1997 年版，第 4 页。

② 《寿张集公社“四清”工作大队关于无产阶级“文化大革命”运动中妇女工作情况汇报》，1966 年 6 月 11 日，梁山县档案馆藏档 20-1-38。

③ 《寿张集公社杨楼大队“文化大革命”总结》，1966 年 8 月 24 日，梁山县档案馆藏档 20-1-37。

④ 《寿张集公社妇女第五次代表大会工作报告》，1979 年 7 月 16 日，梁山县档案馆藏档 20-1-106。

一片绿(50元)”,结婚时还要“一动(汽车)不动(楼房)”。媒人把女方的允亲帖捎回,并回赠文房四宝和书籍之类。过去,讲究的还要换大启也就是正式婚书,相当隆重,男方要设宴招待媒人及写启先生,换完大启,订婚手续就算完成,在实行结婚登记制度之前,就相当于领了结婚证,能起法律作用。订婚之后,逢年过节都要送节礼。节礼数量不断增加,如今的送节礼一般每年三次,分别在春节、“半年节”(当地最近才兴起的送礼节日,一般在麦收后)和中秋节,每次送“六个六”,要送六样礼品,每样的数量为六,一般送糕点、酒、鸡、鱼、烟、水果等礼品;有的送“十个十”;也有的直接送现金。

自古以来,人们婚嫁年龄有所不同。《孔子家语·本命解》载:男十六岁、女十四岁“是则可以生民矣”。① 据研究,历代婚嫁年龄,男子最低为十五,最高不过三十;女子最低为十三,最迟不过二十,其中,清代规定“庶人娶妇,男年十六,女年十四以上,并听嫁娶”。② 可见,古代男子十五六岁,女子十三四岁就可婚嫁。民间历来有早婚习俗,据清代和民国年间的县志记载,山东西部男子年十五六岁甚至十一二岁即娶。③ 山东有的地方还有幼男娶长妇的习俗,据1909年5月28日《大公报》载:“东省陋俗往往以及笄之女配未成丁之男,……然贫家子弟年仅十余龄,父母为娶及笈之女。”新中国成立前,梁山县七区轩庄轩某某,9岁时父母给他包办了婚事。④ 年龄较小即成婚,无自由可言,小小年龄即为家庭所累,不利于个人身心的健康发展和优生,有的多成怨偶,贻害无穷,正如梁启超在《禁早婚议》一文中所说:“中国婚姻之俗,宜改良者不一端,而最重要者厥为早婚”,早婚“害于养生”“害于传种”“害于养蒙”“害于修学”“害于国计”等。⑤

1950年5月1日《中华人民共和国婚姻法》实行以来,青年男女到了结婚年龄进行结婚登记,才能合法结婚。1950年5月1日公布实行的《中华

① 《孔子家语》,王肃注,上海古籍出版社1990年版,第70页。

② 陈鹏:《婚姻史稿》,中华书局1990年版,第385页。

③ 叶涛主编:《中国民俗大系·山东民俗》,甘肃人民出版社2004年版,第242页。

④ 《梁山县七区轩庄调查总结报告》,1953年1月2日,梁山县档案馆藏档3-1-18。

⑤ 《禁早婚议》,载李华兴、吴嘉勋编:《梁启超选集》,上海人民出版社1984年版,第357—365页。

人民共和国婚姻法》规定:“男二十岁、女十八岁,始得结婚。”[①]1951 年 11 月起,梁山县正式实行婚姻登记制度。[②] 婚姻登记制度的实行,对抵制早婚陋俗发挥了非常重要的作用,当然,未达到法定结婚年龄而结婚的现象并未根除。后来,实行晚婚。1975 年 12 月 3 日《梁山县革命委员会关于改进结婚登记方法的通知》规定:梁山县实行晚婚,男二十五岁、女二十三岁为结婚登记年龄;并采取“六不登”的婚姻登记办法,即不是双方真正自愿不登、没有晚婚证不登、没大队介绍信不登、不执行晚婚计划不登、双方户口在外公社不登、一方在外地介绍信不注明年龄不登,并广泛宣传实行晚婚的意义与好处。[③] 梁山县的晚婚制度逐渐推行开来,1976 年,梁山县登记 2367 对,男平均年龄 24. 9 岁,女 23. 4 岁,晚婚率达到 82. 6%,其中,斑鸠店、寿张集、小路口公社达到 100%,韩垓、黑虎庙公社达到 99. 2%;1977 年第一季度(春节)结婚登记 1167 对,男平均年龄 25. 1 岁,女 23. 2 岁,晚婚率达到 98%以上。[④] 当然,有些人想不通,反对晚婚,有的说:“男二十,女十八,结婚登记就合法,不给登记才违法”“把男二十五、女二十三作为结婚年龄不是中央规定的,不执行也可以”“上级没有改婚姻法的年龄,晚婚只是提倡,不是规定,人家不愿晚婚,就得给登记”等。[⑤] 有的不登记就私自结婚,例如,1976 年斑鸠店公社 5 名团员因不够晚婚年龄,未经登记私自结婚,结果,被严肃批评教育,受到开除团籍、停止工作的处分,并通报全社。[⑥]

改革开放以后,仍大力提倡晚婚。1981 年 1 月 1 日实行的新婚姻法把

---

① 北京广播电视大学法律教研室编:《婚姻法资料选编》,中央广播电视大学出版社 1985 年版,第 68 页。

② 《梁山县人民政府关于贯彻执行婚姻法的检查报告》,1951 年 12 月 31 日,梁山县档案馆藏档 3-1-5。

③ 《梁山县革命委员会关于改进结婚登记方法的通知》,1975 年 12 月 3 日,梁山县档案馆藏档 61-1-85。

④ 《梁山县革委会民政局关于婚姻登记工作情况的汇报》,1977 年 5 月 21 日,梁山县档案馆藏档 61-1-95。

⑤ 《梁山县革委会民政局关于婚姻登记工作情况的汇报》,1977 年 5 月 21 日,梁山县档案馆藏档 61-1-95。

⑥ 《梁山县革委会民政局关于婚姻登记工作情况的汇报》,1977 年 5 月 21 日,梁山县档案馆藏档 61-1-95。

男女法定结婚年龄各提高两岁，并鼓励晚婚晚育，规定："结婚年龄，男不得早于22周岁。女不得早于20周岁，晚婚晚育应予鼓励。"①为规范婚姻登记制度，从1993年7月起，梁山县婚姻登记从基层乡镇集中到县民政局统一办理，男25周岁、女达到23周岁，可申请登记，②婚姻登记工作走上法制化、规范化和科学化道路，对实行婚事简办、抵制旧婚俗、实行晚婚晚育具有积极意义。进入21世纪，政府还对实行晚婚的进行奖励。2004年5月8日，梁山县人民政府规定：男女双方晚婚（男25周岁，女23周岁）的，由所在乡镇人民政府给予100元的一次性现金奖励，农民还要减免男女双方一年的义务工，计划生育部门开展的生殖保健有偿服务，对晚婚晚育的家庭减免20%的收费，对实行晚婚的，卫生保健机构免费提供婚前健康检查。③ 由于梁山县民政部门严把晚婚关，2006年女性初婚晚婚率为91.9%，晚婚率处于济宁市领先水平。④

男女双方商量好结婚的大致时间后，由男方请人看日子，古称"请期"。旧时看日子，根据嫁女的属相确定月份，根据历书选黄道吉日，同时，还根据嫁女的属相和结婚年的岁次确定忌相，即结婚时不能接近的属相的人。定好日子后，男方写成红柬送到女方，女方同意，就算定好日子了。现在，结婚日子的确定不如过去严格，一般定在农闲季节，具体日子一般选吉利的双日，如农历的六、八日；也有的仿照城里人的做法在"五一"节、国庆节举行婚礼。古时，在迎娶之前，男方还要给女方送命帖，说明冠戴，上轿面向何方，迎什么神，一路遇井、庙、河、桥等要放炮，用红伞遮之大吉等。⑤ 如今，

① 北京广播电视大学法律教研室编：《婚姻法资料选编》，中央广播电视大学出版社1985年版，第21页。

② 《梁山县民政局等关于婚姻登记实行集中管理的报告》，1993年7月1日，梁山县档案馆藏档61-1-224。

③ 《梁山县人民政府关于进一步落实晚婚晚育和独生子女父母奖励的意见》，2004年5月8日，梁山县档案馆藏档17-2004-21。

④ 《梁山县人口和计划生育局2006年全县人口与计划生育工作总结和2007年工作计划》，2006年12月10日，梁山县档案馆藏档56-2007-2（全宗号56是梁山县人口与计划生育局档案号，目录号2007表示2007年度，案卷号2表示第2卷，下同）。

⑤ 王诚志：《旧社会婚丧礼俗》，载中国人民政治协商会议梁山县委员会文史资料委员会编：《梁山文史资料》第3辑，内部资料1987年版，第180页。

送命帖的环节省略了。现在，在结婚前时兴拍婚纱照，一般花费千元左右，甚至更多；而早在20世纪60年代开始，梁山县青年男女结婚时兴照订婚像。[①] 有的还有“看家”的环节，女方到男方家里去，认识一下未来的公婆、婶子、大娘等，当然会收到红包。为了准备结婚的日用品、家具等，这时男方还要给女方一部分现金。女方的亲戚朋友也送礼物，俗称“添箱”。被褥一般四铺四盖、六铺六盖或更多，被角放棉籽，寓意早生子，一般请村里丈夫儿女双全的“全美人”帮忙。有的买太空被、羽绒被。结婚的家具在不同时期差别很大。20世纪50至70年代，结婚时的家具比较简单，主要是传统木制家具，如大木床、方桌、衣柜、板箱等，少有现代化的设备，有时甚至连脸盆也难买到。实行家庭联产承包责任制以来，农村经济迅速发展，人们生活水平不断提高，家具不断上档次，现代化家具日益增多。20世纪80年代，讲究三大件，即自行车、缝纫机、手表，有的还加上一台半导体收音机，俗称“三转一响”。家具讲究多少条腿，要求大立柜、桌橱、写字台、桌、椅等家具的“腿”加起来为“32”，后来增加到“48”条腿，甚至“54”条腿。20世纪90年代以来，彩电、摩托车、洗衣机、电冰箱成为“新四大件”，各种组合家具颇受青睐。如今，婚嫁家具、电器日益现代化，例如，梁山县徐集镇农村青年结婚陪嫁也一改以前的“四大件”，现代化的家具、电器应有尽有。[②] 有的女方陪送一辆拖拉机或农用三轮车，还有的直接陪送存款折。2010年1月10日《济宁日报》报道了梁山县农家女嫁妆的巨大变化：传统的“三铺四盖”“三金四银”、彩电、冰箱等几大件已不再受新娘子青睐，取而代之的是电动自行车、电动三轮车、太阳能热水器等“环保嫁妆”、电脑等“科技嫁妆”和“养老保险嫁妆”。当前，时兴价值十万元左右的轿车。嫁妆花费水涨船高，数万元，甚至数十万元。有的因婚事大操大办背负沉重负担，有的为了“跟风”而负债，使婚后生活蒙上阴影。

迎娶前一天，男方门上贴囍字、喜对联，旧时，新郎要四处磕头，在乐队

① 《梁山县志》，新华出版社1997年版，第494页。

② 中共梁山县委党史研究室编著：《丰碑——梁山改革开放30年》，中共党史出版社2008年版，第391页。

吹奏下,依顺序先到祖坟、再到亲戚家、本家、四邻等处磕头;晚上,有乐队吹奏。[①] 嫁妆一般在迎娶的当天由女方送到男方家去,也称"送妆奁"。有的为了给女方争面子,在结婚前几天男方把买好的家具先送到女方家。结婚当天,送嫁妆的要比迎娶的先到男方家。嫁妆用人抬或用地排车送。现在一般用农用三轮车、拖拉机或汽车,过桥梁、庙宇等要放鞭炮。嫁妆送达男家后,有专人接应,并点明件数,在洞房里安置好。

结婚当日吉时,娶亲的队伍带着食盒、离娘肉等浩浩荡荡地去迎亲。现在,一般一大早就出发,特别是一个村里如果有两家同时娶亲,更要早去,俗信"谁家进门早,谁家将来过得好"。娶亲车辆在不同时期有很大不同。新中国成立前,一般用花轿娶亲,新郎亲迎。20 世纪 50 至 70 年代,梁山县农村标准的娶亲车辆是"一车二牛俩灯笼",即用两头牛拉着大车,大车上搭席棚,挂着两个灯笼,新郎不亲迎。当时,如果妻子的合法身份遭到威胁时,她会说"我是一车二牛俩灯笼娶来的,你能把我怎么样?"表明她是明媒正娶的、权利应当得到保障。20 世纪 80 年代,一般用拖拉机娶亲。20 世纪 90 年代,用汽车娶亲,一般一辆,通过亲戚朋友借用或租用。21 世纪以来,迎娶采用小轿车娶亲,而且不止一辆,一般六辆或九辆,头一辆要用白色的轿车,象征新郎新娘"白头偕老",有的还有礼炮车开路(见图 6.1),这些车辆多向婚庆公司租赁,还有全程摄像,刻成光盘,供长期欣赏、留念。讲排场的还仿照城里结婚的样式,请婚庆公司布置婚礼现场,红地毯、彩门、礼炮、音响、职业司仪等一应俱全。

娶亲队伍到家门口,燃放鞭炮。过去,在用牛车或马车娶亲时,有"燎车"的习俗,笔者小时候也曾参加过"燎车"。在新娘下车前,由两个男孩子从不同方向各持一束火把绕车一圈,意思是防止路上带来不吉利的东西、祈望未来的日子越过越红火。旧时,新娘进门时撒谷、豆、草等,意在避"三煞"(青羊、乌鸡、青牛之神),俗信"三煞"忙于啄食,就不会危害新娘。[②] 如

① 王诚志:《旧社会婚丧礼俗》,载中国人民政治协商会议梁山县委员会文史资料委员会编:《梁山文史资料》第 3 辑,内部资料 1987 年版,第 182 页。

② 林继富、王丹:《解释民俗学》,华中师范大学出版社 2006 年版,第 131 页。

图 6.1　迎亲车队

今，演化成新娘下车时喷彩带、彩纸等。新娘下车不沾地，一般由送客的用椅子把新娘抬到铺好席子的天地桌前拜天地，或用自行车推，当然忌用“飞鸽牌”。现在时兴新郎新娘携手，打着红伞，走在红地毯上，一同步入家门、拜天地。拜天地兴起于晋代，南北朝时夫妻对拜固定为结婚礼仪，元明时期定格为一拜天地、二拜父母、三为夫妻对拜。① 拜天地仪式表明婚姻得到家人、社会和神灵的认可，新娘正式成为夫家成员。旧时，天地桌摆设讲究，上摆升斗，贴囍字，装满高粱，蒙上红纸，斗中插一杆秤，升内插一束香，有的还放纺织器具，摆供品、燃香烛；摆粮食、纺织器具象征男的务农、女的纺织，将

① 林继富、王丹：《解释民俗学》，华中师范大学出版社 2006 年版，第 132 页。

来日子富足；旧制的称一斤十六两，按南斗六星，北斗七星，再加福、禄、寿三星，共十六星，插称取“吉星合到，大吉大利”之意。① 20 世纪 50 至 70 年代，婚礼仪式简化，一般在领袖像前三鞠躬即可。20 世纪 80 年代以来，传统婚嫁礼俗回潮。如今，婚礼仪式越来越隆重、烦琐，内容越来越丰富，“故事”越来越多。2014 年国庆节，笔者参加过一场新式婚礼，程序如下：第一项鸣炮奏乐；第二项主婚人致辞；第三项证婚人致辞；第四项拜天地、父母，夫妻对拜，向亲朋好友致谢；第五项新人谈恋爱经历；第六项交换礼物；第七项新人合唱《夫妻双双把家还》；第八项喝十杯交杯酒：第一杯一帆风顺、万事如意，第二杯二人同心、百年好合，第三杯三星高照、福如东海，第四杯四季和谐、美满幸福，第五杯五福临门、早生贵子，第六杯六六大顺、事事顺心，第七杯七星俱备、子女成才，第八杯八面来风、春风得意，第九杯九五之尊、前途无量，第十杯十全十美、金玉良缘；第九项照全家福；第十项入洞房。接着，撒“火烧”、饼干、糖块、花生等，在众人哄抢的同时，新娘新郎入洞房。闹洞房开始。不久，新娘会见婆婆、大娘、婶子等。接着，女家送客的到洞房慰问新娘，片刻即出，等候开宴。

婚宴非常隆重、讲究，而且有深厚的文化内涵，从座次到上菜顺序、宴席座次都有严格“规矩”，特别是主客桌更讲究。一般以八仙桌待客，在堂屋安桌，每边坐两人共八人，面朝门的左首为上座，右首为次座；两边靠左为三、五，靠右为四、六；坐在门口左、右的分别为七、八，末位是陪客的座位。上菜的顺序和摆放位置也有规定，一般先上凉菜，然后是鱼、肉等热菜，最后是汤或丸子之类。鱼的摆放最有讲究，鱼头一般对着主客，主客若是文化人，则鱼腹对着主客象征满腹经纶，若主客不是文化人，则鱼背对着主客寓意国家脊梁之才。婚宴礼仪较多，新郎逐次安坐、安酒、安茶、安饭，并轮番敬酒。梁山一带饮酒之风颇盛，“无酒不成席”，宴席更离不开酒。饮酒的礼节较多，一般用小酒盅，先喝四个或六个，然后陪客的想尽各种办法让客人多用，喝尽兴，甚至一醉方休。敬酒非常郑重，当地有“酒过三巡”的习俗，即主家向客人敬酒三次。每次敬酒，一般三人，一人端放着酒瓶、酒杯、

① 叶涛主编：《中国民俗大系 · 山东民俗》，甘肃人民出版社 2004 年版，第 258 页。

崭新毛巾的托盘，一人负责倒酒，一人敬酒。过去，敬酒人的顺序是新郎的哥哥、新郎、新郎的父亲。如今，新娘也参与敬酒，新娘与新郎一块，二人分别敬酒。敬酒的酒杯较大，倒酒的很恭敬地用毛巾揩过酒杯，斟满酒，由敬酒人右手端起酒杯，左手托住杯底，敬给客人，至少两杯，意思是喜事成双，或四杯、六杯寓意四季发财、六六大顺，但敬酒杯数都是偶数。敬的酒要一饮而尽，若酒量实在不行，可少倒或接过酒杯请人代喝，但新郎、新娘敬的酒必须得喝，否则被认为失礼。

婚宴规模和花费不断变化。旧时，婚宴讲排场，人们负担沉重，例如，新中国成立前，梁山县七区田大店有婚事村里吃大锅饭，花费很高，田某某娶儿媳卖地 5 亩；新中国成立后，提倡喜事新办，婚宴节俭，婚宴讲排场的风气发生改变；梁山县七区田大店村的婚事根据当事人家的情况，能吃起馍馍就吃馍馍，吃起窝窝就吃窝窝，真正断炊的就不管饭，群众对此非常满意。① 20 世纪 50 至 70 年代，人们请客很少，宴席简单，当地最好的宴席为 12 道菜，俗称“十二个碗大席”，在经济困难时期，婚宴极其简单。据笔者父亲回忆，1959 年冬，董某某结婚时，待客时仅有 6 个粗面窝窝。传统风俗是一种比禁令更为强大的力量。随着人们生活富裕，有的想借婚宴铺张一下，而自发违反政府禁令，讲排场，大操大办。黄宗智也认为，20 世纪 70 年代末 80 年代初，长江三角洲地区农村新繁荣造成讲排场的浪潮，最明显的是婚嫁方面。② 20 世纪 80 年代以来，梁山县婚宴规格和花费不断攀升。20 世纪 80 年代，宴席一般为 12 道或 16 道菜，20 世纪 90 年代以来，为 18 道菜或 22 道菜。随着农民收入增加，婚宴花费不断攀升，据调查，20 世纪 80 年代一般 10 桌，每桌 100 元左右；20 世纪 90 年代一般 20 桌，每桌 150 元左右；如今每桌 300 元左右，烟、酒花费大。20 世纪八九十年代，婚宴都是请本村的厨师做菜，在院子里支锅搭棚，切肉做菜，叮叮当当，主家在结婚前几天就开始蒸馍，采购肉、菜、酒之类。如今，农村婚宴在家自做菜的没有了，都到附近的饭店（见图 6.2）去请客，既省时又省事，也体面。有的女儿出嫁也像儿子

① 《梁山县七区田大店考察总结报告》，1953 年 1 月 1 日，梁山县档案馆藏档 3-1-18。

② ［美］黄宗智：《长江三角洲小农家庭与乡村发展》，中华书局 2000 年版，第 319 页。

娶亲一样请客设宴。参加婚宴,当然要随礼。费孝通在《乡土中国》中指出,传统中国是“差序格局”关系社会,①关系、面子很重要,因此都很重视人情消费,亲戚朋友有喜事当然要随礼。随着时代发展,婚宴的礼钱也在不断攀升。20 世纪 50 至 70 年代,农村喝喜酒每份约 3 元;20 世纪 80 年代初 5 元,以后逐年增加到 10 元;20 世纪 90 年代前半期 10—20 元,后半期 20—30 元;如今 50 元,有的 100 元、200 元,甚至上千元。人情消费已成为人们的沉重包袱。

图 6.2　农村喜宴饭店

婚嫁规模和费用也不断变迁。新中国成立之初,大力提倡喜事新办,节俭办婚事。据《梁山县志》载:新中国成立后,废除了旧的封建婚姻制度,勤俭节约办喜事之风颇盛行。② 据笔者村 80 岁的老支书董某某回忆,20 世纪五六十年代结婚领个结婚证,只有几床被褥,简单的家具,也不讲住房,整个婚事花费几十元就差不多了。1957 年,李景汉在京郊农村调查所见,婚礼

① 费孝通:《乡土中国生育制度》,北京大学出版社 1998 年版,第 24—30 页。
② 《梁山县志》,新华出版社 1997 年版,第 494 页。

的仪式和1927年相比简单多了,其中最主要的是到乡政府登记,领取结婚证书;婚礼多在乡办公室或生产队办公室举行,昔日的那一套由新郎迎娶、坐花轿、绕村庄、拜天地等复杂的仪式统统没有了;在举行婚礼时,只预备一些纸烟、茶水和糖果等简单的东西,招待来宾,仅用十元左右就够了;男家为婚事所需要的准备也很简单,其中包括装饰新房、购置被褥,做男女新制服各一套等几样必需的准备,一般用到一百元左右就算很好了。① "文革"期间,梁山县寿张集公社要求男方不请客、不吃酒、不叩头,妇代会负责接送举行婚礼,有的建立以党支部、妇代会、青年团为首的嫁娶委员会。② 为了破除旧的婚礼习俗,梁山县城关公社还采取登记后集体举行结婚典礼的办法,受到结婚青年和贫下中农的欢迎。③ 当时,把婚事大操大办、摆宴收礼作为"四旧"批判。④ 而且,把摆阔气、铺张浪费提高到阶级斗争高度进行批判,认为大操大办是资产阶级的风气,大批要彩礼、摆阔气、铺张浪费的资产阶级作风,大力提倡喜事新办、喜事简办、勤俭节约的无产阶级新风尚,并对大操大办的坏典型进行严厉批判、教育,大刹铺张之风。例如,1977年,斑鸠店公社焦村大队青年社员王某某与焦某某结婚时,摆设帐子20多条,照背镜8面,对联40余幅,衣物若干,并杀猪宰羊,大摆筵席,铺张浪费,造成很坏影响。斑鸠店公社抓住这个典型,在全社大小队干部会议上,展览了他们结婚时摆设的大量布匹、衣服、用具,批判摆阔气、搞浪费的资产阶级思想,⑤有力地推动喜事新办、婚事从简新风的开展。

针对20世纪80年代以来不断升温的大操大办之风,政府提倡婚嫁从

① 李景汉:《北京郊区乡村家庭生活调查札记》,生活·读书·新知三联书店1981年版,第56—57页。

② 《寿张集公社"四清"工作大队关于无产阶级"文化大革命"运动中妇女工作情况汇报》,1966年6月11日,梁山县档案馆藏档20-1-38。

③ 《梁山县革委会民政局关于婚姻登记工作情况的汇报》,1977年5月21日,梁山县档案馆藏档61-1-95。

④ 张新村:《以阶级斗争为纲,深入开展农业学大寨、普及大寨县的群众运动——张新村同志在地县党员负责干部会议上的讲话》,1975年12月24日,菏泽市档案馆藏档9-1-460。

⑤ 《梁山县革委会民政局关于婚姻登记工作情况的汇报》,1977年5月21日,梁山县档案馆藏档61-1-95。

简，反对大操大办。1981年12月29日《梁山县大路口公社社员守则》规定：不搞封建迷信，喜事新办从俭。[①] 1987年，一些地方婚嫁费用的急剧增长和封建迷信活动的蔓延，给群众造成了沉重经济和精神负担。据了解，办一起婚事需两千元以上；婚嫁费用的增长大大超过人均收入的增长，远远超过群众经济负担能力；一些家庭，硬着头皮东借西凑，负债累累，甚至倾家荡产，直接影响了正常生活和生产。[②] 为革除婚嫁陋习，刹住大操大办之风，梁山县广大农村普遍建立红白理事会，开展移风易俗，改革婚嫁中陋习，破除迷信，文明节俭办婚事，红白理事会负责督促当事人依法办婚事，履行登记手续，负责通知亲友、接送新人、婚礼仪式、招待客人。[③] 红白理事会对提倡喜事新办起了积极作用。1991年11月20日，颁布实行的《梁山县移风易俗改革婚丧陋习的规定》：改革婚嫁陋习，破除封建迷信，制止大操大办、铺张浪费等不良风气，文明节俭办婚事，促进社会主义物质文明和精神文明建设；文明节俭办婚事，提倡集体婚礼，反对结婚收受彩礼；破除旧的婚嫁习俗，禁止各种封建迷信活动，禁止使用封建迷信品；婚事要简办，反对借机大收彩礼，铺张浪费，讲排场比阔气，婚事如需用车，要用出租车。[④] 梁山县各乡镇也制定了移风易俗的规定，如1996年4月8日《馆里乡人民政府关于殡葬改革、移风易俗的有关规定》：节俭文明办理婚嫁事宜，破除各种旧的风俗，禁止各种封建迷信活动，反对借婚事大收财礼，铺张浪费，讲排场、比阔气，严格控制婚事规模，婚事不得超过2000元。[⑤] 在当今社会主义新农村建设中，把反对婚事大操大办、提倡节俭作为重要内容，如2006年6月1日《杨营镇社会主义新农村建设标准》规定：树立科学文明进步的婚育观

---

① 中共菏泽地委办公室编：《情况反映》第75期，1981年12月29日，菏泽市档案馆藏档9-1-582。

② 《李进普同志在全县建立红白理事会会议上的讲话》，1987年12月26日，梁山县档案馆藏档61-1-160。

③ 《李进普同志在全县建立红白理事会会议上的讲话》，1987年12月26日，梁山县档案馆藏档61-1-160。

④ 《梁山县移风易俗改革婚丧陋习的规定》，1991年11月20日，梁山县档案馆藏档61-1-200。

⑤ 《馆里乡人民政府关于殡葬改革、移风易俗的有关规定》，1996年4月8日，梁山县档案馆藏档103-1-98。

念，移风易俗，健全并充分发挥红白理事会等组织作用，婚嫁规范、节俭，无大操大办现象。① 近些年，梁山县大力提倡喜事新办，反对铺张浪费，2015年11月13日《今日梁山》报道：韩岗镇各村相继成立了红白理事会，把大力提倡婚庆喜事新办、反对铺张浪费写入村规民约，通过树典型、督导检查等举措，引导群众树立新风，破除陋习，把移风易俗工作纳入制度化、规范化轨道。当前，婚嫁铺张浪费现象还在延续，规模越来越大，“花样”越来越多，花费越来越高。据笔者调查，结婚花费彩礼约20万元，买楼房约25万元，小汽车约10万元，婚宴约1万元；有的甚至更高。

二、离婚、再婚与特殊婚姻习俗变迁

新中国成立前，离婚是男子的特权，妇女离婚、再婚备受束缚，无权利可言。在封建社会有完整的对妇女不平等的、残忍的离婚习俗和规定，即所谓的“七去、三不去”。《大戴礼·本命》载：“妇有七去：不顺父母去、无子去、淫去、妒去、有恶疾去、多言去、窃盗去”；“妇有三不去：有所取无所归，不去；与更三年丧，不去；前贫贱后富贵，不去”。② “七去、三不去”以维护封建家族继承和夫权，对妇女无平等和权利可言。妇女再嫁自古受到礼教约束。《礼记·郊特性》载：“一与之齐，终身不改。故夫死不嫁。”③程朱理学提倡“饿死事小，失节事大”。封建统治者为不嫁之妇立牌坊，无数妇女夫死守节，有的身边无子，在孤独苦闷中度过一生，还受婆婆折磨。妇女尤其是寡妇处于极不平等的地位，无爱情、无温暖、无知音，孤独、寂寞、空虚。在新婚姻法实施前，面对不幸婚姻，妇女只好忍气吞声，有的被逼自杀，据1949年统计，梁山县发生40起自杀案件，因婚姻不满而引起自杀的21起。④

---

① 《杨营镇社会主义新农村建设标准》，2006年6月1日，梁山县档案馆藏档88-2005—2006-6。

② 《大戴礼记今注今译》，高明注译，(中国台湾)商务印书馆1981年版，第469页。

③ 《礼记》，崔高维校点，辽宁教育出版社1997年版，第76页。

④ 《梁山县人民政府关于贯彻执行新婚姻法工作报告》，1950年11月7日，梁山县档案馆藏档3-1-3。

新婚姻法实行后，过去“嫁鸡随鸡，嫁狗随狗”现象发生改变，梁山县出现离婚和再婚大潮。1950 年 5 月 1 日正式实施的《中华人民共和国婚姻法》是新中国成立后颁布的首部法律，《婚姻法》第一章第一条规定实行男女婚姻自由，第五章“离婚”中规定了男女双方自愿原则，“男女双方自愿离婚的，准予离婚。男女一方坚决要求离婚的，经区人民政府和司法机关调解无效时，亦准予离婚”。① 因《婚姻法》的保护，大量男女青年从不合理的婚姻桎梏下解放出来，获得自由，大量畸形不幸的婚姻得到解放，旧社会遗留下来的婚姻问题得以解决。美国人韩丁认为，过去妇女只有 5 种武器进行反抗：哭、骂、装睡、不吃饭、自杀；《婚姻法》颁布后，她们有了离婚的权利。② 包办婚姻、童养媳、感情不和、婆婆打骂、虐待等都成为离婚的理由。1949 年梁山县离婚案件 192 件，平均每月只收 16 件，而 1950 年上半年就收了 165 件之多，平均每月就收 27.5 件。③ 离婚数量大大增加，表明群众已改变了封建传统婚姻观念，封建婚姻制度被打破，实现了婚姻自由、男女平等。当时很多人都这样说：“若不是实行新婚姻法，谁敢这样的提打离婚呢！也只好在家挨骂受气，没办法的时候，只有不声不响的寻短自尽。”④梁山县八区青堌堆的一位老太太说：婚姻法兴的太晚了，我年轻时要有这个政策（此人过去很受虐待），我得给毛主席上八桌供，⑤她从内心拥护和感激婚姻法。解除不合理婚约的也很多。从 1951 年 8 月起到年底止，梁山县到区登记时男女不满而解除婚约的 18 对。⑥ 梁山县五区郑垓 15 岁的妇女郑某某，说：“多亏毛主席的政策好，给我解除了婚约（男的 30 余岁），救了我一命（当时

① 北京广播电视大学法律教研室编：《婚姻法资料选编》，中央广播电视大学出版社 1985 年版，第 70 页。

② ［美］威廉·韩丁：《深翻》，中国国际文化出版社（香港）2008 年版，第 84 页。

③ 《梁山县人民政府关于贯彻执行新婚姻法工作报告》，1950 年 11 月 7 日，梁山县档案馆藏档 3-1-3。

④ 《梁山县人民政府关于贯彻执行新婚姻法工作报告》，1950 年 11 月 7 日，梁山县档案馆藏档 3-1-3。

⑤ 《梁山县人民政府关于贯彻执行婚姻法的检查报告》，1951 年 12 月 31 日，梁山县档案馆藏档 3-1-5。

⑥ 《梁山县人民政府关于贯彻执行婚姻法的检查报告》，1951 年 12 月 31 日，梁山县档案馆藏档 3-1-5。

要自杀），今后一辈子也忘不了共产党毛主席和人民政府的好处。”①梁山县七区轩庄 14 岁的小学生轩某某，9 岁时父母给他包办了门婚事，女方的父亲是反革命分子被政府枪决了；轩某某提出解除婚约，父母表示同意。② 离婚的也得以再婚。例如，1953 年 1 月 1 日到 6 月 30 日，梁山县十五区离婚后再婚的男 6 人，女 8 人。③ 1963 年，梁山县寿张集公社寿张集大队王某某之妻，全家 4 口饿死两口，剩下母女二人从河北逃到寿张集，在生活所迫下，14 岁嫁给 24 岁的王某，婚后痛哭流涕，自从来了共产党，她才离了婚，与本村王某某结了婚。④ 寡妇再嫁成为当时的特别风景，多年守寡的妇女也重新找到自己的幸福。例如，1951 年寡妇改嫁的仅梁山县一区就有 9 个，还都是自由结的婚。⑤ 这次离婚和再婚浪潮大多带有反封建性质，很多是新中国成立前遗留的问题。实行男女平等、婚姻自由，解除不幸福婚姻，对家庭和谐、社会稳定等都发挥了积极作用。

20 世纪 80 年代以来，随着改革开放以来经济的发展以及思想的变化，离婚、再婚现象时有发生。据梁山县民政局统计，1982 年全县准予登记再婚的 83 对，登记离婚 27 对，转法院处理的 26 对。⑥ 1989 年梁山县准予登记再婚的男 85 人，女 80 人；离婚登记的 82 对，经法院判决离婚的 67 对，调解不离的 110 对。⑦ 可见，离婚和再婚的不断增加。离婚要牵涉财产分割和子女抚养等问题的激烈争斗与矛盾，所以当地俗称“打离婚”。不过，最初人们对“打离婚”多数难以接受，常说“吃饱撑的”“放着好日子不过闹啥

---

① 《梁山县人民政府关于贯彻执行婚姻法的检查报告》，1951 年 12 月 31 日，梁山县档案馆藏档 3-1-5。

② 《梁山县七区轩庄调查总结报告》，1953 年 1 月 2 日，梁山县档案馆藏档 3-1-18。

③ 《梁山县十五区结婚登记统计表》，1953 年 10 月 18 日，梁山县档案馆藏档 61-1-16。

④ 《寿张集公社“四清”工作大队关于无产阶级“文化大革命”运动中妇女工作情况汇报》，1966 年 6 月 11 日，梁山县档案馆藏档 20-1-38。

⑤ 《梁山县人民政府关于贯彻执行婚姻法的检查报告》，1951 年 12 月 31 日，梁山县档案馆藏档 3-1-5。

⑥ 《梁山县民政局结婚登记基本情况 1982 年度报表》，1982 年 12 月 31 日，梁山县档案馆藏档 61-1-129。

⑦ 《1989 年度婚姻登记统计报表（一）》，1990 年 1 月 18 日，梁山县档案馆藏档 61-1-186。

离婚”之类的话。如果是社会地位高的男方提出离婚，谴责严重，反响强烈，人们会说是“陈世美”、忘恩负义；如果女方有外遇，人们会嗤之以鼻、大加鞭挞。对再婚的，特别是寡妇再嫁持有偏见。如今，人们对离婚的态度有了转变，普遍的态度是“既然过不到一块就离吧”，但人们对离婚还很慎重。因离婚和各种事故而丧偶的孤男寡女，大都重新组建家庭，人们对此也能够理解和接受了。

交换婚是自古就存在的一种婚姻方式。在原始社会时期，就有两个氏族之间互相换亲通婚的风俗；汉代出现两个家族之间互婚；民间有两个男子互换姐妹的换亲方式。① 新中国成立以后，梁山县还存在换亲的现象。20世纪80年代至90年代初，梁山县农村包办换亲之风泛滥。为了避免双方互换姐妹的尴尬，当地流行三方互换对方姐妹的换亲方式，俗称“三换”，即甲的姐或妹嫁乙，乙的姐或妹嫁丙，丙的姐或妹嫁甲。从政府档案也可看出梁山县农村当时换亲现象的盛行，如1984年12月21日《馆里乡妇女第一次代表大会工作报告》说：社会上重男轻女封建残余思想还普遍存在，包办换亲比较严重；②1987年《梁山县婚姻登记工作检查情况汇报》：当前结婚的青年中，还大多是靠媒人介绍，男女双方缺乏一定的感情，换亲、父母包办等现象还不同程度存在着。③ 笔者所在的村庄，换亲现象很普遍，全村600多人，当时换亲的就有8对。换亲的一般是由于男方自然条件比较差，年龄过大或有某种缺陷，也有的由于家境贫寒，只好通过用姐或妹换亲的方式解决无法成亲的问题。在父母包办和媒人的周旋下，促成换亲，男、女当事人都没有自主权，特别是女方尽管不自愿，但迫于父母的压力，也为了兄弟能娶上媳妇，使娘家香火得以延续，不得不牺牲自己的幸福，舍弃自己美好的婚姻梦想，违心地接受换亲。换亲的嫁妆、彩礼及婚礼一般比较简单，在社会上受歧视；换亲的媳妇，婚后不如意也只好忍受。

---

① 杜全忠、崔明霞编著：《中华婚姻》，中国社会出版社2005年版，第34页。

② 《馆里乡妇女第一次代表大会工作报告》，1984年12月21日，梁山县档案馆藏档103-1-5。

③ 《梁山县婚姻登记工作检查情况汇报》，1987年12月16日，梁山县档案馆藏档61-1-160。

针对换亲的歪风，各级政府都严禁包办换亲。1950年5月1日实行的《中华人民共和国婚姻法》第二章第三条强调："结婚须男女双方本人完全自愿，不许任何一方对他方加以强迫或任何第三者加以干涉。"①1985年1月12日《中共馆里乡委员会、馆里乡人民政府关于搞好移风易俗的规定》：保护妇女儿童合法权益，严禁包办转亲换亲。② 1986年6月11日《山东省司法厅、民政厅关于严格执行〈婚姻登记办法〉的通知》要求根据新的《婚姻登记办法》，认真查明男女双方是否完全自愿，有无包办、强迫、换亲、转亲等违法行为，保护合法婚姻，避免非法婚姻，预防和减少由此而引起的家庭矛盾或刑事犯罪。③ 1991年11月20日《梁山县移风易俗改革婚丧陋习的规定》：严格执行《中华人民共和国婚姻法》和《婚姻登记办法》，禁止违法婚姻，坚持婚姻自主，禁止包办、转亲、换亲等旧的婚姻习俗。④ 20世纪90年代初以来，随着人们逐渐富裕和女性增加，特别是外出打工的增多，婚姻圈扩大⑤，男青年找对象不再是难题，"换亲"之风消匿了。

买卖婚姻是借缔结婚姻关系索取钱财、土地、房产、牲畜等，把女子当作商品进行买卖。买卖婚姻自古就有，周代买卖婚姻风行，一般聘的为妻，买的称妾。⑥《礼记·坊记》载：男女"无币不相见"，⑦没有货币，婚姻无从谈起。但买卖婚姻不同于象征性和礼节性的彩礼，而是把彩礼当作女方身价的等价物。直到新中国成立前，买卖婚姻还存在着。女方父母因为贪财，甚至把女儿下嫁年龄大者或身体残疾者，造成女儿终身婚姻不幸福。买来的

① 北京广播电视大学法律教研室编：《婚姻法资料选编》，中央广播电视大学出版社1985年版，第68页。

② 《中共馆里乡委员会、馆里乡人民政府关于搞好移风易俗的规定》，1985年1月12日，梁山县档案馆藏档103-1-3。

③ 《山东省司法厅、民政厅关于严格执行〈婚姻登记办法〉的通知》，1986年6月11日，梁山县档案馆藏档61-1-154。

④ 《梁山县移风易俗改革婚丧陋习的规定》，1991年11月20日，梁山县档案馆藏档61-1-200。

⑤ 集体化时期，村民被禁锢在狭小圈子里，每天按照生产队的安排从事劳动；另外，严格的户籍制度限制人们自由迁移、外出务工，婚姻圈较小。如今，青年人大都外出打工，择偶范围扩大。

⑥ 杜全忠、崔明霞编著：《中华婚姻》，中国社会出版社2005年版，第30页。

⑦ 《礼记》，崔高维校点，辽宁教育出版社1997年版，第161页。

媳妇在社会上和家庭中没有地位，甚至成为私有财产。买卖婚姻行为使许多家境贫寒的人无钱娶妻，有的终身无偶。历代官府严禁买卖婚姻，如唐律规定买卖人为妻妾者，要被罚服劳役三年；清代规定强夺良家妇女卖与他人为妻妾者，更重其刑，先处绞刑而后处死，至于知情而买者，亦受相当的处罚。① 但买卖婚姻之风并未绝迹。

1950 年 5 月 1 日实施的《中华人民共和国婚姻法》保护妇女婚姻自由的权利，第一章第二条规定："禁止任何人借婚姻关系问题索取财物"。② 但买卖婚姻现象并没根除，据 1963 年梁山县芦里公社社员揭发，买卖婚姻的层出不穷，有的队将非法的买卖婚姻在群众中当笑话说，说什么妇女 70 斤花钱 350 元，每斤 5 元。③ 1963 年，城关公社发现 7 起借婚姻关系索取财物的，如某某大队社员石某某，三个闺女，长女许配某庄唐某某，索款 450 元；群众反映："一个闺女要六百，两个闺女一打（一千二百元），三个闺女一千八。"④在社会主义教育运动和"文革"中，大力揭批买卖婚姻行为。1963 年 5 月 1 日《中共芦里公社委员会关于开展社会主义教育运动的下步意见》要求把买卖婚姻等三道九流、五花八门、牛鬼蛇神、歪风邪气的玩意统统揭出来，兴无灭资、移风易俗，发动群众讨论制定公约，破旧立新，自觉改正，杜绝发生。⑤ 1966 年 6 月 11 日《寿张集公社"四清"工作大队关于无产阶级"文化大革命"运动中妇女工作情况汇报》要求：废除一切买卖婚姻。⑥ 这些揭批活动，对买卖婚姻造成很大压力，对抵制买卖婚姻和变相买卖婚姻起了重要作用。

---

① 杜全忠、崔明霞编著：《中华婚姻》，中国社会出版社 2005 年版，第 32 页。

② 北京广播电视大学法律教研室编：《婚姻法资料选编》，中央广播电视大学出版社 1985 年版，第 68 页。

③ 《中共芦里公社第二届第一次代表大会翟银河同志代表社委向大会做工作汇报》，1963 年 8 月 26 日，梁山县档案馆藏档 25-1-17。

④ 《梁山县人民委员会关于当前贯彻执行婚姻法中存在的问题和今后工作意见的通知》，1963 年 4 月 27 日，梁山县档案馆藏档 61-1-52。

⑤ 《中共芦里公社委员会关于开展社会主义教育运动的下步意见》，1963 年 5 月 1 日，梁山县档案馆藏档 25-1-17。

⑥ 《寿张集公社"四清"工作大队关于无产阶级"文化大革命"运动中妇女工作情况汇报》，1966 年 6 月 11 日，梁山县档案馆藏档 20-1-38。

20世纪80年代至90年代初,梁山县农村盛行买卖婚姻。典型的买卖婚姻是买从四川、贵州等贫困山区流入的妇女做媳妇,与贩卖人口、拐卖妇女的非法犯罪活动相联系。当时,农村有许多婚龄男子找不到对象,当地俗称"光棍"。如梁山县馆里乡刘庄村实行生产责任制前,是出名的穷村,全村有68个光棍汉子(全村共166户,690人)。[①] 众多的"光棍",在没有姐妹可"换亲"的情况下,为了能娶上媳妇,只好花钱买拐卖来的媳妇,当地把她们称"蛮子",买个"蛮子"一般需七八千元或更多。但买的媳妇大都不可靠,留不下来。从笔者村来看,曾经买"蛮子"的6人(有的买过多次),但买的媳妇多数是来骗钱的,过一段时间就跑了,一位生下一个孩子又走了,仅一位长期定居了。政府档案也记载了当时梁山县农村买卖婚姻的盛行,如1984年12月21日《馆里乡妇女第一次代表大会工作报告》指出:社会上重男轻女封建残余思想还普遍存在,买卖婚姻还比较严重,歧视妇女、虐待妇女等现象时有发生。[②] 1987年12月6日《梁山县婚姻登记工作检查情况汇报》指出:当前结婚的青年中,买卖婚姻等现象还不同程度存在着。[③] 针对买卖婚姻行为,1988年有的县政协委员向大会提案,建议:农村存在买卖婚姻的现象,要求打击买卖婚姻行为,刹住买卖婚姻的歪风,清查和处理买卖婚姻,解救被买卖的妇女,打击人贩子,保护妇女的合法权益。[④] 据《1989年度婚姻管理工作情况统计表》,梁山县未办理结婚登记的不到法定婚龄的,外地流入人员清出125人,处理84人;已到法定婚龄的,外地流入人员清出199人,处理85人。[⑤] 可见,外地流入的妇女数量较大,买卖婚姻现象盛行。买卖婚姻,严重危害妇女合法权益和身心健康,造成不幸婚姻,也助长拐卖妇女等违法犯罪行为,在社会上造成恶劣影响。

---

① 《馆里乡社教工作总结》,1991年3月20日,梁山县档案馆藏档103-1-40。

② 《馆里乡妇女第一次代表大会工作报告》,1984年12月21日,梁山县档案馆藏档103-1-5。

③ 《梁山县婚姻登记工作检查情况汇报》,1987年12月16日,梁山县档案馆藏档61-1-160。

④ 《对梁山县政协三届二次会议第74号委员提案的答复》,1988年4月6日,梁山县档案馆藏档61-1-162。

⑤ 《1989年度婚姻管理工作情况统计表》,1990年1月3日,梁山县档案馆藏档61-1-186。

针对买卖婚姻的盛行,1983年7月25日,梁山县人民政府发布《梁山县人民政府关于严厉打击拐卖妇女儿童犯罪活动的通告》规定:在全县范围内进一步宣传贯彻新宪法和婚姻法;一切拐卖妇女的活动都是违法犯罪行为;动员全民坚决抵制买卖婚姻,同拐卖妇女的犯罪活动作斗争;严厉打击拐卖、残害妇女犯罪分子;认真做好解救受害妇女工作;等等。① 1985年《中共馆里乡委员会、馆里乡人民政府关于搞好移风易俗的规定》:保护妇女儿童合法权益,严禁买卖婚姻。② 政府不断加大打击拐卖妇女的犯罪行为,有些犯罪分子被绳之以法,如1989年,梁山县馆里乡耿楼村耿某某、李大郭村程某某非法拐卖人口,被逮捕。③ 1991年11月20日《梁山县移风易俗改革婚丧陋习的规定》:严格执行《中华人民共和国婚姻法》和《婚姻登记办法》,禁止违法婚姻,坚持婚姻自主,禁止买卖婚姻。④ 在各级政府的打击下及男青年择偶范围扩大,梁山县买卖婚姻的歪风,在20世纪90年代初逐渐消失了。

第二节 丧葬习俗变迁

新中国成立以来,华北农村丧葬习俗不断变迁。新中国成立之初,大力破除封建迷信、移风易俗,丧事从简,传统丧葬的许多烦琐礼仪被摒除;1978年2月1日起梁山县全面实行火化,⑤推行新丧制,几千年的土葬习俗发生

① 《梁山县人民政府关于严厉打击拐卖妇女儿童犯罪活动的通告》,1983年7月25日,梁山县档案馆藏档3-1-360。

② 《中共馆里乡委员会、馆里乡人民政府关于搞好移风易俗的规定》,1985年1月12日,梁山县档案馆藏档103-1-3。

③ 《馆里乡党委会议记录》,1989年4月11日,梁山县档案馆藏档103-1-28。

④ 《梁山县移风易俗改革婚丧陋习的规定》,1991年11月20日,梁山县档案馆藏档61-1-200。

⑤ 《中共梁山县委员会、梁山县革命委员会关于彻底废除旧丧葬制度全面实行火化的通知》,1978年1月5日,梁山县档案馆藏档61-1-103。华北各地实行火化的时间并不统一,有的地方较早,如河北省正定县1969年开始火化,参见河北省正定县地方志编纂委员会:《正定县志》,中国城市出版社1992年版,第594页;也有的地方实行火化比较晚,如河南安阳市政府在1984年12月30日下达《关于殡葬改革若干问题的规定》规定:郭村乡和马投涧乡以东地区划为火葬区,参见安阳县志编纂委员会编:《安阳县志》,中国青年出版社1990年版,第1037页。

根本性改变；20 世纪 80 年代以来，火化坚持下来，但传统丧葬习俗回潮，大操大办丧事之风愈演愈烈。

一、丧葬礼俗

中国自古有崇尚孝道、慎终追远、厚葬隆丧的习俗。古代就形成完备的丧礼，《周礼·春官宗伯》载："以丧礼哀死亡。"①《礼记》中的丧服小记、丧大记、奔丧、问丧、服问、三年问、丧服四制等篇，都有对丧礼的具体规定。不同地区的丧俗有所差异。死者的社会地位、经济状况、年龄和辈分不同，丧事的规模也不等。旧时，梁山一带的丧礼可分为小丧、中丧和大丧三种。小丧当日掩埋，既不动客，也不铺张，一切从简，中农以下的户多从此俗；中丧丧期有三天、五天或七天，一般动客，按丧礼进行，中小地主和社会地位较高的人家多从此类；大丧丧期长、仪礼繁，时间最少七天，有的持续一个月，还有的停厝在家庙或自家堂楼或上房，有点主、辞上、诵经等烦琐仪式，为大地主、大官僚等社会地位较高、权势较重的人家采用。② 本节以中等丧事为例，就新中国成立以来华北农村丧葬礼俗的变迁加以考察。

小殓即给死者穿好寿衣。据《礼记·丧大记》载："小殓，君大夫士皆用复衣复衾。"③按照当地旧俗，在死者刚咽了气即正寝（俗称"倒头"），亲近人要把寿衣（送老衣）穿好，口衔铜钱，移上灵床，铺盖好。一般在老人去世前，晚辈都预先做好寿衣，如今，不少人到寿衣店去买。让死者左手拿冥钱，俗信是去阴间买通上下之用；右手握一木棒，名曰"打狗棒"，俗信是在黄泉路上打恶狗用的。盖上蒙脸纸。床头放半熟的米饭，上盖由孝子咬一口的饼，称"倒头饭"，意思是老人倒头，儿女们顾不上饭的生熟、也顾不上是否吃饱，匆匆将饭放下照顾老人，并把这最后的一顿告别饭永远放在老人身边，以示孝心。④

---

① 《周礼》，崔高维校点，辽宁教育出版社 1997 年版，第 34 页。

② 王诚志：《旧社会婚丧礼俗》，载中国人民政治协商会议梁山县委员会文史资料委员会编：《梁山文史资料》第 3 辑，内部资料 1987 年版，第 187—188 页。

③ 《礼记》，崔高维校点，辽宁教育出版社 1997 年版，第 131 页。

④ 房瑞荣、周传宪、姬脉科：《运河轶韵——古镇开河漫谈》，中国文联出版社 2002 年版，第 209 页。

然后,焚纸、烧香、点长明灯,随即举哀,族人、邻里等即来吊唁、议事。

丧事要请村里的大总理主持一切事务,大总理德高望重、长于安排。20世纪80年代中期,有了白事理事会,一般由理事会全权负责。请来理事长后,孝子跪拜托付此事,交代丧局规模、交出开支款项、议定报丧亲友数目名单等事宜。孝子叩谢后,耳塞棉球,回到灵侧,一心致哀,对任何事不闻不问了。理事长再安排内柜理事和外务理事,内柜负责饭菜、茶水、烟酒、买办等;外务负责在门上贴白纸黑字的丧葬对联,挂"草纸条",纸条数量代表死者年龄。过去,还在大门两旁立一高杆,男左女右;死者若是男的就在杆顶缚一纸天鹅,头朝东南,寓意飞向香山;若是女的,就缚纸鸾,头向西南,飞向瑶池,①还有搭灵棚、报丧、请吹鼓手、买纸扎、收礼等,办丧人员安排好后,各司其职、忙而不乱。如今,有丧事时,理事长即通过村里的喇叭,把丧事公布,并通知相关人员前去听差。

孝服是居丧时所穿的服装。旧时的丧服,因血统远近而不同,分为斩衰、齐衰、大功、小功和缌麻五种,俗称"五服"。1978年2月,梁山县实行火化后,规定:不准穿白戴孝,可佩戴黑纱。② 现在,遇有丧事,孝子、儿媳、女儿或亲孙子等仍穿孝衣,其他亲人只戴孝。孝的制作不用剪子剪,迷信说法是怕剪断后代根苗,只能用手撕,俗称"撕孝"。现在,孝子等时兴穿租来的"孝衣",腰扎麻绳,头戴孝帽,再扎孝带;儿媳头戴白纸花,扎孝带,脚拖沓糊孝的鞋。有的闺女女婿也要穿孝衣,穿孝衣时,有一定仪式,孝子跪谢,捧上孝衣,吹鼓手奏乐,要拿礼钱给丧家,至少一百元,多者不限。有的孝子、儿媳披搭肩布,长约两米半,白色;孙子及孙媳妇则披蓝搭肩布。一般客人的孝,男客为孝帽、扎帽的孝带、扎腰的带子,女客为孝带、扎腰的带子。有的只给主客孝,随客的不给孝。还有的只给点白布条。

灵棚分内灵和外灵,内灵设在灵床左右,男左女右。外灵在灵床门外,内、外灵之间悬挂一竹帘,帘外设供桌,桌上摆"库楼"及供品。侄、孙等男

---

① 王诚志:《旧社会婚丧礼俗》,载中国人民政治协商会议梁山县委员会文史资料委员会编:《梁山文史资料》第3辑,内部资料1987年版,第189页。

② 《梁山县丧葬改革领导小组彻底废除旧丧葬制度全面实行火化宣传提纲》,1978年1月5日,梁山县档案馆藏档61-1-103。

性在外陪灵。

旧时，向家族、至亲及生前要好的朋友送通报死讯的“报丧条”，称“报丧签”或“报丧帖”。现在，有的通过电话方式向朋友报丧，但为了郑重起见，给亲戚报丧要亲自登门，一般是一大早就派人前去口头报丧，俗称“送信”。

不同丧局采用不同的棺材。大丧棺材用松、柏之木，厚度必达六寸，断块很有讲究，油漆好，棺头画“寿”字及精美图案；中丧用椿木或杨木，底、帮、盖分别为四、五、六寸，也油漆装饰好；小丧多用柳木，厚度一二寸，较小，俗称“柳木匣子”，为贫穷人家所采用。有的在老人生前就备好寿棺，俗称“喜棺”，以“冲喜”求延年益寿；抬丧的待遇也因棺木的不同而有差别，凡是六寸厚的大棺材要摆宴席，中等棺材可用十大碗，再次的棺材则不计较。① 实行火化后，有的则省去棺材。如今，在梁山县，火化后人们仍把骨灰盒放进棺材，再行土葬。抬丧的大多不管饭，只是喝口大碗酒、吸支烟。有的两个村庄关系比较好，有丧事时，就互相抬丧。抬丧时，半路累了就换人，孝子要不断地朝抬丧者磕头。有的直接把棺材放到三轮车上，运到墓地。

墓坑开挖前，先由孝子破土，孝子按点好的穴位在四角与中心各用铁锨挖一下，称为“破土”。放过鞭炮，孝子谢过即回，帮忙的留下挖坑。

成殓即把死者从灵床移到棺材里。孝子要给死者净面，死者的娘家人、儿女等向遗体告别；把尸体放好后，同时把死者生前喜欢的东西等殉葬。帮忙的人盖好棺盖、打上扣。家人、亲友举哀。过去还有请道士、僧人诵经的。② 现在，诵经的绝迹了。火化一般安排在发丧前一天，在火化前亲朋好友要进行吊唁。发丧当天，亲戚朋友都前去参加葬礼。

在发丧的当天上午，亲戚朋友带着礼物、现金等去参加葬礼。带的礼物和参加的人数在不同时期有较大差异。据笔者村里曾担任过丧事大总理现年 80 岁的董某某说：20 世纪 50 至 70 年代，人们生活水平低，客家只带礼

① 王诚志：《旧社会婚丧礼俗》，载中国人民政治协商会议梁山县委员会文史资料委员会编：《梁山文史资料》第 3 辑，内部资料 1987 年版，第 192 页。

② 王诚志：《旧社会婚丧礼俗》，载中国人民政治协商会议梁山县委员会文史资料委员会编：《梁山文史资料》第 3 辑，内部资料 1987 年版，第 193 页。

物不“封礼”（即送现金）；一般步行，抬着“盒子”，里面盛鸡、鱼、猪肉，俗称“三牲祭”，当时，“三牲”齐全的就算是“厚礼”了；客家花费较少，随客的人也少，当然主家招待的饭菜也很简单，甚至不管饭。20世纪80年代以来，随着人们生活水平不断提高和传统丧俗回潮，参加葬礼的人数和送礼的数量不断增加。一般各家都派十几人参加，如果去的人少，人家会说家里没有人，是很没面子的。参加葬礼的男、女客都有，男客占的比例较大，一般乘拖拉机、农用三轮车或骑着自行车、摩托车、电动自行车去。20世纪80年代一般买一二十斤的猪肉，现在，改为“封礼”和送“黑纱”（即长约5米、深蓝色或黑色的布料）。“封礼”的数量根据血缘关系的亲疏而不同，一般娘家、闺女最重，侄女、孙女等次之。“封礼”数量，最少一百元，有的三百、五百，也有成千上万的。当地很重面子，在丧葬大事上，更不例外。为了“好看”和照顾面子，同一辈分的礼钱一般采取统一规格，即使个别比较富有，可以在别的时机多帮点主家，但在这种场合要与同一辈分的保持一致，有的即使没钱就是借钱也得拿上，或多或少都难免发生不愉快。把礼钱、“黑纱”等登记后，在吹鼓手伴奏下去灵棚“吊纸”，一般一揖四叩，站起一揖，司仪喊“孝家谢客”，即出。

在客人到齐之后，行祭奠礼。当地旧时重礼节，在祭奠仪式前，有“恳客”的礼仪。孝子向参加丧礼的亲朋逐一磕响头（头要磕在地上，发出响声），恳请允许发丧，此种响头不分天气好坏、土地软硬干湿，都要磕在地上，直至亲友允许（特别是舅）才可停止，此为“恳客”。① 有的地方，现在还保存此风俗。先是闺女、侄女、孙女等在灵棚致祭，俗称“拿天鹅”。如今，又多了一个新“节目”——“哭灵棚”，吹鼓手中的“哭手”跪在灵棚里，以儿、闺女、侄、侄女等的身份表达对死者的哀悼和思念；每次约20分钟，收费100元。“被替代者”跪在前，“哭手”披着主家给的孝，跪在后面号啕大哭。在吹鼓手的“伴奏下”，“哭者”拿着话筒高声哭诉，哭的内容主要是表达对死者的思念和感恩之情，声情并茂，捶人心扉，不仅令“被替代者”泪流满

① 《梁山县民政局关于改革旧丧习俗的调查报告》，1986年7月9日，梁山县档案馆藏档61-1-154。

面、悲伤不已，也使旁观者为之动情。现在吹鼓手里不仅有“哭灵棚”的，也有唱流行歌曲、传统戏剧的。在空闲之余，他（她）们一展歌喉，亦歌亦舞，有的唱传统坠子、豫剧等，如今的吹鼓手收入高、吃得好，已成为受人羡慕的职业，过去的民间艺人及农村剧团的演员加入吹鼓手行列（见图6.3）。他们有自备的流动舞台，以车做底座，化妆并穿古戏装表演，音响设备齐全。有的丧事请两班吹鼓手，对台表演，昼夜吹奏。发大丧的，有的请剧团演唱好几天。如今的丧事，都有“大炮”，以前是火药炮，现在改为氢气炮（见图6.4）。有的请专业的舞狮队，接客人（见图6.5）、领丧，每次收一定费用，在空闲时间选空旷场地进行舞狮表演。如今的丧仪，在寄托对死者的哀思之外，娱人的元素日益增加。

图6.3　正在演唱的吹鼓手

男客祭奠行礼很烦琐，客人以家为单位，在吹鼓手吹奏下分别到灵棚行礼，分为八拜礼、十二拜礼和二十四拜礼。现在，行礼一般从简，大多行八拜礼，而且是“懒八拜”，行礼时，由一人带领，后边的排成行，等大家在灵棚站

图 6.4 丧事礼炮

好后,在吹鼓手伴奏下行礼开始。其步骤是一揖四叩,站起一揖,前进一步,一揖跪下,接司仪传递的香、酒等祭物致祭,致哀四叩,站起一揖,礼成。行二十四拜礼的很少,一般是重礼仪、贵而不哀的客人采用,行礼分后、中、前三排,先在后排的右角一揖四叩,再进到中排左角一揖三叩,再进到前排右角一揖四叩,再转身到前排左边一揖三叩,然后,稍向右后退接近中排中间,一揖跪下,接司仪传递的香、酒等祭物致祭,举哀三叩,再右跨一步一揖四叩,再退至后排左角一揖四叩,礼成。行祭奠礼的顺序一般按亲属关系远近依次进行,也有的地方按照各家客到的时间先后顺序祭奠。祭奠完即用餐。

旧时丧宴讲究,有的乡民"以酒筵之费不能措备"而"停柩不葬"。① 例如,新中国成立前,梁山县七区田大店有丧事,村里吃大锅饭,有的户摊到丧

① 鲁克才主编:《中华民族饮食风俗大观》,世界知识出版社 1992 年版,第 141 页。

图 6.5 狮子接客

事就倾家荡产;如田某某丧事,卖地 25 亩。[①] 新中国成立后,开展移风易俗和丧事从简,例如,梁山县七区田大店有丧事,根据家庭情况有的管饭,有的不管饭,能吃起馍馍就吃馍馍,吃起窝窝就吃窝窝。[②]“三年困难”等时期,人们穷得“揭不开锅”,草草地把人埋了,根本不准备客人饭食。20 世纪 80 年代以来,传统丧葬习俗复归,随着人们生活水平提高,丧事办得越来越大,“一家丧事,五服之内盖锅”。但当地的饭菜与婚宴相比要简单得多,不设宴席。如今,梁山县农村丧事招待仍通行每人一份“大碗菜”。一般每人多半碗应时蔬菜,如白菜、冬瓜、豆芽等,少量猪肉或鸡肉,比较讲究的则肉多点。做菜在院子里进行,摆上几块切菜板,支起几口大锅,由本村厨师执刀、掌勺。馒头由馍房加工,客人随便吃,不限量。因为丧事菜少,主要吃馍馍,所以当地有把吃丧事饭称“吃撅腚馍馍”的说法。客人用餐一般没有固定的座位,选个空旷的场地,蹲着进餐。香烟每人一盒,也有的每家客人一共给两盒。酒是不可少的,都备有散白酒或瓶装白酒,用大碗喝酒。主家不敬

① 《梁山县七区田大店考察总结报告》,1953 年 1 月 1 日,梁山县档案馆藏档 3-1-18。
② 《梁山县七区田大店考察总结报告》,1953 年 1 月 1 日,梁山县档案馆藏档 3-1-18。

酒、不劝饭;劝酒饭、吃得多,为不知礼。《论语·述而》载:“子食于有丧者之侧,未尝饱也。”①丧事比较讲究的,则安排几张小桌,备上几个简单的下酒菜,让客人宴饮一番。吹鼓手的饭食比较丰盛,一般是十道菜,并备有烟、酒。丧事开饭时间较晚,一般下午一点多才开始。用餐采取分批进行的办法,按“奠”的顺序,一批吃完,下一批再吃,俗称“流水吃饭”。客人较多的,最先吃饭的与最后吃饭的有时要相差一两个小时。客人吃完,帮忙的、主家再用饭。随着农民大量外出务工,村里找人做菜、购买肉类、蔬菜、佐料等很难,“流动餐厅”随之兴起。2014 年 8 月 31 日《济宁日报》报道:拳铺镇的袁庄村、东后杨楼、林庄村等 50 多个村队,有 1000 多名农民从事“流动餐厅”经营,他们用车拉着桌凳、碗筷、食材等,到现场做菜,大人方便了客户,也增加了收入。

在出殡之前先烧轿。迷信说法,人死后的第三天上西天、登仙境,人们要为死者烧轿送行。轿子由纸匠铺扎制,内放金银纸箔,有四个轿夫,还有两个负责伺候的童男童女。烧轿一般在十字路口进行,孝子哭送,女儿及其他女客捧香哭祷,围轿转一圈后,帮忙的把死者的衣物(一般棉衣或夹衣)搭在轿上一同焚化,并念叨“不认轿子认衣服”等。

出殡时还要“堂祭”。堂祭一般按顺序进行,若系乾丧,孝子及家属、族人先祭,然后,按亲戚远近顺序依次祭奠;如是坤丧,娘家人先祭,然后,按亲戚远近依次祭奠。祭奠完,随即出丧。灵柩抬出大门,放在抬丧架上后再行“路祭”(见图 6.6),顺序与“堂祭”同。路祭完后,三声炮响,司仪喊“起灵”,孝子摔碎“老盆”。“老盆”是土瓦盆,底部钻眼,男五女七,迷信说法,人死后要把生前浪费的脏水喝了,盆钻眼后漏水快,能少喝。② 吹鼓手在前,孝子引棺木前行,送葬队伍随行。过去送葬时,一路撒纸钱;如今有的讲排场,改为撒现行的五角硬币,路人纷纷捡拾。孝子需有人扶着,以示哀痛难支。到墓地后,灵柩停在墓穴前,再举行“墓祭”,也按“堂祭”顺序。然后,即可下葬,倒头饭、哀棍等也随棺材下葬。送葬人跪地举哀,孝子更是哭

① 《论语》,张燕婴译注,中华书局 2006 年版,第 89 页。

② 王诚志:《旧社会婚丧礼俗》,载中国人民政治协商会议梁山县委员会文史资料委员会编:《梁山文史资料》第 3 辑,内部资料 1987 年版,第 203 页。

得呼天抢地。帮忙的填土聚坟。同时烧纸扎。过去的纸扎一般是摇钱树、聚宝盆、房子等，在焚烧的同时，孝子等祷告“收钱、认房、呼奴使婢”，如今，纸扎越来越现代化，有电视、电脑、汽车、洋房等。也有三天烧纸扎的。当然，火化后，不行土葬，则省去以上土葬的许多环节。然后，即回。第二天，举行谢职礼，设酒招待执事人员，专席谢理事长，同时，清理丧费。葬后第三天，死者亲属要为新坟添土，谓之“圆坟”，并焚化纸钱称为“服三”，“服三”后，出嫁的闺女可回自己家。从死者去世之日起每七天举行一次焚香、烧纸、上供的祭祀礼仪，一直到“七七”，其中“三七”最重要，还有“十七”“百日祭”等。旧时，孝子百日后即可剃头、换上正常服制。[①] 现在，服制等不再严格，三天后即脱去孝衣，正常劳动。以后，每逢周年及清明、农历十月初一等上坟烧纸祭奠。

图 6.6　路祭

二、殡葬改革

新中国成立后，大力破除封建迷信，提倡节俭办丧事，1978 年 2 月起，梁山县全面实行火化，禁止土葬和新起坟头，不准按旧方式发丧和大操大

① 王诚志：《旧社会婚丧礼俗》，载中国人民政治协商会议梁山县委员会文史资料委员会编：《梁山文史资料》第 3 辑，内部资料 1987 年版，第 204 页。

办。火化的实行,彻底改变了几千年的丧葬制度,殡葬制度发生根本性变革,极大推动移风易俗活动开展。当然,殡葬改革的道路并非一帆风顺、一蹴而就,而是经历许多反复和曲折。

1. 火化实行

1978 年 2 月 1 日(农历 1977 年十二月二十四)起,梁山县范围内彻底废除土葬,全面实行火化。① 当天,黑虎庙公社打响火化第一炮,梁山县委书记和县委常委、县丧葬改革领导小组全体成员专门去火化场召开开展火化工作的会议,对丧主进行了慰问;黑虎庙公社的河西、碌碡庙大队两名贫下中农火化后,公社党委分别召开了全体大队干部参加的追悼大会,大讲开展丧葬改革、实行火化的重要意义和好处,强调死后都要火化。② 梁山县火化的新风正式开始。从 1978 年 2 月 1 日开始火化以来,到 3 月 20 日,梁山县共火化尸体 540 具,火化率约占死亡人口的 91.8%,全县 17 处公社,全部废除土葬实行火葬的有 5 个公社,80%以上 9 个,50%、27%、15%各 1 个,③火化工作成果显著。

实行火化有许多好处。据调查,土葬一棺需木材 0.2 立方,占地 1.5 厘,殡葬费二百元左右,火葬 具尸体的费用只需二三十元。④ 火化消除病菌,防止疾病传染和污染水土。实行火化不占耕地,便于对农田基本建设实行全面规划,统一治理,机耕畅通,排灌无阻。还能促进人们思想解放,破除“人死有鬼魂”“入土为安”等封建迷信观念。实行火化后,群众总结说:“过去死了人,祸害临了门,全家穿孝服,还要大出殡,处处花钱愁死人;现在死了人,火化最省心,组织来料理,不用去求人,经济无负担,破除旧迷信”,⑤

① 《中共梁山县委员会、梁山县革命委员会关于彻底废除旧丧葬制度全面实行火化的通知》,1978 年 1 月 5 日,梁山县档案馆藏档 61-1-103。

② 《梁山县革委民政局依靠党委的领导,搞好丧葬改革》,1978 年 3 月 23 日,梁山县档案馆藏档 61-1-103。

③ 《梁山县革委民政局依靠党委的领导,搞好丧葬改革》,1978 年 3 月 23 日,梁山县档案馆藏档 61-1-103。

④ 《山东省革命委员会生产指挥部转发省革委民政局〈关于推行火葬的情况和几个问题的请示报告〉的通知》,1972 年 2 月 11 日,菏泽市档案馆藏档 28-3-293。

⑤ 《梁山县丧葬改革领导小组彻底废除旧丧葬制度全面实行火化宣传提纲》,1978 年 1 月 5 日,梁山县档案馆藏档 61-1-103。

充分说明群众对火化的支持，也反映了土葬的危害与火化的好处。

由于受传统土葬的影响，有些人对火化难以接受，火化阻力很大。有人认为火化“惨无人道”、不仁不义、不忠不孝，老人死了用火烧，于心不忍，名声不好，人家讥笑等思想。① 有的老年人想不通，吃不下饭，睡不好觉，如梁山县城关公社后集大队三队社员马某某的母亲，90 多岁，一听说要实行火化，就不吃饭、不睡觉，怕死后火化，整天吵吵闹闹，后来，通过做工作才解决思想问题。② 有的千方百计逃避火化，使火化工作面临很大阻力。如 1980 年，芦里公社杨屯大队一死者，丧主将其装入棺材后声称去火化，结果尸体拉到张坊大队埋掉，被发觉后，芦里公社党委在张坊大队党支部积极配合下，丧主主动起尸火化；小路口公社张三槐大队偷埋了三具尸体，在公社党委和大队党支部支持和大力协助下，民政助理薛某某主动出面，连续七八次进行教育，对一户对抗火化的给予了经济制裁，利用所罚款组织劳力扒出了另外两具，对群众教育很大；徐集公社蔡林大队一丧主偷埋尸体后，经公社书记教育后，限三天扒出，尸体送县火化，民政助理孔某某做工作，在丧主工作做通之后，亲自组织劳力带领起尸。③ 有的还实行偷埋，以夜间偷埋为主，一般都找信得过的亲近人帮忙，搞得比较秘密，死后不搞任何礼仪。④

殡葬改革道路是曲折的，先后出现过多次发动和反复。从 1979 年 1 月开始，“四旧”又有抬头，火化率急剧下降，出现严重回潮；1978 年 2—6 月底 5 个月火化尸体 1195 具，1979 年同期只火化 620 具，降低了 48.1%，4、5、6 三个月更突出；王府集、信楼两个公社自建社到 6 月底各火化 3 具；黑虎庙公社 2—6 月只火化了 11 具，4、5 月是空白；韩岗公社 2—6 月 5 个月仅火

① 《山东省革命委员会生产指挥部转发省革委民政局〈关于推行火葬的情况和几个问题的请示报告〉的通知》，1972 年 2 月 11 日，菏泽市档案馆藏档 28-3-293。

② 《梁山县城关公社后集大队民政委员会是怎样开展民政工作的》，1979 年 3 月 29 日，梁山县档案馆藏档 61-1-110。

③ 《振奋精神排除干扰，为全面普及火化而斗争》，1980 年 1 月 26 日，梁山县档案馆藏档 61-1-125。

④ 《梁山县民政局关于改革旧丧习俗的调查报告》，1986 年 7 月 9 日，梁山县档案馆藏档 61-1-154。

化了7具，5、6月是空白。[①] 特别是1981年，由于受封建传统观念、资产阶级自由化思潮影响以及部分领导对殡改意义认识不足，放松了领导，甚至泼了冷水，使梁山县已经开展起来的殡改工作冷落下来，全年仅火化尸体263具，只相当于1980年一个月数量；为坚定不移地把火葬普及全县，从1982年3月15日（农历二月二十）开始，死了人都要实行火葬，任何人不得例外。[②] 后来，又出现土葬反复。

针对土葬回潮，中共中央办公厅在[1983]75号文件中明确指出："殡葬改革是我们党一贯倡导的一项社会改革，它关系到群众的切身利益，是造福于子孙后代的一件大事，也是整顿党风的一个方面"；1985年2月8日，国务院又颁布了《关于殡葬管理的暂行规定》，1985年4月19日，山东省人民政府公布了执行国务院规定的《实施办法》，把殡葬改革正式纳入党纪国法之内；梁山县决定从1985年11月20日重新发动殡葬改革，在这个限定日之前原则上不做追究，从限定之日起，再出现旧的殡葬形式，一定照规定办事。[③] 1986年，梁山县火化量保持在相对稳定水平上，达到1979年以来最好成绩，共火化1446具，火化率达到了43%，前集、方庙、拳铺等乡已经普及了火葬，新的殡葬习俗已成为这些乡部分群众的自觉行动；梁山县殡改工作长期落后的局面有了新改观，1986年在菏泽地区居第二位，受到菏泽行署表彰和奖励。[④] 1991年5月9日，济宁市政府以1号令发布《济宁市移风易俗改革婚丧陋习的规定》和后来梁山县政府6号令《梁山县人民政府关于移风易俗改革婚丧陋习的规定》，第一次把移风易俗、改革婚丧陋习作为命令发布，但梁山县火化工作不力，1991年1—10月火化率仅为59.4%，在济

---

① 《赵民同志在全县民政工作会议上的讲话》，1979年8月3日，梁山县档案馆藏档61-1-110。

② 《坚持殡葬改革，全面实行火葬——崔绪照县长在全县殡葬改革工作会议上的讲话》，1982年3月5日，梁山县档案馆藏档61-1-141。

③ 《吕玉山同志在全县殡葬改革工作会议上的讲话》，1985年11月13日，梁山县档案馆藏档61-1-152。

④ 《梁山县民政局1986年工作总结》，1986年12月30日，梁山县档案馆藏档61-1-154。

宁市倒数第一，影响了全市殡葬改革工作的发展，受到省市领导严厉批评。[①] 经过大力发动和采取切实措施，1994 年梁山县普及了火葬，基本杜绝土葬，1994 年共火化 3624 具，火化率达到 97.2%，丧改和系列化服务取得明显成效。[②]

进入 21 世纪，为进一步加强梁山县殡葬管理工作，全面推进殡葬改革，促进社会主义精神文明建设，根据《国务院殡葬管理条例》和《山东省殡葬管理规定》，2001 年 12 月 17 日颁布《梁山县人民政府关于进一步加强我县殡葬管理工作的通告》：移风易俗，全面实行火化，革除丧葬陋俗，提倡文明节俭办丧事；除公安机关确因办案需要并经省级公安机关批准深埋的以外，任何单位和个人不得将遗体土葬；违反上级规定土葬遗体的，由县民政部门责令其限期改正，拒不改正的，依法强制执行，所需费用由当事人承担，[③]进一步加强了火化工作。梁山各乡镇还把火化工作纳入行政村的主要工作目标，如 2005 年 3 月 1 日《杨营镇 2005 年度行政村主要工作目标考评办法》要求：重视火化工作，达到死一人火化一人；红白理事会健全，村支部书记（主任）为红白理事会第一责任人，并积极督促丧主对死者实行火化，火化单由村委会统一保管；实行死亡人口月报制。[④] 这些措施对加强和开展火化工作起了积极推动作用。有的村建起高标准的骨灰堂，如梁山镇凤山村建了凤山静安园（见图 6.7）。如今，火化已成为大多数人的自觉行动，但大多火化后仍再行土葬，田间的坟头和墓碑随处可见（见图 6.8）。

2. 丧事改革

新中国成立后，大搞破除封建迷信，提倡丧事新办、简办，取得良好效果。据 1953 年 1 月 1 日《梁山县七区田大店考察总结报告》：新中国成立前

---

① 《连广生同志在全县移风易俗婚丧改革工作会议上的讲话》，1991 年 11 月 26 日，梁山县档案馆藏档 61-1-200。

② 《梁山县民政局 1994 年民政工作总结》，1995 年 2 月 3 日，梁山县档案馆藏档 61-1-233。

③ 《梁山县人民政府关于进一步加强我县殡葬管理工作的通告》，2001 年 12 月 17 日，梁山县档案馆藏档 17-2001-16。

④ 《杨营镇 2005 年度行政村主要工作目标考评办法》，2005 年 3 月 1 日，梁山县档案馆藏档 88-2005—2006-6。

图 6.7　梁山镇凤山静安园

图 6.8　田间的坟头及墓碑

村里以前丧事都是吃大锅饭,有的户摊到丧事就倾家荡产;自新中国成立后,这种风气稍有改变,丧事根据家庭情况,有的安排饭,有的不安排。① 1966年6月11日《寿张集公社"四清"工作大队关于无产阶级"文化大革命"运动中妇女工作情况汇报》:郭楼大队丧事不烧纸、不烧香、不扎纸物和轿,不请客吃饭吃酒,开个追悼会,当天死了当天埋葬;有些单位均已建立了以党支部、妇代会、青年团为首的丧葬委员会。② 大办丧事的风气有所扭转。但大办之风仍未彻底根除,例如,1975年仍有些人大搞"四旧"活动,梁山县城关公社前码头王某某,为其祖父发丧动用劳力200多人,摆酒席20多桌,停止生产一天,请6个吹鼓手,放几十个雷管,大队支委当指挥。③

1978年2月1日,梁山县全面实行火化,极大地推动了旧葬礼俗、大操大办活动的变革。规定火化后的骨灰,由丧主或生产大队因地制宜,根据条件自行安置,有条件的生产大队,也可以因陋就简,建立骨灰堂,统一存放;改出殡为开追悼会,凡是劳动人民死了,都要由所在单位举行追悼会,表述死者生前对革命贡献,号召群众学习他们的革命精神;改穿白戴孝为佩黑纱,有条件的大队可集体做黑纱,谁家有丧事谁家借用,限定归还日期,节省开支,方便群众,没有条件也可由死者家属自己制作;以丧葬改革小组代替"大总理",村上人死了,一切丧葬事宜,如组织群众吊唁、举行追悼会、送尸火化、处理骨灰等,均由丧葬改革小组根据上级规定和要求进行料理。④ 办理丧事不准请客送礼,不准披麻戴孝,不准摆供祭灵,不准烧纸磕头;严禁任何单位和个人制作买卖棺材,对现存的棺材立即拆除,改作他用;现有和残存的坟头要彻底平掉,不准除而不平,平而不耕,更不准火化后再行土葬,新起坟头。⑤ 火化后的骨灰以生产大队为单位,因陋就简建立"劳动人民纪念

---

① 《梁山县七区田大店考察总结报告》,1953年1月1日,梁山县档案馆藏档3-1-18。

② 《寿张集公社"四清"工作大队关于无产阶级"文化大革命"运动中妇女工作情况汇报》,1966年6月11日,梁山县档案馆藏档20-1-38。

③ 《以阶级斗争为纲,深入开展农业学大寨、普及大寨县的群众运动——张新村同志在地县党员负责干部会议上的讲话》,1975年12月24日,菏泽市档案馆藏档9-1-460。

④ 《梁山县丧葬改革领导小组彻底废除旧丧葬制度全面实行火化宣传提纲》,1978年1月5日,梁山县档案馆藏档61-1-103。

⑤ 《中共梁山县委员会、梁山县革命委员会关于彻底废除旧丧葬制度全面实行火化的通知》,1978年1月5日,梁山县档案馆藏档61-1-103。

堂”,安放死者骨灰,陈列死者事迹,利用传统节日,由丧葬改革领导小组出面,统一组织纪念活动;过去火化的骨灰已经埋掉的在丧主自愿情况下,可起出陈列;对病故已久的如丧主愿意,可起出遗骨火化陈列;建立开追悼会制度,劳动人民死亡,由大队丧葬改革小组主持召开追悼会,对死者一生作出正确评价,表扬有利于国家、集体和人民群众主要事迹,并对家属进行必要安慰;实行佩戴黑纱制度,认真调查,对出租孝服的大队或个人,要做好工作,限期拆掉改作他用,不准再行出租,各大队统一制作部分黑纱,丧葬改革小组分工专人保管,谁家有丧事谁家借用,按规定日期收回。① 实行火葬,对彻底废除旧丧制、移风易俗具有重大意义。

1978 年 2 月 1 日,梁山县实行火化后,徐集等公社的干部群众为了节俭,火化后不要骨灰盒,用瓷坛盛装埋掉,不留坟头;堂子大队实行新葬后,全村无坟头,一切按新丧制办理,每个丧局丧主只花 30 元左右,深受群众欢迎。② 梁山县城关公社后集大队都由大队开追悼会,而后送火化场火化,既废除一切旧风俗又为集体节约了土地,为社员节省资金,推动生产发展。③ 实行火葬,丧事新办,大大减轻了丧主的经济负担,也破除了迷信,废除了封建礼俗,在一定程度上改变了人们的精神面貌,扭转了传统落后的社会习俗。

但丧事大操大办之风,难以根本扭转,火化后,有的仍大办丧事。例如,1978 年,小路口公社八分庄大队一退休教师病故后实行了火化,丧主想借追悼会之机搞旧式发丧,民政助理薛某某知道后,马上做了工作,丧主满口答应,按上级要求办;开追悼会那天,县社有关部门的同志赶到大队,发现该户在按旧方式做着筹备,当即找到了大队干部和理丧“大总理”,进行严厉批评;本以为这样可以解决问题了,但实际并不那么简单,旧的思想意识不会轻易从人们头脑中退走,在临开追悼会之前,死者的儿子仍穿着孝服,拖

① 《赵民同志在全县民政工作会议上的讲话》,1979 年 8 月 3 日,梁山县档案馆藏档 61-1-110。

② 《梁山县民政局关于改革旧丧习俗的调查报告》,1986 年 7 月 9 日,梁山县档案馆藏档 61-1-154。

③ 《梁山县城关公社后集大队民政委员会是怎样开展民政工作的》,1979 年 3 月 29 日,梁山县档案馆藏档 61-1-110。

着哀杖外出搞“破坟”挖坑埋骨灰盒;在他们返回途中,被薛某某截住,正要追查责任,死者之子当即甩掉了哀杖,脱下了孝衣,承认了错误;在追悼会上,薛某某宣读了山东省民政局对丧改“五不见”的要求,批判了旧的思想意识,教育了群众,挽回了影响;会后,又让丧主把孝服全部送到学校,问清来源,当场监督拆除,后来又找到了租赁孝服的户,进行耐心教育,批判了封建“孝道论”,该户将孝服改作他用;后对全社进行调查,查出还有 11 个大队的社员租赁孝服,通过做工作,对其进行了妥善处理。① 1979 年,梁山县实行火化的大量减少,旧丧葬习俗抬头,有的公开摆供祭灵,披麻戴孝,烧香烧纸,收礼待客;有的把已经平掉的旧坟头重新堆起来,新坟头越堆越大,有的重新制作和买卖棺材。② 1982 年,梁山县旧的丧葬习俗严重回潮,广大农村基本不再实行火葬,代之而起的是出大殡、发大丧、烧香磕头、摆供祭灵、披麻戴孝、纸马号炮等封建迷信活动泛滥,高棺厚木,建造坟墓,请客送礼,大摆宴席等铺张浪费现象盛行。③ 1986 年,梁山县有的丧主实行火化后,仍沿用旧丧葬习俗;有的将骨灰埋入砌好的墓里;有的将骨灰盒放入棺材土葬,出大殡发大丧,旧丧礼仪,封建迷信色彩极重。④ 1986 年,有的请客四五百人,一个丧局花费千元以上,甚至两千多元;如梁山镇郝山头村的一个武术师傅死后,弟子三百余人,亲友三百余人,发丧时双狮开路,亲朋弟子随后,声势浩大,花费三千余元。⑤

20 世纪 80 年代中期,梁山县一些地方丧葬费用的急剧增长和封建迷信活动的蔓延,给群众造成了沉重的经济和精神负担,据了解,办一起丧事一般要花千元左右,丧葬费用增长大大超过人均收入增长,远远超过群众经

① 《坚持党的原则,认真做好民政工作》,1978 年 11 月 1 日,梁山县档案馆藏档 61-1-125。

② 《赵民同志在全县民政工作会议上的讲话》,1979 年 8 月 3 日,梁山县档案馆藏档 61-1-110。

③ 《坚持殡葬改革,全面实行火葬——崔绪照县长在全县殡葬改革工作会议上的讲话》,1982 年 3 月 5 日,梁山县档案馆藏档 61-1-141。

④ 《梁山县民政局关于改革旧丧习俗的调查报告》,1986 年 7 月 9 日,梁山县档案馆藏档 61-1-154。

⑤ 《梁山县民政局关于改革旧丧习俗的调查报告》,1986 年 7 月 9 日,梁山县档案馆藏档 61-1-154。

济负担能力；一些家庭，硬着头皮东借西凑，负债累累，甚至倾家荡产，直接影响了正常生活和生产；丧事费用过大，事后所欠的债款需家长和兄弟分摊，因分摊不均而造成家庭关系紧张甚至反目为仇的事时有发生。① 1991年11月26日，连广生同志在全县移风易俗婚丧改革工作会议上的讲话中指出：停尸祭灵，披麻戴孝，扬幡摔盆，扎纸人纸马，雇用“吹鼓手”等现象较为普遍，大有泛滥成灾之势；这些问题不仅给广大人民群众造成沉重经济负担和精神压力，而且污染社会风气，毒害人们灵魂，阻碍社会进步，人民群众早已深恶痛绝，迫于不正之风压力，不得已而为之，强烈要求政府加以解决，社会各界也呼吁政府重视，认真对待，坚决予以铲除，改革是形势所迫，人心所向，已经到非抓不可的地步。②

为破除旧葬礼俗，1978年5月9日，《菏泽地区革命委员会关于大力开展丧葬改革工作的通知》要求：丧葬要做到“五不见”，即不见披麻戴孝，不见烧香烧纸，不见摆供祭灵，不见棺材坟头，不见请客送礼。③ 1979年8月3日，赵民同志在全县民政工作会议上的讲话中要求：对现存棺材在一个月内改作他用，不准继续保留；对现已复业制作棺材的单位或个人要立即停业，不准以任何形式制作或买卖棺材，在三秋期间，最迟不超过11月份，做好思想工作，在种麦前要发动民兵、青年平掉全部坟头、废除茔地，不得重新筑起，以利于发展农业生产。④ 1979年10月21日，梁山县革委会副主任孟凡才在全县民政工作会议上讲话中要求：加强市场管理，严禁旧丧葬封建迷信品生产经营和上市；现存的棺木要发动群众在11月10日前自动拆除改作他用，今后再发现出售、使用的要劝阻、批评，拒不接受劝阻的可酌情罚款或没收；纸、香、箔、孝服等封建迷信品一律不准制作、销售、租赁和上市；坚

① 《李进普同志在全县建立红白理事会会议上的讲话》，1987年12月26日，梁山县档案馆藏档61-1-160。

② 《连广生同志在全县移风易俗婚丧改革工作会议上的讲话》，1991年11月26日，梁山县档案馆藏档61-1-200。

③ 《菏泽地区革命委员会关于大力开展丧葬改革工作的通知》，1978年5月9日，菏泽市档案馆藏档28-3-307。

④ 《赵民同志在全县民政工作会议上的讲话》，1979年8月3日，梁山县档案馆藏档61-1-110。

决取缔封建礼教的信徒、旧丧葬礼俗的卫道士“理丧客”，一切治丧权力归丧葬改革领导小组，从组织吊唁、尸体火化、召开追悼会到安放骨灰，都由丧改领导小组按照丧事新办、俭省节约原则料理，非直系亲属不准干预丧事。① 有的公社还把丧事从简写进社员守则，如 1981 年《梁山县大路口公社社员守则》规定：不搞封建迷信，丧事从俭。② 针对火化后仍再行土葬而堆坟头现象，1982 年 6 月 12 日，《梁山县民政局关于立即平掉现有坟头的紧急通知》要求：各公社在夏收后再做一次统一部署发动，把麦地里和春地里的所有坟头统统平掉，防止以大变小或只削尖去顶，防止重新垒筑；原来平得不彻底的要再次平除，做到坟基与地面相平，并及时耕种；全县各公社务必于 6 月 25 日前集中时间、集中力量突击平完。③

为移风易俗，促进精神文明建设，梁山县政府于 1985 年 11 月 20 日颁布《梁山县人民政府关于全面实行殡葬改革的布告》，规定：进一步在全县范围内全面实行殡葬改革，彻底废除一切旧葬礼俗；废除木棺土葬，严格实行火葬；火化后的骨灰，农村以行政村或自然村为单位，自筹建立骨灰堂，统一存放；除按政策规定允许保留的华侨和港、澳、台同胞的祖茔外，其他坟头限于 11 月 20 日前一律铲平。④ 1987 年 12 月 26 日，李进普同志在全县建立红白理事会会议上的讲话中要求：依靠群众力量，革除丧葬陋习，刹住大操大办之风；要在全县广大农村普遍建立“红白理事会”，开展移风易俗，坚持改革丧葬中陋习，破除迷信。⑤ 红白理事会的建立对提倡丧事新办、移风易俗发挥积极作用。针对 20 世纪 90 年代不断出现的立碑、丧事花费不断攀升等现象，各乡镇都采取措施大搞移风易俗，如 1996 年 4 月 8 日《馆里乡

---

① 《梁山县改革丧葬制度迅速普及火化——梁山县革委副主任孟凡才同志在全县民政工作会议上的讲话》，1979 年 10 月 21 日，梁山县档案馆藏档 61-1-110。

② 中共菏泽地委办公室编：《情况反映》第 75 期，1981 年 12 月 29 日，菏泽市档案馆藏档 9-1-582。

③ 《梁山县民政局关于立即平掉现有坟头的紧急通知》，1982 年 6 月 12 日，梁山县档案馆藏档 61-1-141。

④ 《梁山县人民政府关于全面实行殡葬改革的布告》，1985 年 11 月 20 日，梁山县档案馆藏档 61-1-152。

⑤ 《李进普同志在全县建立红白理事会会议上的讲话》，1987 年 12 月 26 日，梁山县档案馆藏档 61-1-160。

人民政府关于殡葬改革、移风易俗的有关规定》:节俭文明办理丧葬事宜,破除各种旧的风俗,禁止各种封建迷信活动,反对借丧事为由,大收财礼,铺张浪费,讲排场,比阔气,严格控制丧事规模,丧事不得超过 1000 元;对现有的墓碑庙宇一律在限期内拉倒,否则,罚当事人及该村支书、主任各 500 元,对拉倒的墓碑、庙宇不准重立或新立,违者对当事人罚款 800—1000 元。①

21 世纪,为进一步加强梁山县殡葬管理工作,全面推进殡葬改革,促进社会主义精神文明建设,根据《国务院殡葬管理条例》和《山东省殡葬管理规定》,2001 年 12 月 17 日,梁山县人民政府颁布《关于进一步加强我县殡葬管理工作的通告》:移风易俗,革除丧葬陋俗,提倡文明节俭办丧事;禁止生产、销售和使用棺木等土葬用品,并规定生产销售棺木等土葬用品或封建迷信丧葬用品的,由县民政部门会同有关部门予以取缔,没收非法所得,并处以制造、销售金额 1 倍以上 3 倍以下的罚款,②进一步促进了殡葬改革。各乡镇还把殡改工作纳入行政村的主要工作目标,如 2005 年 3 月 1 日《杨营镇 2005 年度行政村主要工作目标考评办法》要求:红白理事会健全,村支部书记(主任)为红白理事会第一责任人,实行殡葬改革。③ 社会主义新农村建设标准也规定要移风易俗、殡葬改革,如《杨营镇社会主义新农村建设标准》规定:崇尚文明、崇尚科学,破除迷信,移风易俗,红白理事会等组织健全,作用发挥充分,丧葬规范、节俭,无大操大办现象。④ 近些年,梁山县大操大办丧事之风仍颇盛行。如今,许多村庄把丧事简办写入村规民约,提倡节俭办丧事,2015 年 12 月 11 日《今日梁山》报道:小路口镇后门王村制订了厚养薄葬、丧事简办的新村规民约,丧轿由原来抬轿 16 人减到 4 人,花销由原来的两万元减少到现在方案后的九千余元,切实减轻农民负担,得到

① 《馆里乡人民政府关于殡葬改革、移风易俗的有关规定》,1996 年 4 月 8 日,梁山县档案馆藏档 103-1-98。

② 《梁山县人民政府关于进一步加强我县殡葬管理工作的通告》,2001 年 12 月 17 日,梁山县档案馆藏档 17-2001-16。

③ 《杨营镇 2005 年度行政村主要工作目标考评办法》,2005 年 3 月 1 日,梁山县档案馆藏档 88-2005—2006-6。

④ 《杨营镇社会主义新农村建设标准》,2006 年 6 月 1 日,梁山县档案馆藏档 88-2005—2006-6。

了村民认可。殡改工作和移风易俗势在必行。

总之,新中国成立以来,华北农村婚丧习俗发生巨大变迁。1951 年 11 月起,梁山县正式实行婚姻登记制度,实现婚姻自由,打破了封建的婚姻习俗;1978 年 2 月起,梁山县全面实行了火化,废除了几千年的传统土葬制度,丧葬制度发生革命性变革。但是民间旧风俗、旧习惯势力影响的消除是一个长期过程,婚丧改革的道路曲折,任务艰巨。在婚丧现代化的同时,许多传统习俗并没摒弃,而是顽强存在着,特别是改革开放后,人们逐渐富裕起来,婚丧越来越排场、花费越来越大,有钱的铺张,无钱的也要攀比,大操大办之风盛行,正如 1986 年 7 月 9 日《梁山县民政局关于改革旧丧习俗的调查报告》:封建习俗在新中国成立 30 多年的社会主义国家,本应早已根除,但现实恰恰相反,有的仍在继续。人们本来并不愿这么做,但迫于社会习俗的压力,只得违心照办,办理过程中,丧局大小,复古程度,花钱多少与社会舆论的褒贬成正比,即丧局越大,复古越重,花钱越多,越得到赞誉,反之斥为不孝。① 婚丧大操大办已引起广大群众的关注和反对。婚丧中的封建迷信和铺张浪费败坏社会风气,在政治、思想和精神上给人民带来严重危害和痛苦,造成沉重经济负担,许多群众多年辛苦的积累,旦夕毁尽,不少人气愤说:"我们解放 30 多年了,还兴封建社会的丧礼,与社会主义制度与'四化'建设的要求大不适应";还有的说:"现在农村两大愁,一愁儿子结婚,二愁死人发丧",要刹住封建迷信和铺张浪费歪风。② 梁山县人大代表提出"狠刹婚丧嫁娶大操大办之风"的建议认为,婚丧嫁娶大操大办是一种陋习,也是助长不正之风、滋生腐败现象的温床;这种不正常消费,给人们带来精神和经济上沉重负担,污染了社会风气;要树立文明、节俭的新风尚,改变传统、腐朽的礼俗习惯。③ 婚丧大操大办之风必须要刹。

婚丧改革、移风易俗是破除几千年封建迷信陋习的社会系统工程,是整

---

① 《梁山县民政局关于改革旧丧习俗的调查报告》,1986 年 7 月 9 日,梁山县档案馆藏档 61-1-154。

② 《坚持殡葬改革,全面实行火葬——崔绪照县长在全县殡葬改革工作会议上的讲话》,1982 年 3 月 5 日,梁山县档案馆藏档 61-1-141。

③ 《对梁山县人大十三届二次会议第 2 号代表建议批评和意见的答复》,1994 年 3 月 30 日,梁山县档案馆藏档 61-1-232。

个社会改革的重要组成部分，关系到社会的进步和人类事业的发展。如今婚丧大操大办之风仍在蔓延。民间传统习俗具有顽强惰性和生命力，对国家意志进行强力抵制和融渗。在各级政府的高度重视下，深入宣传婚丧改革和移风易俗，采取切实可行的措施，明确责任，严格制度，只要坚定不移地坚持下去，一定能形成文明、节俭的婚丧之风，把精神文明建设提升到新水平。

第七章　节日习俗变迁

在人类历史发展过程中，为适应农业生产和生活需要，逐渐形成一些节日习俗。传统节日习俗具有自然节律性和社会认同性，世代相传，约定俗成，既有稳定性，又有变异性，随着社会变迁不断嬗变。“十里不同风，百里不同俗”，在不同的历史时期和地域，节日习俗有不同的形式和内容。新中国成立以来，华北农村的春节、元宵节、二月二、清明节、端午节、中秋节、腊八节、祭灶日等传统节日习俗发生巨大变迁。

第一节　春节[①]习俗变迁

春节即农历正月初一，又称大年初一，民间俗称过年、旧历年，旧时称元旦。1912 年，中华民国成立，改用阳历，把原来称为元旦的农历正月初一改称春节，公历 1 月 1 日称为元旦。1949 年 9 月 27 日召开的中国人民政治协商会议正式确定农历正月初一称春节，公历 1 月 1 日称元旦。现在农村习惯把春节称过年，元旦称为阳历年。春节是一年的开端和希望的象征，也是一年中最重要、最隆重的节日。

春节是一年日、月、时之“三始”，古人又称之为“履端”，是非常重要的日子，《荆楚岁时记》载：“正月一日，是三元之日也。”[②]早在周代已有过年的雏形，汉代，过年的习俗基本定型。从起源上看，过年是由古代的丰收祭祀活动演变来的。《说文解字》曰：“年，谷熟也。”《穀梁传・桓公三年》载：

---

① 按照当地习俗，吃过年三十中午饭，就算过年了，除夕夜称为大年夜，所以本文把传统的除夕和大年初一统称为春节或过年。

② （梁）宗懔：《荆楚岁时记》，姜彦稚辑校，岳麓书社 1986 年版，第 1 页。

"五谷皆熟为有年",①有年即好收成。甲骨文中的"年"字,是果实丰收的象形字。人们辛劳了一年,趁"秋收冬藏"后的农闲季节,享受丰收的果实,调剂繁忙枯燥的劳动生活,欢庆丰收,也预祝来年有更好收成。过年的许多活动都寄托着人们对风调雨顺、五谷丰登、丰衣足食和美好生活的祈盼,当地有民谣:"过大年,放鞭炮,穿新衣,戴新帽,走东家、串西家,家家户户真热闹"。春节是一年中最重要的节日,其活动内容和文化内涵也最为丰富和深邃,新中国成立以来,华北农村春节习俗事象及文化象征意义不断变迁。

一、贴春联和门神习俗变迁

春联也称对联、"门对子";门神即守门神灵的画像。贴春联是当地春节的重要风俗之一。按照当地习俗,人们在大年三十午饭之前就应贴好春联和门神,鲜艳美观的春联、门神渲染喜庆祥和气氛,装扮喜气节日景象,成为过年的重要符号和标志。春联来源于古代驱鬼辟邪的桃木,后来演变为桃符,人们在门板上挂桃符以避邪,王安石《元日》曰:"千门万户曈曈日,总把新桃换旧符",描述了当时人们春节挂桃符的习俗。据说最早流传下来的最古老春联是五代后蜀君主孟昶在除夕之夜亲自在桃符上写的联语"新年纳馀庆,嘉节号长春"。后来,人们用俗信能驱邪的红纸书写春联。据清代《燕京岁时记》载:"春联者,即桃符也。自入腊以后,即有文人墨客在市肆檐下,书写春联,以图润笔。祭灶之后,则渐次粘挂,千门万户,焕然一新。或用硃笺,或用红纸。"②

古代门神是神荼、郁垒,《山海经》载:"沧海之中,有度朔之山,上有大桃木,曲蟠三千里,其枝间东北曰鬼门,万鬼所出入也。上有二神人,一曰神荼,一曰郁垒,主阅领众鬼万害之鬼。执以苇索而以食虎,于是黄帝乃作礼

① 《春秋穀梁传》,顾馨、徐明校点,辽宁教育出版社 1997 年版,第 10 页。

② (清)潘荣生陛、富察敦崇:《帝京岁时纪胜燕京岁时记》,北京古籍出版社 1981 年版,第 95 页。

以时驱之，立大桃人门户，画神荼、郁垒与虎悬苇索以御凶魅。”①《荆楚岁时记》载：“绘二神披甲持钺贴于户之左右，左神荼，右郁垒，谓之门神。”②唐代，门神演变为秦琼和尉迟恭。传说唐太宗做梦梦见鬼而无法入睡，由秦琼、尉迟恭二将手执兵器站立门外，才能安然入睡，所以，门神成了秦琼和尉迟恭的画像。如今，猛将张飞、关羽等也奉为门神。

新中国成立后，为了烘托过年的喜庆气氛和寄寓对美好生活的憧憬，人们也承续过去贴春联的习俗，但春联的内容发生改变，增添了土改、翻身、解放和宣传毛泽东思想、共产党好、社会主义好等反映新时代、具有政治意义的内容。当时，人们都是自己买红纸，请村里会写字的“文化人”写春联、贴春联。还为烈、军属送春联、贴春联。如1964年春节，梁山县芦里公社组织青年学生给烈军属张贴对联；③1966年，寿张集公社烈、军属每户赠送一副有政治意义的春联，组织男女青年学生、民间乐鼓，亲自送上门。④ 但在20世纪50至70年代，在大张旗鼓破除迷信的声威下，门神作为封建迷信品被禁止，例如，1966年，寿张集公社大搞移风易俗，教育群众提高觉悟，自愿自觉抵制封建迷信、门神等，⑤没有人敢印制、买卖门神了。改革开放以来，每逢除夕，人们在大门、屋门及财神爷、灶王爷位都贴上红色对联，衣柜、粮囤等处也贴上“福”字或“酉”字，以示祝祷。⑥ 春联中的巫术因素逐渐消失，取而代之的是人们喜闻乐见、雅俗共赏的文化形式，赋予春联新的时代内涵，寄寓人们对美好生活的期盼和赞颂，祈望平安、健康等，也渲染节日喜庆气氛，情趣盎然。贴门神习俗复归，人们在大门上贴披甲执戈、悬弓佩剑的门神张飞、关羽或秦琼、尉迟恭，捍卫家宅平安，有的还挂大红灯笼，十分喜

---

① （清）郝懿行：《山海经笺疏·山海经订伪》，巴蜀书社1985年版，第19页。

② （梁）宗懔：《荆楚岁时记》，姜彦稚辑校，岳麓书社1986年版，第6页。

③ 《芦里公社关于当前生产生活的安排》，1964年1月2日，梁山县档案馆藏档25-1-16。

④ 《寿张集公社关于年关工作的报告提纲》，1966年1月6日，梁山县档案馆藏档20-1-38。

⑤ 《寿张集公社关于年关工作的报告提纲》，1966年1月6日，梁山县档案馆藏档20-1-38。

⑥ 《梁山民间传统节日》，载中国人民政治协商会议梁山县委员会文史资料委员会编：《梁山文史资料》第1辑，内部资料1986年版，第159页。

庆(见图7.1)。根据当地习俗,如果父、母过世,三年不贴红纸春联。如今,随着生活水平提高和审美观念发展,人们对春联的美观要求越来越高,手写春联的很少了,大都在市场购买。一进腊月,集市上卖春联的就逐渐多起来,简易的、精装的,普通的、高档的,新潮的、古典的,花花绿绿、红红火火。装潢美观和寄寓平安发财涵义的春联最受青睐。新兴的烫金、发光字对联颇有市场。有的商家为了做广告,也免费发放春联、门神,深受百姓喜欢。内容新颖、图案精美、印刷精良的春联把节日装扮得喜庆而有画意,千门万户焕然一新。

二、放鞭炮

鞭炮俗称爆竹、炮仗。传说古人用燃烧竹子时发出的噼噼啪啪响声吓跑一种会使人患寒热病的山臊怪物,南朝梁宗懔《荆楚岁时记》载:"鸡鸣而起,先于庭前爆竹、燃草,以辟山臊恶鬼",①记载了大年初一人们用火光和燃烧竹子发出的响声驱除山臊恶鬼的习俗。后来,放爆竹成为春节习俗。宋代,出现了类似现代编成串的纸卷鞭炮,据宋代《武林旧事》卷三《岁除》载:"至于爆仗……内藏药线,一爇连百余不绝"。② 清代《帝京岁时纪胜》记载了当时燃放爆竹的盛况,"闻爆竹声如击浪轰雷,遍乎朝野,彻夜无停"。③ 放鞭炮成为春节的重要声音符号。

新中国成立以来,在梁山县境,正月初一早晨,家家户户,男女老少,天不亮就起来,有的通宵不眠,放鞭炮、吃水饺等。④ 鞭炮声是新年来到的信号,也成为辞旧迎新的文化象征符号,让人们体验到新与旧的更替和生命跃动,呈现热闹红火的节日景象。按照当地习俗,大年初一刚开门,要放三个鞭炮,称为"开门炮"。清代顾禄《清嘉录》载:"岁朝开门,爆仗,云辟疫疠,

① (梁)宗懔:《荆楚岁时记》,姜彦稚辑校,岳麓书社1986年版,第1页。

② (宋)四水潜夫辑:《武林旧事》,西湖书社1981年版,第46—47页。

③ (清)潘荣生陛、富察敦崇:《帝京岁时纪胜燕京岁时记》,北京古籍出版社1981年版,第7页。

④ 《梁山民间传统节日》,载中国人民政治协商会议梁山县委员会文史资料委员会编:《梁山文史资料》第1辑,内部资料1986年版,第153页。

图 7.1　贴春联门神、挂红灯

谓之'开门爆仗'”,[①]也有高升三级之意。等人们往锅里下水饺的同时,再大放鞭炮。人们将一年美好的祝愿融入放鞭炮中,“噼噼啪啪”,祈祷“爆发”、早发,营造一种喜庆热闹的节日气氛。

① （清)顾禄:《清嘉录》,来新夏校点,上海古籍出版社 1986 年版,第 7 页。

"爆竹声中一岁除"。燃放爆竹成为人们释放情感和表达愿望的重要载体和特别方式。最初起源于辟邪驱鬼目的的爆竹,已成为人们辞旧迎新的象征符号和民俗标志,其功能不再是驱除山臊恶鬼,而是为了娱乐,渲染、营造一种热烈的节日气氛。过去,农村放的鞭炮较少,随着人们生活水平的不断提高,鞭炮越放越多。为了增加节日喜庆气氛,人们过年大都买十几挂小的、再买几盘大的鞭炮。"新年来到,闺女要花,小子要炮",燃放花炮成为孩子们的重要乐趣。20 世纪 80 年代,人们放的鞭炮都是当地自产的,生产鞭炮成为当地的重要收入,如梁山县大路口乡的袁那里、王芝茂等村庄都大量生产鞭炮,但由于恶性事故不断发生,后来禁止生产。如今,鞭炮由专业厂家生产,而且采取定点销售,消除了安全隐患。临近春节,集市上卖鞭炮的摊点接连不断,鞭炮、礼花、"雷子""两响"等应有尽有。人们都买几十元、上百元的鞭炮。而今由于各种玩具、游戏和娱乐方式的增加,孩子们燃放烟花爆竹的兴趣降低。

燃放鞭炮成为人们辞旧岁、迎新年的重要民俗活动,放鞭炮有娱乐和烘托节日喜庆气氛的功能,已成为一种节日情结。如今,雾霾天气严重,人们少放或不放鞭炮则成为过节新时尚。

三、祀神祭祖习俗变迁

每逢春节,人们摆供品、燃香、焚金银箔,祭祀天、地、祖先等神灵,祈求降吉祥、免灾祸、保平安。东汉崔寔《四民月令》记载了当时祭祖的情形:正月之旦,"躬率妻孥,洁祀祖祢。前期三日,家长及执事皆致齐焉"。[①] 清代富察敦崇《燕京岁时记》载:"每届初一,于子初后焚香接神,燃爆竹以致敬,连霄达巷,络绎不休。"[②]祀神祭祖成为过年的重要内容。

新中国成立以后,大搞移风易俗,反对烧香磕头、敬神灵。例如,1964年春节,芦里公社要求树立新风尚,清除旧礼俗,肃清封建迷信思想,不烧

① (汉)崔寔:《四民月令辑释》,缪启愉辑释,农业出版社 1981 年版,第 1 页。

② (清)潘荣生陛、富察敦崇:《帝京岁时纪胜燕京岁时记》,北京古籍出版社 1981 年版,第 45 页。

香，不拜佛，不上供，不敬神灵。[1] 1965 年春节，中共菏泽地委向广大群众进行移风易俗、新风尚教育，不搞迷信活动。[2] 1966 年春节，寿张集公社大搞移风易俗，教育群众提高觉悟，自愿自觉抵制封建迷信、磕头烧香等。[3] "文革"期间，更是大破"四旧"，禁止烧香磕头。如寿张集公社李楼工作组要求春节一律不烧香磕头。[4] 1969 年，菏泽地区革命委员会要求过一个革命化的春节，破"四旧"，立"四新"，移风易俗。[5] 敬神祭祖活动受到严重冲击，据《梁山县志》载：新中国成立后，春节祭祖、拜神等封建迷信活动，逐渐废止。[6]

改革开放以来，祭神拜祖之俗回潮。20 世纪 80 年代，在梁山县境，每逢正月初一这天，家家户户，天不亮就起来，点蜡烛、祭神主。[7] 为破除封建迷信思想，梁山县各级政府开展了移风易俗活动，如 1995 年春节前后，馆里乡利用广播、宣传车、宣传栏、黑板报等形式，大张旗鼓宣传党和政府关于移风易俗的有关政策，要在全乡范围内形成一种提倡和实行文明健康生活方式光荣、搞封建迷信可耻的社会气氛。[8] 但祀神祭祖活动并未消失。如今，每逢春节，不少百姓烧香，焚纸箔，摆鸡、鱼、猪头、酒、花糕、"果子"等供品，祭祀祖先及天、地、财神等神灵，祈求保佑全家平安、健康、发财。随着农民出外打工经商的增多，为了求得财运亨通，人们对财神格外重视，贴财神像，

① 《芦里公社关于当前生产生活的安排》，1964 年 1 月 2 日，梁山县档案馆藏档 25-1-16。

② 《中共菏泽地委关于做好春节期间工作的通知》，1965 年 1 月 20 日，菏泽市档案馆藏档 9-2-169。

③ 《寿张集公社关于年关工作的报告提纲》，1966 年 1 月 6 日，梁山县档案馆藏档 20-1-38。

④ 《寿张集公社李楼工作组无产阶级"文化大革命"总结》，1966 年 8 月 25 日，梁山县档案馆藏档 20-1-37。

⑤ 《菏泽地区革命委员会生产指挥部关于做好春节市场供应和客、货运输的紧急通知》，1969 年 1 月 16 日，梁山县档案馆藏档 28-3-272。

⑥ 《梁山县志》，新华出版社 1997 年版，第 492 页。

⑦ 《梁山民间传统节日》，载中国人民政治协商会议梁山县委员会文史资料委员会编：《梁山文史资料》第 1 辑，内部资料 1986 年版，第 153 页。

⑧ 《馆里乡党委 1994 年宣传工作总结》，1995 年 1 月 24 日，梁山县档案馆藏档 103-1-71。

有的供着财神。

现在的上坟祭祖之风十分盛行,仪式格外隆重。以笔者村为例,每逢除夕下午,各家族的男性都集合起来一起上坟,女性不参加。人越多越显得家族人丁兴旺,后继有人,上坟也是炫耀家族势力的一种仪式和机会,即使在县城里居住的,也尽可能开车或骑车回去上坟。每当除夕下午,上坟的人来人往,熙熙攘攘,停在路边的汽车、摩托车排成排。20世纪80年代,上坟时间较晚,一般在太阳快落山的时候,集体敛钱买鞭炮,每户三五元,一共买三四盘,大约两三千个鞭炮。现在,随着人们收入的增加,各户随意买鞭炮,但买的数量比以前大大增多,每户都买一两盘,大约一千个鞭炮,另外还有"两响""雷子""烟花"。除夕下午大约三四点钟,人们就提着上坟的纸钱、酒、香、鞭炮,扛着放鞭炮的长杆子,浩浩荡荡地上坟祭祖。到坟地以后,人们先放"两响""雷子",再放成盘的鞭炮(见图7.2);然后,在坟前上香、祭酒、焚纸钱;最后,按辈分挨个坟头依次行跪拜礼,并念叨"拜年了,喝酒、收钱、回家过年"等。上坟能近距离表达对祖先的祭奠和怀念,祈求先祖护佑,同时也有团结族人、增强家族凝聚力的功能。

四、压岁钱与守岁习俗变迁

梁山一带过年,有的老人还用红纸包一点钱,分发给孩子们做"压岁钱"。① 压岁钱也称压腰钱、押岁钱。因"祟"与"岁"谐音,所以压岁钱有厌胜鬼祟的巫术作用,长辈给儿女们压岁钱,祝福晚辈健康成长。最初的压岁钱不是流通的货币,而是专门铸造的钱币形状的辟邪品。宋代以来,现实流通的货币逐渐成为压岁钱。长辈一般用红绳把铜钱串起来,年夜饭后给晚辈或放在孩子床脚,《燕京岁时记》载:"以彩绳穿钱,编作龙形,置于床脚,谓之压岁钱。尊长之赐小儿者,亦谓压岁钱。"②有的将压岁钱系于腰间,故

① 《梁山民间传统节日》,载中国人民政治协商会议梁山县委员会文史资料委员会编:《梁山文史资料》第1辑,内部资料1986年版,第153页。

② (清)潘荣生陛、富察敦崇:《帝京岁时纪胜燕京岁时记》,北京古籍出版社1981年版,第98页。

图 7.2　上坟

称压腰钱。如今,人们以人民币做压岁钱,而且喜欢用新票,最好是号码相连的钞票,象征连年发财。压岁钱已由传统的压岁巫术活动演变为孩子们的重要经济来源。随着人们生活水平的提高,压岁钱的数目不断攀升,几十、几百元不等。孩子们有了压岁钱,带来自主消费的快乐,但也产生不利影响,如果不能合理使用,则易造成盲目攀比和追求消费等不良后果。孩子如何支配和使用压岁钱应当引起家长重视。也有的老人自己没有收入,靠儿女们供养,为了表达对孙子、孙女等的爱护之情,给晚辈买点蜡烛、鞭炮、糖果之类的小礼品,作为贺岁的礼物。不论是钞票,还是礼物,都是表达对晚辈的美好祝福和关爱之情,也是一种不可少的仪式。

守岁是春节的一项重要民俗行为。在梁山县境,有的大年夜通宵不眠。① 除夕夜俗称大年夜,"一夜连双岁,五更分两年",在辞旧迎新的特别

① 《梁山民间传统节日》,载中国人民政治协商会议梁山县委员会文史资料委员会编:《梁山文史资料》第 1 辑,内部资料 1986 年版,第 153 页。

时刻,人们通过守岁的方式迎来新的充满希望和美好憧憬的一年。传说古代有一种叫“年”的怪兽在大年夜出来伤人,于是人们点灯,彻夜不眠,保持警惕,聚合全家的力量共同对付怪兽。后来,演变为守岁的习俗。宋代孟元老的《东京梦华录·除夕》记载了都城开封守岁的习俗,“士庶之家,围炉团坐,达旦不寐,谓之‘守岁’”。[①] 明代沈榜的《宛署杂记》载:“除夕,聚坐达旦”。[②] 新中国成立后,当地仍延续大年夜守岁的习俗,在电灯出现之前,伴着昏暗的油灯和烛光,人们守岁的时间不太长。科技进步给节日习俗带来新气象。自从农村使用电,解决了照明问题;特别是电视机普及后,全家老少团聚在一起,在品尝美味佳肴的同时,也享受着春节联欢晚会的精神大餐。看春节晚会成为人们守岁的重要活动和内容,也成为全球华人的共同守岁活动,看春节联欢晚会守岁成为一种新民俗。在新年钟声敲响之际,人们尽情燃放鞭炮,欢呼新年到来,天地间洋溢着喜庆欢乐的气氛。直到春晚结束,人们才上床睡觉。有的年轻人则继续喝酒、娱乐,彻夜不眠。

五、拜年习俗变迁

拜年是人们辞旧迎新、相互表达美好祝愿的重要方式。大年初一,人们相互庆贺新年的到来,共同分享节日的快乐。明代中期陆容《菽园杂记》记载了当时拜年的盛况:“京师元旦后,上自朝官,下至庶人,往来交错道路者连日,谓之‘拜年’。”[③]按照当地习俗,拜年先家内后家外,先本族后外族。首先给神灵祖先拜年,其次给长辈,然后是平辈。祭拜天、地、祖先等神灵,保佑全家幸福平安;晚辈给长辈拜年,祝福健康长寿、吉祥如意;平辈之间相互祝贺,互祝“过年好”“新年快乐”“恭喜发财”等。打开家门,人们四处串门拜年。

新中国成立后,提倡移风易俗,破除封建迷信,梁山县逐渐改变了过去行跪拜礼的磕头拜年方式。例如,1966 年春节,寿张集公社大搞移风易俗,

---

① (宋)孟元老:《东京梦华录》,中国商业出版社 1982 年版,第 70 页。
② (明)沈榜编著:《宛署杂记》,北京古籍出版社 1980 年版,第 192 页。
③ (明)陆容:《菽园杂记》,佚之点校,中华书局 1985 年版,第 52 页。

教育群众提高觉悟自愿自觉抵制封建迷信、磕头等陈规陋习。[1] “文革”期间，甚至禁止人们相互拜年。改革开放以来，传统拜年习俗复归。祭祖之后，先给家中老人拜年，然后，近房邻里间互相拜年，直至午时方休。[2] 当今，梁山县农村春节拜年仪式比较隆重，普遍行传统的跪拜礼。笔者村实行在全村范围内拜年，而且行跪拜礼。初一天不亮，人们就开始拜年，新娶的媳妇拜年时间更早。一般是先给父母拜年，再给家族内的其他长辈拜年。然后，家族内的人按照预先约好的时间和地点集合，等家族内的人员聚齐后统一出发，给村内其他家族的长辈拜年。在当今农村，哪个家族的拜年队伍越庞大、人员越多，越显得体面、人气旺、声势大、团结好。笔者家族人数较多，拜年时按辈分分成两支队伍。由于拜年的队伍比较长，拜年都在院子里进行。到某家拜年时，先在大门口招呼一声，主人就赶快出屋门迎接，先问好，再磕头行跪拜礼。接着，主家拿出香烟，端着糖块、花生、瓜子等招待，这时小孩子就赶紧凑过去，吃糖果。有的还在屋内备好菜、斟满酒，让拜年者进屋喝两盅，但人们一般不进屋喝酒。

如今，随着现代通信工具的发展，有的通过打电话，发短信、E-mail 或微信等方式，表达新年问候和节日祝福。但这些新的拜年方式，还限于年轻人、朋友或远道的亲人之间，在同村和亲戚之间登门拜年礼仪没变。

给亲戚拜年持续的时间很长，从初一到十五，过不了正月十五就算没过完年，拜年活动就可以进行。这段时间家家都备好美酒佳肴，等候亲戚的光临。在农村，哪天到哪家拜年是有一定顺序的，一般初二是新媳妇、新女婿到女方家拜年，初三看望外公、外婆，初四拜访姑、姨，初五之后看望老亲，等等。如果走亲戚的顺序乱了，会使亲戚不高兴。由于相互来往的亲戚比较多，过去有的拜年一直持续到正月十五。现在，人们都很忙，过了初五一般就忙于外出打工、做事；如果需要走的亲戚比较多，人们就在一天安排好几家，当然这些拜年活动都应在上午进行。拜年的顺序也不如以前严格了。

---

① 《寿张集公社关于年关工作的报告提纲》，1966 年 1 月 6 日，梁山县档案馆藏档 20-1-38。

② 《梁山民间传统节日》，载中国人民政治协商会议梁山县委员会文史资料委员会编：《梁山文史资料》第 1 辑，内部资料 1986 年版，第 153 页。

以前,人们拜年带的礼品一般是自家蒸的枣卷子、菜馍馍、枣花、包子等年货,20 世纪 80 年代,新娶的媳妇时兴给娘家打花糕,一般请村里的巧妇制作,重二三十斤,而且连打三年,现在送花糕的习俗消失了。如今,人们拜年时带的礼品是成箱的酒和糕点等。

拜年不仅是祝贺春节的一种形式,也成为人们联络感情、交流思想、增进社会关系的重要方式和手段。遗漏了拜年,“不仅会使人们失去许多乐趣,而且还会因严重失礼造成社会过失”。[①] 通过拜年联络亲情、乡情,加强家族、亲戚、邻里的联系和团结,整合与再造社会人伦关系,有利于人际关系融洽和社会稳定和谐。

六、饮食习俗变迁

“民以食为天”。饮食是春节非常重要的内容。在传统社会,人们一年的辛劳就为了在过年时候好好享受美味佳肴,平时节俭,但春节的饮食却力求丰盛,一进腊月就开始毫不吝啬地办年货。集体化时期,平时人们难吃上肉,但过春节时生产队一般都杀猪,让社员过好春节。20 世纪 80 年代,不少农家都自己杀猪宰羊,除卖一部分外,剩下的猪肉及猪头、杂碎等能吃整个正月。人们在春节前好几天就开始蒸过年的食品,如花糕、白馍馍、菜馍馍、包子、枣卷子、黏窝窝等,同时,还炸各种丸子。最具特色的是打花糕,用发酵好的面与枣为原料,先做一圆饼做底子,上用摆放鱼纹、寿桃、莲花瓣等形状的“枣花”,在饼上放置一圈鱼鳞形或菱形等精致的“枣花”,中间放枣,一层层堆积而成。花糕是一种装饰精美的艺术食品,寄托着步步高升、连年有余、健康长寿等美好愿望,也显示妇女们高超的手艺。为搞好“好客山东贺年会,梁山好汉过大年”活动,2010 年春节前夕,梁山水浒文化旅游股份有限公司和梁山县旅游总公司合制了大花糕(见图 7.3),重 4600 斤,最底层直径 2.4 米,高 2010 毫米,寓意 2010 年;有 108 个花瓣,寓意 108 条好汉;36 层寓意 36 天罡;倒数第二层 72 个花瓣,寓意 72 地煞,预申请世界吉

① [美]明恩溥:《中国乡村生活》,中华书局 2006 年版,第 158 页。

尼斯纪录;春节期间在梁山风景区展出。人们把蒸好的食品放入缸里,能吃到正月十五,甚至二月二。现在,农家一般都不再杀猪宰羊,而是直接从市场购买等。不过,随着人们生活水平的提高,过春节备的肉食不如以前多了,因为肉、鸡、鱼等平时都可以买到。过年的馒头大多从馍房直接兑换或购买,很少自家做,节省了大量时间。

图 7.3　大花糕

饺子是当地过年最重要的节令食品。大年初一早晨,梁山一带有吃水饺的习俗。① 水饺又称角子、扁食等。饺子唐代称为"牢丸",宋代食品中出现"交子"一词,元代把饺子叫作"扁食"。② 明代沈榜编著的《宛署杂记》有春节"作扁食"的记载。③ "节令食品不在于其营养价值,而是基于其象征

① 《梁山民间传统节日》,载中国人民政治协商会议梁山县委员会文史资料委员会编:《梁山文史资料》第 1 辑,内部资料 1986 年版,第 153 页。

② 常建华:《岁时节日里的中国》,中华书局 2006 年版,第 12 页。

③ (明)沈榜编著:《宛署杂记》,北京古籍出版社 1980 年版,第 190 页。

意义”。[1] 春节吃饺子有辞旧迎新、“更岁交子”之意,因为饺子的形状像元宝,过年吃饺子又有“招财进宝”之意。而且,人们煮饺子用芝麻秸,意味着新的一年像芝麻开花节节高。饺子作为春节的节令食品,馅料特别讲究,为增加节日气息、生活情趣和寄寓美好祝福,人们把各种精美、吉祥的东西做馅包进去,以寄托美好的祝福和期盼。人们在饺子中包入糖、花生、硬币等,吃到糖馅的饺子,象征新的一年生活甜如蜜;吃到花生表示长生不老;吃到硬币者则发大财。当地大年初一早晨有吃素饺的习俗,人们用萝卜、粉条和葱花、油、盐、花椒粉等做调料,但不加肉,寓意在新的一年里素素静静、平平安安。当今,人们生活水平不断提高,但还习惯吃素饺,因为过年大鱼大肉不断,初一早晨吃顿素饺,可以换换口味,吃点素的对人们身体健康也有好处,同时还煮鸡蛋吃,俗信吃了可以“滚灾”,一年平安、无灾无恙。春节吃水饺不仅仅是人们物质的享受,而是体验过年的意味,也是一种仪式。过去,按照当地习俗,人们把春节吃的饺子用莛子串起来,放一年,寓意年年有余粮、招财进宝。有的地方,除夕晚饭有吃面条的习俗,俗称“喝钱串”。

集体化时期,人们生活水平低,仅能温饱,平时粗茶淡饭,难得吃上一顿白面大馅的饺子。但过年时,尽量保证每个社员都能吃上饺子,如 1964 年春节前,梁山县芦里公社逐队逐户搞好春节生活检查,使每个社员都欢欢乐乐地过个好春节,保证每户每人都吃上饺子。[2] 1966 年,梁山县寿张集公社在春节前对所有优抚对象进行一次检查安排,保证他们吃上一顿饺子。[3] 如今,饺子不只是节令食品,而早已日常化,不同口味的速冻水饺也应有尽有,非常方便。

“有钱没钱,回家过年”。每逢春节,外出务工的人总要千里迢迢往家赶,赶着吃年夜饭。年夜饭又称团圆饭、年更饭,是一年中最重要的一顿饭。全家团聚进餐,交流情感,共叙天伦。如今,人们在外打工,生活压力越来越

---

① 简涛:《立春风俗考》,上海文艺出版社 1998 年版,第 156 页。

② 《芦里公社关于当前生产生活的安排》,1964 年 1 月 2 日,梁山县档案馆藏档 25-1-16。

③ 《寿张集公社关于年关工作的报告提纲》,1966 年 1 月 6 日,梁山县档案馆藏档 20-1-38。

大，春节与家人团聚进餐，享受天伦之乐，获得心灵安顿和精神愉悦，意义非常。年夜饭非常丰盛，而且有许多讲究，寄寓着人们的美好愿望和祝福。年夜饭有丸子、豆腐、白菜、鸡、鱼等菜肴，丸子象征合家团圆，豆腐意思是丰裕富足，白菜表示清清白白，鸡寓意吉祥如意，鱼意味着年年有余，而且，鱼不能全食，要有剩余。一家人团聚在一起，品尝佳肴盛馔，享受欢乐团圆的亲情，其乐融融。如今，人们生活水平提高了，对年夜饭的兴趣降低了，有的不在家吃年夜饭，而是在饭店，但吃年夜饭仍是人们过年的头等大事，追求合家团圆、寄托对美好未来的希冀和祈盼的情结没变。

现在，家族男性聚餐比较流行。但在20世纪50至70年代，以阶级观念取代家族观念，不准家族聚餐，在过年期间大力提倡节约，反对大吃大喝。如1964年，梁山县芦里公社教育社员既要过好春节又不要铺张浪费，俗话说得好"年好过，春难熬"，要坚持勤俭过春节的精神，更不能请客送礼，吃集体饭，喝集体酒。[①] 1969年，菏泽地区革命委员会要求坚决贯彻执行毛主席"要节约闹革命"的伟大方针，过一个革命化的春节，反对挥霍浪费，越是丰收了，越要注意节约，越要保持艰苦朴素的本色。[②] 20世纪80年代以来，农村家族聚餐之风逐渐盛行。如今，笔者村就有家族男性聚餐的习俗。一般采取轮流主办的方式，主办者备好酒菜，参加者一般每人带着一瓶酒、一盒烟。平时人们打工在外，难得一聚；过年时，人们聚在一起，开怀畅饮，通宵达旦，还保持过去豪饮的风俗。受梁山好汉大块吃肉大碗喝酒的历史影响，聚餐开始大家共同喝干三杯酒，取的是刘、关、张桃园三结义典故，学的是梁山好汉的哥们儿义气。[③] 每人喝过之后，把酒盅倒过来，当众亮一下，放回原处，俗称"亮盅"，如果喝不干，还要滴酒罚三杯。然后，喝"令盅酒"，选取较大酒盅当令盅，放在倒扣的碗底上，按一定顺序喝酒，每个人也必须喝干、亮盅。这种喝"令盅酒"的办法就是要求把酒喝干，不能把剩下的酒留

① 《芦里公社关于当前生产生活的安排》，1964年1月2日，梁山县档案馆藏档25-1-16。

② 《菏泽地区革命委员会生产指挥部关于做好春节市场供应和客、货运输的紧急通知》，1969年1月16日，菏泽市档案馆藏档28-3-272。

③ 杨朝福主编：《梁山运河文化寻踪》，国际文化出版公司1998年版，第135页。

给别人，每人轮流三次。再就是推磨法，挨着把自己酒杯里的酒喝完，也是三次。还要给长辈敬酒，用右手把斟满的酒杯端起，左手托住杯底，毕恭毕敬地献给长者，也是三杯。饮酒自然离不了划拳行令助兴。梁山一带酒令较多，有俗令、雅令、通令、筹令等，具体可分为诗词令、数字令、传花击鼓令、赶集令、划瓢令、答非所问令、抽扑克牌令、禁字令等不下几十种，只要违了令，就必被罚喝，热闹非凡。① 笔者村最常用的是划拳，通宵达旦，"一醉方休"，饮酒海量者被视为英雄，饮酒直爽者被认为可交，尽情尽兴，宁伤身体也不伤感情。全家族的人聚在一起，交流信息，增进感情，凝聚家族共同体。

第二节　其他节日习俗变迁

一、元宵节习俗变迁

正月十五之夜是一年中的第一个月圆夜，古代称夜为宵，正月又叫元月，故称正月十五为元宵节。当地把正月十五称为小年。受道教影响，正月十五称上元节，与七月十五中元节、十月十五下元节合称"三元节"。相传上元节是天官赐福的日子。佛教传入后，正月十五夜"燃灯表佛"，后来正月十五燃灯成为习俗，故元宵节又称"灯节"。当地正月十五有吃元宵、燃灯及放鞭炮、舞狮子等习俗。②

元宵又称汤圆、汤团、元子等。吃元宵的历史始于宋代。《梦粱录》记述了南宋杭州元宵节沿街卖"元子""汤团"的习俗。③ 元宵节吃汤圆，象征一家生活甜蜜、团团圆圆。

20 世纪 50 至 70 年代，人们生活拮据，物资也很贫乏，很少能吃到元宵。据笔者调查，当时人们大都没见过或根本不知道元宵，当地过"十五"

---

① 杨朝福主编:《梁山运河文化寻踪》，国际文化出版公司 1998 年版，第 136 页。

② 《梁山民间传统节日》，载中国人民政治协商会议梁山县委员会文史资料委员会编:《梁山文史资料》第 1 辑，内部资料 1986 年版，第 154 页。

③ (宋)吴自牧:《梦粱录》，浙江人民出版社 1980 年版，第 148 页。

与山东台头村相似,“最主要的特征是把春节剩下的食物吃掉”,[①]主要是吃春节时蒸的花糕、枣窝窝等。《梁山县志》载:20 世纪 80 年代,城镇居民渐有吃元宵之俗,寓意生活甜蜜,家人团圆。[②] 如今,随着人们生活水平提高,元宵成为人们过节必备的食品。元宵馅的原料多种多样,白糖、豆沙、核桃仁、果仁、枣泥等,每当元宵节,集市上、商店里卖元宵的非常多,散装的、袋装的,普通的、品牌的应有尽有。现在,人们平时也能吃到过去节日也难吃到的食品。

正月十五有燃灯的习俗。佛教传入中国后,正月十五在寺庙“燃灯表佛”的习俗在民间也逐渐流传开来。隋代灯会非常兴盛,《资治通鉴·隋纪》载:“自昏至旦,灯火光烛天地,终月而罢,所费巨万。自是岁以为常”,[③]隋代燃灯习俗对民间影响很大。唐朝把正月十五作为“燃灯”节日,天宝三年(744 年)规定:“每载依旧正月十四、十五、十六日开坊市燃灯,永为常式”,[④]奠定了后世灯节的基本天数。灯象征光明、喜庆和吉祥;“灯”与“丁”谐音,元宵节燃灯,有祈求生育的寓意。

打灯笼是当地元宵节的重要习俗。俗信元宵节的灯光可以给人们带来吉祥,能免灾赐福,俗话说“照照腚不生病,照照脸不害眼”。20 世纪 80 年代前,人们打的灯笼多是自制的,用铁丝或竹篾做架,糊上透明薄纸,里面点上蜡烛。后来,人们多从集市购买。灯笼是元宵节大人送给孩子们的重要礼物。晚上,孩子们打着灯笼,在街上比灯、赛灯,非常热闹。在没有电灯的年代,天空一轮圆月,地上灯光点点,孩子们欢声笑语不断,好一番喜庆祥和、其乐融融的景象。如今,制灯技术不断进步,灯笼日益现代化,花花绿绿、各式各样,在发光的同时,还能播放音乐,为节日生活增添欢乐喜庆气氛,但孩子们打灯笼的越来越少了。过去,正月十五晚上还有燃炊帚的习俗,人们把废弃的“炊帚疙瘩”点燃扔着玩,俗信可以不害眼,笔者小时候也

① 杨懋春:《一个中国村庄:山东台头》,江苏人民出版社 2001 年版,第 95 页。

② 《梁山县志》,新华出版社 1997 年版,第 492 页。

③ (宋)司马光编著:《资治通鉴》(下),(元)胡三省音注,上海古籍出版社 1987 年版,第 1203 页。

④ (宋)王溥:《唐会要》,日本株式会社中文出版社 1978 年版,第 862 页。

玩过,现在此俗消失了。

正月十五闹元宵,从"闹"字,可以看出节日的娱乐性质。人们燃放烟花爆竹、敲锣打鼓、"耍玩艺",热闹非凡。《清嘉录》载:"元宵前后,比户以锣鼓铙钹,敲击成文,谓之闹元宵,有跑马、雨夹雪、七三五、跳财神、下西风诸名。或三五成群,各执一器,儿童围绕以行,且行且击,满街鼎沸,俗呼走马锣鼓。"①元宵节,爆竹声声、锣鼓喧天、欢声笑语,一派热闹喜庆景象。新中国成立后,逐渐恢复了元宵节燃放烟花爆竹、扭秧歌、踩高跷、舞狮子等民俗活动。家庭联产承包责任制实行后,人们生活水平不断提高,元宵节也越来越热闹,鞭炮越放越多。元宵节晚上人们大都燃放成盘的鞭炮,一般500—1000个。当地把成盘的鞭炮俗称"明盘子""火鞭",有文、武之分,"文"的就是只有鞭炮;"武"的就是除了鞭炮,还有烟花。20世纪80年代,许多村都有狮子"啃火鞭"的娱乐项目,锣鼓喧天,鞭炮声声,狮子朝着炸响的鞭炮做各种动作,来回嬉戏,非常热闹,笔者村里也是如此。梁山县各乡镇也组织元宵节文娱活动,例如,1996年元宵节前后,馆里乡组织一部分狮子队、高跷队、武术队串街表演,使广大群众度过一个祥和的元宵节。② 如今,当地自制的小型烟火(俗称"哧花")已退出市场,新型礼花不断上市,以往在城市才能见到的大型礼花也在农村上空绽放。但是,近些年,农村锣鼓喧天、狮子"啃火鞭"的热闹场面很少了。人们吃完元宵,自家燃放过鞭炮烟花后,便收看中央电视台的元宵晚会,没有集体娱乐活动,节日生活单调而冷清,元宵节的文化气氛和意味淡了。如今,人们一般过了正月初五就外出务工,农村元宵节的重要性日益降低。

二、二月二习俗变迁

二月二古称中和节,俗称龙抬头日、青龙节、围仓日,俗信是龙从冬眠中

---

① (清)顾禄:《清嘉录》,来新夏校点,上海古籍出版社1986年版,第27页。

② 《馆里乡第四届农民文化艺术节活动实施方案》,1996年1月23日,梁山县档案馆藏档103-1-98。

苏醒的日子。在隋代和唐初已有二月二的习俗。[①] 旧时，人们靠天吃饭，为获得粮食丰收，不得不祈求各类神灵的佑护，传说此日为掌管行云布雨的雨神龙抬头之日，俗称"二月二，龙抬头"。二月二有"围仓"、炒"蝎子爪"等习俗。

20 世纪 80 年代，笔者村仍有二月二"围仓"的习俗。在二月二前几天，人们就开始积攒围仓的草木灰。平时，人们做饭主要烧农作物的秸秆，每次做完饭，锅底都会存留大量草木灰；做饭前，先用掏灰扒把锅底的灰掏干净，然后再放柴点火做饭。但都不存留草木灰，而是直接倒入"粪坑"积肥。二月二早晨，天刚蒙蒙亮，人们就早早起来"围仓"。先把院子打扫干净，因为围好的"仓"要保留 3 天，3 天不能扫院子。"围仓"时，先在空旷的院中选好"仓"的中心，用铁锨挖个小坑，然后，以小坑为圆心，大约以半米为半径，用铁锨撒灰画圆，再分别以约 1 米、1.5 米、2 米为半径撒灰画圆。然后，以圆心为顶点，大约 30°夹角朝大门口方向撒两条灰线，为入仓的梯子。最后，在圆心的坑里埋上少许精心挑选、粒大饱满的高粱、玉米、大豆等五谷杂粮，"仓"就围好了。一圈一圈的"仓"象征来年是个大丰收年，收获的粮食囤满仓尖、而且加上了一圈又一圈、一层又一层的"折"子；梯子的意思是粮多仓高，需爬梯才能上去，梯子朝门寓意粮食从外面收进家来。另外，还在室内"围仓"，"仓"中心埋放钱币，意祈"钱龙引进"，[②]象征钱财满仓、家业兴旺。"围仓"是人们祈祷五谷丰登、钱财满仓美好愿望的艺术表达形式，体现了人们对好日子的憧憬和向往，希望年年丰收、发财发福。围完"仓"后，边敲门框边念叨："二月二敲门框，金子银子往家扛；二月二敲门枕，金子银子往家滚"。然后，再到屋里敲敲梁，边敲边念"二月二，敲敲梁，蝎子蚰蜒往里藏"。[③] 有的，还到打谷场里"围仓"。如今，人们做饭很少烧柴火，草木灰难找到，院子也多是水泥地面，"围仓"习俗基本消失了。

"蝎子爪"也称炒豆、料豆。传说二月二吃"蝎子爪"与小白龙有关，相

① 常建华：《岁时节日里的中国》，中华书局 2006 年版，第 70 页。

② 《梁山县志》，新华出版社 1997 年版，第 492 页。

③ 房瑞荣、周传宪、姬脉科：《运河铁韵——古镇开河漫谈》，中国文联出版社 2002 年版，第 244 页。

传掌管降雨的小白龙得罪了玉帝,玉帝夺去其向人间降雨的权利。结果,民间大旱,民不聊生。小白龙不忍心,偷偷地降了一场大雨,解除旱情。玉帝得知后,大怒,把小白龙囚禁起来,说:“释放小白龙,除非金豆开花。”老百姓都想解救小白龙,那如何才能让金豆开花呢?有人说:把金灿灿的黄豆炒开,不就金豆开花了吗?于是,家家户户把黄豆炒开花,看管小白龙的神以为是金豆开花了,就把小白龙给放了。那天正好是二月二,以后就有了二月二炒豆的习俗。俗话说:“二月二,吃炒豆,大仓满,小仓流”,吃炒豆反映了人们祈求五谷丰登、粮食满仓的美好愿望。另外,当地有句顺口溜:“吃了蝎子爪,蝎子不会往家爬”,俗信吃了“蝎子爪”一年不会再遭蝎蜇虫咬,寄寓着人们辟灾的美好情愫。

新中国成立后,当地仍有二月二吃“蝎子爪”习俗。炒“蝎子爪”比较费事。先选上好的黄豆放到盐水里浸泡,泡好后捞出来先用沙土拌一下,晾晒,半干后再炒。炒时,先把铁锅里的沙土烧开,再加入适量豆子翻炒。用沙土作为炒豆的传热介质,受热均匀,不会把豆子炒得“皮焦骨头生”。炒不久,锅里的沙土就出现“噗突噗突”声音,再反复翻炒一段时间,当炒的豆子发出“噼噼啪啪”响声、涨开花之后,“蝎子爪”就炒熟了,用铁筛子把土筛掉,又香又酥的“蝎子爪”就可以大饱口福了。人们把炒的“蝎子爪”互相馈赠。过去当地有小孩敛“蝎子爪”的习俗,唱着歌谣“二月二炒‘蝎子爪’,大娘婶子给一把”,挨家敛,人们都很热情地把“蝎子爪”大把大把地分给孩子们。“蝎子爪”密封保存,可以长期食用,营养又可口。20世纪八九十年代,逢二月二家家户户还都炒“蝎子爪”;但是,自己炒比较费事又脏,弄得满身都是土。如今,每逢二月二,人们很少自炒“蝎子爪”,而是直接到集市上购买,咸的、甜的、五香的、麻辣的,样样都有,美味又可口。

过去,当地妇女二月二不做针线活,怕“戳龙眼”。① 还不准喝“糊涂”和疙瘩汤,如喝“糊涂”俗信会糊住龙眼,看不清土地商情,下起雨来不是多就是少,导致不是旱就是涝,影响庄稼丰收;喝疙瘩汤则容易下冰雹。如今,这些禁忌消失了。

① 《梁山县志》,新华出版社1997年版,第492页。

三、清明节习俗变迁

清明节又叫寒食节、扫墓节、踏青节、三月节等。清明节最初是二十四节气之一，时间在农历春分后第15日，公历4月5日前后，太阳到达黄经15°时开始。这时，草木萌芽，万物复苏，春意盎然。天气转暖，当地有“过了清明十天，大人孩子换单（衣）”的说法。清明是春耕春种的大好时节，是古代农业生产的重要节气。农谚说：“清明前后，种瓜点豆”。古代，在清明节前后还有寒食节与上巳节，因为这三个节日时间相距较近，经过长期的演变，大约在唐宋以后这三个节气逐渐融合在一起，统称清明节。① 清明节的节日品格主要来源于寒食节和上巳节。寒食节起源于春秋时期，在冬至后105天，因此在清明前一两天或同日，《荆楚岁时记》载：“去冬至节一百五日，即有疾风甚雨，谓之寒食”。② 寒食节有禁火、冷食、上墓、踏青、插柳等习俗。上巳节大约在农历三月初，曹魏以后上巳节定在三月三，是古代的重要节日之一。《荆楚岁时记》载：“三月三日，士民并出江渚池沼间，为流杯曲水之饮”，③成为一种水边交游、宴饮活动。融三节于一身的清明节成为我国民间的重要传统节日，在梁山一带，清明节有吃冷食、插柳、上坟等习俗。

寒食节禁烟火、吃冷食的习俗传说与晋文公重耳和介子推有关。春秋时期，晋文公为悼念不图为报、在山西介休绵山被焚而亡的介子推，令民间为其断火吃冷食而相沿成习。其实这个传说不过是后来的附会而已。清明节吃冷食的习俗在此之前存在已久。根据《周书·司烜氏》，仲春禁旧火，季春出新火，在新火未出之前，国中禁火。④ 禁火期间，人们只好吃冷食。后来这种换火仪式消失，但禁火的习俗却保留下来。《荆楚岁时记》载：寒

① 季鸿崑：《岁时佳节古今谈》，山东画报出版社2007年版，第117页。
② （梁）宗懔：《荆楚岁时记》，姜彦稚辑校，岳麓书社1986年版，第23页。
③ （梁）宗懔：《荆楚岁时记》，姜彦稚辑校，岳麓书社1986年版，第26页。
④ （唐）徐坚等：《初学记》第一册，中华书局1962年版，第67页。

食节“禁火三日”。[①] 有的地方禁火一月,许多老人小孩不堪禁火,有的因吃冷食死去,后来吃冷食的习俗有所改变,据《后汉书·周举传》载:山西太原“士民每冬中辄一月寒食,莫敢烟爨,老小不堪,岁多死者。举既到州,乃作吊书以置子推之庙,言盛冬去火,残损民命,非贤者之意,以宣示愚民,使还温食。于是众惑稍解,风俗颇革”。[②]《初学记》载:“春中寒食一月,老少不堪,今则三日而已”。[③] 20世纪80年代,梁山县民间还有不动烟火,多吃冷饭的习俗。[④] 如今,清明节吃冷食的习俗不复存在,而代之以早晨吃煮鸡蛋、喝菠菜汤等。

清明时节,柳树正发芽吐绿,生机勃勃,人们插柳以求吉辟邪。清明节插柳习俗由来已久。相传介子推被烧死在柳树下,晋文公命令每家每户在门上插柳枝,为介子推招魂,遂成清明节插柳的习俗。另外,俗信柳树有治病、驱鬼辟邪等功能。《四民月令》载:三月三日,“采柳絮可以愈疮”。[⑤]《齐民要术》云:“正月旦,取杨柳枝著户上,百鬼不入家”。[⑥] 故清明节民间插柳辟邪。《梦粱录》载:“家家以柳条插于门上”。[⑦]《梁山县志》载:新中国成立后,清明插柳之俗仍存。[⑧] 清明节,当地人们很早就起床,在太阳出来前折柳,俗称“打柳”,或在头一天太阳落山后预先准备好。人们把柳条插在门旁、床席后及屋内大梁上,一般保持一年。近些年,当地清明节插柳之俗淡了。

清明节是中国三大鬼节(清明、农历七月十五、农历十月一)之一,人们有上坟祭拜先人亡魂的习俗。在墓地祭拜离祭祀对象最近,容易引起亲近之感,生者对死者的孝思亲情也能得到更好表达和寄托。唐代寒食上墓风

① (梁)宗懔:《荆楚岁时记》,姜彦稚辑校,岳麓书社1986年版,第23页。
② (宋)范晔:《后汉书》第七册,中华书局1973年版,第2023页。
③ (唐)徐坚等:《初学记》第一册,中华书局1962年版,第68页。
④ 《梁山民间传统节日》,载中国人民政治协商会议梁山县委员会文史资料委员会编:《梁山文史资料》第1辑,内部资料1986年版,第156页。
⑤ (汉)崔寔:《四民月令辑释》,缪启愉辑释,农业出版社1981年版,第37—38页。
⑥ 缪启愉、缪桂龙:《齐民要术译注》,上海古籍出版社2006年版,第345页。
⑦ (宋)吴自牧:《梦粱录》,浙江人民出版社1980年版,第11页。
⑧ 《梁山县志》,新华出版社1997年版,第492页。

俗颇盛，为了使官员们从容祭扫，不至于因此耽误职守，大历十三年（779年）诏令，自今以后每逢寒食，唐朝衙门依例放假五天；到贞元六年（790年）假日增加到七天。① 唐代寒食墓祭风俗在唐诗中也多有反映，例如杜甫的《寒食行》："寒食家家出古城，老人看屋少年行。丘垅年年无旧道，车徒散行入衰草。牧儿驱牛下冢头，畏有家人来洒扫。远人无坟水头祭，还引妇姑望乡拜。三日无火烧纸钱，纸钱那得到黄泉！但看垅土无新土，此中白骨应无主"，反映了当时上坟的盛况，因不能用火，人们把纸钱撒掉或挂起来，还要给坟培新土，远行在外的在水边"望乡祭"，没有祭扫的称为荒坟。《梦粱录》载：寒食节"官员士庶俱出郊省坟，以尽思时之敬。车马往来繁盛，填塞都门"，②可见当时祭扫风俗的兴盛。清明上坟习俗一直流传到现在。

清明节是人们向死去的先人表达纪念之情的最重要日子。新中国成立之初，提倡移风易俗，反对封建迷信，扫墓祭祖逐渐废止。《梁山县志》载：新中国成立后，清明节扫墓祭祖之俗渐废。③ "四清"和"文革"期间，大破"四旧"，把清明节祭祖当作坏风俗和封建迷信而禁止。还规定不过鬼节，例如，1966年8月25日《寿张集公社李楼工作组无产阶级"文化大革命"总结》要求：凡是鬼节一律不过。④ 改革开放以来，清明节上坟祭祖的习俗逐渐恢复。20世纪80年代中期，梁山一带，清明节有祭扫祖坟的仪式。⑤ 如今，人们生活水平不断提高，在过上富裕生活的同时，更感念先人的恩情，每当清明，人们都上坟祭祖。而今，敬献鲜花、网上祭扫、植树等寄托哀思的新方式，文明又时尚，值得提倡。

祭扫祖先坟墓，寄托哀思，追念先人功德，符合中华民族重视孝道、慎终追远的民族性格，也具有团聚族人及促进社会和谐的现实意义，这也是清明

---

① （宋）王钦若等编：《册府元龟》第一册，中华书局1982年版，卷六十，帝王·立制度一，第673—674页。

② （宋）吴自牧：《梦粱录》，浙江人民出版社1980年版，第12页。

③ 《梁山县志》，新华出版社1997年版，第492页。

④ 《寿张集公社李楼工作组无产阶级"文化大革命"总结》，1966年8月25日，梁山县档案馆藏档20-1-37。

⑤ 《梁山民间传统节日》，载中国人民政治协商会议梁山县委员会文史资料委员会编：《梁山文史资料》第1辑，内部资料1986年版，第156页。

节强大生命力之所在，当然要摒弃其中的封建迷信因子。现在，承载着孝道和感恩文化的清明节已列入第一批国家级非物质文化遗产名录，并作为国家法定假日，这对发掘祭祀文化的先进内核，弘扬民族优秀传统文化，具有重要意义。

四、端午节习俗变迁

端午又称端五、端阳、重午等。古人把五月视为不祥之月，《四民月令》载："五月，忙种节后，阳气始亏，阴慝将萌"，①认为五月是阳气到达端点而亏和害虫萌生之月，五月五日更是不吉利的恶时。古代，端午和二十四节气中的夏至为同一节日；后来，端午节逐渐成为纪念性节日和人文节日。古往今来，与端午节相关的纪念性人物很多，主要有屈原、伍子胥、越王勾践、孝女曹娥、介子推、苍梧太守陈临等。② 而具有诗人品格和忠臣风范的屈原成为端午节的最主要纪念对象。《荆楚岁时记》载："五月五日竞渡，俗为屈原投汨罗日，人伤其死，故并命舟楫以拯之。"③新中国成立以来，梁山县一带端亇节有插艾、吃粽子等习俗。

《梁山县志》载：人们在端午节前傍晚，将鲜艾插入房门两旁。④ 端午时节，春夏季节转换，天气变热，热度和湿度增加，蚊蝇滋生，疾病易于流行，俗信五月是多灾的"毒月"，"五毒"（蛇、蝎子、蜈蚣、蜥蜴、癞蛤蟆）开始滋生。人们凭借生活经验与智慧，用艾祛病辟邪。艾即艾草，多年生草本植物，气味浓烈，有祛病的药用价值，《本草纲目》载：艾叶"灸百病"，能"止吐血下痢""利阴气""辟风寒""安胎"等。⑤ 另外，取"艾"音，意思是爱屈原那样坚贞、高尚的精神。所以，人们把艾作为端午节的节日象征物，插艾于门旁，辟邪祛病。《初学记》载：五月五日"采艾悬于户上"。⑥ 20 世纪 80 年代，当

① （汉）崔寔：《四民月令辑释》，缪启愉辑释，农业出版社 1981 年版，第 53 页。
② 季鸿崑：《岁时佳节古今谈》，山东画报出版社 2007 年版，第 140—141 页。
③ （梁）宗懔：《荆楚岁时记》，姜彦稚辑校，岳麓书社 1986 年版，第 36 页。
④ 《梁山县志》，新华出版社 1997 年版，第 492 页。
⑤ （明）李时珍：《本草纲目》第二册，人民卫生出版社 1979 年版，第 936 页。
⑥ （唐）徐坚等：《初学记》第一册，中华书局 1962 年版，第 74 页。

地端午节插艾的习俗还很盛行。当时艾草较多,宅旁沟边都很常见。俗信,把艾草在"香台"上正反摔7次,就能治7种病。如今,随着科学知识增加、医疗水平提高以及艾草的逐渐减少,梁山县农村端午节插艾的很少了。

粽子是端午节的节令食品,以糯米为原料,用苇芦叶或竹叶包煮而成,清香可口,具有清热解毒和降火等作用。因为粽子有角,又称"角黍"。《梦粱录》记载了端午节人们买粽馈赠和食粽习俗。① 传说端午节吃粽子是为了纪念屈原。另外,粽子与"宗子"谐音,食粽子有祈求传宗接代之意。② 20世纪50至70年代,当地人们很少吃粽子。现在,粽子已由节日食品变成日常食品。

另外,20世纪80年代,当地还有端午节捉麻雀装在笼子里喂养的习俗,俗信端午节养的麻雀会"花叫"。

五、中秋节习俗变迁

农历八月十五恰值三秋之中,故名中秋节。八月为仲秋,八月十五又称"仲秋节"。中秋节是月圆人团圆的日子,故又称团圆节。中秋节还称"八月节"。中秋节初步形成于唐代。③ 唐代有关八月十五团聚赏月的记载颇多,现存歌咏中秋的诗篇就有90余首。④ 宋代,中秋节兴盛,人们团圆、赏月和宴饮。《梦粱录》载:"至如铺席之家,亦登小小月台,安排家宴,团圆子女,以酬佳节",⑤反映了当时中秋节宴饮、团圆等习俗的盛行。

中秋节是庆祝丰收的节日,也是感恩的节日,人们在月圆之时、收获之季祭月以祈求月神保佑作物茁壮生长、岁岁丰收。古人支配大自然的能力低下,科学知识缺乏,于是产生对月亮的崇拜和神化。俗信月神是"司植物生命和生长之神"。⑥ 中国祭月习俗起源很早,先秦时期就有祭月活动。

① (宋)吴自牧:《梦粱录》,浙江人民出版社1980年版,第22页。
② 关童:《端午新考》,《杭州师范学院学报(自然科学版)》2003年第6期,第9页。
③ 黄涛:《中秋节》,中国社会出版社2006年版,第50页。
④ 常建华:《岁时节日里的中国》,中华书局2006年版,第174页。
⑤ (宋)吴自牧:《梦粱录》,浙江人民出版社1980年版,第26页。
⑥ 何星亮:《中国自然神与自然崇拜》,上海三联书店1992年版,第185页。

《礼记》载:“祭日于坛,祭月于坎”。[①] 此后,祭月习俗流传下来。

月饼是中秋节的节令食品。“月饼”一词始于南宋,南宋周密的《武林旧事》记载了月饼,但此时月饼还不是中秋的节令食品。[②] “月饼”作为中秋节的节令食品,大约在元朝末年。关于月饼起源的传说不一,但都与元朝末年反抗打进中原的元朝统治集团的农民起义有关,反映出元朝末年月饼成为中秋节的节令食品。明代文献出现中秋食月饼的记载,明代沈榜的《宛署杂记·民风》载:“八月馈月饼”,条目下还说:“士庶家俱以是月造面饼相遗,大小不等,呼为月饼。市肆至以果为馅,巧名异状,有一饼值数百钱者。”[③]可见,当时月饼已成为中秋节的节令食品,而且花色多样,还有比较豪华的月饼。今日的月饼,品种繁多,风味各异,按馅料分有五仁、豆沙、枣泥、果馅等;按饼皮分有酥皮、浆皮、混糖皮等;按口味分有甜、咸、咸甜等;按外形分有花边、光面、画面等。既有普通月饼,也有包装精良、价格昂贵的礼品月饼、“天价”月饼以及特制的豪华月饼、收藏的工艺月饼等。20 世纪 50 至 70 年代,人们大多吃粗粮,在能吃上白面就是享受的情况下,月饼更是难得的美味。过去的月饼馅是红糖和青红丝做的,花样单调,远不如现在的好吃。有的人家舍不得买月饼,中秋节的观念很淡。现在,每逢中秋,市场上、商店里到处都有卖月饼的,人们购买月饼,馈亲友,庆中秋。随着人们生活水平的提高,月饼被视为三高(高糖、高脂肪、高热量)食品,有的人只食少量月饼体会节日意味而已。

《梁山县志》载:中秋夜,人们用月饼、苹果、石榴等水果“圆月”,[④]月饼象征团圆;苹果寓意家人平安;石榴多“籽”,寓意人丁兴旺、多子多福,都寄托着人们对美好生活的憧憬和祈望。中秋节之夜正值秋高气爽月圆之时,风清月朗,人们怀着丰收的喜悦,设酒宴、品月饼、赏月亮、庆团圆,同时,观看中央电视台的中秋晚会,“天上月圆、地上人团圆”,别有风味。而中秋节正值秋收大忙季节,节日活动也能调剂人们紧张繁重的劳动生活。如今,外

① 《礼记》,崔高维校点,辽宁教育出版社 1997 年版,第 138 页。

② (宋)四水潜夫辑:《武林旧事》,西湖书社 1981 年版,第 101 页。

③ (明)沈榜编著:《宛署杂记》,北京古籍出版社 1980 年版,第 192 页。

④ 《梁山县志》,新华出版社 1997 年版,第 493 页。

出打工的越来越多，难与家人团聚，多通过电话或发短信等方式向家人问好和表达祝福。

随着人们生活水平提高，中秋前夕，亲友间都互相走动，送月饼、鸡、鱼、肉等“节礼”，表达情感，享受情谊。但“节礼”量越来越大、花费越来越高，特别是“新亲戚”即未婚的，男方要向女方送“六个六”，即月饼、酒、鸡、鱼、肉、苹果六种礼物，且每种礼物的数量均为六，甚至更多，过多的“节礼”使人有负重之感。

六、腊八节习俗变迁

农历十二月初八为腊八节。农历十二月又称腊月，古代在腊月有重大的腊日祭祀活动，用猎物等祭祀神灵和祖先，报答恩赐，祈求来年风调雨顺、五谷丰登。早期，腊日没有固定日期，南北朝时期，受佛教影响，人们把腊日定在十二月初八。《荆楚岁时记》载：“十二月八日为腊日”。[①] 后来，传统的腊日活动逐渐被佛教的腊八节取代。

腊八节喝腊八粥习俗大约始于南北朝时期，至宋代已经很普遍。《东京梦华录》载：十二月初八“诸大寺作浴佛会，并送七宝五味粥与门徒，谓之‘八宝粥’。都人是日各家亦以果子杂料煮粥而食也”。[②] 腊八节喝腊八粥习俗的来源有不同说法，有说与佛教有关，传说腊月初八是佛祖释迦牟尼成道之日，道徒以米、豆、枣之类煮粥供佛，并施舍于贫者，后来，民间渐成煮食腊八粥习俗。另外，民间传说从前有个好吃懒做的人，到腊月初就基本没粮食吃了。到了腊八这天，只好四处翻找、东拼西凑，总算找到一把杂粮熬了点粥，即腊八粥。粥吃完后，便无米下炊，就饿死了。这种说法告诫人们要勤奋劳动、节约粮食，具有一定的教育意义。

新中国成立后，梁山县腊八节有吃腊八粥习俗。[③] 腊八粥（也称腊八饭）一般用小米、红枣、绿豆、豇豆、花生仁、麦仁、玉米糁、莲子等原料熬制

---

① （梁）宗懔：《荆楚岁时记》，姜彦稚辑校，岳麓书社 1986 年版，第 53 页。

② （宋）孟元老：《东京梦华录》，中国商业出版社 1982 年版，第 69 页。

③ 《梁山县志》，新华出版社 1997 年版，第 493 页。

而成,象征五谷丰登;多种原料搭配,营养全面,有利于身体健康;而干果、花果等硬壳类,有安神、补心、养血、健脾、益胃、补肾、补气等功效,能祛病防寒。[①] 人们用腊八粥敬奉神灵,报答神灵的赐予之恩,庆祝丰收,祈求保佑农作物茁壮成长、来年获得更好收成。除自家食用腊八粥外,人们还互相馈送。有的还用腊八粥涂抹果树,以祈望来年果实累累。如今,人们在腊八节还有熬腊八粥的习俗,集市、超市都有腊八粥原料,当然还有各种打开即食的罐装八宝粥,食用十分方便。吃过腊八粥,过年的气息越来越浓了,俗话说"吃了腊八饭,开始把年办"。

另外,当地腊八节还有腌腊八蒜的习俗。腊八这天,人们把剥了皮的蒜瓣放到装醋的坛子里封口浸泡。经过醋的浸泡,蒜的颜色逐渐变绿,腌好的蒜呈绿色,蒜辣可口,味道鲜美,能御寒祛病。特别是大年吃饺子佐以腊八蒜,别有风味。如今,人们腌制腊八蒜的少了,一般都直接购买。

七、祭灶日习俗变迁

腊月二十三俗称祭灶日,是送灶神上天的日子。当地民间有"腊月二十三,灶王爷上天"的说法。古时,祭灶在国家祭礼中占重要地位,《礼记·祭法》规定的国家七祀中,其中之一就有祭灶。[②] 自古以来,人们祭灶的时间不断变化。古代祭灶有夏祭说、晦祭说和腊祭说。[③]《荆楚岁时记》明确记载了腊日祭灶神。[④] 宋代祭灶的日期为十二月二十四,《梦粱录》载:十二月二十四日,"不以贫富皆备蔬食糖豆祭灶"。[⑤] 后来,改为二十三祭灶,即在灶神上天的头一天祭祀。《清史稿·礼三》载:"惟十二月二十三日,宫中祀灶以为常"。[⑥] 清代有"官三、民四、疍家五"的说法,即官府在腊月二十

① 《梁山县志》,新华出版社 1997 年版,第 493 页。
② 《礼记》,崔高维校点,辽宁教育出版社 1997 年版,第 135 页。
③ 常建华:《岁时节日里的中国》,中华书局 2006 年版,第 230 页。
④ (梁)宗懔:《荆楚岁时记》,姜彦稚辑校,岳麓书社 1986 年版,第 54 页。
⑤ (宋)吴自牧:《梦粱录》,浙江人民出版社 1980 年版,第 49 页。
⑥ 赵尔巽等:《清史稿》第十册,中华书局 1976 年版,第 2550 页。

三，一般民家在二十四，水上人家则在二十五祭灶。① 如今，梁山县民间在腊月二十三祭灶，其他县有的在腊月二十四祭灶。②

历代祭灶品不断变迁。《荆楚岁时记》载：以豚、酒祭灶。③ 唐宋之际，受佛道影响，素食祭灶逐渐发展，有的用酒糟祭灶神，让灶神醉饱上天，免得言人间过失。《东京梦华录》载："贴灶马于灶上，以酒糟涂抹灶门，谓之'醉司命'"，④人们企图灌醉灶神，让他醉醺醺地上天，糊糊涂涂地汇报。后来，用有黏性的糖果祭灶，黏住灶神的嘴，让他有口难开，打不了小报告。明清以后人们普遍以糖祭灶。俗语道："灶君封住口，四季无灾忧"。鲁迅先生在《送灶日漫笔》中写道："灶君升天的那日，街上还卖着一种糖，有柑子那么大小，在我们那里也有这东西，然而扁的，像一个厚厚的小烙饼。那就是所谓'胶牙饧'了。本意是请灶君吃了，黏住他的牙，使他不能调嘴学舌，对玉帝说坏话。"⑤古时，祭灶还有焚灶马的习俗，让其乘马上天。明代《宛署杂记》记载了京师焚"灶马"风俗："坊民刻马形印之为灶马，每年十二月二十四日，农民鬻以焚之灶前谓为送灶君上天"。⑥ 20 世纪 80 年代初，当地还有为灶王上天扎马的习俗，人们以高粱秸的蔑和瓤为原料，扎成马的形状，供祭灶之用。

新中国成立后，开展移风易俗、破除封建迷信，当然灶神也在清除之列，1966 年 1 月 6 日《寿张集公社关于年关工作的报告提纲》要求群众提高觉悟，自愿自觉地抵制封建迷信，反对门神灶马等一切陈规旧俗。⑦ 在"全民炼钢铁"的年代，人们甚至连锅都炼钢铁了，不做饭了，祭灶也无从谈起。改革开放后，祭灶习俗恢复。20 世纪 80 年代初，商贩还不敢在集市上公开

---

① 常建华：《岁时节日里的中国》，中华书局 2006 年版，第 231 页。

② 山东的黑墩屯在腊月二十四祭灶，参见王兆军：《黑墩屯——一个中国村庄的历史素描》，中国青年出版社 2006 年版，第 353 页。

③ （梁）宗懔：《荆楚岁时记》，姜彦稚辑校，岳麓书社 1986 年版，第 54 页。

④ （宋）孟元老：《东京梦华录》，中国商业出版社 1982 年版，第 69 页。

⑤ 何凝编：《鲁迅杂感选集》，上海文艺出版社 1980 年版，第 108 页。

⑥ （明）沈榜编著：《宛署杂记》，北京古籍出版社 1980 年版，第 192 页。

⑦ 《寿张集公社关于年关工作的报告提纲》，1966 年 1 月 6 日，梁山县档案馆藏档 20-1-38。

售卖灶神，就挨家“送”印得比较粗糙的灶神。当地祭灶时，先摆放好糖果，燃神香，然后将供了一年的灶君像取下，连同扎的灶马一块焚掉，并念叨“上天言好事，下界保平安”“供的糖果香又甜，要对玉皇进好言”“多说好，少说坏，五谷杂粮全带来”之类。祭完灶后，家人把糖果分食。腊月二十三送灶王上天后，除夕再把他请回来，贴上新灶王像，谓之“一家之主”，[①]贴灶王像时，要往里倾倒一点，俗信“灶王爷往里倒，越过越好”（见图 7.4）。如今，煤气灶、电饭锅、微波炉等现代化炊事设备逐渐代替了过去烧柴火的锅灶，同时，人们吃饭问题已经解决，灶神的地位不再重要，梁山县祭灶习俗基本消亡。

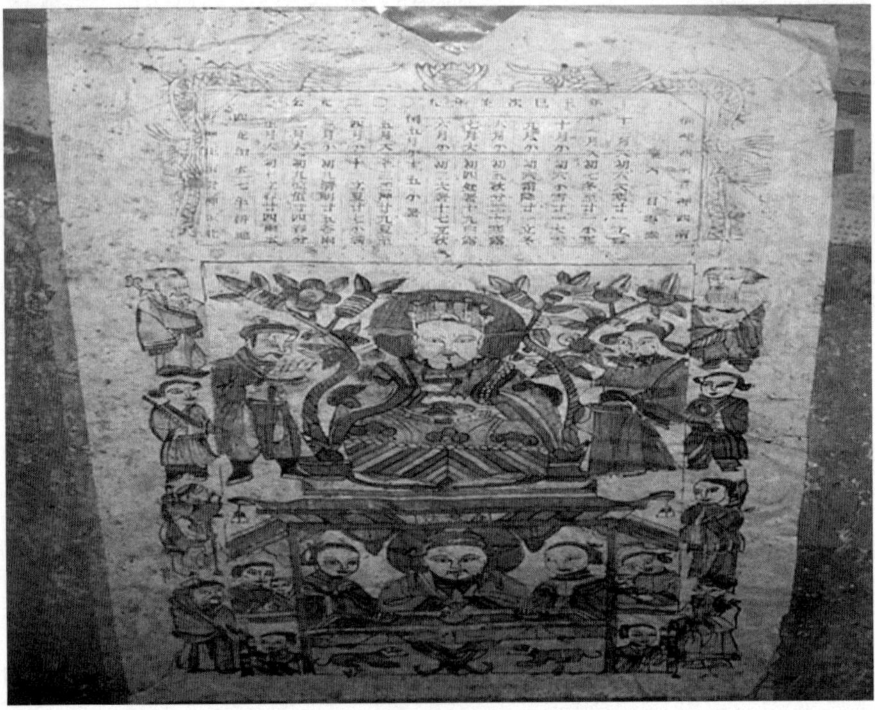

图 7.4　灶神像

① 《梁山民间传统节日》，载中国人民政治协商会议梁山县委员会文史资料委员会编：《梁山文史资料》第 1 辑，内部资料 1986 年版，第 153 页。

当地在辞灶之前，还有“扫舍”活动。扫舍，又称扫尘、除残和除尘等，即在过年前打扫卫生和美化环境。《梦粱录》载：“（十二月尽）士庶家不论大小家，俱洒扫门闾，去尘秽，净庭户。”[①]《清嘉录》载：“腊将残，择宪书宜扫舍宇日，去庭户尘秽。或有在二十三日、二十四日及二十七日者，俗呼打埃尘。”[②]

春节前，家家户户打扫卫生，全家老少一起动手，除尘去垢。在集体化时期，梁山县经常组织社员大扫除，清洁卫生，同时，也搞好积肥。如1959年春节前，大搞扫除和烟熏越冬蚊蝇，保证群众干干净净欢欢喜喜过新年；并大搞积肥，要求把所有垃圾污物送到粪场去造肥，组织力量挖垃圾坑，屋内屋外彻底打扫，菏泽地区在春节期间完成200亿斤杂肥，即每人平均1吨肥。[③] 1966年春节前夕，梁山县寿张集公社大力开展群众性爱国卫生运动，结合冬季积肥，开展春节卫生大扫除，增积肥料，改善农村卫生面貌。[④] 过去，当地“扫舍”一般在腊月二十三祭灶前进行，打扫前，先念叨：“灰尘灰尘长长眼，千万别眯我的眼”。接着，扫尘活动开始。人们把房里房外、墙上墙下、院内院外都打扫一遍，特别是厨房内，把锅灶整修好，把铁锅搬到院内，用铁铲除去锅上长期附着的灰尘，把损坏的锅灶泥好，并把厨房烟熏火燎的烟油及灶内积存的灰、土彻底清理出去。这样做，一是为了辞灶，俗信屋内尘埃是灶神向玉皇大帝报告时记事用的东西，扫除干净，灶神就没什么坏话说了；二是为“大规模”的蒸、炸、炖、炒等过年烹调活动做好准备。另外，除尘也含有“除旧布新”的含义，把一切霉运、晦气统统清扫出去。如今，人们还保持在年前彻底打扫卫生的习惯，但人们平时闲暇时间较多，日常也很注意卫生，不一定在腊月二十三了。

另外，梁山县的下雨节、七夕节等传统节日已经基本消失。[⑤]

---

① （宋）吴自牧：《梦粱录》，浙江人民出版社1980年版，第50页。

② （清）顾禄：《清嘉录》，来新夏校点，上海古籍出版社1986年版，第169页。

③ 《菏泽行署关于干干净净过春节开展清洁卫生大扫除运动的指示》，1959年1月21日，菏泽市档案馆藏档9-3-39。

④ 《寿张集公社关于年关工作的报告提纲》，1966年1月6日，梁山县档案馆藏档20-1-38。

⑤ 《梁山县志》，新华出版社1997年版，第493页。

新中国成立以来,华北农村传统节日发生巨大变迁。新中国成立之初,民间传统节日习俗基本延续,后来,大力移风易俗、破除封建迷信,“大跃进”、大破“四旧”等运动对传统节日习俗造成严重冲击和破坏,传统节日习俗出现断裂。改革开放以后,传统节日习俗复归。如今,随着人们生活方式现代化和西方节日的影响等,许多传统节日习俗又趋于淡化。传统节日习俗变迁的原因,主要有:

第一,政治因素。新中国成立以后,大力破除迷信、移风易俗,特别是“大跃进”“四清”和“文革”等运动对传统节日造成严重冲击,传统节日习俗消失殆尽。“大跃进”时期,人们致力于生产跃进,无暇过节,而后出现了经济困难,肚子都填不饱,何谈过节。“四清”和“文革”时期,大破“四旧”,一些民间节日习俗被认为是伤风败俗、乱七八糟的玩意,被取缔。① 在“极左”思潮下,“破四旧、立四新”,传统成为封建落后的代名词,从根本上颠覆传统节日赖以生存的根基,大张旗鼓地实施“砸烂旧世界”“灵魂深处闹革命”,号召过“革命化”春节,许多传统节日习俗被取缔,甚至连最重要的传统节日春节都被变相取缔。传统节日遭到严重冲击,出现断裂。中共十一届三中全会后,实行改革开放,在宽松的政策环境下,许多传统节日复归,节日生活日趋丰富多彩。在全球化浪潮下,新的节日习俗不断产生,年轻人开始追逐情人节、圣诞节等洋节习俗,同时,有的传统节日习俗正在消失。

第二,社会经济因素。随着社会经济发展,传统节日习俗不断演变和更替。随着农业社会逐渐演化为现代社会,产生于农耕文明的节日形式和内容必然也随之变化。新中国成立以来,特别是改革开放以来,中国社会由传统向现代转型进程明显加快,经济发展迅速,物质产品越来越丰富,成品、半成品的节令食品日益增多,以往人们过年蒸的馒头现由馍房代做,水饺有速冻的,甚至年夜饭也由饭店承办;二月二的“蝎子爪”在市场购买等。而且,节令食品日常化,元宵节的汤圆、端午节的粽子、腊八节的八宝粥等平时都

① 《梁山县芦里公社关于当前生产生活的安排》,1964 年 1 月 2 日,梁山县档案馆藏档 25-1-16。

可以买到，节令食品的象征意义及节日唯一性淡化，节日味淡了。节日间的饮食和衣着与平时基本无差别，人们对传统节日的热衷程度降低。风调雨顺、五谷丰登等农业社会里的传统诉求也发生了变化。由于人们追求经济利益，忙于打工挣钱，节日里亲戚之间走动少了，人情味淡了；而且，集体娱乐活动无暇参加，农村节日文化趋于单调乏味。随着经济社会发展，有些节日习俗因条件变了而无法实施，如二月二"围仓"；有的节日主要剩下"吃"的内容，如二月二、端午节、腊八节等，节日气息和文化意义已经淡化；有些节日习俗和节日不合时宜，逐渐淡化消亡，如腊月二十三"祭灶"等习俗逐渐淡化，七月七祈求手巧会做针线的乞巧节已经消失。

总之，社会不断发展，时代不停进步，但人们表达情感、憧憬美好的愿望却永不变。在快节奏和生活压力日增的现代社会，更需要合家团圆的温馨和亲情温暖的慰藉。传统节日有特定的社会意义和功用，调剂生活、娱乐身心，丰富人们的精神文化生活。祝祷可以表达对美好生活的憧憬，使人获得精神慰藉；家宴促进家庭团结与和谐；馈赠可表达亲情，协调人际关系；游艺可娱乐身心，陶冶情操。负载厚重历史积淀和情感聚合的传统节日，作为文化载体和纽带把千千万万海外华人和祖国连在一起，增强了中华民族的认同感、凝聚力与和谐性。传统节日适应人们社会生产生活和精神文化需要，功用强大，不可缺失。如今，尽管交通拥挤，但仍挡不住人们回家过节的路。

节日不是僵死、静止不变的，而是在不断演进和嬗变。旧的节日和节日习俗日渐消失，新的节日和节日习俗不断产生，在连续和断裂中生生不息是传统节日的常态和永恒主题。钟敬文先生曾说："民俗是一种适应性文化"，"变异是对于类型文化的适应性生态调整"。① 斗转星移，岁月更迭。随着时代发展和人们生活诉求的变化，许多不合时宜的节日和节俗逐渐湮没，新的节俗也在不断产生。如今，许多传统节日的文化内涵和味道逐渐淡化，有的只剩下吃的内容，这不能不引人深思。试想，如果没有节日，生活将会如何？

---

① 钟敬文：《民俗文化学发凡》，载《钟敬文学术文化随笔》，中国青年出版社 1996 年版，第 143—146 页。

2006年,春节、清明节、端午节、七夕节、中秋节和重阳节6个节日被列为第一批国家级非物质文化遗产;2008年,春节、清明节、端午节、中秋节等列为国家法定假日,对保护和挖掘中国传统节俗,弘扬民族优秀传统文化,无疑具有非常重要的意义。我们要积极继承传统节日文化的养分,让优秀传统节日情怀融入现代人的生活价值观,同时,吸收洋节的有益元素,结合时代发展和人们思想文化诉求,不断丰富、重构和创新节日文化习俗和内涵,实现传统与现代对接,推进文化再生和创造性发展,丰富人们精神文化生活,促进经济社会持续健康发展。

第八章　社会信仰变迁

华北农村社会信仰纷繁庞杂，既有对鬼、神的崇拜，也有对道教、佛教、天主教和基督教等宗教的信仰。新中国成立至改革开放前，大搞移风易俗、破除封建迷信，特别是“四清”和“文革”期间，大破“四旧”，农村的封建迷信活动受到沉重打击，出现“断裂”，宗教信仰自由也受到限制，甚至陷于停顿。改革开放后，信仰自由政策恢复，被压到“场面下”的封建迷信活动抬头，庙宇重建，基督教、天主教、道教、佛教等宗教迅猛发展。

第一节　迷信活动变迁

迷信是人们对支配个人命运的某种神秘力量的非理性盲目崇拜，起源于史前社会，分为古代迷信与现代迷信。① 封建迷信是古代迷信的一种。封建迷信宣扬宿命论，对神秘力量或鬼神盲目崇拜，认为人的生老病死、吉凶祸福、得失成败等由神灵主宰，有的借搞封建迷信诈骗钱财。由于长期受封建迷信思想影响，20 世纪 60 年代，梁山县农村封建迷信活动仍大量存在。有的请人算卦，如寿张集公社郭楼大队郭某某之妻说：“1966 年前又请了个算卦的，他说你这个宅子是白虎吃子，你必须得破。结果花给她 10 块钱 10 尺布，后来还是生了个小女孩，今后再不上这样的当啦。”②寿张集公社寿张集村有的村民在大门上挂着用棉花做的小孩，身上背着红辣椒，扬言

① 于维民、王宝锦：《略论封建迷信与宗教信仰的主要区别》，《甘肃社会科学》1996 年第 2 期，第 87 页。

② 《寿张集公社“四清”工作大队关于无产阶级“文化大革命”运动中妇女工作情况汇报》，1966 年 6 月 11 日，梁山县档案馆藏档 20-1-38。

能防灾,并说:“不怕枪,不怕刀,就怕小孩背辣椒”;有的在小孩背后缝个布条,叫作“留娘带”,俗信能保小孩不死。① 有的病了不去医院治疗而找神婆烧香,捉妖除邪,如寿张集公社杨楼大队三队社员翟某某说:我小孩娘以前有病时我去找巫婆看病,巫婆说我小孩娘是个“活鸡橛子”,得摆供捉妖拿邪,结果,我给她摆了好几桌供,病也没好,最后,到人民医院去看病,结果只花了1.8元就把病看好了。② 有的病了请神婆烧香,结果丧了命。如寿张集公社郭楼大队范某某之妻说:“1964年,俺二妞有病,叫神婆烧了香,结果坑了我110元钱,小孩十余岁了,七天没过就死了。”③改革开放以来,随着民间信仰政策宽松,封建迷信活动又有所抬头,正如1988年8月30日《中共馆里乡委员会关于进行农村思想政治工作调查的情况》指出的:农村还存在封建主义、愚昧无知的观念,当前有的还烧香拜佛,信神信鬼,请神汉巫婆看病等。④

针对迷信的盛行,新中国成立以后,大力进行破除迷信、移风易俗,对封建迷信活动进行沉重打击。1958年,梁山县开展了“除四害”“讲卫生”运动,沉重打击了封建迷信活动,曾做巫师看病骗人的,现在大都改了行,从事生产劳动;有不少群众把过去供奉的神像撕下来,贴上毛主席像和爱国卫生公约,社会主义新风尚正逐步树立起来。⑤ 在梁山县“社教”运动中,把封建迷信活动的兴风作浪当作破坏社会主义新风气的“黑风”,认为是资本主义思想用另一种形式向社会主义侵袭,是制造阶级混乱,并提高到阶级斗争高度去认识并进行了坚决制止。1963年5月1日《中共芦里公社委员会关于开展社会主义教育运动的下步意见》要求:把封建迷信复辟活动、神婆、阴

① 《寿张集“四清”大队关于妇女工作情况的总结报告》,1966年6月6日,梁山县档案馆藏档20-1-36。

② 《寿张集公社杨楼大队“文化大革命”总结》,1966年8月24日,梁山县档案馆藏档20-1-37。

③ 《寿张集公社“四清”工作大队关于无产阶级“文化大革命”运动中妇女工作情况汇报》,1966年6月11日,梁山县档案馆藏档20-1-38。

④ 《中共馆里乡委员会关于进行农村思想政治工作调查的情况》,1988年8月30日,梁山县档案馆藏档103-1-20。

⑤ 《菏泽专区除四害讲卫生运动工作情况》,1958年8月30日,菏泽市档案馆藏档9-1-120。

阳先生等三道九流、五花八门、牛鬼蛇神、歪风邪气、乱七八糟的玩意统统揭出来,大造兴无灭资、移风易俗的舆论和声势,发动群众讨论制定公约,破旧立新,自觉改正,杜绝发生。① 据1964年4月28日,狄生同志在关于深入开展社会主义教育问题的讲话中说:对社会上的职业巫婆、神汉,要发动群众揭发批判,造成严重恶果的,根据情节依法处理,②给封建迷信活动以沉重打击。

破"四旧"(旧思想、旧文化、旧风俗、旧习惯)运动,对封建迷信的冲击最为猛烈。当时,通过召开群众大会,大鸣大放,批斗神婆,揭批神权的罪状和危害,使群众认清了封建迷信的根子和危害,教育群众不信神信鬼、不再上封建迷信的当,认清神婆骗吃骗喝、用神迷惑人的鬼把戏,同时,要求人们交出封建迷信品,破除封建迷信活动获得重大进展。1966年1月6日《寿张集公社关于年关工作的报告提纲》,要求群众提高觉悟,自愿自觉地抵制封建迷信,反对门神灶马、磕头烧香等一切陈规旧俗。③ 1966年6月10日《梁山县"四清"工作团寿张集"四清"大队、肖庄大队"四清"运动总结》指出:要破"四旧"立"四新",铲除几千年来毒害劳动人民的旧思想、旧文化、旧风俗、旧习惯,在广大社员中树立无产阶级新思想、新文化、新风俗、新习惯,控诉以前有病不上医院吃药,而请神汉巫婆、找大神、结婚先查八字、盖房修坟先看风水等的危害,要坚决取缔、打破束缚在人们头上的神鬼系统,彻底解放精神;每大队有破立公约,小队有制度,每户有保证书。④ 1966年6月11日《寿张集公社"四清"工作大队关于无产阶级"文化大革命"运动中妇女工作情况汇报》指出:在群众大会上,寿张集公社寿张集村神婆王某某之妻等五名妇女做了检查,表示今后不再信神,不给人家用神看病,都把

---

① 《中共芦里公社委员会关于开展社会主义教育运动的下步意见》,1963年5月1日,梁山县档案馆藏档25-1-17。

② 《狄生同志在4月28日电话会议上关于深入开展社会主义教育问题的讲话记录稿》,1964年4月28日,菏泽市档案馆藏档9-2-152。

③ 《寿张集公社关于年关工作的报告提纲》,1966年1月6日,梁山县档案馆藏档20-1-38。

④ 《梁山县"四清"工作团寿张集"四清"大队、肖庄大队"四清"运动总结》,1966年6月10日,梁山县档案馆藏档20-1-37。

神像、香炉和其他迷信品交出来了；寿张集大队共交神像50张，泥娃3个，琉璃娃娃1个，神香炉65个。① 1971年11月15日《菏泽地区革命委员会政治部关于今冬明春群众工作的安排意见》要求：大破"四旧"，抓住春节前后"四旧"妖风容易泛滥的时机，以毛泽东思想为武器，采取各种形式，大造革命舆论，广泛开展革命大批判，大摆"四旧"表现、大忆"四旧"危害、大立共产主义新风尚，掀起破旧立新高潮，用毛泽东思想占领农村社会主义阵地；破旧立新、移风易俗的斗争是一场深刻的社会大革命，是两个阶级、两条道路、两种思想的激烈斗争，是农村"文化大革命"斗批改的一项重要内容，要坚决抓好。② "四清"及"文革"期间，大破"四旧"，收缴和销毁封建迷信品，大批大揭封建迷信的危害，使封建迷信活动失去依托和载体，把它们压到"场面下"，也使人们认识到封建迷信活动的危害，对抵制迷信、破除封建迷信活动发挥了积极作用，民间迷信活动遭到沉重打击，趋于停止。

针对改革开放后迷信活动复苏，梁山县大力开展了移风易俗活动，提倡科学，反对迷信。1984年12月底到春耕大忙之前，菏泽地区开展了一次大规模移风易俗活动，提倡科学、破除封建迷信，③对实现社会风气根本好转、把精神文明建设推向一个新水平起了重要作用。1995年，梁山县各乡镇开展的"十星级文明户"创建活动中，把移风易俗、破除迷信作为活动的重要方面，如1995年2月26日《馆里乡开展创建"十星级文明户"活动的实施方案》规定：把移风易俗、树文明新风，作为创建"十星级文明户"的一颗星，即文明新风星。④ 为打击封建迷信活动，梁山县1995年4月8日实行的《山东省城乡集贸市场管理条例》第25条规定：集贸市场内禁止算命、测字、看相以及从事伤风败俗、野蛮恐怖卖艺活动；第33条规定：如有违犯上

① 《寿张集公社"四清"工作大队关于无产阶级"文化大革命"运动中妇女工作情况汇报》，1966年6月11日，梁山县档案馆藏档20-1-38。

② 《菏泽地区革命委员会政治部关于今冬明春群众工作的安排意见》，1971年11月15日，菏泽市档案馆藏档28-2-181。

③ 中共菏泽地委办公室编：《菏泽信息》第7期，1985年1月12日，菏泽市档案馆藏档9-1-765。

④ 《馆里乡开展创建"十星级文明户"活动的实施方案》，1995年2月26日，梁山县档案馆藏档103-1-82。

述禁令的,责令停止违法活动,没收违法所得和违法物品及工具,可并处20000元以下罚款。① 这些活动的开展有利于树新风、破旧俗和科学文明良好风气形成,也为农村经济社会发展创造了良好环境。如今,梁山县把不搞封建迷信活动作为各行政村主要工作目标之一,如《中共杨营镇委员会、杨营镇人民政府2005年度行政村主要工作目标考评办法》中将“无以宗教名义搞封建迷信活动”作为社会治安综合治理工作的一项考评内容。② 社会主义新农村建设也把移风易俗、破除迷信作为重要方面,如2006年6月1日实施的《杨营镇社会主义新农村建设标准》第3条“村风民风好”规定:“崇尚文明、崇尚科学、破除迷信、移风易俗。”③

通过长期的移风易俗、破除迷信活动,梁山县迷信活动之风大减,特别是随着科学知识增长和医疗技术提高,人们有病就直接去医院,找神婆看病的现象基本绝迹了,但如今看相算卦、观阴阳等现象较普遍,烧香敬神活动复归。在市场经济条件下,不确定因素增多,人们为了获得心灵慰藉和安全感,有的便祭拜神灵,祈求平安和发财。百姓烧香拜神祈求发财的活动较为普遍,例如,有的从事运输业者春节期间在车前摆供品、焚高香,祈求神灵保佑行车安全;经商的设佛龛或供财神,祈求生意兴隆;等等。烧香许愿的现象仍然存在,例如,前几年笔者村的董某某买了一台大型收割机,在出外割麦前曾向神灵许愿:如果机器不出故障、割麦顺利、挣大钱,春节一定杀猪宰羊祭祀;结果,在外收麦顺利、收入3万多元,春节就真的请人杀了头猪、宰了只羊祭神还愿。如今,当地开戏之前,到神庙请神的仪式恢复。笔者目睹了河南省商丘豫剧团到梁山演出开戏前请神的仪式(见图8.1),演员身着戏装,在吹鼓手伴奏下,在神庙前拜神、请神,焚纸品、放鞭炮,仪式完毕,即可开戏。现在,镇宅神灵崇拜非常盛行,按照当地村俗,如果住宅的门、窗正对路口、巷道口,要立“泰山神石敢当”石碑,镇邪驱魔,保宅第平安,大街上

① 《山东省城乡集贸市场管理条例》,1995年4月8日,菏泽市档案馆藏档28-2-598。

② 《中共杨营镇委员会、杨营镇人民政府2005年度行政村主要工作目标考评办法》,2005年3月1日,梁山县档案馆藏档88-2005—2006-6。

③ 《杨营镇社会主义新农村建设标准》,2006年6月1日,梁山县档案馆藏档88-2005—2006-6。

“泰山神石敢当”随处可见(见图8.2)。祭祖之风也颇为盛行。梁山县集市上卖神香、元宝、金山、冥币等纸品的摊位很多(见图8.3)。

图8.1　演员请神仪式

迷信是愚昧、落后的表现,在封建社会一直是统治阶级愚弄人们的工具和手段,具有巨大的消极性和危害性,束缚人们主动性和创造性,浪费钱财等,其思想积淀不可能在短短几十年间消除干净,破除迷信是一项长期和艰巨的任务。我们要大力加强科学知识宣传,提高国民素质,揭批迷信的危害,加强对搞迷信的教育和管理,取缔骗人钱财的迷信活动,同时,积极解决群众困难,发动群众自我教育、互相制约,在全社会树立破除迷信、移风易俗的良好风气。

第二节　庙宇祠堂变迁

近代以来,梁山一带的庙宇由于战乱和年久失修,破坏严重。新中国成立初期,梁山县还残存一些庙宇,但经过历次运动的洗劫,特别是“文革”浩劫,庙宇大都荡然无存,有的只剩下遗址和废墟。改革开放后,许多庙宇得

图 8.2　随处可见的泰山神石敢当

以重修复建。

明清时期,梁山一带庙宇颇多,当地有“无庙不成村”的说法,即使十几户小村也得有个小小的“土地庙”。清末,梁山一带庙宇不下 3000 处,但有庙产的不多,估计不超过 200 处,能养起僧、道的 100 处左右。①　梁山周围一带村庄的庙宇很多,人们常说:梁山周围村庄三十六,寺庙就有七十二,“七十二”不过是个约略说法,实际还要多得多。②　如大运河岸边的开河庙宇就很多,主要有玉皇庙、关公庙、娘娘庙、瞎子庙、龙王庙、佛爷庙、北大寺、曾王庙、琉璃庙、阎王殿、火神庙及没有名或不知其名的庙宇,可惜临近解放时被拆了。③

---

①　王诚志:《梁山道教见闻》,载中国人民政治协商会议梁山县委员会文史资料委员会编:《梁山文史资料》第 11 辑,内部资料 1995 年版,第 186—187 页。

②　邵恒堂:《记忆中的梁山寺庙》,载中国人民政治协商会议梁山县委员会文史资料委员会编:《梁山文史资料》第 1 辑,内部资料 1986 年版,第 31 页。

③　姬脉科:《开河的寺庙多》,载中国人民政治协商会议梁山县委员会文史资料委员会编:《梁山文史资料》第 8 辑,内部资料 1992 年版,第 189—190 页。

图 8.3 集市上售卖的香箔纸品

新中国成立初期，梁山县还有一些庙宇，但大多年久失修，已比较破旧。据梁山县宗教调查，1954 年全县佛教寺院有 8 处。① 当时，梁山黑风口东侧雪山峰南面山谷中还保存较完整的寺庙群。其中莲台寺始建于唐代，明清时期扩建重修，佛寺的三组院落在新中国成立初期还基本完好。东院正殿有三四丈高，殿中佛像高过两丈，十二支胳膊，三只眼睛，人称千手千眼佛。从前院到后院要登上七十多级台阶，这里的中心建筑是一座大柱、飞檐、绿琉璃瓦的亭子，亭下是一尊盘坐在束腰莲台上的石雕大佛像，雕工精细，造型生动。寺门外有一百多级石阶铺往山下，石阶两旁有龙头龟座大碑。莲台寺下边不远处有一座前廊后殿的建筑，即鲁班庙，“文革”前还比较完好，前廊庙内西山上有鲁班传艺授徒的大幅壁画，后殿有鲁班的塑像。梁山虎头崖下有一座佛寺，名曰琉璃庙，寺中有一座高大的佛殿，绿琉璃瓦、飞檐、盘龙石柱、彩画斗拱、雕花横枋，规模宏大，辉煌壮丽。殿中有十八尊罗汉，四周墙上有

① 《梁山县宗教工作调查简报》，1954 年 4 月 16 日，梁山县档案馆藏档 61-1-18。

取材于佛经的壁画。新中国成立初期,这座佛寺还依然完好。[①] 梁山主峰虎头峰东侧山坳里的天齐庙(又叫清宁观),始建于唐代,乾隆年间重修,占地6600平方米,分前后两院,由山门、天齐庙、元君庙、阁楼、东西廊房、围墙等构成。天齐庙大殿有《封神榜》中黄飞虎的彩绘泥塑。天齐庙东侧有一座两层阁楼,是供奉日、月神的地方。东西廊房为香客们小憩之处。后院最北端正中是"元君庙"(俗称奶奶庙),内有元君塑像,是信女们祈求送子之地。庙宇四周有由条石砌成的围墙。新中国成立之初,还都基本保存完好。[②]

新中国成立后,大力提倡移风易俗、破除迷信,有的庙宇改作学校,或改造成新校舍;也有的被改作他用。如1949年底,始建于清末的后集学校由现在的梁山县人民政府机关驻地,搬到后集南门外一所庙里,后来,把庙拆掉建起新校舍,成为现在后集学校的校址;[③]张官屯的七神堂庙房也成了学校。[④] 1951年12月15日,平原省人民政府通知:如急需增设学校,可把废置的庙宇改为学校。[⑤] 位于梁山主峰虎头峰东侧山坳里的天齐庙(又称清宁观),新中国成立后改建成学校;"文革"后,仅残存的廊房被改造成新式瓦房当作学校教室之用,"天齐庙道人已乘黄鹤去,唯留朗朗读书声"。[⑥] 后集尼姑庵曾有土地几十亩,茔地两处,三个院子,房屋近20间,占地亩余,[⑦] 1954年,其庵基被公安队用着,尼姑王某某现在借群众之房居住。[⑧] 也有许

① 邵恒堂:《记忆中的梁山寺庙》,载中国人民政治协商会议梁山县委员会文史资料委员会编:《梁山文史资料》第1辑,内部资料1986年版,第31—34页。

② 刘传秀:《梁山天齐庙》,载中国人民政治协商会议梁山县委员会文史资料委员会编:《梁山文史资料》第9辑,内部资料1993年版,第175—176页。

③ 马克廪:《后集学校的变迁》,载中国人民政治协商会议梁山县委员会文史资料委员会编:《梁山文史资料》第3辑,内部资料1987年版,第86—87页。

④ 王诚志:《梁山道教见闻》,载中国人民政治协商会议梁山县委员会文史资料委员会编:《梁山文史资料》第11辑,内部资料1995年版,第185页。

⑤ 《平原省人民政府接中央人民政府文化部办公厅关于使用废置的庙宇改为学校问题的通知》,1951年12月15日,菏泽市档案馆藏档28-2-10。

⑥ 刘传秀:《梁山天齐庙》,载中国人民政治协商会议梁山县委员会文史资料委员会编:《梁山文史资料》第9辑,内部资料1993年版,第176页。

⑦ 马克廪:《后集学校的变迁》,载中国人民政治协商会议梁山县委员会文史资料委员会编:《梁山文史资料》第3辑,内部资料1987年版,第192页。

⑧ 《梁山县宗教工作调查简报》,1954年4月16日,梁山县档案馆藏档61-1-18。

多庙宇被拆毁、损坏，例如，梁山县后集尼姑庵内之佛，新中国成立后已被群众损坏。[①] 这种情况在浙北农村也不例外，新政权改造乡村，“破旧立新，移风易俗”，开展规模宏大的“破神庙，打菩萨”运动。[②] “大炼钢铁”期间，庙宇的砖也被拆去建高炉，残存的庙宇遭破坏。“四清”和“文革”期间，破“四旧”，大破神权，大搞拆庙运动，梁山县残存的少量庙宇也难以幸免。如1966 年寿张集公社“四清”工作队大破神权，扒小庙 3 座。[③] 1966 年 11 月下旬，梁山县各中学相继成立红卫兵组织，走街串巷破“四旧”、立“四新”；工厂和广大农村组成各种名目的“造反”组织，在“打倒一切”“怀疑一切”等“极左”思潮下，梁山县文化名胜古迹横遭洗劫和破坏。[④] 梁山黑风口东侧雪山峰南面山谷中的寺庙群全被破坏，唯莲台寺仅存莲台石佛端然默坐。梁山主峰虎头峰东侧的山坳里的天齐庙（又叫清宁观），“文革”时期，庙中建筑大部被毁，仅剩一阁楼和东西廊房。[⑤] 新中国成立前，梁山境内有道教宫观 70 余座，多建于明清时期，规模较大的有腊山的三清宫、邱祖阁、玉皇庙、元阁祠等，经过“文革”期间破坏，庙宇大都成了一片废墟。[⑥] 经过历次运动，梁山县境内庙宇被破坏殆尽。

改革开放后，随着经济社会发展和民间信仰政策放松，许多被破坏的庙宇又得以修复和重建，正如梁山镇付庙村《薛、傅二庙重修碑记》载：值“国泰民安、邦宁邻睦、风清气正时，兴旺腾达之始也。经众议同意，文物不可损坏，重修复建”。针对各地的“建庙热”和其他封建迷信活动抬头，1984 年12 月，菏泽地委下达《关于在全区开展移风易俗活动的通知》，要求从 1984年 12 月底到春耕大忙之前，在全菏泽地区范围内开展一次大规模移风易俗

① 《梁山县宗教工作调查简报》，1954 年 4 月 16 日，梁山县档案馆藏档 61-1-18。

② 张乐天：《告别理想——人民公社制度研究》，上海人民出版社 2005 年版，第 84 页。

③ 《寿张集公社“四清”工作大队关于无产阶级“文化大革命”运动中妇女工作情况汇报》，1966 年 6 月 11 日，梁山县档案馆藏档 20-1-38。

④ 中共梁山县委党史研究室：《中国共产党梁山县历史大事记》（第一卷：1932—2000），中共党史出版社 2002 年版，第 458—459 页。

⑤ 刘传秀：《梁山天齐庙》，载中国人民政治协商会议梁山县委员会文史资料委员会编：《梁山文史资料》第 9 辑，内部资料 1993 年版，第 175—176 页。

⑥ 庞瑞立：《宗教及其在梁山的活动与发展》，载中国人民政治协商会议梁山县委员会文史资料委员会编：《梁山文史资料》第 4 辑，内部资料 1988 年版，第 191 页。

活动，拆除庙宇，提倡科学，破除封建迷信。[①] 梁山县各乡、镇、村于 1985 年 1 月 14 日前建立移风易俗领导小组，召开移风易俗动员大会，层层建立责任制，区干部包乡镇，乡镇干部包村，各乡、镇、村都迅速建立移风易俗活动小分队，具体负责拆庙等活动；并对拆庙进度进行四次检查，第一次元月 15 日前后，第二次元月 25 日左右，第三次 2 月 10 日左右，第四次 2 月底或 3 月初。[②] 通过移风易俗活动的开展，梁山县许多庙宇被拆毁，据统计，从 1984 年 12 月 25 日到 1985 年 2 月初，菏泽地区共拆庙 2137 座。[③] 20 世纪 90 年代中期，梁山县又开展了移风易俗和拆庙活动。如 1996 年 4 月，馆里乡要求开展移风易俗活动，破除各种旧的风俗，禁止各种封建迷信活动，对现有的庙宇一律在限期内拉倒；否则，罚当事人及该村支书、主任各 500 元，对拉倒的庙宇不准重立或新立，违者对当事人罚款 800—1000 元。[④] 据《1996 年馆里乡春季移风易俗活动验收表》统计，全乡已拆除庙宇 20 座，未拆除 12 座。[⑤]

近几年，各地的庙宇又不断修复或重建，据笔者调查，现在梁山县绝大多数村庄都建有庙宇，有的不止一个，如杨营镇王庄村，一条街上就修复了七神堂和碧霞元君庙两座庙宇；梁山镇付庙村间隔不到二百米就有玉皇大帝庙、三官庙、薛庙、傅庙等。如今的庙宇，规模大都较小，一般不足 10 平方米（如图 8.4），其影响和香火也今非昔比，未成大气候。

庙前的碑文记载了建庙的时间、缘由、过程、发起人、捐款人名单以及庙宇的变迁等，现把几则《重修碑记》摘录如下[⑥]：

---

① 中共菏泽地委办公室编：《菏泽信息》第 7 期，1985 年 1 月 12 日，菏泽市档案馆藏档 9-1-765。

② 《中共梁山县委办公室梁山县人民政府办公室移风易俗活动的通知》，1985 年 1 月 9 日，梁山县档案馆藏档 61-1-152。

③ 中共菏泽地委办公室编：《菏泽信息》第 28 期，1985 年 2 月 6 日，菏泽市档案馆藏档 9-1-765。

④ 《馆里乡人民政府关于殡葬改革、移风易俗的有关规定》，1996 年 4 月 8 日，梁山县档案馆藏档 103-1-98。

⑤ 《1996 年馆里乡春季移风易俗活动验收表》，1996 年 4 月 12 日，梁山县档案馆藏档 103-1-98。

⑥ 笔者给碑文加了标点，错别字后括号及其中的文字为笔者更正并添加，涉及的有关人名做了技术处理，捐款人姓名及金额省略。

图 8.4 梁山县小安山乡闫楼村的土地爷庙

梁山镇马元村《重修七神堂碑记》载:“自古鬼神之道,轮回之说,在世俗之人心中牢不可破,各神灵于是有形有声,有姓名有诞辰,有分司有尊贵,为世人津津乐道,据肖像泥塑而敬奉,遂遍于天下。吾马元村之西曾有七神堂,庙貌巍然可观,神像焕然可仰,近有树木缭绕,远有山光接映,因时势所为,一度土崩瓦解。今政通人和,百废俱兴,村中各姓族人承祖制慷慨解囊,慨然重修。请画工以妆神而涂壁,历冬春仅数月,庙貌又巍然屹立,神像而焕然一新,使善男信女祈祷有其所,告诉有其地而人心大快。今事成告竣,略述其事,用以垂于不朽云尔。”2005 年花月 6 日立。

小安山乡后闫楼《土地爷庙重修碑记》载:“故里神祠土地爷庙堂,始建于清朝,为之香火鼎盛,云雾缭绕,百姓纷纷前来祈求平安,求子还愿,祈祷风调雨顺。处于土地爷庙堂,神威浩荡,恩泽乡里，因湖区蓄水遗迹去矣。在孟某某、马某某、李某某、崔某某、李某某几位先生倡议领导下，众人纷纷解囊捐款重修此庙，此举功绩流芳。”2006年2月16日立。

梁山镇郝山头《重塑三官神像碑记》载：“郝山头村西首郝山峰之阳旧有三官庙一座，创自何代始于何朝未之尝闻。庙宇自明朝万历四十二年以来，修葺过几次，不幸运动叠（迭）起，三官神像湮没，像毁神离，庙内破杂不堪。本村陈某某、刘某某等十五位善士坐视心伤，目睹咎心，岂能将几百年香火中断，数万人福音失灵？为此，我侪不畏艰难和力薄，不怕劳苦和受累，积极劝善。幸有信女义士人仁（仁人）慷慨解囊，共成善举，再塑三官金身。此义举上顺神意，下悦民心，何乐而不为。神佑善事，克日落成，择日迎神开光。今特立贞珉，将义举三（善）事虔诚之心镌刻于石，以垂不朽云尔。”2006年岁次丙戌纯阳吉立。

如今，梁山县庙宇香火最旺、规模最大的庙宇当属梁山镇关庄村土山顶上的碧霞元君（俗称泰山奶奶）行宫等庙宇。传说碧霞元君是东岳大帝的女儿，民间俗信她掌管丰歉、灾祸、吉凶、生死等几乎人间的一切事务，明代王锡爵《东岳碧霞宫碑记》载：“元君能为众生造福如其意，贫者愿富，饥者愿安，耕者愿岁，贾者愿息，祈生者愿年，……而神亦靡诚弗应。”①据土山庙群的管理人员介绍：土山庙群曾有庙宇、山门及戏台等建筑，经战乱和新中国成立后的多次运动的毁坏，“文革”期间变成光秃秃的山头；现存庙宇为20世纪80年代重建的砖瓦房，共分前后两排，前排主要供奉观音老母，后排中间供奉泰山的三位奶奶（据说大奶奶修炼成仙于泰山，二奶奶成仙于梁山土山，三奶奶成仙于梁山青堌堆），西边是玉皇大帝和王母娘娘，东边是送子观音、关帝等。每年农历三月二十八土山庙会期间，香火最盛。中国庙会的历史悠久，周代庙宇社稷之旁便有庙会。② 目前，梁山县最负盛名的庙会当属

---

① 山曼主编：《泰山风俗》，济南出版社2001年版，第38页。

② 李文海主编：《民国时期社会调查丛编·宗教民俗卷》，福建教育出版社2004年版，第358页。

土山庙会。土山庙会历史悠久、闻名遐迩。昔日会期四天，会间和尚、道士争相前往，山下农家住满外地香客；此庙会始于明末，盛于清代，直到新中国成立前夕，还有成群结队的香客前往，赶会人数在万人以上。① 新中国成立之初，土山庙会恢复，但"大跃进"后庙会停顿。"文革"期间，土山庙被破坏，烧香敬神活动失去了物质依托，庙会停止。改革开放后，土山庙会逐渐得以恢复，规模越来越大。2014 年土山庙会期间，笔者"在场"体验和目睹了庙会盛况。天不亮，无数的善男信女就前往烧香祈福，大街小巷人来人往、川流不息，人们在庙前烧香、焚纸品、放鞭炮，香烟缭绕，人山人海（见图 8.5）。有的祈求平安、健康；有的求生意兴隆；有的求子，俗信泰山奶奶"送"的孩子，聪明、健康、一生平安。花一元就可"请"一条"一生平安"的红带，系在项间可免灾、平安。俗信在土山庙烧香就等于去泰山烧香，有求必应，特别灵验。据说，土山庙会之后是下雨日子，意思是"刷山"，冲去满山的香灰。"前山烧香，后山算卦"。在庙后有很多算卦、查八字、看风水等摊位，不少人前去请算命先生"指点迷津"（见图 8.6）。在庙西边有各地的"担经"队进行"担经"表演，娱神愉人（见图 8.7）。在庙东边山下有剧团助兴（见图 8.8），唱六天大戏。庙会期间，远近客商云集，摆摊设点，出售香蜡纸箔、日用百货，叫卖风味小吃（见图 8.9），农具、牲畜等物资也交易红火，成为远远超出香火意义本身的物资交流集会，与会人数达万人以上。郓城、东平、台前等附近县的香客也远道而来，行政区划并没局限历史形成的信仰圈。②

新中国成立之初，征收祠堂的土地，祠堂成为集体财产，祠堂破坏严重。1950 年，梁山县征收祠堂等在农村中的土地及公地，分给无地少地及缺乏生产资料的贫苦农民所有。③ 宗族的财产被没收，祠堂变为集体所有，作为

① 马克麇、李德峰：《梁山古庙会》，载中国人民政治协商会议梁山县委员会文史资料委员会编：《梁山文史资料》第 8 辑，内部资料 1992 年版，第 185 页。

② 庄孔韶先生对福建"黄村"的调查研究后曾提出"以大小宫庙为中心的信仰圈和道士、师公道场的游走活动圈并不一定重合，自然村界与行政村界并不具有局限的意义"。参见庄孔韶：《银翅：中国的地方社会与文化变迁：1920—1990》，生活 · 读书 · 新知三联书店 2000 年版，作者导言。

③ 中共梁山县委党史研究室：《中国共产党梁山县历史大事记》（第一卷：1932—2000），中共党史出版社 2002 年版，第 414 页。

图 8.5　香火旺盛

图 8.6　求签问卦

图 8.7 担经表演

学校或大队办公地点,或移作他用,如后集村的马家祠堂成为梁山县展览会的地点,1951 年“五一”节前,梁山县卫生院、公安局、银行、农业科、文化馆等部门在马家祠堂举办为期三天展览会,参观者 1450 人。① 宗族势力被视为封建余孽加以扫荡,维持宗族的祭祖、续谱等被视为“落后的封建迷信”加以限制,“文革”时期,把能记忆宗族的牌位、族谱等物品统统毁掉,祠堂破坏严重。其实,并不能把祖先崇拜和家族观念等视为“封建反动”,简单地加以打倒。祖先崇拜是人们最普遍最强烈的信仰,李亦园认为祖先崇拜是中国人的最为重要的信仰;②美国学者斯图尔特也说:“祖先崇拜事实上

① 《梁山县人民文化馆 1951 年上半年工作总结》,1951 年 7 月 2 日,梁山县档案馆藏档 45-1-62(全宗号 45 是梁山县教育局档案号,目录号 1 表示永久,案卷号 62 表示第 62 卷,下同)。

② 李亦园:《新兴宗教与传统仪式——一个人类学的考察》,《思想战线》1997 年第 3 期,第 44 页。

图 8.8　戏剧演出

才是中国的真正宗教”。[①] 人们祭祀祖先，缅怀先祖恩德，祈求祖先赐福禳灾、庇佑后世子孙，强化家庭成员尊老爱幼的传统美德，同时也能团结族人，具有一定的积极意义。祖先崇拜已融入乡土文化和人们的思想意识，宗族制度有很强的适应能力，随着时代发展，功能也不断更新，并不会因为经济现代化或时代变迁而消亡。华琛对香港新界文姓宗族的研究表明，宗族组织是适应经济变迁的，宗族并不会在现代化社会中逐渐消失的。[②] 王铭铭也认为宗族制度生命力和复原力很强。[③] “四清”“文革”期间，禁祭祖、续家谱，毁祖宗牌位，破坏家祠等活动，并没起到正面效果。如今，农村祭祖活

① ［美］J.L.斯图尔特：《中国的文化与宗教》，闵甲等译，吉林文史出版社 1991 年版，第 129 页。

② 华琛：《中国宗族再研究：历史研究中的人类学观点》，《广东社会科学》1997 年第 2 期，第 79 页。

③ 王铭铭、王斯福主编：《乡土社会的秩序、公正与权威》，中国政法大学出版社 1997 年版，第 27—28 页。

图 8.9　摊点小吃

动盛行,“每逢佳节倍思祖”,除夕上坟祭祖最为隆重,成了人们过年的“必修课”。续家谱活动蔚然成风,去年笔者村里重新续了家谱,女孩还不能入家谱。当然,祖先崇拜和家族制度也有其迷信和不良的一面,有的靠宗族势力大办婚丧,互相攀比,拉帮结派,败坏社会风气,甚至对抗国家政策法规,危害农村社会治安秩序。20 世纪 80 年代以来,梁山县许多被破坏的祠堂逐渐得以修复。据梁山镇张坊的张家祠堂(俗称张家庙)(见图 8.10)管理人员讲,张家祠堂在“文革”期间破坏严重;当时,里面塑了“四类分子”的像,进行批斗,家谱散乱,院落破烂不堪;20 世纪 90 年代初,祠堂进行重新修建,即现在的院落,祭祖活动也得以恢复,每逢正月初六在祠堂进行大规模祭祖活动,大伙聚餐,同时进行捐款活动;前几年,张氏家族刚续了家谱。如今,祠堂里保存着家谱、丧事用的碗、筷及抬丧的用具等。梁山镇后集村的马氏家祠(即马家祠堂)2009 年 9 月 9 日被批准为梁山县重点文物保护单位,近期刚刚修复完毕(见图 8.11)。

图 8.10　梁山镇张坊村张家祠堂

民间庙宇的修复和新建，为神灵信仰提供了场所和载体，也是民间信仰复归的象征和标示。民间信仰指以自然崇拜、图腾崇拜、祖先崇拜以及其他地方神灵崇拜为核心，缺乏统一民间信仰体系和宗教经典，具有分散性、自发性、民间性的非制度化的相关信仰习俗。① 作为独特的民俗事象和民间文化重要组成部分的民间信仰，历史久远，在民众中具有深厚影响。民间信仰的复兴，表明有其存在的合理性和一定的积极性。人们为应对现实中的天灾人祸、疑难杂症及市场经济下的诸多不确定因素，缓解日益激烈竞争造成的精神压力，而求助各路神灵；通过向神灵的倾诉和宣泄，缓解困境时的焦虑心理和紧张状态，获得精神慰藉和支撑，鼓起争取美好生活的希望，能起到一定的社会安全阀作用。同时，民间信仰也有一定的道德教化作用。民间信仰融合儒、释、道三教丰富的道德内容，以儒家的忠孝为主，兼收并蓄

① 覃德清：《中国民间宗教信仰现状与改革的思考》，《民间文化论坛》1997 年第 4 期。

图 8.11　梁山镇后集村马氏家祠

佛教的因果轮回等宗教伦理，宣扬忠孝节义、积善积德、安分守己、和睦相处等，对保持社会稳定和弘扬中华民族优秀品德具有一定的积极意义，对协调人际关系、实现社会和谐也有一定作用。但是我们也要正视其消极性，有的人依靠神灵消灾避祸，面对市场风险，以烧香拜佛代替市场调查，把命运和致富的希望寄托于鬼神的保佑，而不是通过主观努力改变自己的命运，甚至有"命由天定""富贵在天"的思想，束缚人们改变现状、开拓创新的手脚，影响人们能动性和创造性的发挥。另外，修建庙宇、烧香拜神等活动，耗费人力、物力，造成社会资源浪费。

现代为传统的延续，传统的民间信仰与现代化并不完全对立，现代化程度很高的日本、韩国等国家民间信仰仍很盛行。[①] 对当今民间庙宇的修复和随之而来的民间信仰复兴，我们既要看到其存在的合理性，更要正视其

① 周大鸣：《凤凰村的变迁——〈华南的乡村生活〉追踪研究》，社会科学文献出版社 2006 年版，第 218 页。

消极性，加强管理和引导，保障社会主义新农村和经济社会持续健康发展。

第三节　宗教信仰变迁

新中国成立以来，华北农村宗教信仰发生巨大变迁，梁山县的宗教主要有基督教、天主教、道教、佛教等。基督教、天主教、道教、佛教在新中国成立初期有所发展，20世纪50年代末到“文革”时期趋于停顿，改革开放后得以恢复和发展。如今，基督教信仰最盛。

一、基督教信仰变迁

基督教最初产生于1世纪的亚细亚西部地区，欧洲宗教改革后，罗马公教中分化出新的教派，习惯上把旧教派称为天主教，新教派称为基督教或耶稣教。

基督教奉耶稣为救世主，《旧约全书》和《新约全书》为经典，宣扬博爱、平等。基督教两大节日是圣诞节和复活节。同治末年，基督教开始传入梁山境内，基督教徒少于天主教徒，只在徐集周围发展了几个教徒；抗日战争初期，基督教有了发展，大路口、银山、黑虎庙一带也有了教徒，活动涉及28个自然村。①

新中国成立以来，中国基督教发展走过一条曲折道路。新中国成立后，实行宗教信仰自由政策，基督教得以发展，但20世纪50年代末至70年代中期被人为压制；改革开放以来，迅速发展，1998年基督教教徒由新中国成立之初的70余万人，增至1000万人以上。② 梁山县基督教也经历了同样的变迁轨迹。

---

① 庞瑞立：《宗教及其在梁山的活动与发展》，载中国人民政治协商会议梁山县委员会文史资料委员会编：《梁山文史资料》第4辑，内部资料1988年版，第188页。

② 龚学增：《中国宗教现状及发展趋势》，《中央社会主义学院学报》1998年第6期。

新中国成立初期，实行宗教信仰自由政策，《中国人民政治协商会议共同纲领》规定："中华人民共和国的人民享有宗教信仰自由的权利，被列入'总纲'第五条。"[①]社会主义制度建立后，根据正确处理人民内部矛盾的原则，1957年8月周恩来在全国人大民族工作会上说："在中国存在有宗教信仰的人和没有宗教信仰的人"，"不信仰宗教的人应当尊重信仰宗教的人，信仰宗教的人也应当尊重不信仰宗教的人。不信仰宗教的人和信仰宗教的人都可以合作"。[②] 梁山县基督教在新中国成立初期得以发展，共有基督教徒1697人。[③]

20世纪50年代末至70年代中期，基督教信仰被人为压制，为了抓好农业生产的主要任务，对宗教存在控制和限制偏严的倾向。1962年1月22日，《中共山东省委批转省委统战部关于当前宗教工作和民族工作的两个文件》载：对正当的宗教活动限制得偏严偏死，很多地方的教堂合并的过多，没有神职人员主持教务，信徒群众不能过正当的宗教生活，因此有相当一部分教徒的宗教生活转为秘密活动，转为家庭聚会。[④] 1963年9月10日，《国务院宗教事务局对山东省当前宗教工作的指示》要求："把宗教活动缩小，不让它扩散，这样可逐渐削弱宗教以致消亡，我们不是这样提任务，而是经过长期工作自然的结果。""文革"期间，梁山县基督教陷于停顿。

改革开放后，宗教信仰自由政策恢复，梁山县基督教得到迅速发展。梁山县基督教信徒，1982年为720人，后来发展速度加快，1986年6月底已达到1447人，其中男教徒112人，女教徒1335人，40岁以上的1051人，18岁以下的4人，包括赵堌堆、郓城、黑虎庙、小路口、大路口、马营、寿张集、小安山8个乡镇的118个自然村；活动点有13个，即郓城乡的葛集、西李庄、东

---

① 中共中央文献研究室编：《新中国成立以来重要文献选编》第一册，中央文献出版社1992年版，第2页。

② 《周恩来统一战线文选》，人民出版社1984年版，第387页。

③ 庞瑞立：《宗教及其在梁山的活动与发展》，载中国人民政治协商会议梁山县委员会文史资料委员会编：《梁山文史资料》第4辑，内部资料1988年版，第188页。

④ 《中共山东省委批转省委统战部关于当前宗教工作和民族工作的两个文件》，1962年1月22日，菏泽市档案馆藏档9-2-123。

李庄、徐叉河、李叉河、东雷庄，赵堌堆乡的雷黄、李楼、丁那里、大吴、范那里，黑虎庙乡的于楼，大路口乡的东戚；每星期三、五的早、晚在本村活动，星期日到点上活动，每月的第一个星期四召开月灵会，各点负责人集中到郓城乡的葛集村，总结活动情况，研究发展新教徒。①

20 世纪 90 年代初，梁山县基督教发展很快，但存在不规范的情况，讲经人员亟待培训，规章制度缺乏。1994 年，梁山县对各乡镇的宗教活动点进行了整顿。在梁山县 2000 年严打整治活动中，加大了对宗教工作管理力度。经过整顿治理，梁山县基督教进入健康发展轨道。据统计，2001 年梁山县有基督教信徒 5600 多人。② 2007 年 5 月，梁山县第二次宗教活动场所登记时，梁山县有基督教活动点 38 个，有县基督教三自爱国运动会和县基督教协会，基督教教职人员副牧师 1 人，长老 3 人。③ 近几年，梁山县基督教信教人数稳定增长。

基督教徒早晨起身后及晚上睡觉前有"灵修"，朗诵《圣经》，做祷告，唱圣歌；每日餐前还做"谢饭祷告"。信徒每天在家祷告"感谢主"，每周三、五晚上在本村集中活动，每周日到教堂做礼拜。每逢圣诞节、复活节等重大节日还有进餐活动，每人自愿奉献钱款。有的教区无专门教堂，而是使用信徒家的房子做教堂（见图 8.12），一般三五个村庄就有一个"聚会点"，唱赞美诗、做祷告、解说圣经等。人们信教的初始动机多种多样，但大都带有浓厚的现实和功利色彩。有的为了免灾治病，有的为了求得孩子健康成长，有的求主保佑家庭平安或家庭和睦等。据调查，最近几年，以治病为目的而入教的减少，祈求家庭平安、寻求精神慰藉、求财的逐渐增多。根据心理学的先验图式理论，信教者倾向于将奇迹、偶然事件归因于所信奉的神，经历或耳闻类似的事件愈多，对神的信仰就愈坚定。有的信教后，有神保佑，精神得以慰藉，病情有了好转，生活有了转机，过日子有了信心和希望，就更信主

① 庞瑞立：《宗教及其在梁山的活动与发展》，载中国人民政治协商会议梁山县委员会文史资料委员会编：《梁山文史资料》第 4 辑，内部资料 1988 年版，第 188 页。

② 《梁山县人民政府关于落实前码头村宗教房地产政策所需资金的请示》，2001 年 9 月 11 日，梁山县档案馆藏档 17-2001-14。

③ 中共梁山县委党史研究室编著：《丰碑——梁山改革开放 30 年》，中共党史出版社 2008 年版，第 86 页。

了。同时,信教者也把福音传给更多的人,于是信教者就像滚雪球,人数越来越多。但是,信教与现实也存在矛盾和冲突的一面。基督教认为"只有上帝才是真神","上帝是独一无二的,信上帝的人心里不可有别的神",其独断与排他性难免与中国本土根深蒂固的民间信仰发生矛盾和冲突,但"客位文化"与"主位文化"的冲突在现实中又不断得以调和与变通。① 例如,现在农村祭拜祖先之风盛行,信了教还不得不从事些祭祖活动,因此,信教者只好变通形式,单膝下跪或让家庭其他成员代劳等。信教者大都不会因为礼拜而影响重要的现实活动,把现世生活放在第一位。如今,打工挣钱机会的增多,也给正常的礼拜活动带来了影响,有些信徒说,只要心里想着主,主就不会怪罪。

总之,新中国成立以来华北农村基督教信仰发生了巨大变迁,经历了发展、停滞到加速发展的曲折过程。新中国成立初期,实行宗教信仰政策,基督教得以发展,但20世纪50年代末到"文革"时期,宗教被视为"麻醉人民的精神鸦片",限制宗教活动,甚至取消宗教,宗教活动趋于停止;改革开放以来,基督教迅速发展,信徒人数大幅度增加,出现"宗教热"。② 新中国成立以来华北农村基督教信仰变迁的原因,主要有:

第一,宗教政策和舆论环境。宗教的发展与政治关系密切相关,宗教要发展首先要取得政策许可。"文革"期间,以阶级斗争为纲,宗教被片面地意识形态化、政治化,信仰宗教不仅被看成"落后""愚昧"和"迷信",而且具有"反动"性质,把信教者当作阶级敌人对待,甚至运用群众力量或行政力量"消灭宗教",人们的宗教活动受到严格限制,以致停止。但"民间信仰

① 关于二者的矛盾与冲突,尚九玉认为,中、西宗教的基本精神有着人本与神本、重现世与重来世、宽容与独断的二元差异,参见尚九玉:《中西宗教精神之比较研究》,《北京师范大学学报(哲学社会科学版)》1997年第3期。范正义认为,在乡土社会中,民间信仰与教会的权威体系的排斥与争夺,参见范正义:《排斥与接纳——基督教在华传播与中国民间信仰关系的文化渗透》,《福建师范大学学报(哲学社会科学版)》2001年第3期。卓新平认为,基督宗教正面临与中国文化相适应的新机遇,以基督宗教的普世性和开放性与中国文化的包容性,二者实现双向契合是完全可能的,参见卓新平:《基督教与中国文化的双向契合》,《世界宗教文化》1997年第2期。

② 在华北各地的天主教、基督教大都经历了这样的发展轨迹,如河北省赵县,参见河北省赵县地方志编纂委员会:《赵县志》,中国城市出版社1993年版,第522—523页。

图 8.12　梁山镇付庙村简易基督教堂

短期的断裂并不能抹杀人们心灵的记忆”,①宗教信仰也是如此。中共十一届三中全会后,中共中央开始着手解决宗教界的平反及宗教政策的恢复问题,重新确认“宗教信仰自由政策是我们党正确处理群众宗教信仰的一项根本政策”,②中国共产党的宗教政策重新得到贯彻和落实,实行宗教信仰自由,宗教工作走上正轨,宗教状况有了根本改观,信教人数不断增加。1991 年 1 月,江泽民在会见各宗教团体主要领导人时进一步强调:目前“保持党的宗教政策的稳定性和连续性”,是“绝不能改变的”。③ 随着改革开

① 周大鸣:《凤凰村的变迁——〈华南的乡村生活〉追踪研究》,社会科学文献出版社 2006 年版,第 219 页。

② 中共中央文献研究室等编:《新时期宗教工作文献选编》,宗教文化出版社 1995 年版,第 12 页。

③ 中共中央文献研究室等编:《新时期宗教工作文献选编》,宗教文化出版社 1995 年版,第 209—210 页。

放深入和全球化趋势发展，人们思想观念不断变化，很大程度改变了过去对宗教单纯负面的看法，人们对信教者越来越宽容，亲属、朋友、邻居对入教者的压力、反对和歧视逐渐削弱，信徒身份不再需要回避或隐瞒，宽松的宗教政策和社会舆论环境，使人们对宗教表现出浓厚的兴趣，信教者越来越多。

第二，现实需要。宗教的发展与人们现实需求紧密相关。现实中家庭关系不和睦、病痛折磨、挫折不幸或社会歧视与排斥等，给人们造成巨大的心理重负，为消解不良情绪，得到心灵宁静，便投靠"能够指导和控制自然与人生进程的超人力量的迎合与抚慰"①的宗教，以获得精神慰藉。农村文化体育娱乐设施匮乏，人们生活单调，特别是老人孤独、苦闷，无所事事，而年轻人忙于生计，少有时间与老人交谈，为了排忧解闷、寻找文化娱乐生活，有的便走进教堂。费尔巴哈曾说："感性对象存在于人以外，宗教对象存在于人以内"，②信教后，人的精神有所寄托，精神状态得以调节，情绪好起来，有的病情有所好转，于是，对神的信奉更加虔诚。如今，随着人们生活水平和医疗水平的提高、科学知识增加以及新型农村合作医疗的实施，靠信教治病的逐渐减少，但仍大都怀着解决现实问题的功利目的奉教。

第三，宗教本土化、民情化。宗教有着内在适应机制和调适意向，维持生存发展，按照美国学者罗德尼·斯达克的"宗教市场论"观点，在信教自由的条件下，宗教的发展主要取决于产品的供给者，而不是消费者，基督教为了适应世俗需要，不断进行调整，日益世俗化、民情化，甚至对同性恋、堕胎、人工授精、安乐死等与基督教传统伦理道德不相符的问题都报以宽容的态度，③基督教为诱人入教，满足百姓的功利主义和实用主义需要，宣扬"耶稣救世""上帝将为百姓解除困难和疾病""耶稣保佑信徒健康，除病御魔""基督教治病说"成为吸引信徒的重要原因，一些贫困的患病者纷纷入教。另外，神职人员是本地人，理解和贴近百姓生活和心理，并将百姓现实需要融进布道中；传教场所有的是利用信徒家的房子，与农村简陋的物质条件和

① ［英］詹·乔·弗雷泽：《金枝——巫术与宗教之研究》（上），徐育新等译，中国民间文艺出版社1987年版，第77页。

② 费尔巴哈：《基督教的本质》，商务印书馆1984年版，第42页。

③ 戴康生：《当代新兴宗教》，东方出版社1999年版，第53页。

落后知识水平接近，老百姓很容易走进教堂；宗教活动时间也有弹性和灵活性，在麦收等农忙时则停止礼拜活动。正是由于宗教的不断改革和调整，以巨大开放性和兼容性适应现实社会和百姓需要，基督教才不断发展壮大。

美国记者大卫·艾克曼在20世纪初曾乐观地预测：30年内，有20%—30%的中国人可能成为基督徒，基督教世界观将在中国占主导地位。[①] 目前，自然异己力量尚未消失，我国还处于社会主义初级阶段，社会主义优越性尚未充分发挥出来；而且，在全球化背景下，全球性传教活动的接触和交流不可避免，今后宗教还将长期存在；但是，中国有几千年深厚的儒、释、道文化传统，具有务实的人生态度，人们更多关注现世生活，关心在市场经济大潮中如何发财致富，基督教的发展将进入平稳发展期，不可能出现大卫·艾克曼所预测的发展情况。但中青年、有文化的信教者将会逐渐增多，改变“老年多、妇女多、文化程度低者多”的状况；“荣神益人”“追求彼岸”将成为更多信教者的追求，“宗教日益被看作私人的或主观感情的东西而不是应当为人们所共有的意义”。[②] 世俗化、公民化、现代化是基督教发展的趋势。

二、天主教信仰变迁

天主教崇拜天主(即上帝)和耶稣基督，尊玛利亚(耶稣之母)为圣母，宣传天地间只有一个真神就是天主，天地间有天堂、地狱和炼狱，人死后有灵魂等。天主教曾于元代传入中国，后来中断。一般把1582年耶稣会会士利玛窦来华传教，作为天主教传入中国的开始。天主教最初于1879年传入梁山境内，只限于商老庄、徐巴什等个别村，教徒也屈指可数；1907年，德国传教士在梁山东麓的郑垓村建起了天主教堂，开始在梁山周围传教、发展教徒；1911年、1920年又分别在码头、商老庄建起了教堂；1927年以后，天主

---

① David Alkman: Jesus in Beijing How Christianity is Transforming China and Changing the Global Balance of Power, *Washington Regnery Publishing* Inc, 2003, p.285.

② [美]艾利阿德主编：《宗教百科全书》“新兴宗教”条目，晏可佳、孙晓莹译，《当代宗教研究》1999年第1期。

教相继在徐桥、徐巴什、关庄等村，建立了44个天主教堂，涉及商老庄、梁山镇、大路口、黑虎庙、银山、徐集、孙庄7个乡镇的106个村，1939年教徒最多，有6000余人，中心教堂在商老庄；1946年土改时，教徒们分到了土地，便纷纷退教，信天主教的逐渐减少。

新中国成立后，梁山县有的教堂改为学校，例如，1952年暑假，梁山县第一中学迁至梁山镇郑垓村的天主教堂院内。① 新中国成立初期比较宽松的宗教信仰政策，使梁山县天主教得到发展，据统计，"文革"前有教徒370人，男250人，女120人，均在40岁以上。② 20世纪50年代末至70年代中期，宗教信仰被人为压制，严重束缚了天主教活动的开展，特别是"文革"期间，梁山县天主教活动趋于停止。20世纪80年代以后，天主教活动有所恢复，1987年有教徒130人；1984年以来，梁山县分两个点活动，教徒涉及土山、凤山、郑垓、后集、赵坝、马振扬等村。根据宪法和党的宗教工作政策，有关部门引导教徒制定了《爱国守法公约》，使信徒在政策规定的范围内进行正常宗教活动。③ 1999年2月，成立天主教爱国小组；2007年5月，梁山县第二次宗教活动场所登记时，有天主教活动点3个，全县有天主教教职人员3人，一名神父，两名修女，属外聘教职人员。④ 2015年11月22日（星期日），笔者亲自到梁山县吕屺口天主堂（见图8.13和图8.14）进行了调查和采访。当日为礼拜日，天气晴朗，上午9点多钟，信教者陆续进入教堂，有的步行，有的骑着自行车，也有的骑着三轮车，大多是老年、中年女性。教堂里坐得满满的，总共132人。9:30练唱赞美诗；9:45布道；10:50宣读圣经，众附和"阿门"；11:15全体起立，祷告；11:20唱赞美诗；11:30礼拜结束。调查发现，人们入教的原因多种多样，许多信徒皈依天主教是受家庭影响和

① 李传亮：《梁山第一中学的建立和发展》，载中国人民政治协商会议梁山县委员会文史资料委员会编：《梁山文史资料》第9辑，内部资料1993年版，第59页。

② 庞瑞立：《宗教及其在梁山的活动与发展》，载中国人民政治协商会议梁山县委员会文史资料委员会编：《梁山文史资料》第4辑，内部资料1988年版，第187页。

③ 庞瑞立：《宗教及其在梁山的活动与发展》，载中国人民政治协商会议梁山县委员会文史资料委员会编：《梁山文史资料》第4辑，内部资料1988年版，第187页。

④ 中共梁山县委党史研究室编著：《丰碑——梁山改革开放30年》，中共党史出版社2008年版，第86页。

熏陶，通过代际相传而信教，也有的是由于自己或家人患病、不平安或受别人影响，认为有主保佑能健康、平安、快乐。

图 8.13　梁山县吕屺口天主堂

三、道教信仰变迁

道教是我国土生土长的宗教，源于古代的巫术和战国秦汉之际的方术。早期道教信奉的主要经典是《老子五千文》和《天平经》，以清静无为为宗旨。后汉顺帝汉安元年，张道陵在西蜀鹤鸣山创立道教，入教者需交五斗米亦称五斗米教，尊老子为道教始祖，称太上老君。东晋葛洪的《抱朴子》内外篇，奠定了道教的理论体系，丰富了道教思想内容。唐宋时期，道教达到兴盛。明清时期，道教逐渐衰落。梁山道教属北宗的龙门派和华山派；元末明初，道教龙门派进入梁山一带，建庙授徒；腊山道士属龙门派，建有“三清宫”，大殿为老君堂，西楼为邱祖阁，东楼为藏经阁；曾有庙地 80 多亩，民国

图 8.14 梁山县吕屺口天主堂礼拜现场

以后，庙地没收为学田，只剩几亩山坡地，师徒少了，靠化缘度日，幸好教了一班俗家子弟乐队帮助种地；张官屯的七神堂也是龙门派的道观，曾有 600 多亩地，道士 10 多人，土地改革后，道士依法分了土地、还俗，只剩下住持魏圆心一人仍安置庙里，留一份土地、住房，靠熬膏药度日，后来病故；华山派的几个云游道士也曾来梁山收徒传道。[①] 据统计，新中国成立初期梁山县有道士 21 人，[②]其中，大多是腊山的道士，新中国成立前，他们多是依靠传道、为死去的人念经祈祷、向到庙许愿还愿的善男信女收些香火钱和募集附近村庄的粮食来维持生活；新中国成立后，他们多是依靠自己土改时与群众同样分得的土地，自己劳动度日；也曾为死者打醮诵经。[③] 由于新中国成立

① 王诚志：《梁山道教见闻》，载中国人民政治协商会议梁山县委员会文史资料委员会编：《梁山文史资料》第 11 辑，内部资料 1995 年版，第 182—186 页。

② 庞瑞立：《宗教及其在梁山的活动与发展》，载中国人民政治协商会议梁山县委员会文史资料委员会编：《梁山文史资料》第 4 辑，内部资料 1988 年版，第 191 页。

③ 王诚志：《梁山道教见闻》，载中国人民政治协商会议梁山县委员会文史资料委员会编：《梁山文史资料》第 11 辑，内部资料 1995 年版，第 184 页。

后提倡破除迷信，群众信教的逐渐减少，因而道教日益式微，不少道士逐渐还俗，到 1954 年梁山县还有道士 3 人。① 后来，梁山县的道士逐渐还俗了，成为自食其力的劳动者。如今，梁山县有的道观得以修复，有些善男信女前去烧香祈福、上供许愿，但不入教，带有很大的实用性和功利性。

四、佛教信仰变迁

佛教自东汉明帝永平十年（公元 67 年）传入我国，唐朝时达到鼎盛，以后渐趋衰落。其教理为“四谛”“八正道”“十二因缘”。佛教认为人人有成佛的本性即佛性，佛教徒以除去烦恼成佛为最终目的，修行圆满就成了佛。佛教大约在盛唐时期传入梁山境内，清代共有 19 个大寺院和庙宇；新中国成立前，梁山县有大小寺庙 100 多座，僧侣 200 余人；土改时期，僧侣与普通群众一样分到了土地；新中国成立后，信佛教的人很少了，据新中国成立初期统计，梁山县有佛教徒的寺庙 6 处，僧侣 10 人，尼姑 1 人。② 新中国成立后，因群众大都认为信佛是迷信，信佛的减少，僧人、尼姑被动员还俗，靠自己劳动度日。例如，梁山县后集尼姑庵的王某某，新中国成立后被动员还俗，生活靠自己的土地收入和纺织来维持生活，她曾对干部说：“自咱这年头过来，俺与农民也一样啦。现在也不烧香敬佛了”，并表示以后不再敬神敬佛、不再烧香，好好地劳动生产，参加互助合作组织来提高和改善自己生活；③晚年在后集幸福院度日，会针善捏，为小孩治病，1968 年去世，终年 78 岁。④ 近些年，佛教有所发展。2007 年 5 月，梁山县第二次宗教活动场所登记时，佛教活动点慈光寺（见图 8.15）1 个，佛教比丘 1 人，比丘尼 1 人。⑤

① 《梁山县宗教工作调查简报》，1954 年 4 月 16 日，梁山县档案馆藏档 61-1-18。

② 庞瑞立：《宗教及其在梁山的活动与发展》，载中国人民政治协商会议梁山县委员会文史资料委员会编：《梁山文史资料》第 4 辑，内部资料 1988 年版，第 189 页。

③ 《梁山县宗教工作调查简报》，1954 年 4 月 16 日，梁山县档案馆藏档 61-1-18。

④ 马克廪：《后集尼姑庵》，载中国人民政治协商会议梁山县委员会文史资料委员会编：《梁山文史资料》第 11 辑，内部资料 1995 年版，第 192 页。

⑤ 中共梁山县委党史研究室编著：《丰碑——梁山改革开放 30 年》，中共党史出版社 2008 年版，第 86 页。

如今,有的人还进行烧香、磕头等敬佛活动,但他们不是佛教徒,只是遇到困难才想起求佛保佑,困难解决了,佛事活动就结束了,正所谓的"临时抱佛脚",一心想修炼成佛的人不多了。

图 8.15　慈光寺

新中国成立以来,华北农村社会信仰发生了巨大变迁,其特点主要有:

第一,阶段性。自新中国成立到改革开放前,政府大力提倡移风易俗、破除封建迷信,庙宇、教堂改作学校或他用,"四清"和"文革"期间,大破"四旧",禁止烧香拜佛、收缴迷信品、拆庙宇,限制甚至取消宗教活动,民间信仰和宗教信仰陷于停顿。改革开放后,信仰自由政策得以落实,民间庙宇得以重修或新建,民间信仰和宗教信仰复苏,尤其是基督教发展最快。

第二,种类多。几千年来,泛神崇拜和"多重神籍"的信仰传统,决定了新中国成立以来人们信仰种类的繁多庞杂:既有对玉皇大帝、碧霞元君、土地神、关帝等神灵的信仰,也有对祖先的崇拜,还有对基督教、天主教、道教、佛教的信奉，而且一村多庙、一庙多神的现象也很普遍，如在梁山县梁山镇关庄村土山庙里就供奉着三位泰山奶奶、多位观音，还有玉皇大帝、王母娘娘、财神、七仙女等。

第三，实用性和功利性。人们的信仰很讲究实用，不论信奉传统的神灵还是西方的耶稣，都是为了解决现实中的困难，祈求风调雨顺、五谷丰登、六畜兴旺、平安健康、发财致富等，“人们信神的标准，往往不完全依据诸神地位的高低，而更多的是取决于自身需求的程度”，①认为“求一神不如求多神”，对神的信奉缺乏虔诚，更多是出于功利和实用，“用菩萨时挂菩萨，不用菩萨卷菩萨”。如今，祈求发财的增多，财神颇受青睐。

任继愈先生曾说：“宗教、迷信、神权是人类历史上不可避免的现象，迄今还没有发现过有哪一个民族国家有过对宗教的免疫能力。”②宗教、迷信等具有强大生命力和渗透力，在国家信仰自由的政策下，还将会长期存在，并发挥重要作用。对当今民间信仰和宗教活动，我们要积极引导，加强管理，发挥它们的积极作用，也要正视和抵制消极性，打击骗人钱财的迷信活动，取缔邪教，使精神文明建设沿着正确轨道前进。

① 程啸：《拳民意识与民俗信仰》，《中国近代史》1991 年第 7 期。

② 任继愈：《论儒教的形成》，《中国社会科学》1980 年第 1 期。

第九章　文体娱乐变迁

文体娱乐能使人获得文化艺术享受，活跃精神文化生活，调剂单调重复的农业生产劳动，在社会生活中具有重要作用。新中国成立后，华北农村传统的戏剧、武术、狮子舞等文化体育娱乐活动逐渐发展起来，现代化的电影走进广大农村，文体娱乐不断丰富多彩。1958年，农村文化体育娱乐活动达到高潮；“四清”和“文革”时期，大破“四旧”，文体娱乐趋于单调，“文革”期间老百姓仅能看到8部革命样板戏。改革开放以来，农村传统的文娱活动回归，文体娱乐活动不断发展，农民文化艺术节不断把农村文体娱乐活动推向高潮。

第一节　戏曲演出变迁

旧时，梁山一带的戏班分为职业性的“科班”和业余性的“玩局”，比较著名的科班是“长生班”“大井班”和“小井班”，业余的“玩局”众多。新中国成立前夕，梁山县还没有人民政府直接掌握的职业剧团，只有几个业余戏班和众多的曲艺艺人，代庙北边郭楼的“山东梆子”，大张的“枣棒”，阎楼的“弦子戏”，土山、拳铺、蔡林、管庄的“山东梆子”，方庙的“枣棒”等比较有名，在梁山县和各区政府指导下，各戏班和艺人积极配合中心工作，排演革命现代戏《白毛女》《血泪仇》《小二黑结婚》《小女婿》等，宣传阶级斗争、妇女解放和婚姻自由等；此外，还有不少“围鼓戏”，三五人一伙，自拉自唱，有的一家人齐上阵，也有的几家组成社，唱些进步戏。[1] 这些戏剧演出活动，

---

① 王诚志：《梁山戏剧的沿革与发展》，载中国人民政治协商会议梁山县委员会文史资料委员会编：《梁山文史资料》第10辑，内部资料1994年版，第162—163页。

既活跃了农村文娱生活,也对宣传党的政策发挥了积极作用。

新中国成立后,戏曲有了很大发展。原有剧团不断改造和提升,新的剧团也陆续成立。梁山县人民政府也一度成立了业余豫剧团,在各科局挑选腔调好的人员,排演了十余出贯彻婚姻法的小戏,置办了一些箱具和伴奏乐器晚上到各村去演出。① 1949 年 11 月,梁山县开始组建职业性洪峰剧团,并对传统剧目进行整顿。根据"民族的、科学的、大众的、为人民服务"的方针,菏泽行署拟定对 180 出传统历史剧进行改革,凡属封建、迷信、淫荡的剧目如《杀子报》《闹书馆》《李翠莲大上吊》《老包过阴》等一律禁演;有碍民族团结的《薛礼征东》《打蛮子》《杀鞑子》等也在禁演之列,上演的剧目也都删除封建、迷信、淫荡等情节和唱词,②促进了戏曲的健康发展。对剧团剧目的整顿早在 1949 年 2 月就已经开始,为了提高群众政治觉悟、破除封建迷信以及使人们在农闲时能得到正当娱乐,1949 年 5 月 20 日召开联席会议,对剧团剧目进行登记删改。据统计,当时有柳剧团 10 个,弦子戏剧团 2 个。联席会议决定今后不学旧戏,一律学新戏,同时对民间艺人进行登记改造,当时有弹洋琴的 7 人,唱花鼓的 4 人,规定不唱封建迷信的节目,凡花鼓一律禁唱旧戏,演唱新戏,未经登记的民间艺人严禁说唱。③ 1950 年,梁山县又召开了两次剧团和民间艺人座谈会,对农村剧团大力整顿和改革。④

经过整顿和改革,各剧团和曲艺人员确立了为工农兵服务的宗旨,初步肃清一切封建迷信和对人民有害的毒素,戏剧得以健康发展。1952 年底,梁山县有 1 个职业剧社(豫剧),40 名演员;21 处农村剧团,444 名演员;178 名民间艺人,其中 26 名盲艺人,排演新戏,积极配合推动每个运动和中心工作。1950 年 10 月正式成立的洪峰剧社,肃清了所有节目中带有封建落后

---

① 王诚志:《梁山戏剧的沿革与发展》,载中国人民政治协商会议梁山县委员会文史资料委员会编:《梁山文史资料》第 10 辑,内部资料 1994 年版,第 163 页。

② 王诚志:《梁山戏剧的沿革与发展》,载中国人民政治协商会议梁山县委员会文史资料委员会编:《梁山文史资料》第 10 辑,内部资料 1994 年版,第 159 页。

③ 《梁山县人民委员会文教科 1949 年上半年社会教育总结报告》,1949 年 7 月 2 日,梁山县档案馆藏档 45-1-1。

④ 《梁山县人民委员会文教科 1950 年文教工作总结》,1950 年 12 月 30 日,梁山县档案馆藏档 45-1-3。

的内容，并配合抗美援朝、宣传婚姻法等工作，排演了《唇亡齿寒》《兄弟参军》《小女婿》等6出新剧，演出70余场，使广大群众在娱乐的同时，也受到爱国主义、国际主义和婚姻法等教育。民间艺人共组织了2个典型小组，经过具体帮助和领导都提高了学习新曲的热情，起到了较好的宣传作用，如张坊洋琴组学会了《怒火千丈》《三路大军进关》等曲目，在农闲夜间在街头演出，侯寺东街曲艺小组也学会了《十女夸夫》等新曲，盲艺人也学习了新唱词，帮助宣传了中心工作，有的全是新唱词，颇受群众欢迎。① 1953年秋，原南旺县“人民”和“枣棒”两个剧团划归梁山，②剧团力量不断壮大，戏剧演出日益活跃。节日期间，文娱活动更加活跃。如1954年春节，梁山县农村剧团都行动起来，共演出92场，观众46000人左右；各区的曲艺人员也都活跃起来了，比较典型的有二区碱水里、徐桥等村的花鼓，四区侯寺、五区张坊等村的洋琴，都能说唱新词，③群众在娱乐的同时，也受到教育。

为更好发挥戏曲的娱乐和宣传作用，1956年，梁山县县属“洪峰”“人民”“枣棒”剧团连同由曹县来的“太平调”剧团合并为“梁山晨光剧团”，“太平调”“人民”“洪峰”“枣棒”分别改为一、二、三、四分团。④ 当时演出的剧目很多，人民剧团演出的剧目有92个，部分剧目（见图9.1）如下：

1957年，梁山县对曲艺人员采取边教育、边审查、边登记、边演唱的办法进行登记整顿工作，并成立曲艺协会。据统计，经审查合乎标准的共35人、4个剧种，其中坠子24人，花鼓2人，山东大鼓2人，落子1人，另外弦子6人（其中盲艺人4个）。⑥ 经过整顿和改革，提高了曲艺人员的政治觉悟，

---

① 《梁山县三年来的文教工作总结》，1952年12月20日，梁山县档案馆藏档45-1-7。

② 王诚志：《梁山戏剧的沿革与发展》，载中国人民政治协商会议梁山县委员会文史资料委员会编：《梁山文史资料》第10辑，内部资料1994年版，第162页。

③ 《梁山县文化馆1954年春节文娱活动总结》，1954年3月16日，梁山县档案馆藏档45-1-17。

④ 王诚志：《梁山戏剧的沿革与发展》，载中国人民政治协商会议梁山县委员会文史资料委员会编：《梁山文史资料》第10辑，内部资料1994年版，第162页。

⑤ 《梁山县人民剧团剧目表》，1955年8月17日，梁山县档案馆藏档45-1-20。

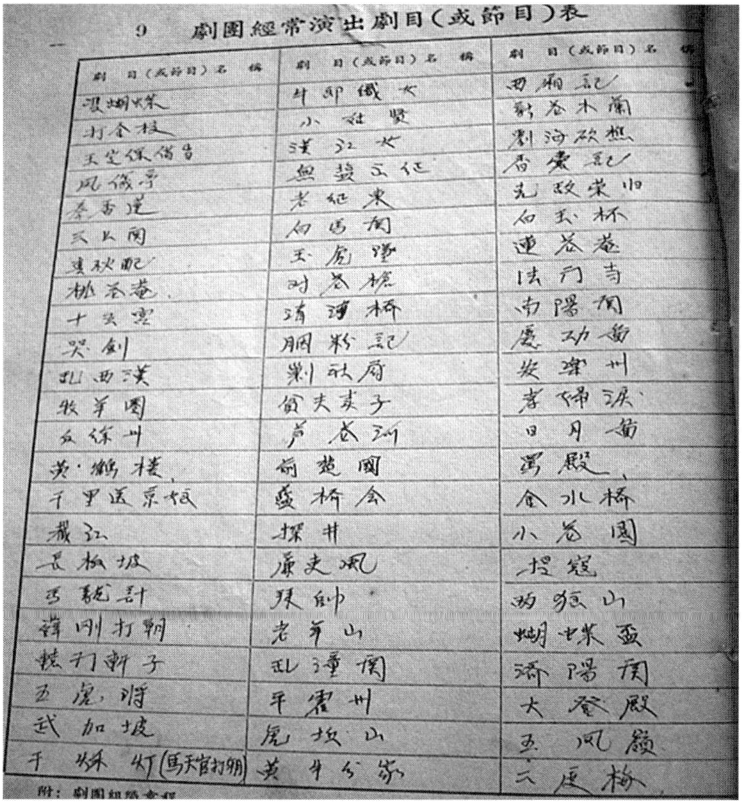

9　劇團經常演出劇目(或節目)表

劇目(或節目)名稱	劇目(或節目)名稱	劇目(或節目)名稱
		西廂記
双蝴蝶	牛郎織女	新花木蘭
打金枝	小姑賢	劉海砍樵
王定保借当	漢江女	香囊記
凤仪亭	無鹽正位	光致荣归
秦香蓮	老征東	白玉杯
三上关	白馬関	通花巷
春秋配	玉虎墜	法门寺
桃花庵	对花槍	南陽関
十头云	清河桥	慶功宴
哭剑	胭粉記	安宁州
扎西漢	劉秋府	孝妇泪
牧羊圈	貧夫卖子	日月图
反徐州	芦花河	罵殿
黄鹤楼	前楚國	金水桥
千里送京娘	藍桥会	小花園
截江	探井	捉寇
長板坡	廉吏風	两狼山
马跳計	拜帥	蝴蝶盃
薛剛打朝	老羊山	濟陽関
辕门斩子	乱潼関	大登殿
五虎将	平霍州	五凤嶺
武加坡	虎坡山	二度梅
千烁灯(馬天官打朝)	黄牛分家	

图 9.1　梁山县人民剧团经常演出部分剧目表①

鼓舞了工作热情，纯洁了舞台艺术形象，活跃了艺术创作，也提高了演出水平，剧团不断发展。1957 年底梁山县有职业剧团 4 个，演职人员 280 名，群众业余剧团 54 班；1957 年共挖掘传统剧目 120 个，记录剧本 57 个，整理剧本 15 个，上演剧目 120 个。② 大大活跃了群众的文化生活，在社会主义建设中起到了重要的宣传推动作用。

"大跃进"时期，梁山县戏曲演出最为火爆，剧团数量和演出活动空前高涨。各村庄和学校都纷纷成立业余剧团，排演新戏，巡回演出，并深入生

① 《梁山县曲艺人员登记工作总结报告》，1957 年 7 月 27 日，梁山县档案馆藏档 45-1-25。

② 《梁山县 1957 年文化工作总结》，1957 年 11 月 20 日，梁山县档案馆藏档 45-1-25。

产第一线。如大路口乡教师利用课余时间，指导学生排演新戏，以完小为首的5个学校都组织业余戏团，在全乡进行巡回演出，听众达1万余人；①黑虎庙公社组织学生剧团到学校附近村演剧、说快板，有时到工地去慰问；代庙小学在安山工地上排演了“水泊天堂”等几个新剧，既活跃了工地生产，又做了宣传，群众反映良好。② 1958年底，梁山县共有业余剧团24个，歌咏队500个，文艺创作组120个，参与创作的人数660人。③ 这些活动极大地活跃了农村文化生活，保证了党的方针政策及时给群众见面，使广大群众受到了社会主义和共产主义教育。同时，民间曲艺也获得很大发展，1959年9月，梁山县有职业曲艺人33名，业余曲艺组62个329人。④ 各剧团和曲艺组围绕工农业生产和党的政治运动，广泛而深入开展文艺宣传活动，成果显著。1959年，共创作作品达5139件(歌谣、墙头诗例外)，剧本48个；在配合大炼钢铁中，徐集公社业余剧团编演了《夫妇炼钢铁》；在配合水利建设当中，黑虎庙曲艺创作组编演了《河网化》《幸福生活》《幸福乐园》等；在配合生产整社中，大路口东风俱乐部编演了《人民公社好》、城关俱乐部编演了《美好的梁山》，银山创作组创作了《张大爷入了敬老院》，芦里创作组创作了《红旗遍梁山》《小麦返青关》等戏剧舞蹈，⑤有力地配合了生产和各项工作的开展。为进一步使文化工作适应工农业生产发展需要，各剧团不断充实活动内容，改变活动方法，在发展生产和开展中心工作中发挥了重大作用。如大路口公社的业余剧团为了慰问修铁路大军，白天和民工一块劳动，夜晚进行演出，从而鼓舞了民工的干劲，提高了劳动效率。城关、芦里业余剧团为了配合护坡工程，全体演员均赴前线，白天同民工一起干活，晚上进

① 《大路口乡1958年上半年文教工作总结》，1958年8月24日，梁山县档案馆藏档45-1-36。

② 《黑虎庙公社1958年下半年教育工作总结》，1959年1月24日，梁山县档案馆藏档45-1-36。

③ 《梁山县社会文化事业组织机构及活动情况年报》，1958年12月24日，梁山县档案馆藏档45-1-29。

④ 《梁山县文教局关于文教方面的有关数字材料》，1959年9月16日，梁山县档案馆藏档45-1-38。

⑤ 《梁山县文化工作十年来的伟大成就》，1959年9月13日，梁山县档案馆藏档45-1-38。

行演出，这样既活跃了工地上的文化生活，又激发了民工们的劳动积极性，大大提高了工程进度。在翻地和麦田管理时，大部分演出活动转向了田间，如周楼、道沟、开河等村社员下地干活时带着竹板、弦子、铜器等，在干活的空隙里进行演唱活动；特别是1959年春节前后，农村戏曲活动更为活跃，梁山县共组织了74个戏剧队，曲艺人64个，街头说唱队32个，活动形式有花鼓、快板、快书、相声、洋琴、坠子、戏剧歌舞等，在梁山县各个角落普遍展开，形成一派欣欣向荣的欢快景象。[①] 如火如荼、小型多样的戏剧活动满足了人民的文化娱乐要求，丰富了人们精神生活，同时教育提高了人民群众的社会主义和共产主义思想觉悟，有力地配合了生产，鼓舞了广大劳动人民的干劲，促进了社会主义事业的不断发展。

“三年困难”时期，梁山县戏剧演出活动陷入低谷。为了加强农业生产，减少财政开支，1960年山东省委指示：“挤出一切可以挤出的力量，支援生产第一线”，要求大办农业、大办粮食，精简专区、县级艺术团体，下放一部分演职员加强农业生产第一线，菏泽地委确定梁山县削减枣梆剧团，保留太平调和豫剧团合并为山东梆子剧团。[②] 1960年12月，梁山县原来的四个分剧团合并为“梁山县山东梆子剧团”，并一直沿袭下来。[③] 各公社、大队举办的剧团、杂技团一律撤销，回到生产队劳动，一时不能撤销者，也不得使用机动粮开支。[④] 1962年，菏泽专署规定一般每县保留一个剧团，改为民间职业剧团，自负盈亏。[⑤] 三年经济困难时期给梁山县戏剧活动带来了严重影响。

“四清”及“文革”期间，梁山县大力开展移风易俗、破除封建迷信活动，

① 《梁山县文化馆1959年第一季度农村文化工作总结》，1959年4月10日，梁山县档案馆藏档45-1-41。

② 《关于请示保留两个剧团和豫剧剧种的报告》，1960年10月4日，菏泽市档案馆藏档9-2-101。

③ 王诚志：《梁山戏剧的沿革与发展》，载中国人民政治协商会议梁山县委员会文史资料委员会编：《梁山文史资料》第10辑，内部资料1994年版，第162页。

④ 菏泽专署办公室编：《工作简报》第5期，1962年8月3日，菏泽市档案馆藏档28-3-208。

⑤ 《菏泽专署批转晁哲甫、余修同志关于进一步调整文教事业、精简教职工的报告》，1962年9月26日，菏泽市档案馆藏档9-2-123。

大力加强戏剧工作的思想性、现实性和战斗性，演唱新剧，抵制旧的戏曲节目，后来，大力普及革命样板戏，传统戏剧受到严重破坏，戏剧畸形发展。1964年初，芦里公社要求大搞移风易俗，清除旧礼俗，肃清封建迷信思想，树立新风尚，抵制花鼓等封建腐朽、损害人民精神健康、乱七八糟的玩意；要求本着移风易俗的精神，开展好1964年春节文娱活动，通过业余剧团、街头剧宣传新人新事，揭露四类分子的破坏活动。① 1966年春节，寿张集公社要求群众提高觉悟，自愿自觉地抵制封建迷信、旧的戏曲节目等一切陈规旧俗，大力开展说新、唱新、演新，大演革命现代剧，各大队以团支部为核心，吸收教师、学生和在乡知识青年排演新戏。② 寿张集、肖庄的社员群众一致表示："对于看反动小说、说旧书、唱坏戏等一切旧的文娱活动此后坚决取缔"。③ 在大张旗鼓地宣传和鼓动下，旧的戏曲节目逐渐退出舞台，只演现代戏。"文革"期间，普及革命样板戏。1970年10月17日，《山东省革命委员会政治部关于普及革命样板戏应注意的几个问题的通知》要求：为了充分发挥革命样板戏的无产阶级教育作用，迎接工农业生产新跃进，继续普及学、唱革命样板戏活动。④ 1972年5月3日，《山东省革命委员会政治部批转省革委政治部文化组"关于全省文化工作的意见"的通知》强调：各级文化部门要有计划地继续大力普及革命样板戏，认真学习和普及《海港》《龙江颂》《红色娘子军》等剧本，地方戏曲剧团要积极移植革命样板戏。⑤ 1975年7月16日《林英高同志在梁山县招生工作和文化工作会议上的总结报告》进一步强调：一切文艺团体要深入农村基层，为工农群众多演、演好样板戏，也要演反映火热的现实阶级斗争生活、富有战斗性、新鲜活泼、短小精

---

① 《芦里公社关于当前生产生活的安排》，1964年1月2日，梁山县档案馆藏档25-1-16。

② 《寿张集公社关于年关工作的报告提纲》，1966年1月6日，梁山县档案馆藏档20-1-38。

③ 《梁山县"四清"工作团寿张集"四清"大队、肖庄大队"四清"运动总结》，1966年6月10日，梁山县档案馆藏档20-1-37。

④ 《山东省革命委员会政治部关于普及革命样板戏应注意的几个问题的通知》，1970年10月17日，菏泽市档案馆藏档28-2-162。

⑤ 《山东省革命委员会政治部批转省革委政治部文化组"关于全省文化工作的意见"的通知》，1972年5月3日，菏泽市档案馆藏档28-2-187。

悍的剧目，各公社业余文艺宣传队要做到说新、唱新，演革命戏、作革命人，使文艺起到教育人民、打击敌人的战斗作用；对那些流散盲艺人、曲艺队要加强政治思想教育，使其演新、唱新，为社会主义服务，但不准出县出社演出；如果他们进行说旧书、演旧戏，要发动群众进行抵制，立即给予制止。① 革命样板戏独占舞台，其他戏剧禁演。据梁山县枣棒戏迷黄玉伦回忆："文革"期间，传统历史戏被禁演，枣棒剧目也不例外，取而代之的是各地大办毛泽东思想文艺宣传队，演唱"红灯记""沙家浜"等革命样板戏。② 传统戏曲被禁，革命样板戏得以普及，实现了无产阶级在文化领域对资产阶级的全面专政，"广大青年和社员群众脑子里想的、眼里看的、耳朵里听的、手里做的都是社会主义的东西"，③传统的戏曲活动受到极大破坏，戏曲舞台单调贫乏。

中共十一届三中全会后，禁锢了十余年的传统历史剧解禁，剧团重新组织起来，传统历史戏重新搬上舞台。1980 年夏天，梁山县寿张集公社枣棒剧团成立，并排演了 18 出历史传统剧；冬季，代表梁山县参加菏泽地区文艺汇演，上演剧目《清明案》，荣获二等奖；与寿张集公社同时成立的还有大路口公社枣棒剧团等，枣棒剧团在农闲季节一直活跃在城乡各地，不断发展壮大，演出水平日渐提高；1982 年秋，梁山枣棒在各地的活动情况被《大众日报》报道，事迹见报后引起巨大轰动，后来，中央广播电台全文播放该报道，并被《人民日报》海外版全文转载。④ 各地剧团纷纷成立，据不完全统计，20 世纪 80 年代梁山县农村业余剧团发展到 21 个，有枣棒、杂技、豫剧、梆子、山东梆子 5 个剧种，演职人员达 700 多人，除演历史传统剧目外，还自编自排了不少现代剧目。⑤ 经济越发展，越要繁荣农村文化生活，满足农民求

---

① 《林英高同志在梁山县招生工作和文化工作会议上的总结报告》，1975 年 7 月 16 日，梁山县档案馆藏档 45-1-89。

② 杨朝福主编：《梁山运河文化寻踪》，国际文化出版公司 1998 年版，第 160—161 页。

③ 《宋声武同志在梁山县业余教育工作会议上的总结报告》，1975 年 3 月 6 日，梁山县档案馆藏档 45-1-89。

④ 杨朝福主编：《梁山运河文化寻踪》，国际文化出版公司 1998 年版，第 161—162 页。

⑤ 王诚志：《梁山戏剧的沿革与发展》，载中国人民政治协商会议梁山县委员会文史资料委员会编：《梁山文史资料》第 10 辑，内部资料 1994 年版，第 163 页。

富求乐的精神需求。每逢重大节日，众多民间曲艺队活跃在村村队队，大大丰富了群众的文化生活。在农民文化艺术节上，戏曲都是“重头戏”，各乡镇都要进行戏曲演出，在梁山县第四届农民文化艺术节中馆里乡组建业余剧团1个，戏曲演出15场。① 同时，戏曲创作也硕果累累，在1999年“诚信建设年”活动中，小安山镇编演的戏剧《桃花红时》获济宁市创作演出一等奖，并在市电视台播放；2006年建党节前夕，由梁山县委组织部、小安山镇党委政府主办承办的电教戏曲节目，在小安山镇实地拍摄，在市县电视台播放；小安山镇的农民文艺创作，在全县乡镇独领风骚，在国家、省级出版社发表出版戏曲等各类文艺作品100余万字，多次获省、市文艺创作奖。② 据统计，近30年来梁山县在省市以上报刊、杂志发表曲艺等文学艺术作品1500余件，参加省市以上演出获戏曲等创作奖600余次。③

随着时代发展，戏曲改革也在进行，不断焕发生机与活力，呈现良好的发展势头。以艺术表演团体体制改革为突破口，充分发挥名人、名团、名剧的品牌效应，积极鼓励社会资金投入文艺演出业，加强多方面的联合运作，注重剧(节)目的创作，形成一批具有地方特色和时代气息的名牌剧(节)目；鼓励重点剧种、剧目参与市场经营，加强演出单位与媒体业、旅游业及大型企业集团的联合，增强演艺业的活力和发展后劲。2007年，梁山县有山东梆子剧团1个，民间剧团8个，从业人员200余人，活动于山东、河南等地，年演出600余场。④ 2007年，山东梆子被批准列入省级非物质文化遗产保护名录，落子、山东梆子、枣棒等被列入市级非物质文化遗产保护名录。⑤

---

① 《梁山县第四届农民文化艺术节馆里乡活动统计表》，1996年3月8日，梁山县档案馆藏档103-1-98。

② 中共梁山县委党史研究室编著：《丰碑——梁山改革开放30年》，中共党史出版社2008年版，第414页。

③ 中共梁山县委党史研究室编著：《丰碑——梁山改革开放30年》，中共党史出版社2008年版，第271页。

④ 中共梁山县委党史研究室编著：《丰碑——梁山改革开放30年》，中共党史出版社2008年版，第271—274页。

⑤ 中共梁山县委党史研究室编著：《丰碑——梁山改革开放30年》，中共党史出版社2008年版，第275页。

如今，每逢农村大集、庙会或大型活动，总少不了请剧团助兴，一般演出六七天或十几天。有集体副业的富裕村每逢春节，总要唱几天大戏，如梁山镇付庙村春节期间经常请剧团演出（见图 9.2）。近些年，为丰富群众文化生活，有的村也邀请剧团到村里演出，2015 年 12 月 18 日《今日梁山》载：县信访局驻小安山镇范庄村“第一书记”、驻村干部特邀县枣梆剧团，将《蝴蝶杯》《徐龙铡子》《李世民招亲》等精彩剧目送到该村，让村民在家门口过了一把实实在在的戏瘾，受到群众普遍欢迎。戏剧演出使人们得到了文化艺术享受，丰富和活跃了人们的精神文化生活，对经济社会发展也起到了积极推动作用。

图 9.2　2010 年春节期间梁山县红锋梆子剧团在梁山镇付庙村演出

新中国成立以来华北农村戏曲发生巨大变迁，其特点主要有：

第一，经历发展、停滞、再发展的曲折道路。新中国成立之初，政府高度重视戏剧工作，积极进行整顿，为戏剧发展打下良好基础，在演出传统剧目的同时,还排演了大量新戏,日益满足人们的精神文化需要。“大跃进”时期,戏剧演出和创作空前高涨,形式多样、成果丰硕,但存在冒进的倾向,甚至下地干活也带着演出工具,教师、学生也成了重要演出力量,影响了人们正常生产和教学活动。“三年困难”时期,剧团压缩,戏剧演出减少,“四清”和“文革”期间,大破“四旧”,禁演旧戏,提倡反映现实的新剧目,普及革命样板戏,传统戏剧发展停滞。普及革命样板戏虽然宣传了革命英雄人物和革命精神,激发了人们革命和生产斗志,但背离了“百花齐放,百家争鸣”的方针,造成剧目和剧种单一,遏制了戏剧发展的生机和活力。改革开放以来,拨乱反正,戏剧重新焕发生机,农村剧团不断增多,戏剧演出日趋活跃。但由于电影、电视、歌舞等多种多样的现代化娱乐方式竞争,传统戏曲演出市场减少,民间艺人的活动趋于停顿。经过体制改革和与企业联合等措施,剧团又获得活力和发展后劲。

第二,剧目呈现从传统到现代,再到传统的演变轨迹。新中国成立初期,政府对戏剧进行整顿,禁演封建、迷信、淫荡和有碍民族团结的剧目,并删除上演剧目的有关情节,传统戏剧获得健康发展,同时也排演了新戏,宣传抗美援朝、参军光荣、新婚姻法等。“大跃进”时期,反映大炼钢铁、农业丰收、梁山新貌及憧憬理想生活的剧目大量涌现。“四清”及“文革”时期,传统历史剧被禁演,反映现实生活的新戏和革命样板戏占据了戏剧舞台。改革开放后,被禁锢十多年的传统历史剧重返舞台,并焕发出勃勃生机,同时也排演了一些现代剧目。如今,农村戏剧舞台上演出的则是清一色的传统历史剧。

总之,随着经济社会发展,人们对戏曲的需求也日益增长,戏曲应与时俱进,不断满足人们的精神文化需要。现在,农村舞台上演出的全是传统历史古装戏,剧场里大多是老年人,年轻人看戏的很少,而且观众人数有限,传统戏剧的魅力正在消减。如何保存和弘扬民族优秀的传统戏剧艺术值得关注。如今,山东梆子、落子、枣棒等被列入非物质文化保护遗产,为戏曲发展提供重要契机。在保存和继承优秀传统戏曲文化的同时,戏曲要锐意改革、推陈出新,不断满足百姓日益提高的文化娱乐需求,为社会经济持续健康发展服务。

第二节　电影放映变迁

新中国成立之初,现代化的电影还未走进梁山县广大农村百姓间。当时,幻灯、收音机、广播成为人们重要的现代化娱乐工具。1951 年 3 月,梁山县人民文化馆领到幻灯、收音机等宣传工具后,接着进行收听和幻灯的放映,4 月在城关区放映了 7 次,5、6 月在运河堤上放映了 7 次,观众 15600 余人,平均每次 1120 人。① 幻灯的放映,给广大农村文化生活带来新鲜气息,也使人们受到思想文化教育,颇受百姓欢迎。广播也是重要的宣传、文化教育和娱乐工具,为使其发挥积极作用,1954 年 4 月 6 日《平原省文化馆收音工作试行办法(草案)》规定:为了有计划地组织收音广播,收音员要根据电台节目预告及时地介绍给干部群众,动员和组织他们收听,并根据不同的节目,组织不同群众进行收听,并抓住一切机会、利用一切集会场合组织收听,并充分利用屋顶广播、有线广播;②还规定任何干部群众以及收音员都不准收听敌台广播与“美国之音”。③

新型现代化的幻灯、收音机成为百姓娱乐新时尚,不仅丰富了群众的文化生活,而且起到了很好的宣传教育作用。如龟山乡青年热烈参军报名的典型事例制成幻灯板放映后,起到了良好的宣传作用,曹庄乡的青年说:“看人家龟山乡的青年都这样热烈地报名,说啥咱也得赶快报名呀,不能落到人家后面呀”,④曹庄乡掀起青年报名参军的热潮。幻灯放映工作不断发展,影响日益扩大,1954 年春节期间,梁山县共放映幻灯 8 场,平均每场观众 600 人左右;放映地点在五区的北部和西部,放映的幻灯片《组织起来比

① 《梁山县人民文化馆 1951 年上半年工作总结》,1951 年 7 月 2 日,梁山县档案馆藏档 45-1-6。

② 《平原省文化馆收音工作试行办法(草案)》,1954 年 4 月 6 日,菏泽市档案馆藏档 28-2-10。

③ 《平原省文化馆幻灯放映队工作暂行办法(草案)》,1954 年 4 月 6 日,菏泽市档案馆藏档 28-2-10。

④ 《梁山县三年来的文教工作总结》,1952 年 12 月 20 日,梁山县档案馆藏档 45-1-7。

单干强》《走向幸福的道路》《苏联的农民生活》等很适合当前的互助合作工作，而且每次放映都有区里的报告员或乡里的负责人参加，报告总路线的宣传材料，带的宣传工具（收音机、唱声机、扩大器等）比较令人满意，所以每次放映后，都得到了群众的好评。吕屺口村的一位老大爷说："看幻灯片比看电影还好哩！片子又好，讲解的又清楚，我看了这几套片子，才知道组织起来真正比单干强。今后我一定参加互助组。"①幻灯放映围绕当时的中心工作，宣传时事政策和法令，普及科学知识，推动了各项工作的开展。后来，幻灯逐渐被更先进的电影所取代。

梁山县境内最早的电影放映活动是 1938 年 4 月 15 日济宁人来馆里村放映无声电影。② 1955 年，菏泽专区电影放映队第 155 队来梁山放映《丰收》等宣传当前中心工作的 6 部影片，放映 22 场，观众 35024 人，③电影开始成为百姓喜闻乐见的新娱乐方式。为满足梁山县农民群众看电影的要求，活跃农村文化生活，配合各项中心工作的宣传，1955 年 10 月 25 日菏泽专署正式下发文件：菏泽专区电影放映队第 155 队固定到梁山县，由梁山县直接领导，改称"山东省梁山县电影放映队"。④ 有了电影放映队，群众看电影的需要逐渐得以满足，据《梁山县 1955 年文化工作总结》：从 1955 年 10 月 19 日菏泽专区电影放映队第 155 队固定到梁山县并开始工作以来，前后 71 天时间共放映影片《人往高处走》《渡江侦察记》等 11 部，短片有《包工制》《怎样丰产棉花》《国防新闻》等，66 个工作日，共放映了电影 101 场，使 228799 人次受到教育，使影片真实地深入人心，鼓舞群众生产积极性，有力地配合了中心工作的开展，广大观众深受教育。如商老庄区范庄高某等中农，看过电影后第二天早晨就找社长要求入社，他们表示："坚决不单干了，

① 《梁山县文化馆 1954 年春节文娱活动总结》，1954 年 3 月 16 日，梁山县档案馆藏档 45-1-17。

② 中共梁山县委党史研究室编著：《丰碑——梁山改革开放 30 年》，中共党史出版社 2008 年版，第 379 页。

③ 《菏泽专区电影放映队第 155 队梁山县放映工作总结》，1955 年 6 月 1 日，梁山县档案馆藏档 45-1-20。

④ 《山东省菏泽专署关于本区电影固定到县的指示》，1955 年 10 月 25 日，菏泽市档案馆藏档 28-3-81。

一定要入社”；郑那里村王某某等看过《包工制》反映说：“过去当社长没有工作经验，又无办法，整天忙得连饭都顾不得吃。看了这部电影确实学了很多东西，今后我们社里也要实行小型包工、常年包工和计件包工的办法。”①

随着经济社会的发展和群众文化生活需求的提高，电影放映工作也不断发展。据统计，1957 年梁山县建立 3 个电影放映队，农村一个月内就能看到一次电影。从放映情况看，1—10 月工作了 171 个工作日，放映了 480 场，90742 人次受教育，干部群众的政治思想觉悟得以提高，如放映《冲破黎明前的黑暗》影片时，群众说：“八路军作战真英勇，把敌人消灭了，现在我们才过着幸福的生活，就是喝一口冷水也不亏”；代庙区小吴放映《历史的一页》，公社干部反映说：“多演这样的片才能教育社员，巩固合作社”。同时，在放映前也争取区、乡干部讲话，并就地取材表扬了好人好事，社员反映很好。② 电影放映宣传了党的政策，教育了群众，也活跃了农村文化生活。从 1959 年 2 月起，梁山县实行长年包费放映，更好地满足了群众看电影的需要。③

梁山县电影放映工作不断发展，从 1955 年到 1959 年，梁山县电影队数、放映点数、放映场次、观众人数逐年增长（见表 9.1）。

表 9.1　1955—1959 年梁山县电影队、放映点、放映场次、观众量统计表④

项目＼年份	1955	1956	1957	1958	1959
电影队数（个）	1	2	3	4	公办 4 个 社办 2 个
放映点数（个）	21	40	75	86	163
放映场次（次）	127	363	611	782	2184
观众人数（人）	307850	625737	720432	1554774	2361000

① 《梁山县 1955 年文化工作总结》，1956 年 1 月 20 日，梁山县档案馆藏档 45-1-19。

② 《梁山县 1957 年文化工作总结》，1957 年 11 月 20 日，梁山县档案馆藏档 45-1-25。

③ 《梁山县电影队关于实行长年包费放映的总结报告》，1959 年 5 月 8 日，梁山县档案馆藏档 45-1-41。

④ 《梁山县文教局关于文教方面的有关数字材料》，1959 年 9 月 16 日，梁山县档案馆藏档 45-1-38。

可见,1955年到1959年,电影播放量和观众量逐年增加,1959年,梁山县平均每天放映电影6场;从放映次数看,当时全县50万人①,平均每人一年大约观看4.7次电影。

当时,影片放映密切配合党在各个时期的政治活动,并特别注意新闻科教片的放映,并选择适当深入工地、田间、学校、会场,广泛开展放映活动。放映人员还开动脑筋想办法,创造了54型单机连续放映以及三用幻灯等方法,提高了放映质量,受到群众热烈欢迎。② 电影放映范围不断扩大,原来偏僻的村庄或小村庄从来没有放过电影,1959年去放映了,有的偏僻村庄还去了多次。③ 为使群众得到精神食粮,丰富文娱生活,电影队还克服重重困难把电影送到偏僻农村。如银山队在斑鸠店公社代城和金山放映时,爬山渡河,抬着机器,走过崎岖泥泞道路,克服种种困难,终于把电影送到观众家门口;一分队为普及放映,满足小路口公社黄河灾区群众看电影要求,同志们克服困难,不顾道路泥泞,使河床上群众看到电影,受到群众好评。群众通过观看影片受到了教育,又得到娱乐,百姓非常满意。④ 电影成为向广大群众进行宣传教育和活跃农村文化生活最有效的工具。为更好地发挥电影的宣传作用,满足群众需求,1962年电影队计划:加强和巩固普及电影放映工作,合理布置放映点和放映场次,每个大队全年一般能看到四到五场电影,个别偏僻队和重点队,全年最低看到两场电影;灾区人民生产救灾可酌情采取收费、减费、免费,慰问演出放映办法,以推动灾区同困难作斗争,⑤不断满足群众精神文化需求,也推动抗灾等工作的开展。

---

① 《梁山县电影队关于购置机器的申请》,1959年5月31日,梁山县档案馆藏档45-1-41。

② 《梁山县文化工作十年来的伟大成就》,1959年9月13日,梁山县档案馆藏档45-1-38。

③ 《梁山县电影队关于1959年1—10月份的工作简单总结和12月份及1960年第一季度的工作简单计划》,1959年12月5日,梁山县档案馆藏档45-1-41。

④ 《梁山县电影队1962年工作总结》,1962年12月30日,梁山县档案馆藏档45-1-63。

⑤ 《梁山县电影队1962年工作总结》,1962年12月30日,梁山县档案馆藏档45-1-63。

“文革”期间，强调电影工作为工农兵服务，发挥电影的宣传教育作用，普及革命样板戏电影。《山东省革委政治部文化组1973年下半年文化工作意见》要求：在当地党委的统一领导下，紧密围绕党的中心工作，开展电影放映，大力普及革命样板戏电影。① 由于普及革命样板戏，其他影片被打入冷宫，并开展一系列批判斗争。影坛单调而冷清，“八亿人民八个戏”，老百姓唯一能看到的八部电影是：现代京剧《智取威虎山》《红灯记》《沙家浜》《奇袭白虎团》《海港》《龙江颂》和现代舞剧《红色娘子军》《白毛女》；一大批现实主义影片诸如《燎原》《革命家庭》《红日》《抓壮丁》《野火春风斗古城》《李双双》《五朵金花》《铁道游击队》等统统被打入冷宫。② 为肃清某些禁演影片的影响，还开展批判运动，例如，为彻底肃清《铁道游击队》“诋毁毛主席人民战争思想、歪曲毛主席关于游击战争学说，宣扬资产阶级军事路线”的影响，1970年2月20日山东省革委政治部下发《山东省革委政治部宣传组关于〈铁道游击队〉的初步意见》，对其进行公开批判。③ “文革”动荡了十年，影坛冷清了十年，老百姓的文化娱乐也单调了十年。当时，由于文化娱乐贫乏，百姓看电影就像过节似的，当村里放映电影时，天不黑人们就急急忙忙吃过晚饭搬着凳子去占位，小朋友更是来不及吃晚饭拿点凉馍就去占地方，或拿凳子，或席地而坐。为了防止人多拥挤出来“解手”困难或怕出来被别人占了位，有的小朋友就在座位底下挖个坑供“解手”用。由于当时影片比较少，一部影片人们都看好多遍，影片中人物对话或唱词都记得一清二楚；尽管放映看过的影片，但人们还是乐意跑几里夜路到附近村去重复观看。

中共十一届三中全会以来，梁山县农村电影放映工作不断发展。1984年，梁山县32个乡镇共有65个放映单位，平均每个乡镇有电影放映队1.81个，平均18.2个自然村、11441人有一个电影队；为满足群众不断增长

① 《山东省革委政治部文化组1973年下半年文化工作意见》，1973年6月20日，菏泽市档案馆藏档28-2-187。

② 旷晨编著：《我们的七十年代》，广西人民出版社2004年版，第131页。

③ 《山东省革委政治部宣传组关于〈铁道游击队〉的初步意见》，1970年2月20日，菏泽市档案馆藏档28-2-162。

的文化娱乐需要,梁山县计划大力发展放映单位,其中1985年就计划发展90个。[①] 梁山县农村科教电影放映也取得可喜成绩。1992年7月,梁山县电影公司参加了全国第二届农村科教电影汇映活动,被评为全国汇映先进单位。[②] 梁山县各乡镇都把电影放映作为农村文化活动的重要内容,如1995年1月7日《馆里乡关于今冬明春在全乡开展爱国主义教育和移风易俗群众文化活动实施方案》规定,1994年冬到1995年春在全乡开展爱国主义教育和移风易俗群众文化活动,放映电影35场;[③]1996年春节前后举行的"馆里乡第四届农民文化艺术节"中,乡领导小组专门组织放映队,选择优秀影片下村放映,每村至少必须放映两场,全乡计划放映百场以上,[④]大大推动了农村的电影放映。

进入21世纪,为进一步加强农村电影放映工作,发挥电影的宣传教育和文化娱乐功能,2000年1月26日《山东省人民政府办公厅转发省文化厅等部门关于加强全省农村电影工作的报告的通知》要求:各地要按照国家提出的农村电影放映的"2131"目标,确保一村一月放映一场电影,基本保证每个行政村农民每年至少看12场电影,有条件的地方,可保证农民每月看2—3场以上的电影;各地要把农村中小学生爱国主义教育影片的宣传放映纳入学校德育教育日程,并保证影片、场次、经费等事项落实。[⑤] 实施农村电影数字化放映"2131"工程以来,梁山县加强了农村中小学爱国主义教育影片和农村科教影片的放映,加快了农村影院的更新改造,增加了农村电影固定放映点,并积极推广电影数字放映技术,在农村逐步实现由胶片放映向数字放映的转变;同时加强放映队伍建设,2007年,有27支放映队深入各个乡镇巡回放映,

---

① 《梁山县文化局关于实行〈农村电影放映管理暂行办法〉和制定〈1984—1990年全县农村电影放映网发展规划〉的报告》,1984年11月20日,梁山县档案馆藏档3-1-181。

② 中共梁山县委党史研究室编著:《丰碑——梁山改革开放30年》,中共党史出版社2008年版,第272页。

③ 《馆里乡关于今冬明春在全乡开展爱国主义教育和移风易俗群众文化活动实施方案》,1995年1月7日,梁山县档案馆藏档103-1-71。

④ 《馆里乡第四届农民文化艺术节活动实施方案》,1996年1月23日,梁山县档案馆藏档103-1-98。

⑤ 《山东省人民政府办公厅转发省文化厅等部门关于加强全省农村电影工作的报告的通知》,2000年1月26日,菏泽市档案馆藏档28-2-740。

每年放映电影6600余场次,走在了济宁市的前列。[①] 为进一步满足广大农民对科学文化的需求,推进社会主义新农村建设,梁山县还组织电影队为群众放映电影,据2008年1月21日《济宁日报·都市晨刊》载:入冬以来,梁山县组织26支放映队为群众免费放映电影500余场,县设立农村电影专项资金,对农村公益电影放映给予场次补贴,并强化放映人员的培训,购置放映设备、音响设备、更新更换大银幕和部分交通工具,同时强化科技服务,下乡巡回放映的电影为故事、戏曲、科技、计划生育等题材,放映内容贴近农村、贴近农民,大大丰富了农民群众精神文化生活。如今,为丰富群众文化生活,许多乡镇开展了送电影下乡活动,2015年12月11日《今日梁山》报道:杨营镇送电影下乡500场次,满足群众不断增长的精神文化需求。

随着经济社会快速发展,群众的文化娱乐活动日益现代化和多样化,广播、电视事业的发展以及农村广播、电视、VCD、电脑等现代化的娱乐工具增多,给电影放映工作带来巨大挑战。1988年,梁山电台成立,通过有线传输向全县24个乡镇每天3次转播中央省市台的节目,并制作少量的梁山新闻;1989年2月,投资200万元的梁山电视台一次调试成功,结束了梁山县没有电视台的历史;1992年春节,梁山县电视人口覆盖率由原来的60%提高到100%;1992年10月1日,梁山广播调频发射台建成,形成无线广播和有线广播混合覆盖的局面,实现人口覆盖率100%;1998年农村有线电视传输网络开始建设,2006年有线电视入村率为28.34%;2006年底,实现了对有线电视网络外的456个行政村信号覆盖,达到社会主义新农村广播电视"村村通"工程要求。[②] 农村电视日益普及,如1991年初,馆里乡刘庄村170户大都看上电视。[③] 据1999年馆里乡农村住户调查,1999年末,每10户就拥有8台黑白电视机;每10户有3台彩电。[④] 如今,农村彩电已经普及,有的还安上有线电

---

① 中共梁山县委党史研究室编著:《丰碑——梁山改革开放30年》,中共党史出版社2008年版,第273—274页。

② 中共梁山县委党史研究室编著:《丰碑——梁山改革开放30年》,中共党史出版社2008年版,第33页。

③ 《馆里乡社教工作总结》,1991年1月20日,梁山县档案馆藏档103-1-40。

④ 《1999年梁山县馆里乡农村住户调查》,1999年12月30日,梁山县档案馆藏档103-1-133。

视、购置电脑并开通了网络,人们足不出户即可看到自己喜爱的影片,这些都给电影的放映带来了挑战和竞争。

总之,新中国成立以来,电影从无声到有声,从黑白到彩色,不断发展。作为重要宣传工具和农村文化事业重要组成部分的电影,对促进经济社会发展和满足群众文化需要发挥了重大作用,具体表现为:

第一,发挥了无法估价的宣传教育作用。电影放映,不仅丰富了群众文化生活,也宣传了党的政策,教育了群众,促进了党的中心工作的开展。如1962年,梁山县电影二分队在徐集公社放映《白毛女》时,尹某某说:"一看到恶霸地主黄世仁就想到从前的恶霸地主来拉,这样的阶级仇恨,一辈子也忘不了,得走集体,办好社,不能单干,不然还得出地主,还有穷人";一分队在小路口公社后门王大队放映《黎明的河边》,大队会计看过说:"我们现在的和平可不是容易得来的,是许多不怕流血牺牲的革命老前辈换来的,我们在和平环境中得积极工作,好好劳动,才能对得起从前的同志",①使广大群众认识到当时走集体化道路和实行人民公社的正确性,以及和平生活来之不易。在1964年"社教"期间,电影队配合运动到芦里公社各大队放映了有教育意义的《夺印》《槐树庄》等影片,提高了干部群众的思想觉悟,促进芦里公社群众性回忆诉苦、揭阶级斗争盖子运动的开展。② 在20世纪90年代初梁山县开展的农村社会主义思想教育活动中,馆里乡通过放映影片使百姓切实受到社会主义思想教育,在放映前还播放乡里录制的革命歌曲和社会主义教育宣传提纲,通过这种形式,社会主义教育运动得以扎实深入地展开,并获得良好效果。③ 电影放映,宣传了政策,动员了群众,为各项工作的开展发挥了积极推动作用。

第二,服务"三农",促进农村经济社会发展。放映科教影片,宣传了农业科技知识,推广了先进生产经验,提高了农民的科学文化素质,有力地促

---

① 《梁山县电影队1962年工作总结》,1962年12月30日,梁山县档案馆藏档45-1-63。

② 《芦里公社社教领导小组关于进村后开展群众性的回忆诉苦、揭阶级斗争盖子情况报告》,1964年4月20日,梁山县档案馆藏档25-1-18。

③ 《馆里乡社教工作总结》,1991年1月20日,梁山县档案馆藏档103-1-40。

进了农村社会经济发展。例如,1959 年电影队放映《国庆十年》《红色的种子》《全国农业展览馆》《粮食》《黄河飞渡》等影片,宣传全党动手、全民动手,大办农业、大办粮食,以农业为基础、以粮为纲、为粮而战;通过放映科教幻灯,还宣传了种好小麦的重要意义及有关知识,地瓜的贮藏和食用方法,积肥追肥,抗旱保秋和增产节约等,[①]更好地服务农业,满足了农民的科技文化需求。为进一步满足农民对科技知识的需求,1959 年电影队以宣传水、肥、土、林为中心内容,通过讲解、快板、戏曲、幻灯等不同的宣传形式、大力向群众宣传农业科技知识。[②] 通过放映科教等影片以及制作科教幻灯,使农民学到了现代农业科学知识,对改变传统落后的种植方法、科学种田、促进农业发展起到了积极作用。

第三,活跃农村文化生活。新中国成立之初,广大农村闭塞落后,文化娱乐生活稀缺,农村生活单调,特别是僻远的小村庄,文化娱乐生活更加欠缺。现代化电影的放映,大大活跃和丰富了农民文化生活。1962 年,电影队在王老君放映时,一位 70 多岁的老大娘说:“我这么大年纪了,以前连一次电影也没看过。过去老年人管得严,不叫出门。现在把电影送到门上来啦,可得看看,好开开眼界,死了也值啦。”在开河大队放映时,大队会计说:“电影队不光放映电影,对当前的中心工作宣传也很好,比街上的黑板报吸引人。电影内容介绍知道电影内容,又知道国家大事和当前工作,不只内容丰富,制作的也好,颜色鲜艳美观,真不错。”[③]通过电影放映,调剂了农村单调的农业生产劳动,活跃了农村文化生活,提高了人们生活质量。

为更好地发挥电影的文化娱乐和宣传教育功能,推动农村精神文明建设,电影放映机构要不断深化体制改革,探索适应新形势的电影放映体系,实现电影放映的规模效应,鼓励社会各界兴办农村电影事业,使农村电影经营形式多样化,以满足人民群众日益增长的文化需求,为经济社会持续健康

---

① 《梁山县电影放映队关于前一段支援农业的情况和今后的意见》,1959 年 12 月 3 日,梁山县档案馆藏档 45-1-41。

② 《梁山县电影队关于 1959 年 1—10 月份的工作简单总结和 12 月份及 1960 年第一季度的工作简单计划》,1959 年 12 月 5 日,梁山县档案馆藏档 45-1-41。

③ 《梁山县电影队 1962 年工作总结》,1962 年 12 月 30 日,梁山县档案馆藏档 45-1-63。

发展服务。

第三节 文艺汇演与农民文化艺术节变迁

新中国成立后，为活跃农村文化生活，调动群众参与热情，激发活力，提升演出水平，梁山县经常组织文艺汇演活动。1954年正月十四、十五、十六三天，在梁山县政府驻地、二区代庙、六区寿张集，举行了文艺汇演，参加会演的节目有高跷、狮子、竹马、花鼓、洋琴等，每次会演观众达两千人以上，大大活跃了群众文化生活。① 随着人民公社巩固提高和工农业生产突飞猛进，为进一步使文化工作适应工农业生产发展需要，鼓舞广大群众的革命干劲，推动社会主义建设，在1958年文教誓师大会后，一个来势猛、声势大、广泛深入的群众性文化宣传运动迅速形成高潮，遍及梁山县各个角落；1959年春节期间文化活动形成更大跃进高潮，梁山县各公社都先后举行文艺汇演和联欢晚会，并组织高跷、秧歌、狮子舞、曲艺、快板、相声、话剧、腰鼓、戏曲、广播、黑板报等20余种深受群众欢迎的民间文艺形式进行巡回慰问活动，同时还组织职业剧团、电影队到工地、农村进行广泛慰问演出，呈现一派欣欣向荣的欢快景象。② 通过大规模的春节文艺汇演活动，广大群众进行了深刻而广泛的社会主义和共产主义教育，提高了社员的思想觉悟，活跃了农村文艺，满足了群众文化生活要求，激发了人们生产劳动热情，推动了社会生产发展。“文革”期间，群众性的文艺宣传活动和文艺汇演也不断展开，但只强调样板戏的发展，1975年7月16日《林英高同志在梁山县招生工作和文化工作会议上的总结报告》指出：为更好地用社会主义占领思想文化阵地，充分发挥革命文化在社会主义革命和社会主义建设中的作用，实现无产阶级在文化领域对资产阶级的全面专政，1975年国庆节后举行工农兵业余文艺汇演，各代表队必须有样板戏，必须有自己的创作节目，使广大

① 《梁山县文化馆1954年春节文娱活动总结》，1954年3月16日，梁山县档案馆藏档45-1-17。

② 《梁山县文教局文化工作总结》，1959年11月13日，梁山县档案馆藏档45-1-38。

工农兵拿起文艺武器，以地头为阵地，创作出更多更好的反映工农兵群众、限制资产阶级法权、破除资产阶级生活方式、歌颂社会主义新生事物、宣传共产主义精神和风格的好作品。① 通过组织文艺汇演，活跃了农村文化生活，推动农民文艺团体建立和文娱活动开展，提高了群众的演出水平，也配合了党的宣传工作开展。

中共十一届三中全会后，为展示当代梁山人的新风貌和水浒之乡的优秀文化，用文化艺术的形式歌颂"两个文明"建设成就，用健康向上的文化生活抵制腐朽思想和封建迷信在农村的蔓延，梁山县政府和各乡镇曾多次举办"农民文化艺术节"。农民艺术节内容丰富多彩，活动开展得有声有色，极大地活跃了农村文化生活。兹把《馆里乡第四届农民文化艺术节实施方案》摘录如下：

1. 1996年2月8日（腊月十五）上午9:30，乡领导小组在馆里乡政府会议室举行全乡第四届农民文化艺术节开幕式，乡有关领导及热心支持帮助这次活动的有关人士出席，部分村负责人将组织民间艺术表演队参加并表演节目。2. 乡领导小组专门组织放映队，择选优秀影片下村放映。每村至少必须放映两场，全乡将放映百场以上。3. 组织12支表演队在全乡范围内巡回演出，并进行思想文化交流。4. 举办乡级卡拉OK大奖赛，并择优到县参加梁山县第四届"银光杯"及首届"水泊商场杯"卡拉OK歌手大奖赛。5. 春节前后，各行政村、自然村因地制宜，组织开展书法、绘画展览，并至少选出8件以上优秀作品前去县参加水浒书法研究院和水泊梁山书画院组织的画展。6. 正月十二，在乡会议室举办全乡中国象棋赛，凡本乡象棋爱好者均可报名参加。7. 元宵节前后，将组织一部分村的狮子队、高跷队、武术队串街表演，交流思想，并组织高跷队、狮子队参加县城艺术巡游，使广大群众度过一个祥和的

① 《林英高同志在梁山县招生工作和文化工作会议上的总结报告》，1975年7月16日，梁山县档案馆藏档45-1-89。

元宵节。8.3月6日(正月十七)上午十时,在乡政府举行"馆里乡第四届农民文化艺术节"闭幕式,对参加这次活动的先进单位、部门、个人进行表彰奖励总结。①

可见,"馆里乡第四届农民文化艺术节"是一次组织有力、规模大、时间长、内容丰富多彩的群众文化娱乐活动,有专门领导小组、开幕式和闭幕式,活动内容不仅有传统的狮子、高跷、戏剧等,还有现代的卡拉OK大奖赛、电影放映以及书法绘画展览、中国象棋赛等百姓喜闻乐见的娱乐项目,娱乐和文化气息浓厚,传统与现代兼具,对活跃农村文化生活和满足群众文化需求具有重要作用。从实际活动结果来看,收效显著,达到预期的效果,梁山县第四届农民文化艺术节馆里乡活动统计见表9.2。

表9.2　梁山县第四届农民文化艺术节馆里乡活动统计表②

项　目	数量
组建业余剧团	1个
组建文艺演出队演奏队	2个
组建武术表演队	30个
创作文艺节目	4个
戏曲演出	15场
电影演出	35场
文艺演出节目	40个
书画工艺品展览	1次
体育表演项目表演	2场
进城文体交流	6次
乡镇之间文体交流	13次
村队之间文体交流	49次

① 《馆里乡第四届农民文化艺术节活动实施方案》,1996年1月23日,梁山县档案馆藏档103-1-98。

② 《梁山县第四届农民文化艺术节馆里乡活动统计表》,1996年3月8日,梁山县档案馆藏档103-1-98。

续表

项 目	数量
灯谜焰火晚会	35 场
乡镇开幕式	1 次

为活跃群众的节日文化生活，春节期间，有的乡镇还组织巡回演出。如 1995 年 1 月 7 日《馆里乡关于今冬明春在全乡开展爱国主义教育和移风易俗群众文化活动实施方案》提出：为丰富活跃新年春节期间的群众文化生活，使广大人民群众过一个文明、娱乐、祥和的春节，组织洼里村的高跷队、水泊武馆武术队和孙庄、大侯、胡台庙、程垓、蔚营、陈营、丁庄、董相白、吴庄等村的狮子舞和武术队在馆里乡范围内巡回演出，把群众文化生活不断引向深入。①

改革开放以来，梁山县先后举办 12 届农民文化艺术节及多次水浒文化节活动，让广大群众在丰富多样的群众文化活动中共享文化发展成果。1993 年 5 月，成功举办了中国梁山首届国际水浒文化节，并举行大型民间艺术巡游表演，梁山县 24 个乡镇派代表参加，参加巡游表演的 3000 余人；1994 年成功举办了中国第二届国际水浒文化节，组织了民间艺术巡游表演；1996 年 5 月梁山县被省委、省政府命名为"全省社会文化先进县"，成为鲁西南地区唯一的省级社会文化先进县；2004 年，举办庆祝新中国成立 55 周年万人艺术和行业队伍巡游表演，活动历时 4 天，组织巡游表演方队 180 支，参演人数 1.2 万人，扎制彩车 80 余部，是历年来规模最大、人数最多的一次群众文化活动；2007 年 9 月，中国梁山水浒文化节配合宣传部成功举办了《同乐五洲——走进梁山》大型文艺演出。② 通过举办艺术节等群众性文艺活动，进一步促进农村文化事业的繁荣发展，丰富了群众文化生活，提高了群众文化素质，同时，也弘扬了民族文化，把精神文明建设推向新水平。

① 《馆里乡关于今冬明春在全乡开展爱国主义教育和移风易俗群众文化活动实施方案》，1995 年 1 月 7 日，梁山县档案馆藏档 103-1-71。

② 中共梁山县委党史研究室编著：《丰碑——梁山改革开放 30 年》，中共党史出版社 2008 年版，第 272—273 页。

近些年,为进一步活跃群众文化生活,激发群众参与文娱活动的热情,各乡镇不断举行文艺汇演,2015 年 11 月 6 日《今日梁山》载:在馆驿镇政府驻地文化广场,馆驿、小安山、韩岗、韩垓 4 个乡镇的 30 支群众文化宣传队伍在这里进行一场精彩的汇演,有歌唱、戏曲、广场舞、扇子舞、唢呐表演等。

在梁山县农村历次文艺汇演和农民文化艺术节上,武术、狮子舞等都是重要保留节目。

梁山武术是中华武术四大门派之一,与少林、武当、峨嵋并驾著称于世界武术之林。自古以来,梁山人民爱武、尚武、习武之风甚盛,素有"喝了梁山水,都会伸伸胳膊、踢踢腿"之说。梁山县拳种流派很多,有少林拳、梅花拳、佛汉拳、洪拳、二郎拳、螳螂拳、脱铐拳、埋伏拳、查拳、猴拳、醉拳、燕青拳、掌洪拳、太极拳等十几种。① 新中国成立后,梁山县十分重视传统武术的继承和弘扬,举办各种武术训练班,组织老拳师切磋技艺、选拔人才,举行各种武术表演和竞赛,梁山武术得到发展。1957 年,根据山东省人民委员会发出的《关于开展民间武术活动的通知》,梁山县体育运动委员会召开武术座谈会,并组织了 3 个武术训练小组,进行表演,互相交流经验。② 1959 年春节,梁山县体委要求大搞城乡群众性体育活动,达到"处处欢乐声,处处有活动,人人都参加,老幼皆欢腾",并组织武术、高跷、狮子龙灯等当地人民群众喜爱的民间体育活动,③梁山武术不断发展。"文革"期间,武术被视为"四旧"大加摧残,好多器械甚至稀世珍宝也被收走、销毁;好多老拳师、武术爱好者被批斗、关押、坐班房;武术训练点、场地被取缔,艺校被关闭,武术活动一时在梁山县基本销声匿迹。④

中共十一届三中全会后,梁山县群众性的武术运动蓬勃发展起来。为

---

① 孟繁林:《中华武术国之瑰宝,梁山拳功素享盛名》,载中国人民政治协商会议梁山县委员会文史资料委员会编:《梁山文史资料》第 4 辑,内部资料 1988 年版,第 59 页。

② 《梁山县体育运动委员会 1957 年工作总结》,1957 年 12 月 30 日,梁山县档案馆藏档 45-1-25。

③ 《梁山县体育运动委员会梁山县文教卫生部关于大力开展 1959 年春节体育活动的联合通知》,1959 年 1 月 28 日,梁山县档案馆藏档 45-1-38。

④ 孟繁林:《中华武术国之瑰宝,梁山拳功素享盛名》,载中国人民政治协商会议梁山县委员会文史资料委员会编:《梁山文史资料》第 4 辑,内部资料 1988 年版,第 58 页。

振兴梁山武术，梁山县成立武术挖掘整理领导小组，对几乎全部失传的与梁山好汉相关的水浒拳、燕青拳、武松脱铐拳、鲁智深醉跌拳等梁山传统武术进行挖掘整理。[①] 1984 年，洪拳大师李相山办起梁山县第一家“水泊武馆”，此后，梁山各类武术馆如雨后春笋般应运而生，梁山县有大小武校 20 余所，武术训练点百余处，武术之花遍布城乡。[②] 随着武术学校的遍地生花，武术得以普及，水平不断提高。梁山县各乡镇的武术活动开展得有声有色，成绩非凡，据 1993 年 12 月 17 日《梁山报》载：武术之乡馆里乡 35 个村，村村都开展武术运动，从六七岁的娃娃到白发苍苍的老人，几乎人人都会两手；1993 年底，馆里乡拥有大型武馆 2 个，武术队 31 个，高跷队 2 个，各种型号的狮子 56 架，拳种有洪拳、梅花拳、佛汉拳、二郎拳、太极拳等十余种，由于馆里乡武术活动开展得广泛踏实，功底雄厚，因而获得梁山县第一、二届农民艺术节最佳组织奖和最佳表演奖；1993 年，馆里乡武术队代表梁山县参加了山东省第四届农民文化艺术节，在《梁山义》大型文艺演出中获得最佳组织奖和表演奖。

目前，梁山县流行梅花、大洪、掌洪、少林、二郎、子午、地趟等几十个拳种，经常参加习武健身的数万人，武术交流日益频繁；在首届国际水浒文化节上，十几个国家和地区的武林高手云集梁山，切磋武艺，弘扬武术文化，受到武林界的高度评价；在第二届国际水浒文化节上，来自少林、武当、峨嵋、梁山的武林高手进行了友谊比赛，这是中华武术史上四大门派第一次同台竞技，充分展示了中华武术的精华和风采。[③] 2007 年，梁山武术被批准列入省级非物质文化遗产保护名录。[④] 2008 年 5 月 1 日，在水泊梁山风景区成功举办“首届梁山全国功夫争霸赛”，受到与会专家、嘉宾及广大武林朋友

---

① 孟繁林：《中华武术国之瑰宝，梁山拳功素享盛名》，载中国人民政治协商会议梁山县委员会文史资料委员会编：《梁山文史资料》第 4 辑，内部资料 1988 年版，第 57—58 页。

② 中共梁山县委党史研究室编著：《丰碑——梁山改革开放 30 年》，中共党史出版社 2008 年版，第 261 页。

③ 中共梁山县委党史研究室编著：《丰碑——梁山改革开放 30 年》，中共党史出版社 2008 年版，第 261 页。

④ 中共梁山县委党史研究室编著：《丰碑——梁山改革开放 30 年》，中共党史出版社 2008 年版，第 275 页。

的广泛赞誉,2008年5月5日《济宁日报·都市晨刊》刊登《首届梁山全国功夫争霸赛在水泊梁山景区开锣》,对这次争霸赛进行了专题报道。

狮子舞也称“玩狮子”“顶狮子”,在梁山地区非常流行,几乎每个较大的村庄或有武术传统的村庄都有几架狮子。狮子舞在我国历史悠久,汉代“假面戏”表演里就有狮子舞,《旧唐书·音乐志》详细记载了舞狮的情状:“缀毛为之,人居其中,像其俯仰驯狎之容。二人持绳秉拂,为习弄之状”。[①]梁山一带玩的狮子属北方流派。狮子头内径约50公分,采用竹篾、彩纸、绸布等胶合而成,血盆口、大鼻子、大耳朵、双眼隆起,口内含一片活动自如的大舌,头顶之上有9个象征法力的隆起包块,用彩布制成狮身,上缀苘麻做毛。[②] 20世纪80年代,笔者村里舞的狮子就是村里艺人自制的。舞狮表演时,一人站立举着狮子头,另一人钻进狮子皮弓腰作“狮子腚”,应着锣鼓节奏,舞出各种姿态,颇受群众欢迎。笔者村即有舞狮子的传统,曾有两对大狮子、一对小狮子,一面直径约一米、高约半米的大鼓,鼓壁上印有村名,一面直径均在半米左右大铜锣和两对钹。舞狮队演技水平很高,跳跃、翻滚、站爬、骑跨,样样行。最拿手的技法是“沿桌子腿”,桌子是特制的八仙桌,先把一张桌子平放,再把另一张倒置在它上面,摆放好后,狮子一步一步地登上去,舞狮子的两个人的脚分别踩在倒置的桌子腿上,表演不同动作。然后,从上面跳下,再表演不同动作。另外,在舞狮子之余,还有耍大刀、长矛、棍棒等表演。20世纪八九十年代,每逢春节,都要在空旷平坦的打谷场进行舞狮表演,全村男女老少都去观看,锣鼓喧天、狮子狂欢,热闹非凡。有时夜晚也进行舞狮表演,在有电灯之前,就用汽灯照明。每年的元宵节都有狮子“啃火鞭”活动,鞭炮声声、群狮狂舞,异常热闹。每逢村里有丧事都有狮子领丧,出丧前,狮子在锣鼓伴奏下在灵棚行祭拜礼,然后开路领丧,场面宏大而悲壮。笔者村的舞狮队曾多次参加县、乡组织的文化艺术节表演并获奖。

梁山县许多乡镇都把狮子舞作为重要的文娱项目。在1994年梁山县

---

① (晋)刘昫:《旧唐书》第四册,中华书局1975年版,第1059页。

② 赵性鹏:《梁山民间狮子舞》,载中国人民政治协商会议梁山县委员会文史资料委员会编:《梁山文史资料》第12辑,内部资料1996年版,第179—180页。

第二届国际水浒文化节艺术巡游表演活动中，由32架狮子组成的馆里乡狮子方队表演受到中外来宾的一致好评，并获得最佳组织表演奖。① 1996年元宵节，素有舞狮传统的小安山镇承办了梁山县“百狮争春”大型公演活动。② 杨营镇舞狮历史悠久，全镇共有狮子60余架，大侯、董相白、孙庄、东李庄的舞狮最负盛名，曾多次代表梁山县到外地表演。③ 舞狮表演者锻炼了身体，展示了才艺，赢得了赞誉，也愉悦了精神，活跃了文化生活，深受群众欢迎，不愧为雅俗共赏、百姓喜闻乐见的民间艺术形式。可惜，近几年村里的舞狮活动大多停止，笔者村的舞狮、武术活动也销声匿迹了，如果需要狮子舞助兴，也只好到武术学校去请。

第四节　村级活动场所文娱活动变迁

新中国成立之初，为提高农民群众的文化水平，扫除文盲，农村纷纷建图书室、办黑板报、设读报组，开展一系列文化学习活动。1952年，梁山县共建立了33处农村图书室；建黑板报482块，出版1509次；设读报组341个，学员1901名。④ 每年春节前后，梁山县王府集乡张庄村公所组织文艺宣传队，大搞文艺宣传活动，不仅在本村连台演出，还多次到姚庄、王府集、徐集等村庄巡回演出，吸引了大批观众，效果良好。⑤ 随着农业合作化的开展，农民对文化娱乐的要求增加，为满足群众对文化生活的要求，俱乐部等村级文化活动场所纷纷建立，并积极开展丰富多彩的文体娱乐及宣传活动。1955年，梁山县建立了农村俱乐部4个，同时，县文化馆积极帮助俱乐部排

① 《馆里乡党委1994年宣传工作总结》，1995年1月24日，梁山县档案馆藏档103-1-71。

② 中共梁山县委党史研究室编著：《丰碑——梁山改革开放30年》，中共党史出版社2008年版，第414页。

③ 中共梁山县委党史研究室编著：《丰碑——梁山改革开放30年》，中共党史出版社2008年版，第380页。

④ 《梁山县三年来的文教工作总结》，1952年12月20日，梁山县档案馆藏档45-1-7。

⑤ 张广祯：《教绩斐然，饮誉一方》，载中国人民政治协商会议梁山县委员会文史资料委员会编：《梁山文史资料》第7辑，内部资料1991年版，第75页。

演新剧,如帮助油坊村俱乐部排演了《李二嫂改嫁》和多个快板剧,帮助程垓村俱乐部排演了《新路》等多种新剧,大大丰富了群众的文化生活;同时,还建立农村图书室 8 处,阅读组 18 个,读者 4000 余人。① 农村俱乐部、图书室的建立,为农村文化活动提供重要的活动平台和场所,大大丰富了农民的文化娱乐生活。

随着经济社会发展,农村俱乐部、图书室的数量也在不断增加。1957 年,梁山县共有农村俱乐部 164 处,农村图书室 56 处,起到积极宣传教育作用。1957 年,梁山县图书室添新书 1366 册,共巡回借阅图书 27610 册,读者 28736 人次,满足了广大读者的需要。② 农村俱乐部不但为群众提供娱乐场所,而且对其他工作开展也起到了推动作用。如曹庄俱乐部一打锣鼓,群众到齐了,唱了一小段,接着布置了抗旱种麦工作;在下地干活时,俱乐部也活跃起来,使人们忘记了劳动疲劳,推动生产,也起到宣传教育作用。③ 1958 年,梁山县村级活动场所迅速增加,文化娱乐活动也丰富多彩,掀起文娱宣传活动的高潮。农村俱乐部达到 450 个,生产大队图书室 24 个,展览室 7 个;④大路口乡村村扎牌坊,主要路口设文艺宣传岗哨,一方面宣传党的思想路线, 方面教群众识字,对过往的群众进行文化宣传教育,为防止群众绕道、躲避教育,组织学生站岗,而且设岗哨经常化;⑤黑虎庙公社定期出版黑板报,每天都利用广播筒广播新闻、宣传总路线、秋收打轧、麦田管理及八届六中全会内容等,全社基本达到标语化、道旁木牌化,公社 8 万余人受到切实深刻教育。⑥ 1959 年,腊山乡达到了队队有俱乐部,在各个运动的宣传活动和生产战斗中,俱乐部成员都分兵把口,分布在各个连排,一面劳动,一面学习,一面开展地头活动,随时表扬模范批评落后,真正做到了生产

① 《梁山县 1955 年文化工作总结》,1956 年 1 月 20 日,梁山县档案馆藏档 45-1-19。

② 《梁山县 1957 年文化工作总结》,1957 年 11 月 20 日,梁山县档案馆藏档 45-1-25。

③ 《梁山县 1957 年文化工作总结》,1957 年 11 月 20 日,梁山县档案馆藏档 45-1-25。

④ 《梁山县社会文化事业组织机构及活动情况年报》,1958 年 12 月 24 日,梁山县档案馆藏档 45-1-29。

⑤ 《大路口乡 1958 年上半年文教工作总结》,1958 年 8 月 24 日,梁山县档案馆藏档 45-1-36。

⑥ 《黑虎庙公社 1958 年下半年教育工作总结》,1959 年 1 月 24 日,梁山县档案馆藏档 45-1-36。

劳动在哪里,学习在哪里,文化活动在哪里,有歌有舞,四野可见,社员夸奖说:“俱乐部真是好,生产文艺样样巧,又跳舞又唱歌,说说唱唱解疲劳。”① 农村俱乐部等开展的一系列活动丰富了人们的精神文化生活,教育提高了人民群众的社会主义和共产主义思想觉悟,有力地配合了生产,鼓舞了广大人民的干劲。

“四清”和“文革”时期,农村俱乐部、青年之家等活动场所也发挥着重要的宣传作用和文化娱乐功能。1964 年春节前夕,芦里公社要求通过青年之家、办墙报等宣传新人新事,并揭露四类分子的破坏活动,做好春节期间宣传教育工作,开展移风易俗,加强社会主义、爱国主义和集体主义教育。② 1966 年春节前,寿张集公社要求充分发挥俱乐部和各种宣传工具作用,以团支部为核心,吸取教师、学生和在乡知识青年排演新戏,并发挥黑板报等宣传工具的作用,大力开展“六新”(说新、唱新、演新、穿新、画新、贴新)“三大”(大演革命现代剧、大唱革命歌曲、大讲革命故事)活动,有条件的单位还要开展体育活动,以活跃农村文化生活。③ 为了搞好“四清”运动,寿张集人民公社杨楼大队建立农村俱乐部,制作了学习毛主席著作的语录牌,买了毛主席的书,掀起学习毛主席著作运动新高潮。④ 1975 年 3 月 6 日《宋声武同志在全县业余教育工作会议上的总结报告》要求:梁山县尽快建立阶级教育展览室、图书室、广播室等,开展读革命书、唱革命戏、讲革命故事等活动,开展多种形式的革命文化活动,用社会主义占领农村思想文化阵地。⑤ 这些活动的开展,不但活跃了群众的文化娱乐活动,促进了移风易俗的开展,也提高了人们的社会主义、爱国主义和集体主义觉悟。

---

① 《梁山县文化工作十年来的伟大成就》,1959 年 9 月 13 日,梁山县档案馆藏档 45-1-38。

② 《芦里公社关于当前生产生活的安排》,1964 年 1 月 2 日,梁山县档案馆藏档 25-1-16。

③ 《寿张集公社关于年关工作的报告提纲》,1966 年 1 月 6 日,梁山县档案馆藏档 20-1-38。

④ 《梁山县寿张集人民公社杨楼大队“四清”运动全面总结》,1966 年 6 月 8 日,梁山县档案馆藏档 20-1-37。

⑤ 《宋声武同志在全县业余教育工作会议上的总结报告》,1975 年 3 月 6 日,梁山县档案馆藏档 45-1-89。

改革开放以来，农民学习科学文化知识、依靠科技致富的愿望日益迫切，同时，文化娱乐需求也不断增加。为满足农民群众对科技文化的需求，梁山县许多村庄都建起农民文化科技活动室或高标准的文化科技大院，推广科学技术，丰富群众的文化娱乐生活。例如，1988年曾被定为山东省科技示范乡镇的小安山镇，把科技文化作为促进步、促繁荣、促发展的立镇之宝，镇政府常年坚持举办各类培训班；为让全镇千家万户懂科技、会致富，镇党委、政府采取上级要一部分、镇财政拨一部分、村里拿一部分多方筹资，各行政村都建起高标准的农村科技文化大院，人人学科技、学文化，并在田间地头现场举办各类短训班，获得了明显的经济效益；经济越发展，农村群众对文化生活的要求越迫切，为满足农民群众求富求乐的需求，每逢重大喜庆节日，村里都组织狮子、武术、曲艺队等文化娱乐活动。① 1994年，馆里乡35个村全部设立了农民科技活动室，部分村建起了高标准的农民科技大院，通过这些基地，向群众推广种植、养殖和加工等方面的实用技术知识，提高群众发家致富的本领。②

近些年，馆驿镇投入资金60余万元，确保每个村都有固定的活动场所，特别是2004年以来，镇政府投资15万元，为全镇55个行政村配套安装了电脑、电视等远程教育设施，在满足村"两委"和党员干部学习工作活动的同时，也成为广大农民群众收看远程教育节目、接受科技文化培训、咨询生产生活信息和参加文化娱乐活动的重要场所。③ 社会主义新农村建设，为村级活动场所建设及文化活动开展提供了良好机遇。如杨营镇新农村建设标准要求：每村建有宣传栏、公开栏、阅报栏、农民夜校、室外健身点等；积极开展丰富多彩、健康有益的文化娱乐和全民健身活动，活跃群众文化生活，年均开展参与

① 中共梁山县委党史研究室编著：《丰碑——梁山改革开放30年》，中共党史出版社2008年版，第413—414页。

② 《馆里乡关于争创县级精神文明先进乡镇的自查报告》，1994年1月1日，梁山县档案馆藏档103-1-72。

③ 中共梁山县委党史研究室编著：《丰碑——梁山改革开放30年》，中共党史出版社2008年版，第408页。

率50%以上的集体文体活动2次以上；村藏书500册以上，报刊订阅5种以上，[①]这些建设标准为村级文化活动场所建设提出了要求、明确了方向，大大推动了农村文化活动的开展。据2008年7月9日《济宁日报》载：济宁市把经济基础相对薄弱村的村级组织活动场所建设纳入社会主义新农村建设总体规划，2008年梁山县纳入市级补助的村级组织活动场所建设任务共有162个，目前已建成146个，16个村在建。近几年，梁山县农村文化广场建设活动快速发展，2016年1月26日《济宁日报》载："十二五"期间，梁山县612个村庄建成了文化广场，除规划撤并村以外的所有村居实现全覆盖。农村广场舞也逐渐普及，为检验广场舞发展成果，激发全民健身的热情，许多乡镇举行广场舞比赛，2015年12月25日《济宁日报》报道：近日，小安山镇在镇驻地举办了"小安山镇百姓大舞台广场舞比赛"，全镇20余支队伍参加了比赛，隆隆冬日，热闹非凡。

如今，梁山县积极推进社区文化、村文化建设，行政村配备电脑、投影仪、电子音响等设备，把文化信息资源共享工程、村级基层服务点与农村党员远程教育相结合，实现资源共享。有的行政村建起标准较高的村文化大院，如良福村为满足群众日益增长的求知、求富、求美、求乐的实际需要，良福集团先后投资100多万元，按照"有娱乐场地、有健身器材、有电化设施、有桌椅板凳、有科普读物"的"五有"标准，建设了高标准的文化大院；文化大院俨然是村民们饭后茶余休闲的乐园了，人们在享受健康生活带来的幸福的同时，渐渐地改变了过去不健康的生活习惯。良福村支部书记侯某某风趣地说："文化大院真是个好地方啊，它把人的注意力完全给吸引了，村风正了、人气顺了、婆媳关系好了、家庭和睦了、人人知道追求幸福美满生活了"；66岁的李大娘喜滋滋地说："以前俺每天晚上不是早早睡觉，就是在家看电视，想出去转转都没地方去，现在好了，有了文化大院，俺每天晚上吃完饭第一件事就是到村里文化大院去，跳一个小时的健身操。不仅能健身，还充实了生活，别提多高兴了"，这是完善文化大院设施带来新景象的一个缩

---

① 《杨营镇社会主义新农村建设标准》，2006年6月1日，梁山县档案馆藏档88-2005—2006-6。

影。2008年以来,良福集团在原有文化大院的基础上投资200多万元兴建了设施齐全的文化广场,每当夜幕降临,乡亲们伴着悠扬的旋律,聚在一起扭秧歌,跳健身操,个个生龙活虎,好不热闹;还请来了舞蹈教练,办起了友谊舞培训班,让乡亲们真正跳出水平,玩出精彩。① 农家书屋的建设成为农村文化场所建设的一道亮丽风景,有关梁山县农家书屋的建设不断见诸报端:2008年4月22日《济宁日报》载:在梁山县民政局的帮助下,徐集镇的郭楼、东大庙、吴楼等10个村建立起了农家书屋,农家书屋成了该镇广大农民学科学、用科学、闯市场、快致富的加油站,为农民提供了提升自身素质的重要平台。2008年12月5日《山东商报》载:2008年以来,在韩岗镇党委政府支持下,宋庄村投资5万余元建起高标准的"农家书屋",购置2000多册有关种植、养殖、加工、文学、法律等方面的图书和光盘,配备了电脑、安上了宽带;入冬以来,每天观看光盘、查阅电脑资料、了解信息的村民络绎不绝;针对村民需求,还定期更换书籍种类。近些年,梁山县各乡镇积极开展打造文化惠民精神盛宴活动,大力建设文化书屋,2016年1月6日《今日梁山》报道:目前小安山镇累计建设文化书屋25个,其中宋庄、西唐、杨堤口、李官屯、张官屯藏书3万册,涵盖农业种植、养殖、农民创业、电子商务、文学、养生等各个领域,达到市级标准。村民在文化书屋不仅可以学到文化,陶冶情操,还可找到致富项目,成为村民"淘金"的好去处。

新中国成立以来,村级活动场所从建图书室进行扫盲学文化、办俱乐部开展文娱宣传活动,到建科技活动室、文化大院及农家书屋学习现代化的科技知识和进行娱乐活动,村级活动场所建设和文化活动内容不断丰富、层次不断提高、设施不断完善,如今,现代化设备也一应俱全,有电脑能上网,日益现代化。当然,现在各村活动场所建设及文化活动开展情况还很不平衡,农村文化活动落后单调的现象尚未根本改观。据笔者调查,现在有的村级活动场所仍是一片废墟;一些村级活动场所仅挂着文化大院的牌子,里面空空荡荡;有的配备了一些现代化设施,也成了村干部"家私";有的村里的文

---

① 中共梁山县委党史研究室编著:《丰碑——梁山改革开放30年》,中共党史出版社2008年版,第450—451页。

体娱乐尚属空白。今后,应大力加强村级活动场所和文体设施建设,并切实发挥其效用,满足人民群众日益增长的文化需求,造福百姓,为经济社会持续健康发展提供精神文化支撑。

总之,新中国成立以来,华北农村戏剧、电影、文艺汇演及农民文化艺术节、村级活动场所的文娱活动经历了曲折发展和嬗变,并在不同时期对丰富农村文化生活,配合中心工作,促进经济社会发展发挥了重要作用。如今,尽管农村文化体育娱乐活动已取得较大发展,但仍滞后于经济社会发展和百姓需求,有的村庄文体娱乐活动稀缺,村民的娱乐活动还仅仅是看电视,逢年过节也冷冷清清,群众性的文化娱乐活动完全停止。许多传统娱乐方式的发展和生存面临困境,传统戏剧的观众减少,电影也失去往日的风光,传统娱乐项目如武术、狮子舞等逐渐废弃,民间传统曲艺,如花鼓、落子、坠子等的传承面临困境,益智娱乐的民间棋艺以及带有浓郁乡土气息的简单易行而又健身、热闹的民间游戏也已经"断裂"。

随着物质生活水平的提高,人们的文化娱乐需求也在不断增长,加强农村文体娱乐建设、保存和弘扬优秀的传统文化娱乐项目亟待进行。在经济发展的同时,应大力加强农村文体娱乐建设,切实建好文化大院、农家书屋和健身娱乐设施,发展广场舞、秧歌、武术、戏曲等百姓喜闻乐见、简便易行的群众性文体娱乐活动;政府还要定期组织群众性的文化艺术节,促进和拉动农村文体娱乐活动的开展、交流和提高,并注意保存和弘扬传统的文体娱乐项目,不断丰富农村文化娱乐生活,为经济发展与社会和谐提供强力精神文化支撑。

第十章　结　语

变迁是社会生活永恒的主题。新中国成立以来，华北农村服饰、饮食、住房、交通、婚丧习俗、节日习俗、社会信仰、文体娱乐等社会生活都发生了历史性变迁，特别是改革开放以来，社会生活变迁驶入“高速路”，梁山县徐集镇东徐村村民80岁高龄的黄某某，用朴实的言语说出了改革开放以来的巨大变化：1978年，徐集镇45个大队中有2/3吃粮靠返销，用钱靠借贷，温饱问题得不到解决；而现在不光不愁吃穿，群众还住上了楼房，用上自来水和液化气，看上有线电视，配上电话手机，孩子上学有车接，大家伙都参加了新农合，孤寡老人住进了敬老院，镇上经济搞活了，面貌焕然一新，很多人都有了自己的小汽车，乍一看还以为是县城呢！① 从新中国成立到改革开放前，社会生活物质层面变迁迟缓，基本延续传统样态，现代化水平低下；精神变迁巨大，高度现代化。改革开放以来，社会生活物质层面迅速现代化、精神层面现代化的同时，又出现传统回归。传统与现代、国家与社会、趋新与复古、进步与倒退、断裂与连续，并置交叉，胶着互构，构成新中国成立以来华北农村社会生活，也促推社会生活变迁。

第一节　社会生活变迁的特点及原因

新中国成立以来华北农村社会生活发生巨变，其特点主要有：

第一，阶段性。新中国成立以来华北农村社会生活变迁具有明显的阶

① 中共梁山县委党史研究室编著：《丰碑——梁山改革开放30年》，中共党史出版社2008年版，第391页。

段性，从物质层面看，新中国成立到改革开放前，人们的衣、食、住、行变迁迟缓，服装除了少量新式的中山装、军装外，主要沿袭传统样式的土布衣服；饮食清淡粗糙；住传统土平房；崎岖的土路，交通工具还是传统的车辆，自行车很少，出门主要靠步行，物质生活现代化程度很低。改革开放后，特别是实行家庭联产承包责任制以来，农民逐渐富裕起来，人们的衣、食、住、行变迁迅速加快，服饰时装化、饮食营养化、居住楼房化、出行机动化，现代化水平大大提高。从精神层面看，新中国成立到改革开放前，大力破除封建迷信、移风易俗，破“四旧”，传统婚丧习俗发生重大改变，实行婚姻登记、婚姻自由，婚丧从简，1978 年 2 月梁山县正式全面实行火化；传统节日“革命化”；拆庙宇，收家谱及香炉、神像等迷信品；禁演历史剧，八部革命样板戏独占舞台，人们精神生活高度“现代化”、单调化。改革开放后，传统婚丧习俗回潮，封建迷信抬头，传统节日恢复，庙宇和祠堂得以修复和重建，民间信仰和宗教信仰复兴，戏曲、武术等传统文体娱乐复归，人们精神文化生活日趋丰富多元。

第二，复杂性。新中国成立以来华北农村社会生活变迁曲折复杂。从物质层面看，新中国成立以来，人们的服饰、饮食、居住、交通日益现代化，但现代化速度在改革开放前后呈现明显差异。改革开放以来，人们衣、食、住、行的现代化进程由以前的迟缓、停滞到突然提速，现代化程度迅速提高，但在现代化过程中出现传统复归，人们青睐纯棉衣物及“唐装”，喜欢吃粗粮，等等。从精神层面看，新中国成立到改革开放前，大搞移风易俗、破除封建迷信，后来，破“四旧”，国家对民间传统的婚丧、节日、信仰、文娱等强力控制和打压，其中的传统因素逐渐被剥离和取缔。改革开放后，传统习俗、信仰及文娱复归。而且，在社会生活变迁中，物质层面与精神层面的现代化程度也有明显差异，改革开放前，人们的物质生活依然传统，但精神层面却超前“现代”；改革开放后，物质生活现代化，但精神层面却出现传统回归，与现代物质生活“逆向冲突”。另外，社会生活从传统向现代、从现代向传统、从现代向后现代转变，传统、现代与后现代并置交叉，纷繁复杂。

第三，断裂性与连续性。新中国成立以来华北农村社会生活既断裂又连续，在持续的断裂中不断变迁。从物质生活层面看，人们穿衣逐渐告别传统土布,农村手工纺织活动也已销声匿迹;土房基本被新的砖房和楼房代替;吃糠咽菜、以粗粮为主食的日子越来越远;旧时的木制手推车、木轮大车已经消失;村里泥泞、崎岖的土路逐渐被柏油路、水泥路取代,传统的物质生活方式发生断裂,当然,有的人还垂青传统纯棉布、野菜、粗粮等。从精神生活层面看,新中国成立到改革开放前,婚丧从简,传统的婚丧方式逐渐改变,1978 年实行火化,推行新丧制,传统信仰、文娱被禁止,传统习俗、信仰、文娱出现断裂。改革开放以来,传统习俗、信仰、文娱复归,当然一些封建婚丧陋俗被淘汰,某些环节发生断裂;有的传统节日习俗日益淡化,有的节日消失;封建迷信活动逐渐被人们摒弃;庙宇、祠堂得以重建,但已失去昔日的规模和风光;部分传统文体娱乐活动正在消失。断裂与连续构成社会生活变迁主旋律。

新中国成立以来华北农村社会生活变迁的原因是多方面的,主要有:

第一,国家政策。新中国成立后,完成土改,人民翻身做主人,分得土地,生活有所改善。后来,优先发展重工业,实行统购统销,人们的衣、食、住、行等物质生活受到限制,难以根本改善,依然徘徊在较低水平;同时,大力破除封建迷信、移风易俗,传统的婚丧习俗、节日习俗、民间信仰、文体娱乐等被国家改造和重构,日益“革命化”“现代化”。1958 年,实行人民公社制度,社会生活一度“共产主义化”,接着出现三年经济困难,给社会生活造成极大破坏和影响。“四清”“文革”期间,大破“四旧”,以阶级斗争为纲,对人们精神层面的冲击和建构更加深入,婚丧从简;淡化传统节日,甚至过“革命化”春节;传统民间信仰基本停止,宗教活动也受到限制;传统历史剧禁演,“八亿人民八部样板戏”,甚至传统武术也当作“四旧”,人们精神文化生活高度“革命化”、单一化;不准社员兼营非农业,禁种自留地,在这种新的“过密化”下,农民一年辛劳,仅能温饱。中共十一届三中全会以来,实行改革开放和家庭联产承包责任制,农民自主性和积极性大大提高,人们自主支配劳力、安排生产生活,自由外出务工、经商,发展非农产业,逐渐富裕起来,衣、食、住、行显著改善;与此同时,被压到“场面下”的传统习俗、信仰和文娱回潮。随着改革开放日益深入和全球化进程不断加快,社会生活变迁将更加广泛深刻。

第二,经济因素。新中国成立初期,人们分得土地,劳动自主性和积极性提高,农村经济不断恢复发展,衣、食、住、行逐步改善,人们添置新衣,改善饮食,对破旧房屋进行修缮或重建,交通得到恢复和发展,人们的精神文化生活也日趋丰富活跃。集体化时期,农业生产严重"过密化",人们劳动积极性不高,收入少,以梁山县寿张集公社为例:1964 年,全社金额收益分配每人平均合款 17.5 元,平均每个工值 0.324 元;[①]1978 年,社员分配 1295905 元,比上一年增加了 507236 元,每人平均达到 45.1 元,平均工值 0.417 元。[②] 劳力少的家庭需要买工分,笔者家里还保存着大量集体化时期买工分的收据。低下的生产力水平和微薄的收入,人们物质生活难以根本改善。实行家庭联产承包责任制以来,人们劳动积极性大大提高,农村经济得到迅速发展,农民逐渐富裕起来,生活水平不断提升,社会生活发生巨大变迁,人们穿衣时装化、饮食营养化、住宅楼房化、交通现代化,特别是 20 世纪 90 年代以来村村通电、通自来水、通油路,小轿车也不断增多;婚丧讲排场;节日生活丰富多彩;文体娱乐活动开展得有声有色,电视、电脑、音响等现代化娱乐设施逐渐增多,经济发展对社会生活变迁将产生更大推动作用。

第三,民间传统。世代相沿的民间传统习俗和信仰具有强大韧性和顽强生命力,对国家嵌入和渗透具有巨大抵抗力,在国家控制、打压放松的情况下,传统习俗信仰又会悄然复兴。以家族观念和祖先崇拜为例,土地改革后,家族的土地和财产被均分,祠堂被拆毁或移作他用,家族观念被阶级观念取代,"四清"和"文革"时期,大搞破除封建迷信,焚毁祖宗牌位,不准祭祖、续家谱,对祖先崇拜和家族观念造成巨大冲击和破坏,但基于共同地缘与血缘基础上长期形成的家族观念和祖先崇拜已根植于人们头脑中,并没彻底"断裂"。在国家控制严格的情况下,对祖先的祭拜活动由公开转入隐蔽,人们关起门来进行祭祀。改革开放后,国家对民间"松绑",集体化解体,广大农民失去对集体的依靠,人们出于生产和生活需要,转而偎依家族

① 《梁山县寿张集人民公社 1964 年生产队收益分配工作总结》,1965 年 1 月 9 日,梁山县档案馆藏档 20-1-14。

② 《1978 年梁山县寿张集公社基本核算单位收益分配年报表(二)》,1978 年 12 月 30 日,梁山县档案馆藏档 20-1-98。

的力量,传统的家族观念逐渐得以修复,祭祖、续家谱等蔚然成风。另外,历代相沿的传统丧葬习俗也具有十分强大的延续力量,梁山县火化已推行了30余年,但如今还有人从心底反对火化,有的还冒着巨大风险、千方百计地逃避火化;有的即使实行火化,也还操持传统丧仪,再行土葬。凡此种种,不难看出民间传统力量的巨大,也反映了社会生活变迁过程中民间传统力量的强大和重要。

第二节　社会生活变迁:传统与现代博弈、国家与社会互构

新中国成立以来华北农村社会生活发生巨大变迁,其间始终贯穿和渗透着传统与现代博弈、国家与民间社会互构,传统与现代、国家与社会之间行动关联、建构形塑构成社会生活的重要内容,也促推社会生活不断嬗变。

一、社会生活变迁——传统与现代博弈

传统与现代并不是完全水火不容、势不两立,二者相互矛盾对立,又相互依存、吸收、形塑和建构;由传统到现代是一个渐进、复杂的演变过程,在承继传统的同时,又不断"去传统化"、增添现代性。传统与现代的反复博弈,促推社会生活不断变迁。

传统一般理解为代代相传的事物,包括物质实体、人们对各种事物的信仰、关于人和事件的形象,也包括惯例和制度,①它具有顽强惯性、规范性和生命力,使事物长期持续世代相袭的形式。现代化理论是20世纪50年代到60年代初由美国社会学家首先创立的。吉尔伯特·罗兹曼认为现代化是一个在科学和技术革命影响下,社会已经或正在发生着变化的过程。②罗荣渠认为广义的现代化是以工业化为动力,从传统的农业社会向现代工

---

① ［美］E.希尔斯:《论传统》,傅铿、吕乐译,上海人民出版社1991年版,第16页。

② ［美］吉尔伯特·罗兹曼主编:《中国的现代化》,上海人民出版社1989年版,第3—4页。

业社会的全球性大转变过程。[①] 容观琼从文化变迁的视角出发，认为现代化“意味着对传统文化的否定和超越”，是“传统的农业社会向现代工业社会转变的过程”，它“以工业化为核心并伴随着都市化、政治民主化和价值观念的理性化”。[②] 可见，工业化、城市化、市场化、社会化，科学、民主、平等、自由是现代化的重要标志，而新中国成立以来华北农村社会生活日益具有这些特征。

20 世纪 60 年代的现代化理论存在把传统和现代截然对立起来的倾向，认为传统和现代之间有一个“断裂带”。吉登斯曾说：“在某种程度上，我们能弄明白过去的连续性如何得以在现代产生如此剧烈而又无法挽回的断裂。”[③]传统与现代之间二元分立的观点，在孔德、马克思、迪尔凯姆、韦伯、帕森斯等社会学大师的理论中都清晰可见。[④] 以帕森斯、鲍尔等为代表的现代化理论家预言：“第三世界的发展要通过西方思想和价值观念的传播及‘合理的工业化’而实现，这样就可排除传统主义的障碍，从而使第三世界成为现代型社会。”[⑤]新中国成立后，曾存在把传统与现代对立起来的倾向，特别是“四清”和“文革”时期，大破“四旧”，收家谱、拆庙宇、禁古戏，采取形而上学办法把传统与现代对立起来，人为割裂文化发展的脉络。

其实，作为二元对立的传统与现代，还有相互依存、相互吸收的一面，并不是所有的传统因素都与现代化格格不入，不能把二者简单“断裂”、截然对立起来。现代化以舍弃传统为前提，但也没有一个绝对拒绝传统的现代

---

① 罗荣渠：《现代化新论》，北京大学出版社 1993 年版，第 16—17 页。

② 容观琼：《人类学方法论》，广西民族出版社 1999 年版，第 47—48 页。

③ [英]安东尼·吉登斯：《民族——国家与暴力》，生活·读书·新知三联书店 1998 年版，第 37 页。

④ 郑杭生等对马克思、滕尼斯、迪尔凯姆、伦斯基的社会形态区分，评论说：“在所有这些划分中几乎都这样那样地贯穿着传统社会和现代社会的区分，在马克思主义经典作家那里，前三种社会形态都属于传统社会形态的范畴，后两者则属于现代社会形态的范畴。同样，后面说到的伦斯基的四种社会形态——‘狩猎和采集社会’‘园艺社会’‘农业社会’及‘工业社会’，前三种社会形态属于传统社会形态的范畴，后一种则属于现代社会形态的范畴。至于滕尼斯和迪尔凯姆等，他们直接把社会区分为传统社会和现代社会。”参见郑杭生、李迎生：《中国社会学史新编》，中国人民大学出版社 2003 年版，第 8—9 页。

⑤ [英]安德鲁·韦伯斯特：《发展社会学》，陈一筠译，华夏出版社 1987 年版，第 141 页。

化。“从历史发展上看,现代化倾向本身是人类传统文明的健康的继续和延伸,它一方面全力吸收了以往人类历史所创造的一切物质和精神财富;一方面又以传统所从来未曾有过的创造力和改造能力,把人类文明推向一个新的高峰。”[①]诚然,现代化过程必然与某些传统断裂,但现代化的实现是一个渐变过程,是与传统交互作用的连续过程,现代化不可能脱离传统根基任意创建,只能在旧传统的基础上进行创造性改造,无法完全脱离传统的影响。农村传统习俗、信仰、文娱的发展是持续不可割裂的,即使在“四清”和“文革”时期国家强力控制和打压的情况下,人们仍采用各种智慧和策略延续传统,传统习俗、信仰和文娱在“场面下”顽强地存在着。改革开放后,国家控制放松,被压到“场面下”的传统习俗、信仰和文娱大规模回潮。传统丧葬和节日习俗复归,人们修庙宇、续家谱、烧香磕头、看相算卦,宗教信仰复兴,传统文体娱乐兴起。当然,传统的复归不是简单的、纯粹的完全“复原”,某些落后、不合时宜的内容和环节被过滤掉,发生某种程度“断裂”,当然传统也逐渐带有现代因子,纯粹传统的东西已很难找到。王铭铭曾说:复兴运动并不是简单的重复,而是蜕化后的更高层次的发展,从某种意义上可以说是文化变迁的一种“反应运动”。[②] 以婚嫁习俗为例,新中国成立以后,大力移风易俗,实行新婚姻法,摒弃传统婚姻礼俗,婚嫁从简,喜事新办。改革开放后,传统婚嫁习俗复归,还基本沿袭几千年前的“六礼”程序。如今,现代与传统婚礼并行不悖,有的举办现代婚礼,乘轿车、穿洁白婚纱,甚至到教堂举行婚礼;有的采用传统礼俗,新娘坐传统花轿,新郎骑高头大马,穿“唐装”,佩戴大红花,操演传统礼仪,当然也融入了现代仪式和符号。传统与现代并置交叉,博弈、融渗和转换,不断推动社会生活变迁。但传统性日益消减,现代性不断增益,与传统持续断裂、不断去“传统化”、日益现代化,是历史发展的趋势。

现代化速度在不同历史阶段是不同的。从历史上的日本和俄国来看,17 世纪到 19 世纪 60 年代是开始进行现代化的变革时期,进展缓慢;19 世

① [美]阿历克斯·英格尔斯:《人的现代化——心理·思想·态度·行为》,殷陆君编译,四川人民出版社 1985 年版,第 58 页。

② 王铭铭:《文化变迁与现代性的思考》,《民俗研究》1998 年第 1 期。

纪60年代到20世纪40年代是从农业和农村的生活方式转变为工业的和城市的生活方式的持续过渡时期，变化速度加快；20世纪50年代开始，进入高速现代化时期。① 新中国成立以来，华北农村社会生活现代化也呈现明显的阶段性。新中国成立到改革开放前，现代化进程迟缓，人们衣、食、住、行还基本保持着传统样态，现代化程度非常低，“三年困难”时期，甚至出现倒退；当然，新中国成立之初大力移风易俗，1956年建立了社会主义制度，“四清”和“文革”时期破“四旧”，精神层面高度“现代化”。改革开放以来，现代化进入“加速期”，服饰日益时装化、个性化，甚至后现代化；饮食营养化、社会化；住房宽敞化、楼房化；道路柏油化、出行机动化，现代化程度大大提升；而精神层面却出现了传统复归，但社会生活并未改变日趋脱出传统、获得现代的总趋势。

从现代化顺序看，一般首先是物质层面，其次是制度层面，最后是社会心理和价值观念层面。美国早期社会学家F.奥格本曾提出文化滞后理论，他将文化分为物质文化、制度文化与观念文化，并称后者为适应文化，适应文化往往是适应物质文化而发生变迁；但是，物质文化的变迁往往要快于适应文化，文化变迁的速度不一致，导致各个部分的关系紧张。② 其实，社会生活现代化进程中，各层面现代化的顺序并非简单地从物质到制度再到心理和价值观念依次进行，而呈现错综复杂、扑朔迷离的情状。从新中国成立到改革开放前，物质层面现代化水平低下，主要是传统样式的土布衣服，粗茶淡饭，旧式土平房，土路，传统交通工具；但精神层面与制度层面却大力“革命化”“现代化”，大搞移风易俗、破除封建迷信，实现了社会主义制度，1958年还过上“共产主义”生活；“文革”期间，以“阶级斗争为纲”，大破“四旧”，改革传统婚丧习俗，1978年2月梁山县实行火化；过“革命化”节日；拆庙宇、收家谱及神像等迷信品，抵制门神灶马，不准烧香磕头；禁演古戏；制度和精神层面现代化程度远远高出物质层面，落后、传统的物质生活与超前、现代的精神生活形成鲜明比照。改革开放后，农村经济迅速发展，人们

① [美]西里尔·E.布莱克：《日本和俄国现代化》，商务印书馆1992年版，第26—29页。

② [美]F.奥格本：《社会变迁：关于文化和先天的本质》，浙江人民出版社1989年版，第106—144页。

衣、食、住、行快速现代化，但精神层面却出现“逆转”，传统习俗和信仰回潮。可见，社会生活现代化并不一定先物质层面后精神层面，精神层面现代化可能先于或高于物质层面，社会生活现代化顺序呈现复杂样态。

传统是历史在现实中的沉淀，它渗透于民众心理、道德、风俗等方面，并以强大力量作用于当前及未来。胡耀邦在1982年1月20日《北京日报》上指出：“社会舆论即社会的道德风尚力量，比起法律来，大得不可估量。”王铭铭曾说：我们不能忽视社会变迁的绵延特性和乡土传统的持续性。[①] 当今农村传统的风俗习惯、信仰、文娱等依然存在，而且发挥着重要功能。因此，我们在实现社会生活现代化过程中，要注意挖掘和整合可资利用的传统资源，并积极发挥其功能，推动经济社会文化持续健康发展。

二、社会生活变迁——国家与社会的互构

社会互构论研究社会主体的互构共变关系，认为个人与社会是最基本的行为主体，是社会学的元事实、元要素，对个人与社会关系的研究为社会学元层面提供了理论平台，为社会学的实证研究及社会生活样式变迁等奠定了基础。[②] 社会互构论将个人与社会的关系问题作为元问题和基本问题，从社会学基本理论和方法上对两大社会行为主体的互构共变关系进行分析和阐释。国家和民间社会这两大社会关系主体在关联性行动、相互间行动意义效应中发挥自主性、创造性和能动性，相互作用、相互影响，胶着建塑，推动社会生活不断嬗变。社会主体的互动形成了一种制度化的形式即秩序结构，杨敏把社会秩序结构分为压制模式与协议模式：所谓压制模式是指社会权力的拥有者、支配者和统治者作为行动主体，对其他社会成员行动意志和能动性实行压制，并以此为基础形成的反映其行动意志和意义预设的社会秩序模式；而协议模式是指社会成员普遍作为主体，在行动的共同参

① 王铭铭、王斯福主编：《乡土社会的秩序、公正与权威》，中国政法大学出版社1997年版，第27—28页。

② 郑杭生：《中国特色社会学理论的探索：社会运行论、社会转型论、学科本土论、社会互构论》，中国人民大学出版社2005年版，第782页。

与和相互之间的意义效应基础上形成的、能够反映社会成员的基本行动意志和意义预设的现代社会秩序模式。① 可见，在压制模式下，国家几乎控制了全部重要的社会资源，在社会生活中处于强势和霸权地位，对民间社会的自主性和能动性产生相应垄断，民间社会失去了主体身份和话语权，被动地选择服从国家；而在协议模式的社会秩序下，国家控制社会资源的能力削弱，市场在资源配置中的作用增强，民间社会成为行动主体，民间社会与国家是一种平等协议关系，民间社会能够对自我利益进行表达和实践，经过民间社会诉求与国家意志相互融渗、建塑，推动社会生活不断变迁。

从新中国成立到改革开放前，国家与民间社会的关系呈现压制模式，华北农村社会生活具有浓重的国家意志色彩。新中国成立后，国家采取优先发展重工业方针，实行统购统销，建立起高度集中的计划经济体制和城乡二元结构模式。国家处于绝对强势地位，对民间社会进行打压，国家意志向民间强力嵌入和渗透。在国家强势控制和支配下，民间社会主体地位丧失，失去支配生产资料和劳动力的能力，无力改变低下的物质生活，农村衣、食、住、行发展缓慢，现代化水平很低，基本持续传统形态。在精神层面，国家却大力破除迷信、移风易俗，特别是"四清"和"文革"时期，大破"四旧"，对传统习俗、信仰、文娱等造成严重破坏和冲击。在国家的强力操控下，民间传统的婚丧习俗、节日习俗、社会信仰、文体娱乐等发生重大变迁，婚丧从简，宗教信仰受限，节日"革命化"，禁古戏，演现代戏和革命样板戏，传统武术活动也批为"四旧"，传统习俗、信仰和文娱等被压到"场面下"，民间社会处于"失语"境地，国家与民间社会的关系呈现压制模式，国家对民间社会非良性的单向灌输和嵌入，民间社会的利益和诉求难以表达和实践。但民间地方性知识仍具有合理性、自主性和强大生命力，民间社会对国家的强制嵌入和渗透并未完全放弃抵制、过滤和形塑。例如，婚丧方面的传统礼仪、大操大办等并未根除，民间社会仍具有自主性，采取经验智慧，运用相应的策略和举措侵蚀、削弱国家意志，表达和实践民间社会的利益和诉求，传统习

① 杨敏：《社会行动的意义效应：社会转型加速期现代性特征研究》，中国人民大学出版社 2005 年版，第 237—238 页。

俗、信仰和文娱等并未完全“断裂”。

中共十一届三中全会后，实行改革开放和家庭联产承包责任制，农民的主体身份得以确认，农民获得经营、生产和支配自己的劳动产品、劳动力的自主权，农民的利益和诉求得以表达和实践，民间社会的主动性、能动性和创造性得以发挥。人们在大力发展农业的同时，积极从事二、三产业，收入不断增加，物质生活水平迅速提高，服饰时装化、高档化，饮食营养化、社会化，居住砖房化和楼房化，出行电动化，实现了村村通油路，家庭轿车不断增多，物质生活快速现代化。与此同时，国家对民间社会的控制弱化，从全面管理变为行政管理，国家与民间社会的关系发生调整，由“压制模式”变为“协议模式”，国家与民间社会由“同向谐变”到“逆向冲突”，民间社会不是简单地受制于国家，而是对国家进行强力融渗和建构，突破国家规定的秩序和边界，被压到“场面下”的民间传统习俗、信仰、文娱复归。以丧葬习俗为例，新中国成立后，政府提倡丧事从简、移风易俗，1978 年推行火葬，废除土葬，实行新丧制，规定节俭办丧事，举行追悼会，骨灰放在纪念堂，实行平坟，根本改变传统丧葬制度；20 世纪 80 年代以来，火化虽然实行了，但传统丧葬习俗却出现回潮，操演传统丧仪，骨灰盒放在大棺材再行土葬，仍堆起高高的坟头，有的还立了碑；纸扎除了传统的轿子、屋子、摇钱树之外，还有现代的汽车、洋房、各种电器等，丧局越来越大，花费不断攀升。国家与社会互相影响和形塑，推动社会生活不断变迁。

总之，社会生活变迁是社会主体共同行动参与实践的结果。国家与社会两大社会行动主体相互关联，展示自主性、能动性和创造性，相互建构和形塑，不断调整行为、建构关系，演绎了纷繁的社会生活，调整和设计社会秩序，促使社会生活不断变迁。当然在不同历史时期，国家与社会处于不同地位，发挥不同作用。改革开放前，在国家的强势打压下，民间社会处于被动、屈从地位，主体性和自觉能动性难以实践，人们改善生活的愿望难以实现，生活水平低下，但民间的自主性并未彻底丧失。改革开放以后，国家逐渐对民间社会“解压”和“松绑”，民间社会的主体地位确立，利益意志得以表达，国家和民间社会的主体性、能动性和创造性得到表达和实践。在“协议模式”下，国家与社会趋于平等，二者良性互动，相互建构和形塑，在人们物质生活迅速改善的同时,精神文化生活也日趋丰富多元。弗里曼曾说:“多样化的与自卫的农民整体和为了进攻传统而试图渗透到社会中引起冲突的国家机器之间的复杂相互作用,构成了农村生活的内容。”①国家与社会的胶着建塑、往复递进构成了社会生活的重要内容,也促推社会生活不断变迁。我们要充分发挥国家和社会的主动性、能动性和创造性,共同促推社会和谐与生活美好。

第三节 农村发展对策探讨

中国农村发展问题,早已引起学界关注,20 世纪 80 年代,费孝通先生就对乡镇企业和小城镇建设进行探讨,②此后,学界对农村发展的研究不断推进。关于农村发展道路,学界有不同观点。顾益康等认为:“农村城市化就是农村工业向城市聚集,从农业转向非农产业的农民移民城市,原有城市不断扩大和在农村社区建设新的城市的动态发展过程”,③就是将农村工业聚集到城市中去,但也没否定在原有的农村社区建设新的城市、发展工业的可能。费孝通则认为“把工厂办到农村里去的另一面就是乡村的城市化,也可以说城市扩散到乡村里去”,④通过“工业下乡”,实现农村剩余劳动力就地转移,农村就地工业化。辜胜阻则提出城市化和农村城镇化并进的二元城镇化战略。⑤ 笔者以为,中国农村的发展应该从广大农村的实际出发,立足农村,挖掘潜力,积极调整产业结构,大力发展二、三产业,积极发展小城镇,走城乡一体化道路。农村发展,应具体采取以下重要举措。

---

① [美]弗里曼、毕克伟、赛尔登等:《中国乡村,社会主义国家》,陶鹤山译,社会科学文献出版社 2002 年版,第 372 页。

② 江苏省小城镇研究课题组编写:《小城镇大问题——江苏省小城镇研究论文选》,江苏人民出版社 1984 年版,第 1—40 页。

③ 顾益康、黄祖辉、徐加:《对乡镇企业——小城镇道路的历史评判——兼论中国农村城市化道路问题》,《农业经济问题》1989 年第 3 期。

④ 费孝通:《城乡协调发展》,江苏人民出版社 1991 年版,第 322 页。

⑤ 参见辜胜阻:《农村城镇化与城镇农村化研究》,《人口与经济》1993 年第 6 期;辜胜阻:《我国农村城镇化的战略方向》,《中国农村经济》2000 年第 6 期。

第一,消除城乡二元结构。新中国成立到改革开放前,我国实行计划经济体制,形成了城乡对立、城乡分割、城乡劳动力流动隔绝的经济社会二元结构。通过以农补工和工农业产品"剪刀差",为国民经济提供积累;实行严格限制农村人口向城市流动的户籍制度;社会资源实行行政性再分配,教育和基础设施投资以及养老、医疗、失业、救济、补助等各类社会保障主要面向城市,严重限制了农村发展,导致农村长期落后和城乡差距不断拉大。改革开放后到党的十六大之前,逐渐实行市场配置资源,但城市中心主义倾向依然严重。党的十六大以后,我国城乡关系转入了以工补农、工业反哺农业、城市带动农村的新阶段。但当前我国城乡二元结构尚未彻底消除,工农、城乡关系不协调仍然是我国当前面临的重要经济和社会结构性矛盾。要紧紧抓住破除城乡二元结构这个关键,全面深化改革,彻底消除城乡之间在户口、居住、就业、社保、教育、医疗、税收、财政和金融等方面的不公平和二元化制度,打破造成城乡隔离、阻碍城乡融合的制度性障碍,实现城乡之间资金、技术、物资、人才、信息、劳动力等生产要素的自由流动,健全机制体制,形成以工促农、以城带乡、工农互惠、城乡一体的新型工农城乡关系。

第二,推进农村土地制度改革。土地是人类赖以生存和发展的物质基础,是农业生产的基本生产资料,是农民的命根子。土地承包经营权、宅基地使用权、集体收益分配权是法律赋予农民的财产权利,任何人都不能侵犯。土地权利是农民最重要的物权,要从制度和法律上保证农民的土地权益,解除农民进入小城镇的后顾之忧。推进农村土地制度改革,改变束缚农村劳动力转移、农地抛荒、农业劳动生产率不高的问题,完善农村集体产权制度,提高农民财产性收入水平。从农村市场经济发展需要出发,根据各地工业化水平、资源条件和经营者能力,发展适度规模经营,引导和鼓励承包地"互换并地"、承包地流转、土地股份合作等多种形式的规模经营模式,从制度上为农村的规模经营和产业化经营奠定基础。党的十八届三中全会强调,要建立城乡统一的建设用地市场。农村集体建设用地在符合规划的前提下进入市场,与国有建设用地享有平等权益,实行城乡之间"同地同权""同地同价",尊重农民财产权,维护农民的土地合法权益。要尽快完善相关法律法规,强化顶层设计,扫除建立城乡统一建设用地市场的制度障碍。

同时,要强化土地用途管制,集体建设用地入市必须符合土地利用总体规划,规范运行,绝不能什么样的集体建设用地都拿来入市交易,要坚决保护耕地红线。形成反映市场供求关系、资源稀缺程度的土地价格形成机制,大大提升土地资源的配置效率。集体建设用地的增值,并不都是农民投资产生的,它与社会投资密不可分,所以在保证原土地所有者权益的前提下,政府还应通过税收方式进行合理调节。

第三,实现农业现代化。为进一步促进农业发展,确保粮食持续稳定增产,不断增加农民收入,必须转变农业增长方式,不断挖掘农业增收潜力,实现农业现代化。进行农业科技创新和体制机制创新,实现集约化经营,摆脱过去那种主要依靠增加要素投入、透支资源环境的发展方式,培育主要依靠科技推动发展的农业增长新动力,运用先进的技术和管理办法获得较高产量和收入,获取较大的经济效益、生态效益、社会效益。推进农业科技进步,提高农业科技含量,引进优良品种,完善水利设施,提升农机化水平。调整农产品供给结构,在保证农产品供给数量的前提下,实现质量提高。调整农业产品结构和区域布局,实现农产品区域种植分工化。改善农村的生产、生活条件和农产品贸易条件,增强农业发展后劲。加快培育新型农业经营主体,发展专业大户、家庭农场等规模生产主体。发展农产品行业协会和农民专业合作组织,搞活农产品和农业生产资料流通,构建连接小生产与大市场之间的桥梁和中介,推进农业产业化,适应市场需求,减少市场风险,保护农民利益,产生更大综合效益。大力发展高产、优质、高效、生态、安全农业,加大农业示范工程建设力度,发挥农业示范性工程的带动和示范作用。调整农村第一产业与第二、三产业比例结构,改变农产品加工、运销等落后的局面。依靠科技,优化环境,完善功能,实现由传统农业向现代农业的历史性转变,建立新型农业支持保护体系和农民收入增长的长效机制。

第四,发展非农产业。“无工不富,无商不活”。在发展现代农业的同时,坚持“工业立民、产业富民、科技兴民”方针,大力发展非农产业。非农产业是农村第二、三产业的统称,是农产品和农村劳动力进入市场的重要跳板和通道,是延长农业产业链条的重要环节,是连接农村与城市的桥梁和纽带,是“以城带乡、以工补农、城乡统筹发展”的重要举措。发展非农产业有利于实现农村剩余劳动力转移、就业结构转换、农民素质提高和农民收入增加。政府要加大对非农产业的投入和扶持力度,积极引进民间资本,为有自主创业意向而又缺乏资金的返乡农民工提供小额贷款担保、提供创业起步资金支持,积极联系辖区企业为返乡农民工开辟新的工作岗位,并根据企业用工需求,引导安排返乡农民工与本地企业做好对接,帮助农民工实现在家门口就业。按照现代企业制度要求,对中小企业进行公司制改造,增强企业竞争力。建立非农产业信息服务中心,为中小企业发展提供信息服务。加大农村职业技术教育,围绕产业需求,根据不同市场需求和不同层次,建立短期和长期培训,提高农民职业技能和创业、创收能力。抓好产业培育和创新,搞好园区建设,对重点项目实行包保责任制,全方位加强对企业生产的服务协调。对新上马的小微企业、自主创业者,实行"一条龙服务",引导创业者把事业做大、产业做强,以创业带动就业。重视民营经济,使民营经济成为经济发展的主体、主力军。根据当地的实际情况,合理进行产业选择,特别是围绕农产品的精深加工去发展第二和第三产业,发展特种养殖、秧苗种植、板皮加工、蛋制品加工、商贸流通、乡村旅游等产业。并立足自身的区位优势、交通优势、龙头企业、文化底蕴和招商政策等优势资源,积极开展招商引资,重点引进科技含量高、市场前景好、带动能力强的产业项目。

第五,提高公共服务水平。农村基本公共服务水平低是城乡发展失衡的重要原因。当前农村基本公共服务水平整体上还比较低,农村社会事业发展程度不高确实已经损害了农民的正当民生利益,从而影响到广大农民生活质量的提升和生活满意度的提高。提高公共服务水平首先要补上历史欠账,补齐农村短板,大力推进城乡基本公共服务均等化。加大农村基本公共服务投入力度,建立保障水平与财政支出增速、经济发展速度等挂钩的增长机制,把国家财政新增教育、卫生、文化、养老等事业经费增量主要用于农村。建立以城带乡、企业带村等形式的联动机制,通过帮扶、信息、技术等手段,推动城市优质资源向农村延伸,促进农村共享城市优质公共资源,逐步推进基本公共服务城乡制度衔接,实现城乡一体化。要以加强农村基础设施建设为突破口,用科学的发展理念,从公共基础设施入手,妥善规划,加强农村公共设施建设,进一步增加农田水利基本设施、电力、能源、道路、环境卫生、自来水、通讯设施、文体活动场所及设施建设等方面投入力度。农村基础设施建设,要坚持农民自愿、政府支持、项目支撑的原则,采取农民出工出力、社会扶智扶资、市场方式运作的办法,把农村基础设施建设搞好。促进农村社会公共事业发展,最主要的是要解决农村教育和医疗方面存在的突出矛盾。从学生需要出发,优化校点布局和办学格局;乡村有关部门、干部和群众,协同学校加强留守学生教育;建立健全农村义务教育经费保障机制,实施职业教育基础能力建设工程,形成一批能满足技能型人才培养要求、适应农村劳动力转移培训需要的职业教育骨干基地。健全农村三级医疗卫生服务和医疗救助体系,规范农村医疗服务,加大村卫生室的建设力度,增强乡级医院的综合医疗服务能力,减轻农民的医疗负担。

第六,加快小城镇建设。小城镇是推动乡村城市化的桥梁,是实现农村工业化和农业产业化的载体,是农村精神文明建设的基地,是现代化的重要标志。小城镇建设和发展将给农村劳动力转移和就业提供广阔的容量,为民营经济发展拓宽空间和创造投资环境,促进农业产业化,拉动经济增长,还能在社会管理、经济合作、文化娱乐和信息传播等方面发挥对农民的组织协调作用。小城镇建设要先从有典型示范作用的小城镇开始,以点带面,典型引导,层层带动,坚持统一规划、合理布局、综合开发、配套建设、因地制宜、突出重点、梯次推进的方针。集中力量重点抓好区位优势和发展潜力较大的建制镇的小城镇建设,使之尽快完善功能,聚集人口,将其建设成为规模适度、规划科学、功能健全、环境优美、具有特色、较强辐射能力的农村区域性经济文化中心。按照城乡一体化进行规划,提升小城镇规划建设档次,合理布局空间扩展步伐,使城乡经济联系、城乡一体化程度不断加深。抓住国家重视小城镇建设的机遇和扶持小城镇建设的优惠政策,积极争取资金,引导农民工返乡创业者向小城镇相对集聚,扩大小城镇规模。完善交通、通信、电力、住房、医疗、教育等基础设施,改善市政公用设施建设,提高小城镇的综合服务功能和承载能力。进一步提高城镇居民的素质,真正做到农村城镇化,农民市民化,增强城镇居民的自我管理能力。实施企业带动战略,通过企业发展进一步繁荣地方经济,增加财政税收,实现改善基础设施、提高居民收入,带动经济的全面发展,要从实际出发研究产业主体,大力培植当地企业，发展特色行业，培育一批龙头企业，发展农产品加工业和服务业，依托资源优势和农产品优势建设交易市场，培育具有一定规模和集散能力的农产品、工业品市场，发展商贸，搞活流通。营造浓厚的小城镇建设氛围，发挥小城镇的示范和带动作用，拉动农村经济、社会和文化发展。

总之，农村发展，要彻底消除城乡二元体制，以现代农业为基础，以加强农村基础设施建设为突破口，以加快农村社会主义事业发展为重要内容，以深化农村改革为动力，充分发挥广大农民的主体作用为保证，大力发展农村经济，全面提升农村建设质量，着力保障和改善民生，全面提升村民素质，实现人的全面发展，加快小城镇建设和城乡一体化进程，努力实现农村经济建设、政治建设、文化建设、社会建设和生态文明建设共同发展、全面进步。

参考文献

【中文著作】

1.［美］埃弗里特·M.罗吉斯:《乡村社会变迁》,浙江人民出版社1988年版。

2.［以］S.N.艾森斯塔德:《现代化:抗拒与变迁》,中国人民大学出版社1988年版。

3.［英］安德鲁·韦伯斯特:《发展社会学》,华夏出版社1987年版。

4.［英］安东尼·吉登斯:《民族—国家与暴力》,生活·读书·新知三联书店1998年版。

5.［英］安东尼·吉登斯:《社会的构成》,生活·读书·新知三联书店1998年版。

6.［英］安东尼·吉登斯:《现代性的后果》,译林出版社2000年版。

7. 安阳县志编纂委员会编:《安阳县志》,中国青年出版社1990年版。

8.［美］F.奥格本:《社会变迁:关于文化和先天的本质》,浙江人民出版社1989年版。

9. 白云涛主编:《百年中国社会图谱》,四川人民出版社2003年版。

10.（汉）班固:《汉书》第五册,中华书局1962年版。

11. 宝坻县志编修委员会编著:《宝坻县志》,天津社会科学院出版社1995年版。

12. 薄一波:《若干重大决策与事件的回顾》,人民出版社1997年版。

13. 北京广播电视大学法律教研室编:《婚姻法资料选编》,中央广播电视大学出版社1985年版。

14. 曹锦清、张乐天、陈中亚:《当代浙北乡村的社会文化变迁》,上海远东出版社2001年版。

15. 常建华:《岁时节日里的中国》,中华书局 2006 年版。

16. 沉石、米有录主编:《中国农村家庭的变迁》,农村读物出版社 1989 年版。

17. 从翰香主编:《近代冀鲁豫乡村》,中国社会科学出版社 1995 年版。

18. 陈从周等编著:《中国民居》,学林出版社 1997 年版。

19. 陈吉元、胡必亮主编:《当代中国的村庄经济与村落文化》,山西经济出版社 1996 年版。

20. 陈吉元、陈家骥、杨勋主编:《中国农村社会经济变迁(1949—1989)》,山西经济出版社 1993 年版。

21. 陈光金:《中国乡村现代化的回顾与前瞻》,湖南出版社 1996 年版。

22. [美]陈沛华、安戈、赵文词:《当代中国农村历沧桑:毛邓体制下的陈村》,牛津大学出版社 1996 年版。

23. 陈鹏:《婚姻史稿》,中华书局 1990 年版。

24. 程啸、温乐群主编:《近代中国的政治和社会(1840—1949)》,中国人民大学出版社 1999 年版。

25. (汉)崔寔:《四民月令辑释》,缪启愉辑释,农业出版社 1981 年版。

26.《大戴礼记今注今译》,高明注译,(中国台湾)商务印书馆 1981 年版。

27.《当代中国》丛书编辑部编:《当代中国的公路交通》,当代中国出版社 1991 年版。

28. 戴康生:《当代新兴宗教》,东方出版社 1999 年版。

29. 邓大才:《湖村经济——中国洞庭湖区农民的经济生活》,中国社会科学出版社 2006 年版。

30.《邓小平文选》,人民出版社 1993 年版。

31. 丁文、徐泰玲:《当代中国家庭巨变》,山东大学出版社 2001 年版。

32. 董增刚编著:《从老式车马舟桥到新式交通工具》,四川人民出版社 2002 年版。

33. 杜全忠、崔明霞编著:《中华婚姻》,中国社会出版社 2005 年版。

34. [美]杜赞奇:《文化、权力与国家——1900—1942 年的华北农村》,

江苏人民出版社 1994 年版。

35. 段友文:《黄河中下游家族村落与社会现代化》,中华书局 2007 年版。

36. 范剑平主编:《中国城乡居民消费结构的变化趋势》,人民出版社 2001 年版。

37. (宋)范晔:《后汉书》第七册,中华书局 1973 年版。

38. 房瑞荣、周传宪、姬脉科:《运河轶韵——古镇开河漫谈》,中国文联出版社 2002 年版。

39. 方心清、王毅杰:《现代生活方式前沿报告》,社会科学文献出版社 2006 年版。

40. 费尔巴哈:《基督教的本质》,商务印书馆 1984 年版。

41. [法]费尔南·布罗代尔:《15 至 18 世纪的物质文明、经济和资本主义》,生活·读书·新知三联书店 2002 年版。

42. 费孝通:《城乡协调发展》,江苏人民出版社 1991 年版。

43. 费孝通:《乡土中国生育制度》,北京大学出版社 1998 年版。

44. 费孝通:《小城镇、大问题》,《志在富民》,上海人民出版社 2004 年版。

45. [美]费正清、罗德里克、麦克法夸尔主编:《剑桥中华人民共和国史》(1949—1965),上海人民出版社 1990 年版。

46. [美]费正清、罗德里克、麦克法夸尔主编:《剑桥中华人民共和国史》(1966—1982),上海人民出版社 1992 年版。

47. [美]弗里曼、毕克伟、赛尔登等:《中国乡村,社会主义国家》,社会科学文献出版社 2002 年版。

48. 复旦大学历史学系、复旦大学中外现代化进程研究中心编:《近代中国的乡村社会》,上海古籍出版社 2005 年版。

49. 甘满堂:《村庙与社区公共生活》,社会科学文献出版社 2007 年版。

50. (清)顾禄:《清嘉录》,来新夏校点,上海古籍出版社 1986 年版。

51. 郭思敏编:《我眼中的毛泽东》,河北人民出版社 1990 年版。

52. 郭于华主编:《仪式与社会变迁》,社会科学文献出版社 2000 年版。

53. [德]哈贝马斯:《公共领域的结构转型》,学林出版社1999年版。

54. 韩敏:《回应革命与改革:皖北李村的社会变迁与延续》,江苏人民出版社2007年版。

55. 韩明谟等:《社会学家的视野——中国社会与现代化》,中国社会出版社1998年版。

56. (清)郝懿行:《山海经笺疏·山海经订伪》,巴蜀书社1985年版。

57. 《栾城县志》,新华出版社1995年版。

58. 《赵县志》,中国城市出版社1993年版。

59. 《正定县志》,中国城市出版社1992年版。

60. 何关银、刘惠:《世界是新的——如何生活在现代化》,重庆大学出版社2007年版。

61. 何凝编:《鲁迅杂感选集》,上海文艺出版社1980年版。

62. 何星亮:《中国自然神与自然崇拜》,上海三联书店1992年版。

63. 何雪松:《社会学视野下的中国社会》,华东理工大学出版社2002年版。

64. 华梅:《服饰与中国文化》,人民出版社2001年版。

65. 华梅编著:《华梅谈服饰文化》,天津人民出版社2001年版。

66. 华梅:《中国服装史》,中国纺织出版社2007年版。

67. 黄荣华:《农村地权研究(1949—1983)——以湖北省新洲县为个案》,上海社会科学院出版社2006年版。

68. 黄树民:《林村的故事——1949年后的中国农村变革》,生活·读书·新知三联书店2002年版。

69. 黄涛:《中秋节》,中国社会出版社2006年版。

70. 黄新原:《真情如歌:五十年代的中国往事》,中国青年出版社2007年版。

71. [美]黄宗智主编:《中国乡村研究》第二辑,商务印书馆2003年版。

72. [美]黄宗智:《华北小农经济与社会变迁》,中华书局2000年版。

73. [美]黄宗智:《长江三角洲小农家庭与乡村发展》,中华书局2000年版。

74. [美]吉尔伯特·罗兹曼主编:《中国的现代化》,上海人民出版社1989年版。

75. 吉国秀:《婚姻仪礼变迁与社会网络重建——以辽宁省东部山区清原镇为个案》,中国社会科学出版社2005年版。

76. 季鸿崑:《岁时佳节古今谈》,山东画报出版社2007年版。

77. 蓟县志编修委员会编著:《蓟县志》,南开大学出版社、天津社会科学院出版社1991年版。

78. 贾谊:《新书校注》,阎振益、钟夏校注,中华书局2000年版。

79. 简涛:《立春风俗考》,上海文艺出版社1998年版。

80.《新中国成立以来毛泽东文稿》第8册,中央文献出版社1993年版。

81. 姜波:《四合院》,山东教育出版社1999年版。

82.《今古文尚书全译》,江灏、钱宗武译注,贵州人民出版社1996年版。

83. 江沛、王先明主编:《近代华北区域社会史研究》,天津古籍出版社2000年版。

84. 江苏省小城镇研究课题组编写:《小城镇大问题——江苏省小城镇研究论文选》,江苏人民出版社1984年版。

85. 金联波:《"布拉吉"引发的猜想》,《老照片》第10集,山东画报出版社1999年版。

86. 金耀基:《从传统到现代》,中国人民大学出版社1999年版。

87. 荆其敏编著:《中国传统民居百题》,天津科学技术出版社1985年版。

88. 康秀云:《二十世纪中国社会生活方式现代化解读》,中共党史出版社2007年版。

89. [美]克利福德·吉尔兹:《地方性知识——阐释人类学论文集》,中央编译出版社2000年版。

90.《孔子家语》,王肃注,上海古籍出版社1990年版。

91. 旷晨编著:《我们的七十年代》,广西人民出版社2004年版。

92. 雷洁琼主编:《改革以来中国农村婚姻家庭的新变化》,北京大学出版社 1994 年版。

93. 李华兴、吴嘉勋编:《梁启超选集》,上海人民出版社 1984 年版。

94.《礼记》,崔高维校点,辽宁教育出版社 1997 年版。

95. 李金铮:《近代中国乡村社会经济探微》,人民出版社 2004 年版。

96. 李景汉:《北京郊区乡村家庭生活调查札记》,生活·读书·新知三联书店 1981 年版。

97. 李慷:《社会变迁中的中国农村生活》,湖南教育出版社 1999 年版。

98. 李培林:《另一只看不见的手——社会结构转型》,社会科学文献出版社 2005 年版。

99.(明)李时珍:《本草纲目》,人民卫生出版社 1979 年版。

100. 李文治编:《中国近代农业史资料(1840—1911)》第一辑,生活·读书·新知三联书店 1957 年版。

101. 李银河:《生育与村落文化》,中国社会科学出版社 1994 年版。

102. 李银桥:《在毛泽东身边十五年》,河北人民出版社 1991 年版。

103. 李文主编:《国史论丛——〈当代中国史研究〉十年文选》,当代中国出版社 2004 年版。

104. 李文海主编:《民国时期社会调查丛编·宗教民俗卷》,福建教育出版社 2004 年版。

105. 李学强:《乡村变迁与农民记忆——山东老区莒南县土地改革研究(1941—1951)》,社会科学文献出版社 2006 年版。

106. 李真等:《当代中国生活方式论》,东南大学出版社 1997 年版。

107. 李振杰:《草根调查——中国基层发展问题的社会学分析》,经济管理出版社 2004 年版。

108.《梁山县城乡建设志》,梁山县城乡建设委员会 1988 年版。

109.《山东省梁山县地名志》,内部资料 1984 年版。

110.《梁山县志》,新华出版社 1997 年版。

111. 梁山县统计局编:《辉煌五十年:1949—1999 年》,内部资料 2000

年版。

112. 林成西:《20 世纪 70 年代以来的村落变迁——江家堰村调查》,巴蜀书社 2006 年版。

113. 林继富、王丹:《解释民俗学》,华中师范大学出版社 2006 年版。

114. 林耀华:《金翼:中国家族制度的社会学研究》,生活·读书·新知三联书店 1989 年版。

115. 林毅夫:《制度、技术与中国农业发展》,上海三联书店、上海人民出版社 1994 年版。

116. 林毅夫:《再论制度、技术与中国农业发展》,北京大学出版社 2000 年版。

117. 刘文烇修,王守谦纂:《寿张县志》,光绪二十六年刊本。

118. 刘新平:《婚姻中国》,中国工人出版社 2002 年版。

119. (晋)刘昫:《旧唐书》第四册,中华书局 1975 年版。

120. 刘志军:《乡村都市化与宗教信仰变迁——张店镇个案研究》,社会科学文献出版社 2007 年版。

121. 鲁克才主编:《中华民族饮食风俗大观》,世界知识出版社 1992 年版。

122. (明)陆容:《菽园杂记》,佚之点校,中华书局 1985 年版。

123. 陆学艺、李培林主编:《中国社会发展报告》,社会科学出版社 2007 年版。

124. 陆学艺主编:《改革中的农村与农民——对大寨、刘庄、华西等 13 个村庄的实证研究》,中共中央党校出版社 1992 年版。

125. 陆学艺主编:《内发的村庄——行仁庄》,社会科学文献出版社 2001 年版。

126. 路遥:《山东民间秘密教门》,当代中国出版社 2000 年版。

127. 陆仲伟:《一贯道内幕》,江苏人民出版社 1998 年版。

128.《论语》,张燕婴译注,中华书局 2006 年版。

129. 罗沛霖、杨善华等主编:《当代中国农村的社会生活》,中国社会科学出版社 2005 年版。

130. 罗平汉:《当代历史问题札记二集》,广西师范大学出版社 2006 年版。

131. 罗荣渠:《现代化新论——世界与中国的现代化进程》,北京大学出版社 1993 年版。

132. 吕红平:《农村家族问题与现代化》,河北大学出版社 2001 年版。

133.《马克思恩格斯选集》,人民出版社 2012 年版。

134. 马齐彬等编:《中国共产党执政四十年:1949—1989》,中共党史资料出版社 1989 年版。

135. [美]马若孟:《中国农民经济》,江苏人民出版社 1999 年版。

136. 马宪平、浦卫忠:《告别昨天——当代中国农村的蜕变》,中国城市出版社 1996 年版。

137. [英]迈克·费瑟斯通:《消解文化——全球化、后现代主义与认同》,北京大学出版社 2009 年版。

138. 毛丹:《一个村落共同体的变迁——关于尖山下村的单位化的观察和阐释》,学林出版社 2000 年版。

139. 毛佩琦主编:《岁月风情——中国社会生活史》,广西教育出版社 2000 年版。

140.《毛泽东选集》,人民出版社 1991 年版。

141. [法]H. 孟德拉斯:《农民的终结》,中国社会科学出版社 1991 年版。

142.(宋)孟元老:《东京梦华录》,中国商业出版社 1982 年版。

143. 缪启愉、缪桂龙:《齐民要术译注》,上海古籍出版社 2006 年版。

144.《民国山东通志》第 3 册,山东文献杂志社 2002 年版。

145. [美]明恩溥:《中国乡村生活》,中华书局 2006 年版。

146. 南京中医学院中医系编著:《黄帝内经灵枢译释》,上海科学技术出版社 1986 年版。

147. 潘鸿雁:《国家与家庭的互构——河北翟城村调查》,上海人民出版社 2008 年版。

148.(清)潘荣生陛、富察敦崇:《帝京岁时纪胜燕京岁时记》,北京古籍出版社 1981 年版。

149. 彭卫、孟庆顺:《当代史学方法概述》,陕西人民出版社 1987 年版。

150. 祁惠君、丛静:《传统与现代:达斡尔族农民的生活》,中央民族大学出版社 2006 年版。

151.《沁水县志》,山西人民出版社 1987 年版。

152.《光辉的成就》,人民出版社 1984 年版。

153. 容观琼:《人类学方法论》,广西民族出版社 1999 年版。

154. 山东省农业科学院主编:《山东农业发展历程与新趋势》,山东科学技术出版社 1989 年版。

155. 山东省全民普法依法治理工作领导小组办公室编写:《山东省"四五"全民普法读本》,山东人民出版社 2001 年版。

156. 山曼:《流动的传统——一条大河的文化印迹》,浙江人民出版社 1999 年版。

157. 山曼等:《山东民俗》,山东友谊书社 1988 年版。

158. 山曼主编:《泰山风俗》,济南出版社 2001 年版。

159. 上海书店编:《二十五史》第 1 册,上海古籍出版社 1996 年版。

160.(明)沈榜编著:《宛署杂记》,北京古籍出版社 1980 年版。

161. 沈柏年等主编:《学习党的十四届五中全会文件辅导》,中国言实出版社 1995 年版。

162. 沈关宝:《一场静悄悄的革命》,上海大学出版社 2007 年版。

163. 沈云龙主编:《近代中国史料丛刊》第七十九辑,(中国台湾)文海出版社 1972 年版。

164. [日]石毛直道:《饮食文明论》,黑龙江科技出版社 1992 年版。

165. 司汉武、同春芬:《传统与超越:中国农民与农村的现代化》,西北农林科技大学出版社 2006 年版。

166.(宋)司马光编著:《资治通鉴》(下),(元)胡三省音注,上海古籍出版社 1987 年版。

167. 宋圭武:《中国乡村发展研究》,中国经济出版社 2004 年版。

168. 苏驼主编:《中国城乡居民生活方式理论研究》,辽宁大学出版社

1990 年版。

169. [美]施坚雅:《中国农村的市场和社会结构》,中国社会科学出版社 1998 年版。

170. [美]斯科特:《农民的道义经济学》,译林出版社 2001 年版。

171. [美]斯科特:《弱者的武器》,译林出版社 2007 年版。

172. (宋)四水潜夫辑:《武林旧事》,西湖书社 1981 年版。

173. [美]J.L.斯图尔特:《中国的文化与宗教》,吉林文史出版社 1991 年版。

174. 孙立平:《断裂——20 世纪 90 年代以来的中国社会》,社会科学文献出版社 2003 年版。

175. 孙立平:《转型与断裂:改革以来中国社会结构的变迁》,清华大学出版社 2004 年版。

176. 汤红兵:《解读新农村建设——以监利县政为个案的研究》,华中师范大学出版社 2007 年版。

177. 天津市西青区地方志编修委员会编著:《李七庄乡志》,天津社会科学院出版社 1999 年版。

178. 天津市西青区地方志编修委员会编著:《王稳庄乡志》,天津社会科学院出版社 1996 年版。

179. 王春光:《中国农村社会变迁》,云南人民出版社 1996 年版。

180. 王崇焕:《中国古代交通》,商务印书馆 1996 年版。

181. 王东霞编著:《百年中国社会图谱——从长袍马褂到西装革履》,四川人民出版社 2003 年版。

182. (宋)王溥:《唐会要》,日本株式会社中文出版社 1978 年版。

183. 王沪宁:《当代中国村落家庭文化——对中国现代化的一项探索》,上海人民出版社 1991 年版。

184. 王建中主编:《东北地区食生活史》,黑龙江人民出版社 2004 年版。

185. 王敏主编:《关于若干理论和实践问题的思考与研究——有关山东省全国农业及问题对策》,山东人民出版社 2002 年版。

186. 王铭铭:《社会人类学与中国研究》,生活·读书·新知三联书店 1997 年版。

187. 王铭铭:《村落视野中的文化与权力:闽台三村五论》,生活·读书·新知三联书店 1997 年版。

188. 王铭铭、王斯福主编:《乡土社会的秩序、公正与权威》,中国政法大学出版社 1997 年版。

189. 王其钧编著:《中国民居三十讲》,中国建筑工业出版社 2005 年版。

190. (宋)王钦若等编:《册府元龟》第一册,中华书局 1982 年版。

191. 王瑞芳:《近代中国的新式交通》,人民文学出版社 2006 年版。

192. 王瑞璞:《中国农村十年(1978—1988)》,解放军出版社 1989 年版。

193. 王晓毅、张军、姚梅:《中国村庄的经济增长与社会转型》,山西经济出版社 1996 年版。

194. 王雅林:《繁难的超越——市场经济与生活方式建构》,黑龙江人民出版社 1995 年版。

195. 王义祥:《当代中国社会变迁》,华东师大出版社 2006 年版。

196. 王友明:《革命与乡村解放区土地改革研究(1941—1948)——以山东莒南县为个案》,上海社会科学院出版社 2006 年版。

197. 王跃生:《社会变革与婚姻家庭变动——20 世纪 30—90 年代冀南农村》,生活·读书·新知三联书店 2006 年版。

198. 王兆军:《黑墩屯——一个中国村庄的历史素描》,中国青年出版社 2006 年版。

199. 魏宏运主编:《二十世纪三四十年代冀东农民社会调查与研究》,天津人民出版社 1996 年版。

200. 韦克难:《社会调查研究方法》,四川人民出版社 2002 年版。

201. [美]威廉·韩丁:《深翻》,中国国际文化出版社(香港)2008 年版。

202. 温锐、游海华:《劳动力的流动与农村社会经济变迁》,中国社会科学出版社 2001 年版。

203. 吴东升:《邪教的秘密:当代中国邪教聚合机制研究》,社会科学文献出版社 2005 年版。

204. 吴亮、高云主编:《日常中国:80 年代老百姓的日常生活》,江苏美术出版社 1999 年版。

205. 吴淼:《决裂——新农村的国家建构:江汉平原中兴镇的实践表达(1949—1978)》,中国社会科学出版社 2007 年版。

206. 吴毅:《村治变迁中的权威与秩序——20 世纪川东双村的表达》,中国社会科学出版社 2002 年版。

207. (宋)吴自牧:《梦粱录》,浙江人民出版社 1980 年版。

208. [美]E.希尔斯:《论传统》,上海人民出版社 1991 年版。

209. [美]西里尔·E.布莱克:《日本和俄国现代化》,商务印书馆 1992 年版。

210. 夏东民:《现代化原点结构:冲突与转型》,中国社会科学出版社 2008 年版。

211. 谢立中:《当代中国社会变迁导论》,河北大学出版社 2000 年版。

212. 谢立中:《社会理论:反思与重构》,北京大学出版社 2006 年版。

213. 新农村调查联合项目组:《中国名村调查报告》,上海文艺出版社 2007 年版。

214. 熊得山:《中国社会史论》,上海世纪出版集团 2005 年版。

215. 许纪霖、陈达凯主编:《中国现代化史》第一卷,上海三联书店 1995 年版。

216. (唐)徐坚等:《初学记》第一册,中华书局 1962 年版。

217. 许正中:《社会多元复合转型:中国现代化战略选择的基点》,中国财政经济出版社 2007 年版。

218. 薛君度、刘志琴主编:《近代中国社会生活与观念变迁》,中国社会科学出版社 2001 年版。

219. 薛暮桥:《旧中国的农村经济》,农业出版社 1980 年版。

220. 严昌洪:《20 世纪中国社会生活变迁史》,人民出版社 2007 年版。

221. 盐山县地方志编纂委员会:《盐山县志》,南开大学出版社 1991 年版。

222. 阎云翔:《私人生活的变革:一个中国村庄里的爱情、家庭与亲密关系》,上海书店 2006 年版。

223. 杨朝福主编:《梁山运河文化寻踪》,国际文化出版公司 1998 年版。

224. 杨宏雨:《中国特色社会主义现代化的多维审视》,学林出版社 2006 年版。

225. 杨继绳:《中国各阶层的分析》,花城出版社 2006 年版。

226.《山东公路史》第一册,人民交通出版社 1989 年版。

227. 杨懋春:《一个中国村庄:山东台头》,江苏人民出版社 2001 年版。

228. 杨敏:《社会行动的意义效应:社会转型加速期现代性特征研究》,中国人民大学出版社 2005 年版。

229. 杨善华:《经济体制改革和中国农村的家庭与婚姻》,北京大学出版社 1995 年版。

230. 叶涛、张廷兴:《江湖社会习俗》,山东教育出版社 1999 年版。

231. 叶涛主编:《中国民俗大系·山东民俗》,甘肃人民出版社 2004 年版。

232.《仪礼》,崔高维校点,辽宁教育出版社 1997 年版。

233. [加]伊莎贝尔·柯鲁克、[英]大卫·柯鲁克:《十里店:中国一个村庄的群众运动》,上海人民出版社 2007 年版。

234. 易涛:《中国民居与传统文化》,四川人民出版社 2005 年版。

235. [美]阿历克斯·英格尔斯:《人的现代化—心理·思想·态度·行为》,殷陆君编译,四川人民出版社 1985 年版。

236. 于惠芳、朱志勇主编:《中国社会的运行与变迁:理论与诠释》,北京大学出版社 2006 年版。

237. 于建嵘:《岳村政治:转型期中国乡村社会政治结构变迁》,商务印书馆 2001 年版。

238. 于琨奇、花菊香:《现代生活方式与传统文化》,科学出版社 1999

年版。

239. 袁方等:《中国社会结构转型》,中国社会出版社 1998 年版。

240. [英]詹·乔·弗雷泽:《金枝——巫术与宗教之研究》(上),中国民间文艺出版社 1987 年版。

241. 张建华主编:《解决——中国再度面临的紧要问题》,经济日报出版社 2000 年版。

242. 张乐天:《告别理想——人民公社制度研究》,上海人民出版社 2005 年版。

243. 张洪兴主编:《淄博粮食志》,中国文史出版社 2005 年版。

244. 张鸣:《乡土心路八十年:中国近代化过程中农民意识的变迁》,上海三联书店 1997 年版。

245. 张佩国:《地权·家户·村落》,学林出版社 2007 年版。

246. 张思:《近代华北村落共同体的变迁》,商务印书馆 2004 年版。

247. 张星星主编:《当代中国成功发展的历史经验——第 5 届国史学术年会论文集》,当代中国出版社 2007 年版。

248. 张秀生、陈立兵主编:《村经济发展》,武汉大学出版社 2005 年版。

249. 张亦工、夏岱主编:《割掉辫子的中国人》,中国青年出版社 1997 年版。

250. 张曜修、孙葆田纂:《山东通志》,民国四年铅印本。

251. 张志熙等修,刘靖宇等纂:《东平县志》,民国二十五年铅本。

252. 赵尔巽等:《清史稿》,中华书局 1976 年版。

253. 赵世瑜:《小历史与大历史——区域社会史的理论方法与实践》,生活·读书·新知三联书店 2006 年版。

254. 折晓叶:《村庄的再造:一个"超级村庄"的社会变迁》,中国社会科学出版社 1997 年版。

255. 郑杭生、李迎生:《中国社会学史新编》,中国人民大学出版社 2003 年版。

256. 郑杭生:《中国人民大学中国社会发展报告 2002——弱势群体与社会支持》,中国人民大学出版社 2003 年版。

257. 郑杭生:《中国特色社会学理论的探索:社会运行论、社会转型论、学科本土论、社会互构论》,中国人民大学出版社 2005 年版。

258. 郑起东:《转型期的华北农村社会》,上海书店 2004 年版。

259. 仲富兰主编:《图说中国百年社会生活变迁》,学林出版社 2001 年版。

260. 中共梁山县委党史研究室编著:《丰碑——梁山改革开放 30 年》,中共党史出版社 2008 年版。

261. 中共梁山县委党史研究室:《中国共产党梁山县历史大事记》(第一卷:1932—2000),中共党史出版社 2002 年版。

262. 中共中央文献研究室编:《三中全会以来重要文献选编》,人民出版社 1982 年版。

263. 中共中央文献研究室编:《新中国成立以来重要文献选编》,中央文献出版社 1992 年版。

264. 中共中央文献研究室等编:《新时期宗教工作文献选编》,宗教文化出版社 1995 年版。

265. 中国农村家庭调查组编:《当代中国农村家庭》,社会科学文献出版社 1993 年版。

266. 中国人民政治协商会议梁山县委员会文史资料委员会编:《梁山文史资料》第 1—12 辑,内部资料。

267. 中国社会科学院农村发展研究所、北京大学经济学院编:《中国农村改革纪实》,山西经济出版社 1995 年版。

268. 中国社会科学院农村发展研究所:《中国农村发展研究报告》,社会科学文献出版社 2000 年版。

269. 中国现代化报告课题组:《中国现代化报告 2001》,北京大学出版社 2001 年版。

270. 中华人民共和国国家农业委员会办公厅编:《农业集体化重要文件汇编》,中共中央党校出版社 1981 年版。

271. 钟敬文:《民俗文化学:梗概与兴起》,中华书局 1996 年版。

272. 钟霞:《集体化与东邵疃村经济社会变迁》,合肥工业大学出版社

2007 年版。

273. 周大鸣:《凤凰村的变迁——〈华南的乡村生活〉追踪研究》,社会科学文献出版社 2006 年版。

274. 周大鸣:《现代都市人类学》,中山大学出版社 1997 年版。

275.《周恩来统一战线文选》,人民出版社 1984 年版。

276.《周礼》,崔高维校点,辽宁教育出版社 1997 年版。

277. 周积明、宋德金主编:《中国社会史论》,湖北教育出版社 2005 年版。

278. 周晓虹主编:《中国社会与中国研究》,社会科学文献出版社 2004 年版。

279. 周拥平:《江村经济七十年》,上海大学出版社 2006 年版。

280. 朱和平:《中国服饰史稿》,中州古籍出版社 2001 年版。

281. 朱玉湘:《中国近代农民与农村社会》,山东大学出版社 1997 年版。

282. 庄孔韶:《银翅:中国的地方社会与文化变迁》,生活・读书・新知三联书店 2000 年版。

283. (梁)宗懔:《荆楚岁时记》,姜彦稚辑校,岳麓书社 1986 年版。

【英文文献】

1. David Alkman, Jesus in Beijing How Christianity is Transforming China and Changing the Global Balance of Power, *Washington Regnery Publishing Inc*, 2003.

2. Hinton, W.Shenfan., The Continuing Revolution in a Chiese Village. *New York*: *Random House*, 1983.

3. Friedmen, Edwar., Chinese Village, Socialist. New Haven, *Yale University Press*, 1991.

4. Mo. C. F. Gao, Village: A Portrait of Rural China in Modern China, London, *Hurst and Co. Publishers*, 1999.

5. Chan. A. Madsen, R. & Unger, J. Chen Village Under Mao and Deng. Berkeley, *University of California Press*, 1992.

6. Kelliher, Daniel Roy., Peasant Power in China: the Era of Rurul Reform:1979-1989, New Haven, *Yale University Press*, 1992.

7. Oi, Jean Chun., State and Peasant in Contemporary China: the Political Economy of Village Government, Berkeley, *University of California Press*, 1989.

【学术论文】

1. 蔡少卿、孔祥涛:《试论当代邪教的几个特点》,《江苏社会科学》1997 年第 6 期。

2. 范正义:《排斥与接纳——基督教在华传播与中国民间信仰关系的文化渗透》,《福建师范大学学报》2001 年第 3 期。

3. 方慧容:《"无事件境"与生活世界中的"真实"——西村农民土地改革时期社会生活的记忆》,载杨念群主编:《空间记忆社会转型:"新社会史"研究论文精选集》,上海人民出版社 2001 年版。

4. 高丙中:《民间的仪式与国家的在场》,《北京大学学报》2001 年第 1 期。

5. 龚学增:《中国宗教现状及发展趋势》,《中央社会主义学院学报》1998 年第 6 期。

6. 辜胜阻:《农村城镇化与城镇农村化研究》,《人口与经济》1993 年第 6 期。

7. 顾益康、黄祖辉、徐加:《对乡镇企业—小城镇道路的历史评判——兼论中国农村城市化道路问题》,载《农业经济辜胜阻:我国农村城镇化的战略方向》,《中国农村经济》1989 年第 3 期。

8. 关童:《端午新考》,《杭州师范学院学报(自然科学版)》2003 年第 6 期。

9. 郭于华:《诉苦:一种农民国家观念形成的中介机制》,载杨念群主编:《新史学》,中国人民大学出版社 2003 年版。

10. [美]黄宗智:《中国革命中的农村阶级斗争——从土改到"文革"时期的表达性现实与客观性现实》,载黄宗智主编:《中国乡村研究》第二辑,商务印书馆 2003 年版。

11. 卢晖临:《革命前后中国乡村社会分化模式及其变迁:社区研究的

发现》,载黄宗智主编:《中国乡村研究》第一辑,商务印书馆 2003 年版。

12. [美]华琛:《中国宗族再研究:历史研究中的人类学观点》,《广东社会科学》1997 年第 2 期。

13. 雷颐:《"日常生活"与历史研究》,《史学理论研究》2000 年第 3 期。

14. 李金铮:《土地改革中的农民心态:以 1937—1949 年的华北乡村为中心》,《近代史研究》2006 年第 4 期。

15. 李放春:《北方土改中的"翻身"与生产——中国革命现代性的一个话语——历史矛盾考》,载[美]黄宗智主编:《中国乡村研究》第三辑,社会科学文献出版社 2005 年版。

16. 李亦园:《新兴宗教与传统仪式一个人类学的考察》,《思想战线》1997 年第 3 期。

17. 刘亚秋:《"青春无悔":一个社会记忆的建构过程》,《社会学研究》2003 年第 2 期。

18. 刘云华:《后现代服饰文化中的模糊性》,《装饰》2004 年第 2 期。

19. 任继愈:《论儒教的形成》,《中国社会科学》1980 年第 1 期。

20. 尚九玉:《中西宗教精神之比较研究》,《北京师范大学学报》1997 年第 3 期。

21. 孙立平:《"过程—事件分析"与中国农村中国家—农民关系的实践形态》,《清华社会学评论》2002 年第 1 卷。

22. 覃德清:《中国民间宗教信仰现状与改革的思考》,《民间文化论坛》1997 年第 4 期。

23. 王铭铭:《文化变迁与现代性的思考》,《民俗研究》1998 年第 1 期。

24. 王朔柏:《从血缘到公民化:共和国时代安徽农村宗族研究变迁》,《历史研究》2004 年第 1 期。

25. 王晓朝:《现代社会与宗教发展的趋势》,《上海大学学报》2009 年第 5 期。

26. 王晓华、孙青编:《20 年的服装变迁》,《艺术导刊》2001 年 8 月号。

27. 于维民、王宝锦:《略论封建迷信与宗教信仰的主要区别》,《甘肃社会科学》1996 年第 2 期。

28. 张虹宁、张泽清:《美国住宅文化的启示》,《美国研究》1997 年第 4 期。

29. 张胜康:《住宅的居住空间与家庭的社会功能》,《城市研究》1996 年第 4 期。

30. 张兆曙:《乡村五十年:日常经济实践中的国家与农民》,《开放时代》2004 年第 4 期。

31. 赵力涛:《家族与村庄政治:1950—1970》,《二十一世纪》1999 年 10 月号。

32. 卓新平:《基督教与中国文化的双向契合》,《世界宗教文化》1997 年第 2 期。

【档案文献】

1. 山东省菏泽市民政局档案
2. 山东省菏泽市人民政府档案
3. 山东省梁山县馆里乡档案
4. 山东省梁山县建设局档案
5. 山东省梁山县交通局档案
6. 山东省梁山县教育局档案
7. 山东省梁山县马营公社档案
8. 山东省梁山县民政局档案
9. 山东省梁山县人民政府档案
10. 山东省梁山县寿张集公社档案
11. 山东省梁山县统计局档案
12. 山东省梁山县杨营镇档案
13. 中共菏泽市委档案
14. 中共梁山县委档案

后　记

本书是由我的博士学位论文修改而成。光阴荏苒,日月如梭,离开美丽的南开园已六载有余。兹逢拙著面世,感慨洵多!

首先,感谢恩师南开大学历史学院张思教授的耳提面命。在读博的三年里,张老师对我的论文进行了悉心指导,毕业后也一直关心我的工作和生活,导师高尚的人格和渊博的知识,令学生终生学习和景仰。还要感谢在南开大学求学期间,给予我倾心教诲和指导的江沛、李金铮、王先明、李少兵等老师。我的博士学位论文答辩委员会主席中国社会科学院近代史研究所李长莉研究员及邢台学院乔福锦教授也对拙文给予指导,在此深表谢意!我的硕士生导师山东师范大学张仁玺教授也给予我极大鞭策和鼓励。邓群刚、田英宣、李屿洪、郭凯、吴家虎、孟宪科、何燕、涂玲等师弟、师妹也给予巨大支持和帮助。感谢他们!

感谢为我搜集史料提供方便和支持者,没有你们的无私帮助,就没有拙著的问世。南开大学图书馆及历史学院图书室的诸位老师为我搜集资料提供了极大便利。在搜集档案资料的两个暑假期间,梁山县档案馆和菏泽市档案馆的诸位老师给予了极大帮助和优待。梁山县档案馆的孙源、王春燕、闫允芳等老师以及菏泽市档案馆的韩瑞娟、范华、王红霞等老师,为我查阅资料提供了极大方便,在此对各位老师的无私帮助深表谢忱和敬意!还要感谢梁山县父老乡亲对我田野调查的大力支持!

感谢我的工作单位菏泽学院各位领导和老师的大力支持和帮助。科研处和教务处的各位领导为拙著出版提供了极大帮助,科研处的各位领导积极为我申请菏泽学院著作出版资助基金。社会科学系各位领导及同事给予极大鼓励和支持,以杨冬云教授为负责人的“地域生态与社会发展科研创新团队”为拙著出版提供了资助。在此,一并表示诚挚谢意!

另外，感谢人民出版社姜冬红编辑的帮助和提出的修改意见！

最后，感谢家人的全力支持。年迈的父母全力支持和鼓励孩儿求学。爱人在紧张的工作之余，担负起全部家务及教育辅导儿子的重担。成绩应当属于他们！

由于本人学力不赡，书中不足难免，祈冀方家批评斧正！

董传岭

2016 年 9 月 9 日